Internetlexikografie

Internet-
lexikografie

Ein Kompendium

Herausgegeben vom
DFG-Netzwerk „Internetlexikografie" unter Leitung von
Annette Klosa und Carolin Müller-Spitzer

Unter Mitarbeit von
Martin Loder

DE GRUYTER

ISBN 978-3-11-061165-6
e-ISBN (PDF) 978-3-05-009561-5
e-ISBN (EPUB) 978-3-11-038084-2

Library of Congress Cataloging-in-Publication Data
A CIP catalog record for this book has been applied for at the Library of Congress.

Bibliografische I nformation der Deutschen Nationalbibliothek
Die Deutsche Nationalbibliothek verzeichnet diese Publikation i n der Deutschen Nationalbibliografie; detaillierte bibliografische Daten s ind i m I nternet über http://dnb.dnb.de abrufbar.

© 2018 Walter de Gruyter GmbH, Berlin/Boston
Dieser Band ist text- und seitenidentisch mit der 2016 erschienenen gebundenen Ausgabe.
Satz: PTP-Berlin, Protago-TEX-Production GmbH, Berlin
Druck und Bindung: Hubert & Co. GmbH & Co. KG, Göttingen

♾ Gedruckt auf säurefreiem Papier
Printed in Germany

www.degruyter.com

Vorwort

Dieses Kompendium hätte in der vorliegenden Form nicht entstehen können, wenn die Deutsche Forschungsgemeinschaft den Antrag auf Förderung eines wissenschaftlichen Netzwerks zum Thema „Internetlexikografie" (Antragstellerin: Annette Klosa) nicht bewilligt hätte. Die Förderung ermöglichte es, das Netzwerk zu etablieren und die Erforschung und Diskussion zentraler Fragestellungen rund um Erarbeitung und Publikation von Wörterbüchern im Internet voranzutreiben. Wir danken daher – auch im Namen aller am Netzwerk Beteiligten – der Deutschen Forschungsgemeinschaft für ihre Unterstützung sehr.

Ebenso möchten wir unseren Dank an den Direktor des Instituts für Deutsche Sprache, Herrn Prof. Dr. Dr. h. c. mult. Ludwig M. Eichinger, aussprechen, der nicht nur den Antrag an die DFG unterstützt, sondern auch in Folge die Netzwerkarbeit vielfältig befördert hat, indem er Zeit und Raum für die Durchführung zweier Netzwerktreffen sowie zusätzliche Mittel für Hilfskraftstunden und Reisekosten bewilligt hat. Auch der Verwaltung des IDS, der Arbeitsstelle Zentrale Datenverarbeitung und der Publikationsstelle des IDS, welche uns bei der Ausrichtung von zwei Netzwerktreffen, bei der finanziellen Abwicklung aller Netzwerkangelegenheiten, bei der Einrichtung und Betreibung der Webseite des Netzwerks, bei der Veröffentlichung der Arbeitsberichte sowie schließlich bei der Drucklegung dieses Kompendiums vielfältig unterstützt haben, danken wir ebenfalls im Namen des gesamten Netzwerks. Zu danken ist außerdem der Berlin-Brandenburgischen Akademie der Wissenschaften, der Europäischen Akademie Bozen (EURAC), dem Trierer Kompetenzzentrum für elektronische Erschließungs- und Publikationsverfahren in den Geisteswissenschaften sowie dem Instituut voor Nederlandse Lexicologie, Leiden, welche uns ihre kollegiale Unterstützung gewährt und Räumlichkeiten für weitere Netzwerktreffen zur Verfügung gestellt haben.

Dem de Gruyter Verlag danken wir für die Bereitschaft, unser Kompendium innerhalb seiner Referenzwerke zu veröffentlichen. Martin Loder (bis März 2016 wissenschaftlicher Mitarbeiter in der Abteilung Lexik des IDS) hat intensiv an dieser Veröffentlichung mitgearbeitet, wofür ihm besonderer Dank gebührt. Schließlich geht unser Dank an die Kolleginnen und Kollegen am Institut für Deutsche Sprache Mannheim und allen anderen Heimatinstitutionen der am Netzwerk Beteiligten, die sich an der Netzwerkarbeit mit zahlreichen Vorträgen oder Diskussionsbeiträgen beteiligt haben. Vieles wurde bei unseren Treffen angesprochen, vorgestellt und diskutiert, was sich nun in kondensierter Form als Erkenntnis in diesem Kompendium wiederfindet.

An der Erarbeitung dieses Kompendiums haben eine Reihe von Mitgliedern des Netzwerks als Autorinnen und Autoren mitgearbeitet. Sie haben aber nicht nur einzelne Kapitel verfasst, sondern sich bereits im Vorfeld während der Redaktionstreffen in die Konzeption des Buches sowie in die redaktionelle Überarbeitung aller Kapitel eingebracht. So ist das vorliegende Kompendium eigentlich vom „Netzwerk Internetlexikografie" insgesamt herausgegeben. Wir, Carolin Müller-Spitzer und Annette Klosa, haben aber die Herausgeberschaft insgesamt sowie die Drucklegung zu verantworten. Im Sinne aller Autorinnen und Autoren hoffen wir, dass das Kompendium nicht nur in der universitären Lehre eingesetzt werden wird, sondern auch Anstoß zu weiterem fachlichen Austausch in der internetlexikografischen Gemeinschaft geben wird.

Ho-Chi-Minh-Stadt und Mannheim im März 2016,   Annette Klosa
                                                                                                        Carolin Müller-Spitzer

Inhalt

Vorwort — V

Annette Klosa und Carolin Müller-Spitzer
Einleitung — XI

Peter Meyer, Axel Herold und Lothar Lemnitzer
1   Technische Rahmenbedingungen der Internetlexikografie — 1
1.1   Einführung — **3**
1.2   Internettechnologie im Kontext von Internetwörterbüchern und lexikalischen Informationssystemen — **4**
1.2.1   Netzwerkkommunikation im Internet — **4**
1.2.2   HTML, JavaScript und CSS — **8**
1.2.3   Ausblick — **12**
1.3   Logging — **14**
1.4   Versionierung — **17**
1.5   Persistenz und Identität — **24**
1.6   Abschließende Betrachtungen — **27**
1.7   Literatur — **28**
1.7.1   Weiterführende Literatur — **28**
1.7.2   Literaturverzeichnis — **29**

Stefan Engelberg und Angelika Storrer
2   Typologie von Internetwörterbüchern und -portalen — 31
2.1   Einführung — **33**
2.2   Medienspezifische Merkmale zur Typologisierung von Internetwörterbüchern — **34**
2.2.1   Digitalisierte Wörterbücher vs. neu konzipierte Wörterbücher — **34**
2.2.2   Abschlusswörterbücher vs. Ausbauwörterbücher — **36**
2.2.3   Wörterbücher ohne Nutzerbeteiligung vs. Wörterbücher mit Nutzerbeteiligung — **36**
2.3   Medienunabhängige Merkmale zur Typologisierung von Wörterbüchern — **37**
2.3.1   Einsprachig – zweisprachig – mehrsprachig — **39**
2.3.2   Allgemeinwörterbücher – Spezialwörterbücher — **41**
2.4   Wörterbuchportale — **46**
2.4.1   Kriterien zur Beschreibung von Wörterbuchportalen — **46**
2.4.2   Typologie von Wörterbuchportalen — **51**
2.4.3   Wortschatzportale — **54**

2.5	Literatur —— 57
2.5.1	Weiterführende Literatur —— 57
2.5.2	Literaturverzeichnis —— 58

Annette Klosa und Carole Tiberius
3 Der lexikografische Prozess —— 65

3.1	Einführung —— 67
3.2	Die Erforschung des lexikografischen Prozesses —— 69
3.3	Der computerlexikografische Prozess bei Internetwörterbüchern und seine Besonderheiten —— 72
3.3.1	Computerlexikografischer Prozess bei retrodigitalisierten Internetwörterbüchern —— 76
3.3.2	Computerlexikografischer Prozess bei Ausbauwörterbüchern —— 77
3.3.3	Computerlexikografischer Prozess und Wörterbuchbenutzer —— 80
3.4	Beispiele lexikografischer Prozesse von Internetwörterbüchern —— 84
3.4.1	Der lexikografische Prozess von ELEXIKO und ANW —— 84
3.4.2	Der lexikografische Prozess des deutschen Wiktionary —— 93
3.4.3	Der lexikografische Prozess des Ordbog over det Danske Sprog —— 94
3.5	Software zur Unterstützung lexikografischer Prozesse —— 96
3.5.1	Das lexikografische Redaktionssystem —— 96
3.5.2	Korpusabfragesysteme —— 98
3.6	Ausblick: Der lexikografische Prozess von Wörterbuchportalen —— 102
3.7	Literatur —— 104
3.7.1	Weiterführende Literatur —— 104
3.7.2	Literaturverzeichnis —— 105

Axel Herold, Peter Meyer und Carolin Müller-Spitzer
4 Datenmodellierung —— 111

4.1	Einleitung —— 113
4.2	Datenstrukturen und Repräsentationsformate —— 115
4.2.1	XML-Dokumente —— 119
4.2.2	Relationale Datenbanken —— 122
4.3	Datenmodellierung —— 125
4.3.1	Konzeptuelle (semantische) Datenmodelle —— 125
4.3.2	Logische Datenmodelle —— 129
4.3.3	Technische Implikationen der logischen Datenmodellierung —— 131
4.4	Standardisierungsbestrebungen —— 134

4.4.1	Text Encoding Initiative (TEI) —— **140**	
4.4.2	Lexikalisch-semantische Wortnetze —— **143**	
4.4.3	Toolbox und Multi-Dictionary Formatter (MDF) —— **145**	
4.4.4	Lexical Markup Framework (LMF) – ein Modell für alle Wörterbuchtypen —— **146**	
4.5	Ausblick —— **147**	
4.6	Literatur —— **149**	
4.6.1	Weiterführende Literatur —— **149**	
4.6.2	Literaturverzeichnis —— **149**	

Stefan Engelberg, Carolin Müller-Spitzer und Thomas Schmidt
5   Vernetzungs- und Zugriffsstrukturen —— 153
5.1   Einführung —— **155**
5.2   Vernetzungsstrukturen —— **156**
5.3   Zugriffsstrukturen —— **160**
5.3.1   Semasiologische Zugriffsstrukturen —— **160**
5.3.2   Onomasiologische Zugriffsstrukturen —— **168**
5.3.3   Weitere Zugriffsstrukturen —— **182**
5.4   Neue Perspektiven für die Wörterbuchforschung —— **186**
5.5   Literatur —— **190**
5.5.1   Weiterführende Literatur —— **190**
5.5.2   Literaturverzeichnis —— **191**

Alexander Geyken und Lothar Lemnitzer
6   Automatische Gewinnung von lexikografischen Angaben —— 197
6.1   Einleitung —— **199**
6.2   Die Datenbasis eines Wörterbuchprojekts – eine Typologie der Datenquellen —— **200**
6.3   Korpora —— **204**
6.4   Angabeklassen im Wörterbuch —— **209**
6.4.1   Formbasierte Angabeklassen —— **210**
6.4.2   Inhaltsbasierte Angabeklassen —— **218**
6.4.3   Gebrauchsbasierte (pragmatische) Angabeklassen —— **232**
6.5   Grenzen automatischer Verfahren und wünschbare zukünftige Entwicklungen —— **235**
6.6   Integration von Primärquellen in lexikografische Angebote —— **237**
6.7   Literatur —— **240**
6.7.1   Weiterführende Literatur —— **240**
6.7.2   Literaturverzeichnis —— **241**

Andrea Abel und Christian M. Meyer
7 Nutzerbeteiligung — 249
7.1 Einführung — 251
7.2 Direkte Nutzerbeteiligung — 253
7.3 Indirekte Nutzerbeteiligung — 263
7.4 Begleitende Nutzerbeteiligung — 272
7.5 Diskussion — 277
7.6 Zusammenfassung und Ausblick — 282
7.7 Literatur — 283
7.7.1 Weiterführende Literatur — 283
7.7.2 Literaturverzeichnis — 284

Carolin Müller-Spitzer
8 Wörterbuchbenutzungsforschung — 291
8.1 Einführung — 293
8.2 Methodische Grundlagen — 295
8.2.1 Formulierung und Präzisierung des Forschungsproblems — 296
8.2.2 Operationalisierung — 297
8.2.3 Erhebungsdesign — 298
8.2.4 Arten von Forschungsdesigns hinsichtlich der Varianzkontrolle — 303
8.2.5 Erhebungsmethode — 305
8.2.6 Datenanalyse — 309
8.2.7 Berichterstattung — 309
8.3 Benutzungsforschung bei Internetwörterbüchern — 310
8.3.1 Was macht ein gutes Internetwörterbuch aus? — 311
8.3.2 Unterscheidet sich die Bewertung innovativer Features von Internetwörterbüchern abhängig vom Vorwissen? — 321
8.3.3 Wie kommen potenzielle Nutzer mit einzelnen Aspekten des Neuauftritts des Wörterbuchportals OWID zurecht? — 324
8.3.4 Werden häufige Wörter im Korpus auch häufig in Internetwörterbüchern nachgeschlagen? — 330
8.4 Ausblick — 335
8.5 Literatur — 337
8.5.1 Weiterführende Literatur — 337
8.5.2 Literaturverzeichnis — 337

Schlagwortverzeichnis — 343

Einleitung

Die Lexikografie ist eine über viele Jahrhunderte etablierte wissenschaftliche und kulturelle Praxis. Der Siegeszug des Internets seit Ende der 1990er Jahre hat diese Praxis jedoch tiefgreifend verändert. Mittlerweile ist es möglich geworden, eine große Bandbreite kostenloser lexikografischer Inhalte zu fast allen größeren Sprachen der Welt innerhalb weniger Minuten finden und durchsuchen zu können. Dafür musste man noch vor etwa 25 Jahren eine aufwendige Bibliotheksrecherche und eventuell eine Beschaffung über Fernleihe durchführen. Auch werden immer mehr historische Wörterbücher im Zuge umfangreicher Digitalisierungsinitiativen frei veröffentlicht, die vorher nur in Spezialbibliotheken zu finden waren. Diese Verfügbarkeit von mehr und mehr lexikografischen Inhalten ist sicher die Veränderung, die Benutzerinnen von Nachschlagewerken hauptsächlich sehen.

Hinter den Kulissen der lexikografischen Forschung und Praxis hat sich aber noch viel mehr verändert. Diese Veränderungen begannen schon Mitte der 1990er Jahre, als der Computereinsatz v. a. die lexikografischen Prozesse bereits stark modifiziert hatte. Auch das Publizieren der Wörterbücher auf anderen Medien hatte bereits begonnen (vgl. Storrer 2001). Noch viel maßgeblicher veränderte aber dann das Aufkommen kostenloser, nicht von renommierten Verlagen erstellter Wörterbücher im Internet die Wörterbuchlandschaft. Durch die Vielzahl an frei verfügbaren lexikografischen Inhalten im Netz, die zwar zum Teil qualitativ nicht mit den akademischen und den Verlagswörterbüchern mithalten konnten, die aber gleichzeitig sehr viele Nutzer fanden, brachen die Umsätze bei den gedruckten Wörterbüchern der Verlage ein. Dabei erwies es sich für die meisten Verlage als sehr schwierig, geeignete Geschäftsmodelle zu finden, digitale lexikografische Daten kostenpflichtig im Internet zu vermarkten. Die akademischen Wörterbücher wiederum brauchten sehr lange, um sich an die veränderten medialen Bedingungen anzupassen. Insgesamt sahen aber sehr viele der beteiligten Lexikografinnen und Wörterbuchforscher v. a. die vielfachen Chancen und Möglichkeiten, die das digitale Medium und das Internet als Publikationsplattform für die Lexikografie bieten (vgl. z. B. De Schryver 2003). Trotzdem verändert sich eine lange und etablierte Praxis natürlich nicht von heute auf morgen, und auch aktuell sind noch viele Dinge im Fluss.

Auch dieses Kompendium widmet sich den Chancen und Perspektiven, die sich durch digitale Medien und das Internet für die Lexikografie ergeben. Es basiert auf Arbeiten und Diskussionen des wissenschaftlichen Netzwerks „Internetlexikografie", das von Annette Klosa beantragt und von 2011 bis 2013 von der Deutschen Forschungsgemeinschaft (DFG) gefördert wurde. Ziel dieses Netzwerks war es, fachlich einschlägige Forscherinnen und Personen aus der lexikografischen Praxis zusammenzuführen und die zentralen Fragen der veränderten lexikografischen Praxis zu diskutieren. Die Idee zu diesem Netzwerk entstand im Kontext der Arbeiten des Bereichs „Internetlexikografie" der Abteilung Lexik am Institut für Deutsche Sprache in Mannheim und wäre ohne die Vorarbeiten in verschiedenen Wörterbuchprojekten dieser Abteilung nicht möglich gewesen. Das Netzwerk ermöglichte erstmalig in der Geschichte der deutschsprachigen Lexikografie einen intensiven Austausch zwischen Wörterbuchforschung und (internet-)lexikografischer Praxis, an dem sich auch Lexikografinnen aus weiteren europäischen Ländern beteiligten. Ursprünglich umfasste das Netzwerk 15 Mitglieder:

- Dr. Andrea Abel (Europäische Akademie Bozen; Institut für Fachkommunikation und Mehrsprachigkeit; Projekt ELDIT),
- Jörg Asmussen (Det Danske Sprog- og Litteraturselskab, Kopenhagen – DSL; Projekt ordnet.dk),
- Prof. Dr. Stefan Engelberg (Institut für Deutsche Sprache, Mannheim; Leiter der Abteilung Lexik),
- Prof. Dr. Franziskus Geeb (Hochschule für angewandte Wissenschaften, Hamburg; Informationstechnologie und Computerlinguistik),
- Dr. Alexander Geyken (Berlin-Brandenburgische Akademie der Wissenschaften; Projekt DWDS – Digitales Wörterbuch der deutschen Sprache),
- Dr. Vera Hildenbrandt (Universität Trier; Kompetenzzentrum für elektronische Erschließungs- und Publikationsverfahren in den Geisteswissenschaften; Projekt Wörterbuchnetz),
- Dr. Annette Klosa (Institut für Deutsche Sprache, Mannheim; Projekt *elexiko*; Koordinatorin und Sprecherin des Netzwerks),
- Dr. Lothar Lemnitzer (Berlin-Brandenburgische Akademie der Wissenschaften; Projekt DWDS – Digitales Wörterbuch der deutschen Sprache),
- Dr. Carolin Müller-Spitzer (Institut für Deutsche Sprache, Mannheim; Projekte Computerlexikographie/OWID und Empirische Methoden),
- Prof. Dr. Andrea Rapp (Technische Universität Darmstadt; Germanistische Computerphilologie),
- Prof. Dr. Stefan Schierholz (Friedrich-Alexander-Universität Erlangen; Germanistische Sprachwissenschaft),
- Dr. Christiane Schlaps (Akademie der Wissenschaften zu Göttingen; Goethe-Wörterbuch, Arbeitsstelle Hamburg),
- Dr. Thomas Schmidt (Institut für Deutsche Sprache, Mannheim; Leiter des Programmbereichs Mündliche Korpora der Abteilung Pragmatik; Gründungsgeschäftsführer des Hamburger Zentrums für Sprachkorpora; Projekt Kicktionary),
- Prof. Dr. Angelika Storrer (Universität Mannheim; Germanistische Linguistik),

– Dr. Carole Tiberius (Instituut voor Nederlandse Lexicologie, Leiden; Projekt Algemeen Nederlands Woordenboek).

Es schlossen sich weitere Forscherinnen und Praktiker aus dem Bereich der Internetlexikografie an, sodass das Netzwerk auf über dreißig Mitglieder anwuchs (siehe „Beteiligte" unter www.internetlexikografie.de). Zu den Arbeitstreffen des Netzwerks wurden außerdem über dreißig Gäste eingeladen, die sich mit Vorträgen und Diskussionsbeiträgen in die Arbeit einbrachten. Aus den Fördermitteln der DFG wurden sechs Arbeitstreffen des Netzwerks finanziert, die an verschiedenen Heimatinstitutionen der Netzwerkmitglieder ausgerichtet wurden:
 – 1. Arbeitstreffen am 5./6. Mai 2011, Institut für Deutsche Sprache, Mannheim; Thema: Datenmodellierung für Internetwörterbücher. Vorgestellt und diskutiert wurden hier die Modellierung eines semantischen Netzes für lexikografische Anwendungen (am Beispiel der Duden-Ontologie), der Aufbau einer maßgeschneiderten XML-Modellierung für ein Wörterbuchnetz (am Beispiel von OWID), die TEI-basierte Modellierung von Retrodigitalisaten (am Beispiel des Trierer Wörterbuchnetzes), die Modellierung von Mehrwortverbindungen (im DWDS) sowie die Datenmodellierung bzw. Architektur für „pluri-monofunctional dictionaries".
 – 2. Arbeitstreffen am 5./6. Dezember 2011, Berlin-Brandenburgische Akademie der Wissenschaften, Berlin; Thema: Vernetzungsstrategien und Zugriffsstrukturen. Im Rahmen des Arbeitstreffens wurden u. a. das Hypertextkonzept in der Lexikografie diskutiert, die Anwendungsmöglichkeiten und Zugriffsstrukturen in GermaNet, die Vernetzung zwischen Wörterbüchern und Korpora am Beispiel von ordnet.dk und Korpus.dk sowie das Vernetzungskonzept für ein einzelnes Wörterbuch (am Beispiel von *elexiko*) und die Vernetzungen verschiedener lexikalischer Ressourcen (am Beispiel des DWDS).
 – 3. Arbeitstreffen am 3./4. Mai 2012, European Academy of Bozen (EURAC), Bozen; Thema: Automatische Gewinnung von lexikografischen Angaben. Intensiv wurde hier diskutiert, ob Lexikografen noch gebraucht werden und welche Aussichten es für die „automatische Lexikografie" gibt. Möglichkeiten der Extraktion lexiko-semantischer Informationen aus Text und Bild wurden ebenso vorgestellt wie die automatische Gewinnung von Kollokationen aus Korpusanalysen. Gefragt wurde auch, wie sich lexikografische und Korpusdaten in einer Nutzeroberfläche sinnvoll verbinden lassen.
 – 4. Arbeitstreffen am 22./23. November 2012, Trierer Kompetenzzentrum für elektronische Erschließungs- und Publikationsverfahren in den Geisteswissenschaften/Center for Digital Humanities, Trier; Thema: Der lexikografische Prozess bei Internetwörterbüchern. Im Rahmen dieses Arbeitstreffens erläuterten verschiedene Wörterbuchprojekte ihren lexikografischen Prozess, der

sich etwa bei Retrodigitalisaten anders darstellt als bei neu erarbeiteten Wörterbüchern. Wichtige Diskussionspunkte waren die Archivierung und Versionierung lexikografischer Daten sowie die Auswahl von Bearbeitungsteilwortschätzen.
- 5. Arbeitstreffen am 25./26. März 2013, Instituut voor Nederlandse Lexicologie, Leiden; Thema: Wörterbuchbenutzungsforschung. Einführend in das Thema wurden Chancen und Einschränkungen von Wörterbuchnutzerstudien diskutiert sowie ein Einblick in verschiedene Methoden der Wörterbuchbenutzungsforschung gegeben. Am Beispiel von „Duden online" wurde etwa gezeigt, wie sich die Ergebnisse solcher Forschung auf die Gestaltung und die Angaben dieses Wörterbuches ausgewirkt haben.
- 6. Arbeitstreffen am 20.–22. November 2013, Institut für Deutsche Sprache, Mannheim; Thema: Fragen der Darstellung und Gestaltung von Internetwörterbüchern. Dieses komplexe Thema wurde in drei Vortragsgruppen diskutiert: „Webdesign und Präsentation wissenschaftlicher Daten im Internet", „Visualisierungsmöglichkeiten und Usability" sowie „Funktionalitäten und Gestaltungselemente von Internetwörterbüchern".

Daneben hat das Netzwerk im Rahmen des GAL-Kongresses „Wörter – Wissen – Wörterbücher" in Erlangen (18. bis 21. September 2012) ein Symposium mit dem Titel „Ihr Beitrag bitte! – Der Nutzerbeitrag im Wörterbuchprozess" durchgeführt. Auf diesem stellten verschiedene Wörterbuchprojekte ihre Methoden der Nutzereinbindung vor (z. B. Duden online, LEO Wörterbücher, canoo.net), aber es wurde auch generell gefragt, wie sich redaktionell erarbeitete und nutzergenerierte Inhalte in Wörterbüchern kombinieren lassen.

Die Arbeit des Netzwerks wurde auch nach Ende der DFG-Förderung fortgesetzt: Am 14. Juli 2014 hat das Netzwerk einen EURALEX-Pre-Conference-Workshop zum Thema „Was ist ein gutes (Internet-)Wörterbuch? – Alte und neue Fragen zur Qualität lexikografischer Produkte im digitalen Zeitalter" in Bozen/Bolzano veranstaltet. Hier wurde die Frage nach der Qualitätsbewertung von Internetwörterbüchern in ihren unterschiedlichen Aspekten intensiv diskutiert. Viele Fragen, sowohl aus der Perspektive der an digitalen Produkten interessierten Wörterbuchforschung als auch aus der der Wörterbuchbutzer, sind nach wie vor nicht abschließend geklärt.

Im Jahr 2015 wurde im Rahmen der 3. Sektionentagung der GAL (23. bis 25. September 2015 an der Europa-Universität Viadrina in Frankfurt/Oder) ein Symposium zu „Valenz und Kollokation im (digitalen) Wörterbuch" ausgerichtet. In diesem wurde eine Fragestellung des 3. Arbeitstreffens fortgeführt, nämlich die Frage nach der korpusgestützten Ermittlung und lexikografischen Präsentation von Angaben zum kombinatorischen Potenzial sprachlicher Einheiten (in

Wörterbüchern zu Valenz und Kollokation bzw. in syntagmatischen Angaben in mono- und bilingualen Wörterbüchern). In den Beiträgen ging es auch um empirische Studien zur Nutzung von syntagmatischen Angaben in (digitalen) Wörterbüchern, womit auf das 5. Arbeitstreffen zurückgegriffen wurde.

Mitglieder des Netzwerks haben sich darüber hinaus mit zahlreichen Vorträgen an den einschlägigen lexikografischen Fachtagungen der letzten Jahre beteiligt (u. a. EURALEX Kongresse 2012 und 2014; eLex – electronic lexicography in the 21st century 2011, 2013 und 2015). Inzwischen hat das European Network of eLexicography – ENeL (COST-Aktion seit 2013) einige Fragestellungen des „Netzwerks Internetlexikografie" unter Beteiligung verschiedener Netzwerkmitglieder aufgegriffen und in seinen Treffen fortgeführt.

Die Ergebnisse der Netzwerkarbeit sind in viele Publikationen der Netzwerkmitglieder und -gäste eingeflossen (siehe „Publikationen" unter www.internetlexikografie.de), vor allem aber auch in Arbeitsberichten publiziert, die als Open-Access-Publikationen zur Verfügung stehen (siehe „Arbeitstreffen" unter www.internetlexikografie.de). Während die Arbeitsberichte Beiträge zu einzelnen Vorträgen bei den Arbeitstreffen sowie jeweils eine ausführliche Diskussion des Gesamtergebnisses aus den Arbeitstreffen enthalten, legt das Netzwerk „Internetlexikografie" mit dem vorliegenden Band nun eine gemeinsame thematische Abschlusspublikation vor. Ziel dieses Kompendiums ist es, Studierenden und Lehrenden an Universitäten die zentralen Aspekte der Forschung und Praxis zur Internetlexikografie zu vermitteln. Der Schwerpunkt liegt hier – anders als bei den Publikationen zu den einzelnen Arbeitstreffen – weniger auf noch offenen Forschungsfragen und speziellen technischen Aspekten der Internetlexikografie als auf einem verständlich verfassten und thematisch einführenden Überblick in die einzelnen Arbeitsfelder, die um Hinweise zu weiterführender und vertiefender Lektüre angereichert sind. Wir haben uns dabei auf zentrale Felder der Internetlexikografie konzentriert mit dem Ziel, die grundlegenden Konzepte und Methoden verständlich zu vermitteln und damit auch dieses wichtige und innovative Forschungs- und Praxisfeld in der universitären Lehre, insbesondere auch in der Lehrerausbildung, zu verankern.

Im Einzelnen beinhaltet unser Kompendium Kapitel zu den folgenden Arbeitsgebieten der Internetlexikografie:

Peter Meyer, Axel Herold und *Lothar Lemnitzer* führen zunächst in die **Technischen Rahmenbedingungen der Internetlexikografie** (Kapitel 1) ein und erläutern die wichtigsten technischen Voraussetzungen und Abläufe dafür, dass ein Wörterbuch online angeboten und benutzt werden kann. In diesem Kapitel werden auch Fragen zu Logging, Versionierung und Persistenz/Identität diskutiert. Das Kapitel hilft also zu verstehen, was in den anderen Kapiteln (z. B. hinsichtlich der Prozesse bei der Bearbeitung und Publikation eines Internetwörterbuches, in

Bezug auf die Schaffung von Zugriffsmöglichkeiten auf die lexikografischen Daten oder auf Möglichkeiten der Benutzungsforschung zum Wörterbuch) an technischen Fragen angesprochen wird.

Im Kapitel **Typologie von Internetwörterbüchern und -portalen** (Kapitel 2) entwickeln *Stefan Engelberg* und *Angelika Storrer* die Kriterien für die Klassifizierung von Onlinenachschlagewerken, die auch in den weiteren Kapiteln des Kompendiums Anwendung findet. Sie diskutieren sowohl medienspezifische wie medienunabhängige Merkmale zur Typologisierung von Internetwörterbüchern und schlagen außerdem eine Typologie von Wörterbuchportalen (in denen mehrere Internetwörterbücher enthalten sind) vor.

Kapitel 3 bis 7 bieten Einblicke in die Erarbeitung von Internetwörterbüchern: *Annette Klosa* und *Carole Tiberius* erläutern im Kapitel **Der lexikografische Prozess** (Kapitel 3), wie die Erstellung und Publikation eines Internetwörterbuches (oder -portals) abläuft. Nach Einführung und Überblick über die Erforschung des lexikografischen Prozesses beschreiben sie den computerlexikografischen Prozess von Internetwörterbüchern mit seinen Besonderheiten detailliert und geben anschließend konkrete Beispiele. Neben der Diskussion von Software, die den lexikografischen Prozess unterstützt, stellt sich auch die Frage nach dem Prozess, der für die Erarbeitung lexikografischer Portale zu beschreiben ist.

Den zentralen Aspekt der Modellierung untersuchen *Axel Herold*, *Peter Meyer* und *Carolin Müller-Spitzer* im Kapitel **Datenmodellierung** (Kapitel 4) und gehen verschiedenen Möglichkeiten hierfür nach. Sie führen dabei ein in Datenstrukturen und Repräsentationsformate (z. B. XML-Dokumente), verschiedene Datenmodelle (z. B. konzeptuell-semantische Modelle) sowie Bestrebungen zur Standardisierung der Datenmodellierung bei Internetwörterbüchern (z. B. der Text Encoding Initiative TEI).

Auch für die Vernetzung der lexikografischen Daten untereinander sowie den Zugriff auf sie gibt es unterschiedliche Strategien, die von *Stefan Engelberg*, *Carolin Müller-Spitzer* und *Thomas Schmidt* im Kapitel **Vernetzungs- und Zugriffsstrukturen** (Kapitel 5) vorgestellt werden. Sie zeigen, wie lexikografische Angaben in Internetwörterbüchern vernetzt werden können und beschreiben onomasiologische, semasiologische sowie weitere Zugriffsstrukturen (z. B. graphembasierte Suchen) auf die Daten. Dabei werden Unterschiede zwischen Internetwörterbüchern und gedruckten Wörterbüchern besonders deutlich.

In einen Aspekt der Erarbeitung lexikografischer Inhalte führen *Alexander Geyken* und *Lothar Lemnitzer* im Kapitel **Automatische Gewinnung von lexikografischen Angaben** (Kapitel 6) ein, indem sie auf die Möglichkeiten der Extraktion wortbezogener Informationen aus elektronischen Korpora eingehen. Nach der Typologie möglicher Datenquellen stehen Korpora im Fokus und es wird detailliert gezeigt, welche Informationen hieraus für bestimmte lexikografische

Angaben gewonnen werden können. Die Grenzen automatischer Verfahren sowie wünschenswerte zukünftige Entwicklungen werden ebenso diskutiert wie ein möglicher Zugang der Nutzer zu den Primärquellen.

Wie Nutzerinnen und Nutzer in den lexikografischen Prozess einbezogen werden können, davon berichten *Andrea Abel* und *Christian M. Meyer* im Kapitel **Nutzerbeteiligung** (Kapitel 7). Sie unterscheiden zwischen direkter Nutzerbeteiligung (z. B. durch Eingabeformulare für neue Wortartikel), indirekter Nutzerbeteiligung (z. B. durch Nutzerrückmeldungen in Feedbackformularen) und begleitender Nutzerbeteiligung (z. B. in Wörterbuchblogs) und diskutieren die jeweiligen Vor- und Nachteile sowie die Auswirkungen auf den lexikografischen Prozess bei der Wörterbucherstellung anhand vieler konkreter Beispiele.

Das fertige Internetwörterbuch kann Gegenstand von **Wörterbuchbenutzungsforschung** werden, in die *Carolin Müller-Spitzer* in Kapitel 8 einführt. Die empirische Wörterbuchbenutzungsforschung beschäftigt sich mit tatsächlichen Benutzungshandlungen bzw. allgemeiner gesagt mit Erfahrungen und Beobachtungen bei der Wörterbuchbenutzung und muss daher auf Methoden aus der empirischen Sozialforschung zurückgreifen. Diese werden in Grundzügen im Kapitel erläutert. Der Hauptteil ist der Benutzungsforschung zu Internetwörterbüchern gewidmet, die im Zentrum des gesamten Kompendiums stehen.

Die intensive Diskussion der Beiträge des 6. Arbeitstreffens, das sich mit dem Thema „Fragen der Darstellung und Gestaltung von Internetwörterbüchern" beschäftigte, machte deutlich, wie sehr sich gerade dieser Bereich der Internetlexikografie ständig weiterentwickelt und stetiger Veränderung unterworfen ist. Neue Visualisierungsmethoden werden nicht nur für Sprachdaten, sondern generell für Daten verschiedener Wissenschaftsdisziplinen entwickelt. Zugleich sind Internetwörterbücher in ihrer Gestaltung den Einflüssen des Webdesigns mit seinen Trends und Entwicklungen ausgesetzt: Die Internetwörterbücher von heute werden morgen gewiss schon wieder ganz anders aussehen. Wegen dieser Schnelllebigkeit ist dieser Bereich bislang noch wenig erforscht, wir haben das Thema der Darstellungsformen in unserem Kompendium deshalb nur angerissen, wenn es im Rahmen der einzelnen Kapitel sinnvoll ist. Allerdings geben die vielen Abbildungen aus Internetwörterbüchern einen Eindruck davon, wie sprachbezogene Nachschlagewerke im Web zum Erscheinungsdatum des Kompendiums, also im Jahr 2016, aussehen. Es bleibt abzuwarten, in welche Richtung die Entwicklung beeinflusst von den veränderten medialen und technischen Gegebenheiten (z. B. Präsentation für mobile Endgeräte, Wörterbuchapps, Wörterbücher als Teil von Sprachanwendungen) gehen wird.

Mit unserem Kompendium geben wir einen Einblick in den Stand der Forschung und die Entwicklungen seit der Verbreitung des Internets bis zum Jahr 2016. Wir haben uns bemüht, diese Entwicklungen in größere Traditionslinien der Lexikografie als kulturelle Praxis einzuordnen und auch den Anschluss an die Wörterbuchforschung des typografischen Zeitalters sichtbar zu machen. Dennoch liegt der Fokus auf den Innovationen, die mit digitalen Medien und dem Internet verbunden sind. Die Lexikografie steht heute „at a turning point in its history" (Granger 2012, S. 10). Man kann zwar fest davon ausgehen, dass Menschen auch in weiter Zukunft immer sprachliche Fragen und Nutzungsbedürfnisse haben werden, für die sie irgendeine Form von Hilfsmitteln zur Lösung benötigen. Weit weniger klar ist aber, ob die Wörterbücher, wie wir sie heute kennen, noch lange so bestehen werden oder ob sie mehr und mehr in intelligente Lese- und Schreibumgebungen und andere digitale Tools eingebunden werden (vgl. Lew 2015, S. 7). Das vorliegende Kompendium soll die Grundlage dafür schaffen, die weiteren Entwicklungen in Forschung und Praxis zu begleiten.

Die Erfahrungen der letzten zwei bis drei Jahrzehnte digitaler Lexikografie haben jedoch gezeigt, dass eine kulturelle Praxis wie die Lexikografie sich in ihrem Kern nur langsam und meist nur auf äußeren Druck hin wandelt. Insofern haben wir guten Grund davon auszugehen, dass das vorliegende Kompendium zumindest für die kommenden Jahre einen guten Überblick über unser Forschungsfeld bietet. Irgendwann wird dieser Band jedoch eher eine Art historischen Schnappschuss zur Internetlexikografie Mitte der 2010er Jahre darstellen.

Literaturverzeichnis

De Schryver (2003) = De Schryver, Gilles-Maurice: Lexicographers' Dreams in the Electronic Dictionary Age. In: International Journal of Lexicography 16, S. 143–199.
Granger (2012) = Granger, Sylviane: Introduction: Electronic lexicography – from challenge to opportunity. In: Granger, Sylviane/Paquot, Magali (Hgg.), Electronic lexicography. Oxford: Oxford University Press, S. 1–11.
Lew (2015) = Lew, Robert: Dictionaries and Their Users. In: Hanks, Patrick/De Schryver, Gilles-Maurice (Hgg.), International Handbook of Modern Lexis and Lexicography. Berlin/Heidelberg: Springer, S. 1–9 (Manuskriptfassung).
Storrer (2001) = Storrer, Angelika: Digitale Wörterbücher als Hypertexte: Zur Nutzung des Hypertextkonzepts in der Lexikographie. In: Lemberg, Ingrid/Schröder, Bernhard/Storrer, Angelika (Hgg.), Chancen und Perspektiven computergestützter Lexikografie: Hypertext, Internet und SGML/XML für die Produktion und Publikation digitaler Wörterbücher. Tübingen: Niemeyer, S. 53–69.

Peter Meyer, Axel Herold und Lothar Lemnitzer
1 Technische Rahmenbedingungen der Internetlexikografie

Abb. 1.1: Über 100 Tonnen wiegt diese moderne Seekabelfräse, eine Spezialmaschine zum Verlegen von Unterseekabeln in den Meeresboden im Offshore-Bereich.

Erst seit wenigen Jahrzehnten gibt es Internetwörterbücher – im Vergleich zur jahrtausendealten Geschichte der Wörterbuchschreibung ist dies eine verschwindend geringe Zeitspanne. Die Aufnahme verweist auf eine von vielen technologischen und infrastrukturellen Voraussetzungen der modernen Internetlexikografie: Der weitaus größte Teil des internationalen Datentransfers wird über ein viele hunderttausend Kilometer langes Netz von Glasfaserkabeln abgewickelt, die in oft großer Tiefe die Weltmeere queren.

Zu den technischen Voraussetzungen für online verfügbare Wörterbücher gehört nicht nur die bei exponentiell steigender Rechen- und Speicherleistung immer kompakter und in Anschaffung und Betrieb günstiger werdende Computertechnologie, sondern auch die Infrastruktur des Internets, die auf einfache und robuste Weise den Informations- und Datenaustausch zwischen Milliarden angeschlossenen Rechnern möglich macht. Das vorliegende Kapitel widmet sich den grundsätzlichen technischen Rahmenbedingungen für die heutige Internetlexikografie. Zum einen skizzieren wir, was eigentlich „hinter" den auf einem Monitor sichtbaren Benutzeroberflächen geschieht, wenn eine Nutzerin online auf ein Wörterbuch zugreift, und wie diese Prozesse zu Dokumentationszwecken in Logdateien protokolliert werden können. Zum anderen diskutieren wir, wie die Identität und dauerhafte Verfügbarkeit von Inhalten angesichts der ständig möglichen Aktualisierbarkeit von Online-Angeboten sichergestellt werden können.

1.1	Einführung —— 3	
1.2	Internettechnologie im Kontext von Internetwörterbüchern und lexikalischen Informationssystemen —— 4	
1.2.1	Netzwerkkommunikation im Internet —— 4	
1.2.2	HTML, JavaScript und CSS —— 8	
1.2.3	Ausblick —— 12	
1.3	Logging —— 14	
1.4	Versionierung —— 17	
1.5	Persistenz und Identität —— 24	
1.6	Abschließende Betrachtungen —— 27	
1.7	Literatur —— 28	
1.7.1	Weiterführende Literatur —— 28	
1.7.2	Literaturverzeichnis —— 29	

1.1 Einführung

Die digitale Revolution des 20. Jahrhunderts hat die Möglichkeiten der Erstellung und Nutzung von Wörterbüchern grundlegend umgestaltet. Wörterbuchtexte können, ebenso wie damit zusammenhängende Ressourcen wie Textkorpora und Multimediadaten, in digitaler Form, letztlich also als Abfolgen von Nullen und Einsen, repräsentiert werden. Solche digitalen Daten können automatisiert, also programmgesteuert, mit immer höherer Geschwindigkeit verarbeitet, in immer größeren Mengen überall schnell abrufbar gespeichert, in einem weltweiten Netz von Computern schnell übermittelt und flexibel audiovisuell zur Ansicht und menschlichen Bearbeitung präsentiert werden. Der Lexikografie und auch den Wörterbuchnutzerinnen eröffnet dies ein breites Spektrum an Möglichkeiten, die Gegenstand des vorliegenden Kompendiums sind, darunter insbesondere:

- Verwalten, Durchsuchen und Explorieren von Wörterbuchdaten einschließlich großer, damit verknüpfter Textkorpora (→ Kapitel 3),
- (halb)automatische Erzeugung bestimmter Wörterbuchangaben (→ Kapitel 6),
- kollaborative, nicht ortsgebundene Wörterbucherstellung (→ Kapitel 7),
- Aufhebung der Beschränkungen des Printmediums (→ Kapitel 5).

Ein grundsätzliches Verständnis der Technologien, die für die technische Entwicklung, den Betrieb und die Nutzung von Internetwörterbüchern benötigt werden, ist eine wesentliche Voraussetzung für eine Auseinandersetzung mit dem Thema Internetlexikografie, insbesondere in Hinblick auf die damit einhergehenden Anforderungen an die Strukturierung und Darstellung von Wörterbuchinhalten, so wie sie in → Kapitel 4 zur Datenmodellierung ausführlich vorgestellt werden. Gerade im Bereich der Webentwicklung gibt es jedoch eine enorme Vielfalt an eingesetzten Technologien, so dass dieses einführende Kapitel nur Überblickswissen in ausgewählten, für die lexikografische Arbeit besonders relevanten Bereichen vermitteln kann. Überdies vereinfacht vor allem die Darstellung in → Abschnitt 1.2 die tatsächlichen Verhältnisse ganz bewusst stark und fokussiert auf die für die lexikografische

Thematik wesentlichen Aspekte, so dass technisch-informatische Details gelegentlich mit Bedacht unvollständig oder formal nicht ganz korrekt beschrieben werden.

1.2 Internettechnologie im Kontext von Internetwörterbüchern und lexikalischen Informationssystemen

1.2.1 Netzwerkkommunikation im Internet

Gedanklicher Ausgangspunkt unseres kurzen Rundgangs durch zentrale Webtechnologien sei der typische Fall, dass ein Benutzer eines Internetwörterbuchs an seinem Rechner einen Wortartikel im Browser ansehen möchte. Nehmen wir ein fiktives Beispiel: Der Benutzer möchte sich den Artikel zum englischen Substantiv *disproof* im einsprachigen englischen Wörterbuch „MyEnglishDict" anzeigen lassen. Dazu muss er dem Webbrowser mitteilen, wo „im Internet" die Webseite mit dem gewünschten Inhalt zu finden ist.

Internetadresse (URL) — Der Browser benötigt hierzu eine *Internetadresse*, formaler gesagt, eine *URL* (Uniform Resource Locator), die angibt, wo genau diese Seite zu finden ist. In unserem Beispiel könnte eine solche URL wie folgt aussehen:

`http://www.my-english-dict.com/entry/disproof`

Eine solche URL kann man direkt in die Adressleiste des Browsers eingeben. Der Browser „sucht" dann im Internet nach der durch die URL identifizierten Ressource (Webseite) und zeigt sie auf dem Bildschirm an. Im Normalfall geben Nutzer solche komplexen URLs *Hyperlink* — aber nicht selber manuell ein, sondern klicken auf einen *Hyperlink* (meist kurz *Link*), der sich auf einer anderen Webseite befindet und den Browser zur passenden Webseite führt. So bietet das Wörterbuch „MyEnglishDict" möglicherweise eine Stichwortliste an; die einzelnen Lemmata dieser Liste sind dann Hyperlinks auf die Webseiten, die zu den jeweiligen Wörterbuchartikeln gehören. Vielleicht verwendet ein Nutzer aber auch Suchfunktionalitäten des Internetwörterbuchs, um z. B. nach mit „dispr" beginnenden Lemmata zu recherchieren; die Ergebnisse werden dann auf einer Ergebnisseite wiederum als Liste von Links präsentiert. Auch über Links auf den

Ergebnisseiten von allgemeinen Suchmaschinen wie Google oder Bing kann man zu Artikeln verschiedener Internetwörterbücher gelangen. Klickt der Benutzer auf einen Link, weist dies den Browser an, die Webseite mit derjenigen URL aus dem Internet zu laden, die mit dem sichtbaren Text des Links verknüpft ist. Der technische Vorgang, der sich nach dem Anklicken eines Links auf eine URL abspielt, ist im Allgemeinen derselbe wie bei der manuellen Eingabe derselben URL in die Adressleiste.

Wie sieht nun dieser Vorgang aus, bei dem der Browser sich die Informationen zur gewünschten Webseite holt und diese darstellt?

Zunächst einige allgemeine Punkte: Ein *Webbrowser* ist ein Programm, das auf einem mit dem Internet verbundenen Gerät (PC, Smartphone etc.) läuft und in der Lage ist, Informationen aus dem Internet zu laden und auf einem Bildschirm darzustellen. Das *Internet* ist ein weltweites komplexes Netzwerk von miteinander meist per Kabel verbundenen elektronischen Vermittlungsstellen (sogenannten Routern); grundsätzlich kann jedes an dieses Netzwerk angebundene Gerät jedem anderen ebenfalls angebundenen Gerät über diese Vermittlungsstellen in hochgradig ausfallsicherer Weise Nachrichten senden. Damit das funktioniert, ist jedem Gerät im Internet eine eindeutig identifizierende Zahlenkombination zugeordnet, seine *IP-Adresse*. Die Daten des Wörterbuchs liegen auf einem bestimmten Computer, der z. B. von den Wörterbuchmachern oder von einem externen Drittanbieter verwaltet wird. Der Webbrowser muss sich daher die Daten der gewünschten Webseite von diesem Computer über das Internet schicken lassen. Dazu muss der Browser über das Internet eine Anfrage an den Computer senden und daher dessen IP-Adresse kennen.

                Webbrowser

                Internet

                IP-Adresse

Die oben angegebene URL enthält zwar keine IP-Adresse – diese kann sich für ein gegebenes Gerät auch durchaus gelegentlich ändern –, dafür aber einen anderen, auch für Menschen gut les- und merkbaren Namen des Computers, seinen sogenannten *Hostnamen*: „www.my-english-dict.com". Der Browser kann über Anfragen an bestimmte andere Rechner (sogenannte *Nameserver*) aus diesem Hostnamen die IP-Adresse des Computers (sagen wir, 23.61.241.133) ermitteln. Tatsächlich kann man übrigens statt des Hostnamens in einer URL auch direkt die IP-Adresse verwenden, z. B.

                Hostname
                Nameserver

```
http://23.61.241.133/entry/disproof
```

Der Browser schickt nun seine Anfrage als Nachricht an den Computer mit der IP-Adresse 23.61.241.133. Diese Nachricht besteht einfach aus einer Abfolge von Zeichen (Zahlen und Buchstaben sowie einige besondere Steuerzeichen), die letztlich wiederum als Abfolgen von Nullen und Einsen kodiert sind. Wie die Nachricht aufgebaut sein muss, also wie die „Sprache" aussieht, in der die Rechner miteinander kommunizieren, wird durch ein strenges System von Regeln, ein sogenanntes *Netzwerkprotokoll*, bestimmt. Welches Protokoll verwendet wird, steht ebenfalls in der URL: Das Präfix „http://" gibt vor, dass das für die Übermittlung von Webseiten übliche Protokoll *HTTP* (Hypertext Transfer Protocol) verwendet werden soll.[1] Dieses Präfix kann bei manueller Eingabe der URL in den Browser in der Regel weggelassen werden. Die vom Browser nach Eingabe der URL über das Internet übermittelte Nachricht selbst ist ein kurzer Text, der neben einigen Verwaltungsinformationen (den HTTP-Headern, → Abschnitt 1.3) insbesondere auch eine Zeile mit der eigentlichen Anfrage enthält. Diese Zeile sieht in unserem Beispiel so aus:

```
GET /entry/disproof HTTP/1.1
```

Mit dem Schlüsselwort GET wird im HTTP-Protokoll die Übermittlung von Daten verlangt; auf GET folgt der *URL-Pfad*, der gewissermaßen die eigentliche Bezeichnung der angeforderten digitalen Ressource, hier der gewünschten Webseite, ist. Abschließend wird angegeben, welche Version des HTTP-Netzwerkprotokolls verwendet wird, hier: 1.1.

Auch der URL-Pfad ist der URL zu entnehmen, im vorliegenden Fall handelt es sich offensichtlich einfach um den Teil der URL, der auf den Hostnamen folgt. Er besteht aus einzelnen Segmenten (Zeichenketten), die durch Schrägstriche voneinander getrennt sind. Es gibt keine allgemein verbindlichen Regeln dafür, wie der URL-Pfad für eine bestimmte Webseite auszusehen hat. Im hier diskutierten Beispiel hätte er statt „/entry/disproof" z. B. auch „dictionary/entry/3325" oder „/dict/disproof/showentry" lauten können; die entsprechenden Festlegungen treffen letztlich die Programmierer des Internetwörterbuchs. In vielen Fällen werden die Pfade so gewählt, dass sie einen groben Eindruck von der Struktur der angebotenen Online-Inhalte geben.

---

[1] Neben HTTP ist für gewöhnliche Webseiten insbesondere dessen verschlüsselte Variante HTTPS gebräuchlich, die dem URL-Präfix https:// entspricht.

Die einzige Art von URLs, die Benutzerinnen üblicherweise manuell in die Adressleiste eines Browsers eingeben, sind solche, deren URL-Pfad *leer* ist, bei denen also die URL nur aus einem Präfix wie „http://" und dem Hostnamen besteht: „http://www.google.de". Der leere Pfad wird in der HTTP-Anfrage mit einem bloßen Schrägstrich „/" angegeben:

```
GET / HTTP/1.1
```

Der leere Pfad entspricht üblicherweise der *Startseite* eines Internetauftritts, von dem aus man per Links oder über Suchfunktionen auf die gewünschten Webseiten gelangt.

Startseite

Für Interessierte mit Vorkenntnissen noch eine eher technische Anmerkung: Es kann durchaus sein, dass der URL-Pfad tatsächlich einem Dateipfad auf dem die Anfrage beantwortenden Computer entspricht, so dass beispielsweise ein Pfad wie „dictionary/entry/3325" tatsächlich auf eine Datei mit dem Namen „3325" im Unterverzeichnis „entry" eines Verzeichnisses „dictionary" verweist, deren Inhalt als Antwort an den anfragenden Webbrowser zurückgeschickt wird. Dies ist der historische Grund für die Bezeichnung und die Form von URL-Pfaden. Im allgemeinen Fall gibt es jedoch keine Entsprechung zwischen URL- und Dateipfaden, schon deswegen nicht, weil die Antwort auf eine Anfrage in der Regel erst nach der Anfrage „zusammengebaut" wird und nicht schon irgendwo fertig auf einer Festplatte liegt.

Damit der Computer mit der Adresse 23.61.241.133 die besagte Anfrage überhaupt bearbeiten kann, muss auf ihm ein Programm laufen, das in der Lage ist, Anfragen von anderen Rechnern entgegenzunehmen und zu beantworten. Ganz allgemein wird ein solches Programm als *Server* bezeichnet; im vorliegenden Fall spricht man, weil das Programm Webseiten bereitstellt, von einer *Webanwendung*. Ein Computer, auf dem ein oder mehrere Serverprogramme laufen, wird auch selbst als Server bezeichnet; ist ein solches Serverprogramm eine Webanwendung, fungiert der Rechner als *Webserver*. Ein Programm, das Anfragen an einen Server richtet, heißt dementsprechend – ebenso wie der Rechner, auf dem es läuft – *Client*. Im vorliegenden Fall ist das Gerät mit dem Webbrowser ein Client, der an die Webanwendung auf dem Server 23.61.241.133 eine Anfrage stellt.

Server

Webanwendung

Client

Die Webanwendung auf dem Serverrechner hat nun die Aufgabe, die Anfrage (*Request*) „GET /artikel/disproof" zu beantwor-

Request

Response ten; die Antwort (*Response*) folgt wiederum den Regeln des HTTP-Protokolls und enthält neben Verwaltungsinformationen insbesondere auch eine Beschreibung der angeforderten Ressource, in diesem Fall der Webseite mit dem Wörterbuchartikel zu *disproof*. Diese Webseite könnte im einfachsten Fall etwa wie in → Abbildung 1.2 aussehen:[2]

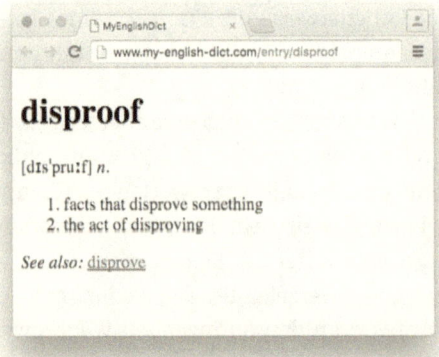

Abb. 1.2: Minimale Beispiel-Artikelansicht eines Internetwörterbuchs.

1.2.2 HTML, JavaScript und CSS

HTML   Wie aber beschreibt eine Webanwendung einem Client, also einem Webbrowser, eine Webseite? Die Beschreibung wird in einer bestimmten Sprache, der Hypertext Markup Language (*HTML*) verfasst. Zentrale Aufgabe des Browsers ist es, diese Beschreibung in die gewünschte Darstellung zu überführen (*Rendern* des HTML-Quellcodes). So sieht die Mini-Webseite mit dem Artikel zu *disproof* im HTML-Code aus:

---

[2] Das Beispiel ist angelehnt an ein Beispiel aus den „Guidelines for Electronic Text Encoding and Interchange" (Burnard/Bauman 2007) zum Wörterbuch-Modul der Text Encoding Initiative (TEI, siehe www.tei-c.org/release/doc/tei-p5-doc/en/html/DI.html). Das Beispiel wird auch in → Kapitel 4 verwendet, vgl. dort auch → Abschnitt 4.1 zur TEI.

1 Technische Rahmenbedingungen der Internetlexikografie — 9

```
<html>
  <head>
    <meta charset="utf-8">
    <title>MyEnglishDict</title>
  </head>
  <body>
    <h1>disproof</h1>
    <p>[dɪsˈpruːf] <i>n.</i></p>
    <ol>
      <li>facts that disprove something</li>
      <li>the act of disproving</li>
    </ol>
    <p><i>See also:</i> <a href="/entry/disprove">
        disprove</a></p>
  </body>
</html>
```

Die Grundidee von HTML ist die rein beschreibende und hierarchisch strukturierte Markierung oder „Auszeichnung" (engl. *markup*) von Textteilen mittels in Winkelklammern stehender Strukturinformationen, den sogenannten *Tags*. So wird hier das Wort *disproof* als eine Überschrift der ersten – d. h. höchsten – Gliederungsebene ausgezeichnet, indem vor das Wort ein *Starttag* **<h1>** (lies etwa: „heading 1") und hinter das Wort der korrespondierende *Endtag* **</h1>** mit einem zusätzlichen Schrägstrich nach der öffnenden Winkelklammer gesetzt wird. Wie eine solche Strukturinformation vom Browser genau umgesetzt wird, ist Sache des Browsers. Überschriften der Ebene 1 werden üblicherweise in größerer und zudem fett gesetzter Schrift auf einer eigenen Zeile dargestellt. Der gezeigte Beispielcode für die Miniaturwebseite enthält weitere typische Beispiele für HTML-Tags:

Prinzipien der Auszeichnungssprache HTML

- normale Textabsätze (*paragraph*): **<p>...</p>**;
- kursive Schrift (*italics*): **<i>...</i>**;
- automatisch nummerierte Aufzählung (*ordered list*): **<ol>...</ol>**;
- Einzelpunkt einer Aufzählung (*list item*): **<li>...</li>**;
- Webseitentitel, angezeigt im Kopfbereich des Browserfensters (*title*): **<title>...</title>**;
- Hyperlink (*anchor*): **<a href="...">...</a>**. Hier steht zwischen dem Start- und dem Endtag der Text, der im Browser tatsächlich angezeigt wird (in der obigen Abbildung vom Browser durch Unterstreichung und abweichende Farbe als Link gekennzeich-

net), und innerhalb des Starttags wird die URL oder der URL-Pfad für die beim Anklicken des Links aufzurufende Webseite als sogenanntes *Attribut* angegeben (**href** steht für *hypertext reference*).

Weitere Tags strukturieren das HTML-Dokument als Ganzes; so muss das gesamte Dokument vom Tagpaar **<html>...</html>** umschlossen sein. Der eigentliche im Browser anzuzeigende Seiteninhalt ist der „body" der Seite und wird durch **<body>...</body>** markiert. Grundsätzliche Informationen über die Webseite landen im „head" des Dokuments und werden durch **<head>...</head>** ausgezeichnet, im obigen Beispiel nur der Seitentitel, der auf dem Reiter (*Tab*) des Browserfensters angezeigt wird, sowie Informationen über die Zeichenkodierung, die ausnahmsweise kein Endtag verlangen. Ein Tagpaar mit dem gesamten zwischen öffnendem und schließendem Tag befindlichen Inhalt wird als *Element* bezeichnet.

HTML-Code beschreibt zunächst nur auf hierarchisch strukturierte Weise die textuellen Inhalte einer Webseite. HTML wird üblicherweise mit zwei weiteren Sprachen kombiniert:

CSS — Mit *Cascading Style Sheets* (CSS) wird die graphische und farbliche Gestaltung von Seiteninhalten beschrieben, einschließlich komplexer Aspekte wie Animationsvorgänge und der Definition abweichender Darstellung der Seiteninhalte etwa auf Druckern oder kleinen Bildschirmen.

JavaScript — *JavaScript* ist eine auf allen modernen Browsern verfügbare Programmiersprache, mit der Interaktionsabläufe auf einer Webseite implementiert werden können, einschließlich umfangreicher grafischer Manipulationen und beliebig komplexer Datenverarbeitungsvorgänge.

An dieser Stelle müssen wir uns mit einem Miniaturbeispiel zur Veranschaulichung der genannten Technologien begnügen. In den nachfolgenden HTML-Code, der direkt mit einem Browser getestet werden kann, sind CSS- und JavaScript-Anweisungen direkt integriert:

```
<html>
  <body>
    <p style="color:blue;">
      Bitte
      <span id="a1" onclick="getElementById('a1').style.
         color='red';">
        HIER
      </span> klicken!
    </p>
  </body>
</html>
```

Die CSS-Anweisung „color:blue" im **style**-Attribut des **p**-Elements (Absatzes) sorgt dafür, dass im Browser der gesamte Absatztext „Bitte HIER klicken!" in blauer Farbe angezeigt wird. Dies gilt auch für den Textabschnitt „HIER", der durch ein untergeordnetes **span**-Element separat ausgezeichnet wird. Dem **span**-Element ist per Attribut eine es eindeutig identifizierende ID, hier a1, zugeordnet. Ein weiteres Attribut, **onclick**, beschreibt mithilfe von JavaScript-Code, was beim Klicken auf den Text des **span**-Elements geschehen soll, nämlich: „Ändere die Textfarbe innerhalb des Elements mit der ID a1 auf Rot". Beim Klicken auf „HIER" wird daher die vorher vom Absatz ererbte blaue Textfarbe von „HIER" auf Rot geändert.

Unser kleines Beispiel entspricht nicht gängiger Programmierpraxis. Es ist üblich, CSS- und JavaScript-Anweisungen in separaten Dateien abzulegen, so dass Aspekte der Gestaltung und der Interaktivität von Webseiten weitestgehend unabhängig von deren textuellem Inhalt geändert werden können. Diese Dateien erhalten eigene URLs, unter denen sie vom Webserver abgerufen werden können. Im HTML-Code werden sie an geeigneter Stelle mittels spezieller Elemente (Tags) integriert. Die folgenden beispielhaften HTML-Zeilen binden eine CSS-Datei und eine JavaScript-Datei ein, die per HTTP unter den jeweils im **href**- bzw. **src**-Attribut genannten URL-Pfaden angefragt werden:

```
<link rel="stylesheet" href="/stylesheets/
    mystylesheet.css">
<script src="/scripts/myscript.js"></script>
```

Bei der Verwendung solcher HTML-Elemente, die auf weitere online abrufbare Inhalte verweisen, werden also im Zuge des Renderns der HTML-Seite weitere HTTP-Requests ausgelöst, um die entsprechenden Daten nachzuladen. Genau so funktioniert beispielsweise auch das Einbinden von Bilddateien: Das HTML-Element

```
<img src="/images/mypicture.jpg">
```

löst einen neuen Request aus, um ein Bild unter dem URL-Pfad „/images/mypicture.jpg" zu laden. Ein Request für eine einzige komplexe HTML-Webseite kann auf diese Weise durchaus über 100 weitere Requests zum Nachladen von weiteren für den Seitenaufbau und die Seitenfunktionalität erforderlichen Daten auslösen.

1.2.3 Ausblick

Die Webanwendung schickt als Antwort auf die Client-Anfrage den gezeigten HTML-Code über das Internet an den Browser, wo er gerendert wird. Interessierte Nutzer können den hier geschilderten Prozess übrigens jederzeit am eigenen Computer im Einzelnen nachvollziehen: Zum einen bietet jeder Browser die Möglichkeit, sich den HTML-Code (oft als *Quellcode* bezeichnet) einer Seite anzeigen zu lassen; zum anderen verfügen moderne Browser vor allem für Programmierer über sogenannte Entwicklerwerkzeuge, die z. B. den genauen Inhalt von HTTP-Anfrage und -Antwort einsehbar machen und sogar anzeigen, wie lange es gedauert hat, die IP-Adresse des Webservers zu ermitteln.

Entwicklerwerkzeuge für Browser

Woher nimmt nun aber eine Webanwendung den HTML-Code für einen gewünschten Artikel? Im Allgemeinen liegt dieser nicht unveränderlich und fertig („statisch") auf der Festplatte des Webservers, sondern wird im Zuge der Beantwortung der Client-Anfrage erst aus abstrakteren lexikografischen Datenstrukturen „dynamisch" zusammengebaut. Darauf wird in → Kapitel 4 näher eingegangen.

Abschließend muss betont werden, dass wir in diesem Abschnitt nur den einfachsten Fall des Zugriffs auf Webinhalte näher beleuchtet haben, nämlich den „klassischen" Request-Response-Zyklus, bei dem die Nutzerin durch eine Bedienhandlung wie etwa den Mausklick auf einen Link einen Browser-Request an einen Server und über dessen Response dann das Laden einer neuen HTML-Webseite auslöst. Die Beschränkungen dieses Ablaufs werden in zunehmendem Maße aufgehoben; dazu drei Beispiele:

Neuere Webtechnologien

1 Technische Rahmenbedingungen der Internetlexikografie — 13

- Der Programmcode (JavaScript) auf einer Webseite kann über eine üblicherweise als *Ajax* bezeichnete Technik asynchron, also im Hintergrund und ohne weitere Nutzerinteraktionen mit der aktuellen Browserseite zu blockieren, per HTTP(S) Daten von einem Webserver anfordern, diese Daten anschließend verarbeiten und abschließend die Inhalte auf der angezeigten Seite entsprechend beliebig modifizieren. So entfällt das in komplexen Anwendungsfällen langsame und wenig intuitive Laden einer ganz neuen Webseite nach beispielsweise dem Klicken auf einen Link, und der Umgang mit Ajax-basierten Webseiten nähert sich den Bedienkonzepten von herkömmlichen Desktop-Anwendungen an.   *Ajax*

- Ein Webserver kann im HTTP-Protokoll Daten nur an einen Client ausliefern, wenn vorher ein entsprechender Request vom Client abgesetzt wurde. Neuere Netzprotokolle, beispielsweise das WebSocket-Protokoll, ermöglichen eine echte bidirektionale Kommunikation zwischen Client und Server, bei der ein Server jederzeit bei gegebenem Anlass (beispielsweise bei bestimmten Änderungen in der Datenbank) „von sich aus" Daten an Clients schicken kann.   *Initiierung der Kommunikation durch den Server*

- Natürlich kann der Zugriff auf Online-Inhalte statt über einen Browser auch über ein speziell für den konkreten, in unserem Fall lexikografischen, Anwendungsfall entwickeltes Programm, beispielsweise eine „Wörterbuch-App" auf einem heutigen Smartphone oder Tablet, erfolgen. Auch dabei kommen aber Netzwerkprotokolle wie z. B. HTTP(S) zum Einsatz, und bei allen Unterschieden im Detail sind die grundsätzlichen Abläufe nicht fundamental von denen entsprechender Browseranwendungen verschieden. Dabei verschwinden mit der zunehmenden ubiquitären Verfügbarkeit des Internets die Grenzen zwischen Online- und Offline-Inhalten. Konkret heißt dies, dass ein Grundbestand von Daten ohnehin auf der lokalen Festplatte verfügbar ist und die Wörterbuchanwendung je nach Verfügbarkeit einer Internetverbindung automatisch online nach Aktualisierungen und weiteren zugehörigen Inhalten suchen kann – ohne dass die Nutzerin die Herkunft der Daten erkennen kann.   *App*

1.3 Logging

Unter dem Begriff „Logging" wird im Folgenden ganz allgemein das Aufzeichnen von Informationen über den internen Zustand eines technischen Systems sowie die Interaktion von Nutzern (oder anderen technischen Systemen) mit diesem System zusammengefasst.

<small>Logdatei</small> Die aufgezeichneten Informationen werden in einer *Logdatei* in Form einzelner Datensätze gespeichert, in der Regel zusammen mit einer genauen Zeitangabe (*Timestamp*), um die chronologische Reihenfolge der Zustände und Aktionen rekonstruieren zu können. Oft kommen weitere Metadaten zu den Datensätzen dazu, beispielsweise eine Klassifikation der Wichtigkeit des Datensatzes (Debug-Information, Warnung, schwerer Fehler, ...) oder der Name der Systemkomponente, die den Datensatz erzeugt hat. Anhand dieser Metadaten kann die Logdatei gefiltert werden. Manche Software-Systeme nutzen für unterschiedliche Typen von Logmeldungen auch von vornherein verschiedene Logdateien.

Bei einem Internetwörterbuch sind hauptsächlich zwei Systeme für Logmeldungen von Interesse: die eigentliche Wörterbuchanwendung und der HTTP-Server, über den die Wörterbuchanwendung per Internet mit anfragenden Rechnern kommuniziert. In der konkreten technischen Umsetzung können beide auch Subsysteme eines integrierten Einzelsystems sein. Für die folgenden Darstellungen werden wir, wie schon in → Abschnitt 1.2, aus Gründen der Übersichtlichkeit von letzterer Situation ausgehen und das Internetwörterbuch als monolithisches (Server-)System betrachten, das mit einem menschlichen Nutzer, vermittelt durch dessen Webbrowser, kommuniziert. Während eines solchen Kommunikationsvorgangs werden über verschiedene Protokolle Daten übertragen.

<small>HTTP-Header</small> Bei jeder Anfrage an das Internetwörterbuch werden vom Webbrowser neben der angefragten URL eine ganze Reihe zusätzlicher Informationen in verschiedenen *HTTP-Headern* übertragen, beispielsweise:
- die eigene IP-Adresse (*Host*),
- eine Identifikation des Browsertyps (*User-Agent*),
- bevorzugte Dateiformate zur direkten Anzeige (*Accept*),
- bevorzugte Sprachen (*Accept-Language*),
- die URL der zuletzt aufgerufenen Seite (*Referer*),
- der Wunsch, (k)ein Nutzerprofil auf dem Server anzulegen (*DNT*, „do not track").

Beim Aufrufen einer URL – zum Beispiel durch das Eingeben eines Suchbegriffs in einen Suchschlitz oder durch Klicken auf einen Link – können verschiedene *Parameter* an den Server gesandt werden. Auf diese Weise können unter anderem die Werte, die Nutzerinnen in einem Formular einer Webseite eingegeben haben (Anmeldedaten, Suchkriterien, persönliche Einstellungen), an die Wörterbuchanwendung übertragen werden. Abhängig von der verwendeten HTTP-Anfragemethode erscheinen diese Parameter im sogenannten Query-String als Teil der URL in der Adresszeile des Browsers (GET-Methode) oder sie werden für den Wörterbuchnutzer nicht unmittelbar erkennbar als Teil der eigentlichen HTTP-Nachricht versendet (POST-Methode).

Parameter

Auch die Wörterbuchanwendung kann neben den angeforderten Informationen weitere Daten an den Browser einer Nutzerin schicken. Diese Daten – sogenannte *Cookies* – werden vom Browser lokal gespeichert und auf Anfrage auch (in der Regel unbemerkt) wieder zurückübermittelt. Oft dienen sie dazu, die Nutzerin durch ein eindeutiges Token zu identifizieren, typischerweise nachdem sie sich bei einer Webseite angemeldet hat, zur Speicherung einer Liste der bisher gesuchten Stichwörter oder anderer Informationen, die nach dem Aufrufen einer neuen Seite weiterhin zur Verfügung stehen sollen. Cookies können daher in vielen Fällen als eine Form des Loggings im Browser aufgefasst werden, mit der Besonderheit, dass diese Log-Datensätze von der Wörterbuchanwendung selbst zur Laufzeit ausgewertet werden können. Es gibt verschiedene Verfahren, Cookies an einen Browser zu senden, beispielsweise durch das HTTP-Protokoll.

Cookies

Die beiden wichtigsten Anwendungen für Log-Informationen sind zum einen die Problemanalyse, wenn es zu Programmfehlern oder allgemein zu technischen Fehlern im Betrieb der Wörterbuchanwendung kommt, und zum anderen die Analyse des Nutzerverhaltens in der Interaktion mit der Wörterbuchanwendung. Auf die Analyse technischer Probleme soll an dieser Stelle nicht weiter eingegangen werden, da sie sehr stark von der Implementation einer konkreten Wörterbuchanwendung abhängt. Der Analyse des Nutzerverhaltens ist in diesem Band jedoch ein eigenes Kapitel gewidmet (→ Kapitel 8). Aus diesem Grund wird im Folgenden detaillierter auf die Art der Daten eingegangen, die zu diesem Zweck aus Logdateien gewonnen werden können.

Anwendungen für Logging

Aus der Sicht der Wörterbuchanwendung kommuniziert diese zunächst mit einem technischen System, das durch seine IP-Adresse (Host-Angabe im HTTP-Header) identifizierbar ist. Allerdings werden diese IP-Adressen einerseits in vielen Fällen dynamisch zugewiesen und sind dadurch nicht dauerhaft mit einem bestimmten Gerät verbunden. Andererseits arbeiten viele Geräte hinter einem gemeinsamen sogenannten Gateway, das beispielsweise die gesamte ausgehende Kommunikation einer Universität über eine einzige IP-Adresse abwickelt. Der einfache Bezug auf eine IP-Adresse erlaubt damit nicht verlässlich, auf ein bestimmtes Gerät zu schließen (und von diesem auf eine Nutzerin). Durch die Kombination weiterer Log-Informationen kann dieser Unsicherheit teilweise begegnet werden. So könnte man zusätzlich die Information über den Browsertyp in Betracht ziehen und auch Rückschlüsse aus der URL der zuletzt besuchten Seite sowie dem Zeitpunkt des Aufrufs ziehen. Bei einem hohen Besucheraufkommen wird aber auch eine solche Kombination nicht dazu führen, dass alle Interaktionen eines einzelnen Nutzers gezielt gefunden werden können. Abhängig von der Fragestellung kann es aber bereits ausreichen, die Beziehungen zwischen der aktuell aufgerufenen Seite und der direkt vorher aufgerufenen Seite zu analysieren, ohne die Handlung auf konkrete Urheber abzubilden.

Eine zuverlässige und gezielte Beobachtung eines Nutzers (*Tracking*) wird möglich, wenn dieser sich bei der Wörterbuchanwendung angemeldet hat oder wenn die Wörterbuchanwendung dem benutzten Browser stillschweigend ein eindeutig identifizierendes Merkmal (zum Beispiel durch ein Cookie) zuweist. Anhand dieses identifizierenden Merkmals können alle Interaktionen des Nutzers aus der Logdatei ausgelesen werden.

Rechtliche Zulässigkeit

Natürlich ist nicht alles, was in Bezug auf die Nutzerbeobachtung technisch möglich ist, auch rechtlich zulässig. So ist die eben skizzierte gezielte Beobachtung des Nutzerverhaltens ohne die explizite und wissentliche Einwilligung des Nutzers beispielsweise ausgeschlossen.

Verschiedene gesetzliche Regelungen beschreiben und beschränken die Art und Nutzung von Kommunikationsdaten, vor allem:

- das Bundesdatenschutzgesetz (BDSG) in Umsetzung der EU-Datenschutzrichtlinie[3] (95/46/EG) und der EU-Datenschutzrichtlinie für elektronische Kommunikation (2002/58/EG), das unter anderem den Umgang mit personenbezogenen Daten regelt,
- das Telemediengesetz (TMG), das unter anderem Aspekte des Datenschutzes und der Datenweitergabe durch Telemedien (zum Beispiel Webseiten) regelt.

In einem institutionellen Umfeld gibt es oft zusätzliche und teilweise spezifischere Bestimmungen und Richtlinien (auf der Basis der genannten Gesetze) darüber, welche Interaktionsdaten in welcher Form in Logdateien gespeichert und ausgewertet werden dürfen, sowie bestellte Datenschutzbeauftragte, die in diesem Zusammenhang Hilfe und Unterstützung bieten.

1.4 Versionierung

Die Leserin eines gedruckten Wörterbuchs ist nicht prinzipiell auf die Hilfe technischer Systeme angewiesen, um das Speichermedium Buch nutzen zu können. Die Rezeption eines Wörterbuchs, das in einer elektronischen Speicherform vorliegt, ist ohne den Rückgriff auf ein passendes Anzeige- und Navigationsgerät dagegen nicht möglich. Die konkrete Art des Gerätes – sei es ein elektronisches Übersetzungsgerät, ein Mobiltelefon oder ganz allgemein ein Computersystem – spielt für unsere Überlegungen dabei keine Rolle. Wichtig ist das allen gemeinsame Grundprinzip, dass die für Menschen lesbare Darstellung der gespeicherten Information immer erst aus der gespeicherten Datenrepräsentation erzeugt werden muss. Anders als bei einem Buch, dessen Inhalt nach dem Druckvorgang fixiert ist, können die zugrundeliegenden elektronisch gespeicherten Daten relativ leicht geändert oder ersetzt werden. Das Anzeigegerät wird anschließend dem Nutzer die geänderte Information (zum Beispiel einen überarbeiteten Wörterbuchartikel) anzeigen. Für die Bewältigung der neuen Herausforderungen,

---

[3] Derzeit wird an einer europäischen Datenschutz-Grundverordnung gearbeitet, die die Datenschutzrichtlinie unmittelbar bindend ersetzen soll.

die sich aus dieser Variabilität ergeben, gibt es eine Reihe von Verfahren und Technologien, die im vorliegenden und im folgenden Abschnitt des Kapitels kurz vorgestellt werden. Wir beginnen mit dem Problem, dass sowohl aus Datenhaltungs- als auch aus Nutzersicht ein systematischer Zugriff auf verschiedene Fassungen von Dokumenten möglich sein sollte.

Auch wenn eine solche sogenannte Versionierung keine Internettechnologie und auch kein in der Lexikografie verbreitetes Konzept ist, spielt sie doch in der Internetlexikografie eine gewisse Rolle, die die Behandlung der dahinterstehenden Ideen rechtfertigt.

Grundidee der Versionierung

Versionierung ist ein Konzept, das aus der Softwaretechnologie stammt. Dort spricht man vom Lebenszyklus einer Software. Ein Programm wird entwickelt, getestet, auf einem Markt vertrieben, genutzt, überarbeitet. Die Überarbeitung resultiert in verschiedenen Versionen dieses Programms. Das „Leben" des Programms ist beendet, wenn die Weiterentwicklung und der Support des Programms eingestellt werden – was nicht bedeutet, dass das Programm nicht noch weiter benutzt wird. In der Softwaretechnologie haben Werkzeuge, die die Verwaltung von Versionen unterstützen, die folgenden Zwecke und Funktionen: a) Änderungen werden protokolliert und gegebenenfalls kommentiert; b) frühere Entwicklungsstände (Versionen) der Software werden archiviert. Auf sie kann bei Bedarf zurückgegriffen werden (vgl. Baerisch 2005).

Die Idee des Lebenszyklus wurde in der digitalen Welt auf Dokumente übertragen (vgl. Lobin 2004). Das typische Dokument, an das dabei gedacht wird, ist eine Produktbeschreibung oder Benutzungsanleitung, die mit der Weiterentwicklung eines Produkts Schritt halten, also angepasst werden muss, ohne deshalb neu geschrieben zu werden. Man kann in diesem Fall davon sprechen, dass es von diesem Dokument mehrere Versionen gibt, die so verwaltet werden müssen, dass die Autoren des Dokuments nicht den Überblick verlieren.

Auflage

In der Welt der gedruckten Texte gibt es ein vergleichbares Konzept: die *Auflage*. Ein Text kann in mehreren Auflagen erscheinen. Er kann von Auflage zu Auflage unverändert reproduziert werden oder aber mehr oder weniger stark verändert werden. Über die Änderungen eines Textes, die eine neue Auflage charakterisieren, geben in der Regel die Autoren in einem Vorwort meist recht knappe Auskunft.

1 Technische Rahmenbedingungen der Internetlexikografie — 19

Die wichtigsten Unterschiede zwischen der Auflage (eines Buches) und der Version (einer Software oder eines Dokumentes) sind die folgenden:

Auflage versus Version

- Die Zeit, die zwischen zwei Auflagen vergeht, beträgt meist ein oder mehrere Jahre. Die Abstände zwischen zwei Versionen einer Software oder eines online verfügbaren Dokuments sind in der Regel wesentlich kürzer.
- Der Skopus einer Auflage ist meist das ganze Druckwerk (das Buch erscheint in der fünften Auflage), in der Softwareentwicklung kann ebenfalls ein ganzes Softwarepaket versioniert werden, aber auch ein einzelnes Modul. Bei Dokumenten kann die Versionierung sich auf einzelne Kapitel, Abschnitte, oder – im Fall eines lexikografischen Werks – Artikel(teile) beziehen.
- Die Dokumentation der Änderungen (der sogenannte „Changelog") ist meist ausführlicher als das „Vorwort zur Neuauflage" in einem Buch.

In der Internetlexikografie haben wir es mit zwei verschiedenen Arten von Dokument und zwei verschiedenen Arten von „Nutzern" zu tun. Man kann zum einen ein gesamtes Referenzwerk als Dokument betrachten, zum anderen ein einzelnes Modul, typischerweise einen Wörterbuchartikel, aber auch einen Umtext. Für die Benutzer eines Referenzwerkes ist meist das Referenzwerk als Ganzes sichtbar und relevant; für die Lexikografinnen stehen die einzelnen Teiltexte und ihre Entwicklungsstufen im Vordergrund.

Daraus folgt für das Management von Versionen bei der Erstellung eines Internetwörterbuchs:

Lexikografisches Versionsmanagement

- Für die Lexikografen ist die Versionierung auf Artikelebene sinnvoll. Sie ist sogar notwendig, wenn mehrere Lexikografen an einem Artikel arbeiten. Ältere Entwicklungsstufen eines Artikels müssen wiederherstellbar, verschiedene Zustände miteinander vergleichbar sein. Auf eine bestimmte Version muss mit einem eindeutigen Namen zugegriffen werden können, zum Beispiel über eine Versionsnummer. Neben diesem Namen können weitere Metadaten hilfreich sein: a) Name des Bearbeiters dieser Version; b) Zeitpunkt der Erstellung dieser Version; c) Beschreibung der Änderung dieser Version gegenüber der letzten Version.
- Für den Nutzer des „fertigen" Produktes, also eines Wörterbuches, auf das dieser Benutzer typischerweise über einen

Browser zugreift, ist eine Versionierung auf der Ebene des Gesamtwerks meistens ausreichend. Auch hier sollte für jede Version eine Beschreibung der wesentlichen Änderungen gegenüber der letzten Version – und, kumulativ, zu der vorletzten Version usw. – bereitgestellt werden. Außerdem ist ein Hinweis auf den Zeitpunkt, zu dem diese Version bereitgestellt wurde, hilfreich. Entsprechende Umtexte sollten zum „Lieferumfang" des Wörterbuchs gehören. Der Rückgriff auf frühere Versionen des Wörterbuches oder eines einzelnen Artikels ist in der Regel nicht vorgesehen, da der Aufwand hierfür sehr hoch ist. Ausnahmen bilden die sogenannten „Wikis" (z. B. WIKIPEDIA und WIKTIONARY). In diesen Systemen ist das Versionsmanagement einzelner Dokumente ein integraler Bestandteil und steht damit jedem Benutzer zur Verfügung.

Richtlinien für internetlexikografisches Datenmanagement

Aus dieser Situation kann man die folgenden Schlüsse ziehen und Empfehlungen für die Planung eines im Internet publizierten Wörterbuches geben:

- Wenn ein lexikografischer Prozess geplant und gestaltet werden soll (→ Kapitel 3), dann müssen grundlegende Entscheidungen zum Datenmanagement getroffen werden. Eine dieser Entscheidungen ist es, ob bei einzelnen Arbeitsstufen des lexikografischen Prozesses verschiedene Instanzen eines Dokumentes anfallen und wie mit diesen verfahren werden soll. Man kann mit jeder neuen Instanz eines Dokumentes die früheren Instanzen verwerfen oder man kann sie konservieren. Wenn ein Datenbankmanagementsystem (→ Kapitel 4, → Abschnitt 4.2.2) für die Datenhaltung eingesetzt werden soll, dann muss man sich darüber bewusst sein, dass eine solche Software das Management von Versionen nicht automatisch unterstützt: Jede Änderung an den gespeicherten Daten überschreibt den vorherigen Zustand. Für das Versionenmanagement muss die Datenhaltung in solchen Fällen so konzipiert werden, dass Änderungen, die Nutzerinnen an den Daten vornehmen, jeweils nach einem festgelegten System neue Datensätze mit passenden Metadaten erzeugen, anstatt lediglich vorhandene Datensätze zu modifizieren. Dies erfordert aber einen höheren technischen Aufwand, der bei der Projektplanung zu berücksichtigen ist. Alternativ kann man ein Wiki-System einsetzen, bei dem, wie gesagt, das

Versionenmanagement bereits fertig implementiert ist. Eine dritte Alternative ist die Kopplung eines Redaktionssystems mit einer Versionsverwaltungs-Software, wie sie auch in der Softwareentwicklung verwendet wird. Ein Beispiel für ein solches System ist Subversion (https://subversion.apache.org/). Der Umgang mit einem solchen System erfordert allerdings ein tieferes technisches Verständnis. Zum Beispiel müssen sogenannte „Versionskonflikte" aufgelöst werden, die dann entstehen, wenn zwei Bearbeiter an ihrer jeweiligen Kopie eines Dokumentes Veränderungen vorgenommen haben. Diese Veränderungen müssen zusammengeführt werden, so dass wieder eine gemeinsame Version vorliegt. Das bedeutet, dass bei größeren lexikografischen Prozessen eine dauerhafte Betreuung der Nutzer einzuplanen ist.

- Auch bei der Publikationsplanung von Internetwörterbüchern sind Bearbeitungszyklen zu berücksichtigen. Am einfachsten sind hier wieder die Wiki-Systeme. Jede Änderung wird online sofort sichtbar, Änderungen können relativ leicht wieder rückgängig gemacht werden. Bei einer Vielzahl von Änderungen kann die Kontrolle aber recht kompliziert und zeitaufwändig sein. Bei redaktionell, also nicht kollaborativ, erstellten Referenzwerken wird man einen Wörterbuchartikel erst nach gründlicher Prüfung und „Freigabe" veröffentlichen wollen. Die Frage, die in diesem Fall vorab zu klären ist, lautet, in welchen Abständen man die für den Benutzer sichtbare Ressource aktualisieren will. Ein Extremfall ist das Modell der Auflage in der Printlexikografie: Das ganze Werk wird im Abstand von meist mehreren Jahren neu herausgegeben. Das andere Extrem ist die Publikation jedes einzelnen aktualisierten und freigegebenen Artikels. Die geplante Aktualisierungspraxis wird vermutlich dazwischenliegen. Möglich sind Aktualisierungen in bestimmen Abständen (monatlich o. Ä.) oder wenn eine bestimmte Anzahl an freigegebenen neuen oder überarbeiteten Artikeln auf die Veröffentlichung wartet.

Abschließend seien zwei Beispiele für Versionierungen in großen lexikografischen Onlineangeboten genannt:

- OED ONLINE: In der Online-Version des „OXFORD ENGLISH DICTIONARY" (www.oed.com) werden am rechten Rand, neben dem Artikelfenster, ein Link auf die Publikationsgeschichte

Beispiele für Versionierung in Internetwörterbüchern

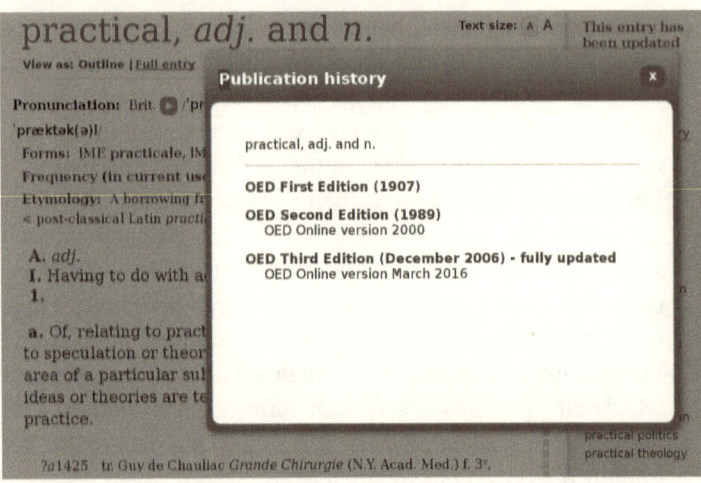

Abb. 1.3: Publikationsgeschichte des Artikels zu *practical* im OED.

(wird eingeblendet) sowie ein Link auf die letzte Version (Verweis mit Artikelwechsel) angeboten. Die Angaben in der Publikationsgeschichte beziehen sich entweder auf „Auflagen" eines Teilbandes („OED First Edition 1907"), auf einen der (gedruckt erschienenen) Supplementbände oder auf eine „Online Version" (→ Abbildung 1.3). Darüber hinaus gibt es einen Changelog: Unter der Rubrik „What's New" werden unter anderem die Änderungen des letzten Updates aufgelistet. Außerdem werden Verweise auf die Changelogs früherer Updates bereitgestellt. Über die interne Versionenverwaltung der OED-Redaktion ist uns nichts bekannt.

– DWDS: Das DIGITALE WÖRTERBUCH DER DEUTSCHEN SPRACHE ist als Wortauskunftssystem konzipiert, das u. a. einige Wörterbücher umfasst (vgl. Klein/Geyken 2010). Einige dieser Wörterbücher werden regelmäßig aktualisiert, u. a. das ETYMOLOGISCHE WÖRTERBUCH DES DEUTSCHEN (PFEIFER-DWDS). Die Arbeit an der Printversion ist zwar schon lange abgeschlossen, und das gedruckte Werk erschien in drei Auflagen zwischen 1989 und 1995. Der Hauptautor, Wolfgang Pfeifer, arbeitet jedoch kontinuierlich an der Überarbeitung bestehender Artikel und der Erstellung neuer Artikel für die Online-Version. Das Wörterbuch innerhalb des DWDS wird deshalb ungefähr zweimal pro Monat aktualisiert. Jede Version wird mit einer eigenen Versionsnummer versehen (→ Abbildung 1.4). Die Versionsnummer ist dreiteilig, so können größere Änderungen von kleineren Aktualisierungen unterschieden werden. Eine neue Version entsteht auch dann, wenn etwas am Format der Daten geändert wird (z. B. Auszeichnung weiterer Artikelteile), selbst wenn diese für den Benutzer nicht sichtbar sind. Die Versionen werden archiviert, sie könnten also bei Bedarf rekonstruiert werden, auch wenn dies auf der Webseite nicht angeboten wird. Der Changelog dieser Ressource wird, neben anderen Neuerungen, auf der Seite „Neuerungen" dokumentiert (www.dwds.de/news). Auch die anderen lexikalischen Ressourcen werden versioniert, die Versionsnummer ist immer im unteren Teil des Panels zu finden. Im DWDS wird für die Artikelerstellung ein Redaktionssystem verwendet, das mit dem Versionierungssystem SVN verknüpft ist. Auf diese Weise werden alle Versionen eines Artikels archiviert und können bei Bedarf herangezogen werden.

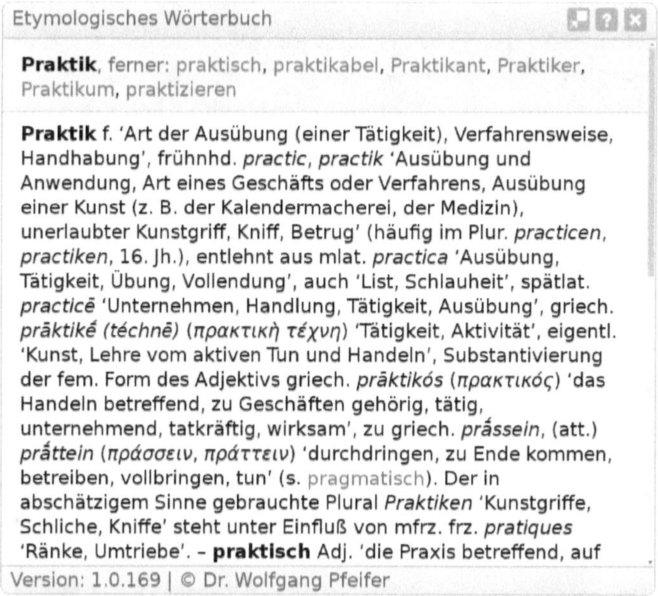

Etymologisches Wörterbuch

Praktik, ferner: praktisch, praktikabel, Praktikant, Praktiker, Praktikum, praktizieren

Praktik f. 'Art der Ausübung (einer Tätigkeit), Verfahrensweise, Handhabung', frühnhd. *practic*, *practik* 'Ausübung und Anwendung, Art eines Geschäfts oder Verfahrens, Ausübung einer Kunst (z. B. der Kalendermacherei, der Medizin), unerlaubter Kunstgriff, Kniff, Betrug' (häufig im Plur. *practicen*, *practiken*, 16. Jh.), entlehnt aus mlat. *practica* 'Ausübung, Tätigkeit, Übung, Vollendung', auch 'List, Schlauheit', spätlat. *practicē* 'Unternehmen, Handlung, Tätigkeit, Ausübung', griech. *prāktikḗ (téchnē)* (πρακτική τέχνη) 'Tätigkeit, Aktivität', eigentl. 'Kunst, Lehre vom aktiven Tun und Handeln', Substantivierung der fem. Form des Adjektivs griech. *prāktikós* (πρακτικός) 'das Handeln betreffend, zu Geschäften gehörig, tätig, unternehmend, tatkräftig, wirksam', zu griech. *prássein*, (att.) *práttein* (πράσσειν, πράττειν) 'durchdringen, zu Ende kommen, betreiben, vollbringen, tun' (s. pragmatisch). Der in abschätzigem Sinne gebrauchte Plural *Praktiken* 'Kunstgriffe, Schliche, Kniffe' steht unter Einfluß von mfrz. frz. *pratiques* 'Ränke, Umtriebe'. – **praktisch** Adj. 'die Praxis betreffend, auf

Version: 1.0.169 | © Dr. Wolfgang Pfeifer

Abb. 1.4: Versionsinformation im Artikel zu *Praktik* in PFEIFER-DWDS.

1.5 Persistenz und Identität

Mit der Möglichkeit, serverseitig verfügbare Daten jederzeit zu aktualisieren, stellen sich über das projektinterne Versionsmanagement hinaus Fragen der Dauerhaftigkeit (*Persistenz*) und Identität elektronischer Daten.

Persistenz von Speichermedien

Der Begriff *Persistenz* bezeichnet die Eigenschaft eines Objekts, über einen langen Zeitraum hinweg unverändert erhalten zu bleiben. Auf gedruckte Wörterbücher trifft diese Eigenschaft naturgemäß zu. Das Trägermedium Papier kann bei entsprechender Lagerung mehrere Jahrhunderte überdauern, ohne dass sich die fixierte Schriftform ändert. Heute übliche Speichermedien für elektronische Dokumente weisen dagegen typischerweise eine kürzere Lebenserwartung auf. Das ist zum Teil den Eigenschaften der verwendeten Materialien geschuldet. So können chemische Veränderungen auftreten in Kunststoffen, die als Trägermaterial oder als Schutzbeschichtung verwendet werden (beispielsweise bei Magnetbändern und optischen Speichermedien wie CDs oder DVDs). Starke äußere Magnetfelder können Daten auf Magnetspeichern beeinträchtigen und verändern (beispielsweise bei Festplatten und Magnetbändern). Die Speicherzellen einiger nichtflüchtiger Halbleiterspeicher (beispielsweise Flash-Speicher bei Speichersticks und -karten) degenerieren konstruktionsbedingt bei Schreibvorgängen; nach jedem Schreibvorgang steigt ihre Ausfallwahrscheinlichkeit. Aus diesem Grund verfügen derartige Halbleiterspeicher über integrierte Bauteile zur Fehlererkennung und -korrektur sowie Reservespeicher zur Sicherung von Daten aus defekten Bereichen.

Persistenz von Speicherverfahren

Weiter gefasst kann der Persistenzbegriff auch auf die verwendeten Verfahren zur Datenspeicherung bezogen werden, also auf die Vorgänge, Hilfsmittel und vereinbarten Konventionen zum Speichern und Rezipieren von Daten auf dem Speichermedium. Im Fall des gedruckten oder handgeschriebenen Buches besteht das Verfahren in der mechanischen Fixierung von (vereinbarten) Schriftzeichen auf Papier (Schreiben, Drucken, Prägen mit entsprechenden Hilfsmitteln) und dem unmittelbaren Erfassen dieser Schriftzeichen (optisches oder haptisches Lesen). Bei elektronischen Speicherverfahren erfolgen Speicherung und Rezeption mit Hilfe technischer Geräte. Die Repräsentation der gespeicherten Daten kann in der Regel ohne technische Hilfsmittel von Menschen nicht erfasst werden. Dadurch ergibt sich eine starke Abhängigkeit der Persistenz des Speicherverfahrens von der Verfügbarkeit der notwendigen Speicher- und Lesegeräte sowie von der Unterstützung der verwendeten Datenkodierung (also der vereinbarten Repräsentationskonvention) durch das Anzeigegerät. Um ein altes Magnetband mit Setzanweisungen für ein bestimmtes Wörterbuch lesen zu können, muss nicht nur das Magnetband zur Verfügung stehen (und möglichst unbeschädigt sein), sondern auch ein passendes Bandlaufwerk sowie unter Umständen ein weiteres Gerät oder Programm, das die Setzdaten aus dem Datenstrom dieses Laufwerks extrahieren kann.

In der Regel wird zwischen den oben skizzierten Aspekten von Persistenz nicht so detailliert unterschieden. Stattdessen wird der Begriff Persistenz meist allgemein auf die zeitlich nicht begrenzte prinzipielle Verfügbarkeit und Nutzbarkeit eines Datensatzes bezogen. Dabei wird von der konkret verwendeten Speichertechnologie (Speichermedium und Speicherverfahren) abstrahiert. Insbesondere beim Zugriff auf Daten über ein Netzwerk ist es für den Nutzer schließlich unerheblich, welche Speichertechnologie tatsächlich auf Seiten des Servers verwendet wird.

Persistenz von Daten

Durch die leichte Änderbarkeit elektronischer Daten wird es möglich, Korrekturen, Überarbeitungen oder neue Artikel jederzeit zu veröffentlichen, Zugriffsstrukturen dynamisch zu verbessern oder sogar das Informationsprogramm zu erweitern (→ Kapitel 3). Werden diese Möglichkeiten im Rahmen einer Versionierung (→ Abschnitt 1.4) genutzt, so hat das allerdings weitreichende Folgen für die Zitierbarkeit des Wörterbuchs und seiner Teile. Abhängig vom Zugriffszeitpunkt sieht eine Wörterbuchnutzerin eine ganz bestimmte Version eines Wörterbuchartikels. Um eine Artikelversion zu zitieren, könnte sie neben der Angabe der URL auch den genauen Zeitpunkt des Aufrufs der Seite angeben. Zusammengenommen würden diese Angaben einen versionsspezifischen Identifikator darstellen. Allerdings sind beide Angaben arbiträr: Eine URL ist kein fixer Identifikator (sie kann prinzipiell jederzeit vom Wörterbuchanbieter geändert werden) und die Zeitangabe wird in der Regel eine von beliebig vielen sein, die alle auf die gleiche Artikelversion verweisen, da redaktionell bearbeitete Artikel relativ selten aktualisiert werden. Zudem sehen Internetwörterbücher häufig keine zeitspezifische Abfrage vor, mit der man einen Artikel in der Form, wie er zu einem be-

Persistenzprobleme durch Versionierung

stimmten Zeitpunkt präsentiert wurde, wieder aufrufen könnte. Eine Ausnahme stellen jedoch, wie bereits gesagt, kollaborative Plattformen wie das WIKTIONARY dar, die zu jedem Artikel eine Versionsgeschichte anbieten. Um die Arbitrarität des Aufrufdatums zu vermeiden, müsste also besser der Zeitpunkt der Veröffentlichung der spezifischen Version des Wörterbuchartikels genannt werden.

Damit ist jedoch das Problem der fehlenden Persistenz der URL noch nicht gelöst. Aus diesem Grund existiert mittlerweile eine ganze Reihe von Diensten, die *persistente Identifikatoren* (*PIDs*) anbieten, unter anderem:

- PURL (Persistent Uniform Resource Locators, https://purl.org/),
- DOI (Digital Object Identifier, https://www.doi.org/),
- EPIC Handles (Persistent Identifiers for eResearch, http://www.pidconsortium.eu/),
- URN (Uniform Resource Name, zum Beispiel URN:NBN der Deutschen Nationalbibliothek, https://nbn-resolving.org/).

PIDs haben die Funktion einer zeitlich stabilen abstrakten Adresse für eine elektronische Ressource. Um zu der abstrakten Adresse die konkrete Adresse zu erhalten, wird die PID aufgelöst, indem in einem Verzeichnis aller Zuordnungen von PIDs zu „traditionellen" URLs die richtige Zuordnung ermittelt wird. Die Persistenz einer PID beruht dabei auf der Garantie der jeweiligen Konsortien beziehungsweise Institutionen, eine verlässliche Abbildung auf eine „klassische" URL sicherzustellen. Die Verantwortung für die Richtigkeit und Erreichbarkeit dieser URL wiederum muss der Wörterbuchanbieter selbst übernehmen, der seinen Nutzern eine PID anbieten möchte. Ändert er die URLs für sein Wörterbuch, muss er dafür sorgen, dass die entsprechenden Zuordnungen von PIDs zu URLs im PID-Verzeichnis entsprechend angepasst werden.

PIDs sind agnostisch gegenüber inhaltlichen Änderungen der Ressourcen, auf die sie verweisen. Sie können sowohl genutzt werden, um einzelne Versionen eines Wörterbuchs oder eines Wörterbuchartikels persistent zu identifizieren, als auch dazu, auf eine dynamische, also eine sich zeitlich oder sogar kontextabhängig verändernde, Ressource zu verweisen. Im ersten Fall sind genauso viele PIDs notwendig wie Artikelversionen, die referenziert werden sollen. Jede PID zeigt auf genau eine Artikelversion. Die Versionsnummer des Artikels (zum Beispiel das Veröffentlichungsdatum) muss in der aufgelösten URL enthalten sein. Im zweiten Fall ist nur eine PID pro Artikel notwendig. Die aufgelöste URL sollte dann zur jeweils aktuellsten Artikelversion führen. Unabhängig von der PID kann eine Versionierung des Artikels auf der Seite des Internetwörterbuchs angeboten werden, wie in → Abschnitt 1.4 diskutiert; einzelne Versionen wären dann jedoch nicht über die PID direkt adressierbar.

Die beiden diskutierten Möglichkeiten des Umgangs mit PIDs im Zusammenhang mit Versionierung und eindeutiger Identifikation können auch gemischt verwendet werden. So könnte eine PID auf das Internetwörterbuch an sich in seiner jeweils aktuellen Version verweisen, während für einzelne Artikel aufgrund der genaueren Zitierbarkeit versionsspezifische PIDs vorgesehen werden könnten.

1.6 Abschließende Betrachtungen

Die eingangs des Kapitels bereits angesprochenen grundsätzlich neuen Möglichkeiten, die die Computer- und Netztechnologie für Produzenten und Nutzer lexikografischer Produkte mit sich bringt, sind schon früh in großer Klarheit formuliert worden (vgl. De Schryver 2003). Dazu gehört auch die Beobachtung, dass es in vielen Kontexten wenig sinnvoll ist, eine gewissermaßen traditionelle Nutzung solcher Produkte als technische Fortsetzung von Printwörterbüchern gesondert von anderen Nutzungsweisen digitaler lexikografischer Ressourcen abzugrenzen. So definiert schon Nesi (2000, S. 839):

> The term *electronic dictionary* (or ED) can be used to refer to any reference material stored in electronic form that gives information about the spelling, meaning, or use of words. Thus a spell-checker in a word-processing program, a device that scans and translates printed words, a glossary for on-line teaching materials, or an electronic version of a respected hardcopy dictionary are all EDs of a sort, characterised by the same system of storage and retrieval.

In zunehmendem Maße wird lexikografische ebenso wie enzyklopädische Information zu einem Wort auch von Suchmaschinen –

oft neben Links auf zugehörige Artikel in verschiedenen Internetwörterbüchern – in einem eigenen Anzeigebereich präsentiert bzw. steht nach Installation von entsprechenden Browsererweiterungen jederzeit zur Verfügung, beispielsweise indem der Doppelklick auf ein Wort zum Öffnen eines lexikografischen Infofensters führt. In einer immer größeren Zahl von Anwendungen aus dem Bereich der maschinellen Sprachverarbeitung werden, unsichtbar für Benutzer, Wörterbücher verwendet, darunter auch in Sprachlern- und Korrekturprogrammen (vgl. McDonald 2013).

In all diesen Kontexten werden die Autorinnen und Autoren lexikografischer Werke mitsamt ihrer fachlichen Autorität ebenso wie diese Werke selbst für den Benutzer zunehmend unsichtbar. An die Stelle des Nachschlagens in einem anerkannten Wörterbuch tritt häufig das Googeln nach Wörtern. Sogar die Handlung der Wörterbuchbenutzung als solche schwindet dort aus dem Bewusstsein, wo ein Computerprogramm nur noch bestimmte Resultate des von ihm vorgenommenen „Nachschlagevorgangs" in bereits weiterverarbeiteter Form präsentiert.

So lässt sich die digitale Revolution in der Lexikografie nicht nur unter technologischen, sondern auch unter soziologischen Gesichtspunkten betrachten. In seiner abstrakten systemtheoretischen Unterscheidung zwischen lose gekoppelten Elementen eines *Mediums*, die temporär durch striktere Koppelung *Formen* annehmen können, diagnostiziert Niklas Luhmann bereits 1997 im Kontext einer Diskussion computervermittelter Kommunikationstechniken (Luhmann 1997, S. 309–310):

> Mit all dem ist die soziale Entkopplung des medialen Substrats der Kommunikation ins Extrem getrieben. In unserer Begrifflichkeit muß das heißen, daß ein neues Medium im Entstehen ist, dessen Formen nun von den Computerprogrammen abhängig sind.

1.7 Literatur

1.7.1 Weiterführende Literatur

Fischer, Peter/Witt, Andreas (2014): Best Practices on Long-Term Archiving of Spoken Language Data. In: Ruhi, Şükriye/Haugh, Michael/Schmidt, Thomas/Wörner, Kai (Hgg.): Best Practices for Spoken Corpora in Linguistic Research. S. 162–182 – Newcastle: Cambridge Scholars Publishing,

2014. *Trotz des abweichenden thematischen Fokus eine gute Übersicht über Probleme und Lösungsansätze bei der dauerhaften Speicherung und Verfügbarhaltung von sprachbezogenen Daten, mit umfangreichen weiterführenden Literaturhinweisen.*

Meinel, Christoph/Sack, Harald (erscheint 2016): Web-Technologien: Grundlagen, Web-Programmierung, Suchmaschinen, Semantic Web. Berlin/Heidelberg: Springer. *Fundiertes und aktuelles Kompendium der Basistechnologien des Internets und der Webprogrammierung.*

1.7.2 Literaturverzeichnis

Sachliteratur

Baerisch (2005) = Baerisch, Stefan: Versionskontrollsysteme in der Softwareentwicklung. Bonn (IZ-Arbeitsbericht Nr. 36). Online: http://www.gesis.org/fileadmin/upload/forschung/publikationen/gesis_reihen/iz_arbeitsberichte/ab_36.pdf oder http://tinyurl.com/6a74ga7.

Burnard/Baumann (2007) = Burnard, Lou/Bauman, Syd (Hgg.): TEI P5: Guidelines for Electronic Text Encoding and Interchange. Charlottesville, Virginia: TEI Consortium. Online: http://www.tei-c.org/release/doc/tei-p5-doc/en/html/index.html.

De Schryver (2003) = De Schryver, Gilles-Maurice: Lexicographers' Dreams in the Electronic Dictionary Age. In: International Journal of Lexicography, 16, S. 143–199.

Klein/Geyken (2010) = Klein, Wolfgang/Geyken, Alexander: Das digitale Wörterbuch der deutschen Sprache (DWDS). In: Lexicographica, 26, S. 79–93.

Lobin (2004) = Lobin, Henning: Textauszeichnungssprachen und Dokumentgrammatiken. In: Lobin, Henning/Lemnitzer, Lothar (Hgg.), Texttechnologie. Perspektiven und Anwendungen. Tübingen: Stauffenburg, S. 51–82. Online: https://www.staff.uni-giessen.de/~g91062/pdf/Lobin-LL-2003c.pdf oder http://tinyurl.com/nv2ncbg.

Luhmann (1997) = Luhmann, Niklas: Die Gesellschaft der Gesellschaft, 2 Bde., Frankfurt am Main: Suhrkamp.

McDonald (2013) = McDonald, Ryan: Leveraging dictionaries to build web-scale language technologies (keynote). Online: http://eki.ee/elex2013/videos/ (zuletzt eingesehen am 3.2.2013).

Nesi (2000) = Nesi, Hilary: Electronic Dictionaries in Second Language Vocabulary Comprehension and Acquisition: the State of the Art. In: Heid, Ulrich/Evert, Stefan/Lehmann, Egbert/Rohrer, Christian (Hgg.), Proceedings of the Ninth Euralex International Congress, EURALEX 2000, Stuttgart, Germany, August 8th–12th, 2000. Stuttgart: Institut für Maschinelle Sprachverarbeitung, Universität Stuttgart, S. 839–847.

Wörterbücher

DWDS = Das Digitale Wörterbuch der deutschen Sprache. Berlin: Berlin-Brandenburgische Akademie der Wissenschaften. Online: www.dwds.de/.
OED ONLINE = Oxford English Dictionary online. Oxford: Oxford University Press. Online: www.oed.com.
PFEIFER-DWDS = Wolfgang Pfeifer: Etymologisches Wörterbuch des Deutschen. Online abrufbar im DWDS-Portal: www.dwds.de.
WIKTIONARY = Das deutsche Wiktionary. Online: de.wiktionary.org.

Internetquellen

WIKIPEDIA = Wikipedia, die freie Enzyklopädie. San Francisco, CA: Wikimedia Foundation. Online: www.wikipedia.org.

Bildnachweis

Abbildung 1.1: Nessie II https://upload.wikimedia.org/wikipedia/commons/thumb/c/cd/Nessie_II.JPG/800px-Nessie_II.JPG. Friflash, Wikimedia Commons, lizenziert unter CreativeCommons-Lizenz BY-SA 4.0, URL: https://creativecommons.org/licenses/by-sa/4.0/legalcode.

Stefan Engelberg und Angelika Storrer
2 Typologie von Internetwörterbüchern und -portalen

Abb. 2.1: Das Klassifizieren als Aufgabe der Wissenschaft.

Es hat Zeiten gegeben, da konnte die Expertin ein Rechtschreibwörterbuch von einem Frequenzwörterbuch, ein Kollokationswörterbuch von einem Valenzwörterbuch und einen Thesaurus von einem Bildwörterbuch noch mühelos unterscheiden. Erst recht hätte sie die Differenzierung zwischen einem Wörterbuch, einem Korpus, einem Atlas und einer Frequenzliste vor keinerlei Probleme gestellt. Mit der Verbindung von Lexikografie und Internet werden solche Aufgaben schwieriger: Internetwörterbücher können viele Informationstypen auf neuartige Weise vereinigen und nutzeradaptiv präsentieren. Sie bilden in vernetzter Form als „Megawörterbücher" große Wörterbuchportale und verschmelzen mit Korpora, multimedialen Erweiterungen und automatischen Sprachanalysetools zu Wortschatzinformationssystemen neuer Art.

DOI 10.1515/9783050095615-006

Wir wollen trotzdem versuchen, ein wenig Licht in das Dunkel der verschiedenen Typen von Wörterbüchern, Wörterbuchportalen und Wortschatzinformationssystemen zu bringen, und dabei auch zeigen, dass sich die Unordnung, die eine „Schlöraffe" in die Klassifikation des Tierreichs bringt, am Ende durchaus auszahlen kann.

2.1	Einführung —— 33	
2.2	Medienspezifische Merkmale zur Typologisierung von Internetwörterbüchern —— 34	
2.2.1	Digitalisierte Wörterbücher vs. neu konzipierte Wörterbücher —— 34	
2.2.2	Abschlusswörterbücher vs. Ausbauwörterbücher —— 36	
2.2.3	Wörterbücher ohne Nutzerbeteiligung vs. Wörterbücher mit Nutzerbeteiligung —— 36	
2.3	Medienunabhängige Merkmale zur Typologisierung von Wörterbüchern —— 37	
2.3.1	Einsprachig – zweisprachig – mehrsprachig —— 39	
2.3.2	Allgemeinwörterbücher – Spezialwörterbücher —— 41	
2.4	Wörterbuchportale —— 46	
2.4.1	Kriterien zur Beschreibung von Wörterbuchportalen —— 46	
2.4.2	Typologie von Wörterbuchportalen —— 51	
2.4.3	Wortschatzportale —— 54	
2.5	Literatur —— 57	
2.5.1	Weiterführende Literatur —— 57	
2.5.2	Literaturverzeichnis —— 58	

2.1 Einführung

Wörterbücher kann man nach sehr unterschiedlichen Gesichtspunkten einteilen. Eine Klassifikation, nach der sich jedes Wörterbuch genau einer Klasse zuordnen lässt, wird der Vielfalt nicht gerecht; bei den meisten Einteilungen handelt es sich um Typologien: Man bestimmt die charakteristischen Merkmale für einen bestimmten Wörterbuchtyp; einzelne Wörterbücher können dann, je nachdem, welche Merkmale sie aufweisen, mehr oder weniger einschlägige Vertreter dieses Wörterbuchtyps sein. Welche Merkmale ausgewählt werden, hängt ab von der Zielsetzung, die mit der Einteilung verfolgt wird: Wiegand et al. (2010, S. 82f.) unterscheiden zwischen Typologien nach dem Benutzerbezug, nach dem Wörterbuchgegenstand, nach der Wörterbuchform und nach Merkmalen des Speicher- und Publikationsmediums. Typologien nach dem Benutzerbezug basieren auf Merkmalen, die erfassen, zu welchem Zweck und in welchen Situationen Wörterbücher genutzt werden. Eine im deutschsprachigen Raum sehr bekannte Typologie dieser Art wurde in Kühn (1989) für gedruckte Wörterbücher vorgeschlagen. Die Benutzung von Internetwörterbüchern wird intensiv erforscht (→ Kapitel 8); eine ausgearbeitete, auf Internetwörterbücher bezogene Typologie gibt es aber noch nicht. Bei Lew (2011) finden sich zumindest einige grundlegende Unterscheidungen für die Typologisierung von Internetwörterbüchern wie institutionelles versus kollaboratives Wörterbuch oder kostenloses versus gebührenpflichtiges Wörterbuch. Überlegungen zur Typologisierung von elektronischen Wörterbüchern im Allgemeinen präsentieren Storrer/Freese (1996), Nesi (2000), De Schryver (2003), Tono (2004) und Wiegand et al. (2010, S. 88ff). Für den Printbereich entwickelte Typologien nach der Wörterbuchform orientieren sich an der Art und Weise, wie lexikografische Informationen in gedruckten Wörterbüchern angeordnet sind; die dafür relevanten Merkmale lassen sich auf Internetwörterbücher aber nicht ohne Weiteres übertragen.

Typologie

Für gedruckte Wörterbücher gibt es bereits sehr elaborierte Vorschläge; Überblicksdarstellungen dazu finden sich z. B. in Hausmann (1989), Engelberg/Lemnitzer (2009) und Wiegand et al. (2010). Wir legen für unsere Darstellung die in Engelberg/Lemnitzer (2009) vorgeschlagene Typologie zugrunde, die sowohl gedruckte als auch digitale Wörterbücher berücksichtigt. Die wichtigsten

Merkmale und Typen werden in → Abschnitt 2.3 erläutert. Zwei zusätzliche Abschnitte fokussieren auf die medienspezifischen Eigenschaften von Internetwörterbüchern:

- → Abschnitt 2.2 behandelt typologische Merkmale, die sich auf die lexikografischen Prozesse beziehen, in deren Verlauf Internetwörterbücher entstehen. Die in diesem Abschnitt eingeführten Merkmalsoppositionen werden in → Kapitel 3 und in → Kapitel 7 ausführlicher erläutert und ausdifferenziert.
- Im Internet sind oft mehrere Wörterbücher über eine einheitliche Nutzeroberfläche abrufbar; Engelberg/Lemnitzer (2009, S. 73) bezeichnen solche Angebote als Wörterbuchportale. → Abschnitt 2.4 führt Merkmale zur Typologisierung von Wörterbuchportalen ein und illustriert die grundlegenden Typen an einschlägigen Beispielen. Die Ausführungen werden in → Kapitel 3 und in → Kapitel 5 weiter vertieft.

Um in dieser deutschsprachigen Einführung einen möglichst guten Überblick über die Vielfalt der Angebote zu geben, werden die Typen und Merkmale oft, aber nicht ausschließlich am Beispiel deutscher Internetwörterbücher erläutert. Bei der Auswahl der Beispiele haben wir uns auf Angebote konzentriert, die kostenfrei verfügbar sind und in denen die innovativen Potenziale des Internets möglichst gut sichtbar werden.

2.2 Medienspezifische Merkmale zur Typologisierung von Internetwörterbüchern

2.2.1 Digitalisierte Wörterbücher vs. neu konzipierte Wörterbücher

In Bezug auf die Herkunft des lexikografischen Datenbestandes kann man unterscheiden zwischen digitalisierten Internetwörterbüchern und neu konzipierten Internetwörterbüchern.

Neu konzipierte Wörterbücher sind von Beginn an für die digitale Publikation und Online-Nutzung im Internet konzipiert. Beispiele hierfür sind die Wörterbücher von CANOONET, ELEXIKO oder WIKTIONARY-DE.

Neu konzipierte Wörterbücher

Digitalisierte Wörterbücher basieren auf gedruckten Wörterbüchern, die in ein digitales Format überführt wurden. Bei der retrospektiven Digitalisierung steht die texttechnologische Aufbereitung kulturell bedeutsamer Wörterbücher im Mittelpunkt, die als „kulturelles Erbe" auch digital verfügbar gemacht werden sollen. Beispiele sind das digitalisierte DEUTSCHE WÖRTERBUCH (DWB-ONLINE) und das digitalisierte GRAMMATISCH-KRITISCHE WÖRTERBUCH DER HOCHDEUTSCHEN MUNDART (ADELUNG-ONLINE). Bei der retrospektiven Digitalisierung geht es primär darum, das Wörterbuch im ursprünglichen Wortlaut im Internet abrufbar zu machen; es werden keine inhaltlichen Veränderungen vorgenommen. Durch verbesserte Zugriffsmöglichkeiten und automatische Verlinkung (mit Quellen, mit anderen Wörterbüchern) ist aber dennoch ein „Mehrwert" zur Buchpublikation erzielbar. Ein Beispiel für ein Wörterbuchportal, das flexible Zugriffsmöglichkeiten auf retrospektiv digitalisierte Wörterbücher unter einer einheitlichen Oberfläche anbietet, ist das TRIERER WÖRTERBUCHNETZ. In anderen internetlexikografischen Projekten ist die Digitalisierung von Wörterbüchern hingegen nur ein erster Schritt in einem lexikografischen Prozess, in dem die digitalisierte Grundlage sukzessive ausgebaut und aktualisiert wird. Ein Beispiel hierfür ist das im DIGITALEN WÖRTERBUCH DER DEUTSCHEN SPARACHE (DWDS) abrufbare ETYMOLOGISCHE WÖRTERBUCH von Wolfgang Pfeifer (PFEIFER-DWDS), das auf einer digitalisierten Fassung des gedruckten Wörterbuchs basiert, in seiner digitalen Version aber sukzessive erweitert wird.

Digitalisierte Wörterbücher

Die Merkmalsopposition orientiert sich am Ausgangspunkt des lexikografischen Prozesses: Ist die Digitalisierung von bisher nur gedruckt vorliegenden Wörterbüchern Teil des lexikografischen Prozesses, dann handelt es sich um ein *digitalisiertes* Wörterbuch. Werden die Daten im lexikografischen Prozess von Beginn an in einem digitalen Format repräsentiert, handelt es sich um ein neu konzipiertes Wörterbuch. Digitalisierte Wörterbücher zeigen oft noch Merkmale der Textverdichtung, die für gedruckte Wörterbücher entwickelt wurden, um möglichst viele Informationen auf möglichst wenig Druckraum unterbringen zu können. Neu konzipierte Wörterbücher können die Potenziale digitaler Medien – flexible Such- und Zugriffsangebote, Hyperlinks, multimodale Anreicherung – besser ausschöpfen.

2.2.2 Abschlusswörterbücher vs. Ausbauwörterbücher

Die Unterscheidung zwischen Abschlusswörterbüchern und Ausbauwörterbüchern geht zurück auf Schröder (1997, S. 16) und bezieht sich auf die Abgeschlossenheit bzw. Unabgeschlossenheit des lexikografischen Prozesses (→ Kapitel 3).

Abschlusswörterbücher *Abschlusswörterbücher* werden in einem lexikografischen Prozess über einen bestimmten Zeitraum hinweg aufgebaut. Nach dem Abschluss dieses Prozesses werden die Wörterbuchartikel nicht mehr verändert. Hierzu zählen Internetwörterbücher, die im Rahmen von zeitlich begrenzten Projekten aufgebaut wurden, z. B. die IDIOMDATENBANK oder das Wörterbuch deutscher KOMMUNIKATIONSVERBEN im Portal OWID.

Ausbauwörterbücher *Ausbauwörterbücher* sind in ihrer Konzeption nicht auf ein abgeschlossenes Produkt, sondern auf eine kontinuierliche Ergänzung und Überarbeitung ausgerichtet. Hierzu zählen viele neu konzipierte Internetwörterbücher, wie z. B. die Neologismensammlung WORTWARTE, und viele Wörterbücher mit direkter Nutzerbeteiligung, wie z. B. der REDENSARTENINDEX.

Dynamisches Publizieren Man spricht im Zusammenhang mit Ausbauwörterbüchern oft von *dynamischem Publizieren*; Ausbauwörterbücher werden insofern manchmal auch dynamische Wörterbücher genannt.

2.2.3 Wörterbücher ohne Nutzerbeteiligung vs. Wörterbücher mit Nutzerbeteiligung

Das Internet ist nicht nur ein Publikationsmedium für Wörterbücher, sondern bietet durch internetbasierte Kommunikationsdienste auch vielfältige Möglichkeiten, mit den Nutzern in Kontakt zu treten und sie am lexikografischen Prozess zu beteiligen. Man kann Internetwörterbücher danach einteilen, ob und in welcher Form sie von diesen Möglichkeiten Gebrauch machen (s. auch Lew 2011).

Wörterbücher ohne Nutzerbeteiligung *Internetwörterbücher ohne Nutzerbeteiligung* stellen lexikografische Informationen im Internet bereit, bieten den Nutzerinnen aber keine oder nur sehr eingeschränkte Möglichkeiten der Beteiligung. Zu diesem Typ gehören viele Produkte der wissenschaftlichen Lexikografie.

Wörterbücher mit Nutzerbeteiligung stellen Funktionen bereit, mit deren Hilfe die Nutzer inhaltlich am lexikografischen Prozess partizipieren können. Die Formen der Beteiligung sind vielfältig: Sie reichen von Formularen zur Ergänzung von Wörterbuchartikeln über Diskussionsforen, in denen sich die Nutzerinnen austauschen oder WebLogs, in denen Mitglieder einer lexikografischen Redaktion Fragen der Nutzerinnen beantworten, bis zu Projekten, in denen die Wörterbücher gemeinschaftlich von den Nutzerinnen erarbeitet werden.

Wörterbücher mit Nutzerbeteiligung

Die Möglichkeit, Nutzer in lexikografische Prozesse einzubinden, wurde in der Internetlexikografie schon früh genutzt (vgl. Storrer/Freese 1996). Mit der Entwicklung des World Wide Web zum „Social Web" haben sich die Partizipationsformen weiter ausdifferenziert. Mit dem WIKTIONARY-DE oder dem zweisprachigen Portal DICT.CC gibt es inzwischen umfangreiche und viel benutzte Wörterbücher, die gemeinschaftlich von ehrenamtlich arbeitenden Nutzerinnen aufgebaut und kostenlos bereitgestellt werden. Das → Kapitel 3 enthält einen Abschnitt zum lexikografischen Prozess beim Aufbau des deutschen WIKTIONARY. Das → Kapitel 7 entwickelt eine weiterführende Typologie für Formen der Nutzerbeteiligung (direkt, indirekt und begleitend) und erläutert diese an einschlägigen Beispielen.

2.3 Medienunabhängige Merkmale zur Typologisierung von Wörterbüchern

Die Wörterbuchforschung unterscheidet auf einer sehr allgemeinen Ebene zwischen der *Sprachlexikografie*, die sich auf die Beschreibung sprachlicher Eigenschaften konzentriert, und der *Sachlexikografie*, die vor allem Wissen über die Welt vermittelt. Wir folgen Engelberg/Lemnitzer (2009, Kap. 1.2.2) und bezeichnen die Produkte der Sachlexikografie als *Enzyklopädien* und die Produkte der Sprachlexikografie als *Wörterbücher*.

Sprachlexikografie vs. Sachlexikografie

Die Unterscheidung zwischen Sprach- und Sachwissen ist bei näherer Betrachtung nicht einfach; nicht von ungefähr wurde das Thema in der Wörterbuchforschung intensiv diskutiert (vgl. den Überblick in Engelberg/Lemnitzer 2009, S. 7f). Die Unterschiede zwischen Enzyklopädien und Wörterbüchern, aber auch die Überschneidungsbereiche kann man sich schnell vor Augen führen, wenn man einen WIKIPEDIA-Artikel, z. B. den zum Stichwort *Chamäleons* in → Abbildung 2.2, vergleicht mit dem Artikel zum selben Lemma im sprachlexikografischen Schwesterprojekt WIKTIONARY-DE in → Abbildung 2.3. Der enzyklopädische Artikel vermittelt Wissen über das Chamäleon als Gattung: Wo lebt ein Chamäleon? Wie sieht es aus? Wovon ernährt es sich? etc. Der Wörterbuchartikel zum selben Stichwort im WIKTIONARY-DE macht Angaben zum Sprachzeichen *Chamäleon*: Wie schreibt man das Wort richtig? Wie spricht man es aus? Wie kann man es deklinieren? Überschneidungen gibt es bei den Angaben zur Wortbedeutung, zur Wortherkunft, zu Unter- und Oberbegriffen; aber auch bei diesen Angabetypen gibt es deutliche Unterschiede, die sich auf den Sprachbezug im Wörterbuch und den Sachbezug in der Enzyklopädie zurückführen lassen.

Unsere Einteilung für Internetwörterbücher konzentriert sich auf die Sprachlexikografie, also auf Wörterbücher. Allerdings gibt es manche Wörterbuchtypen, z. B. die benutzergruppenspezifischen Spezialwörterbücher für Sprachlerner oder die zu den varietätenorientierten Wörterbüchern gehörigen Fachwörterbücher, die Sprach- und Sachwissen gleichermaßen berücksichtigen.

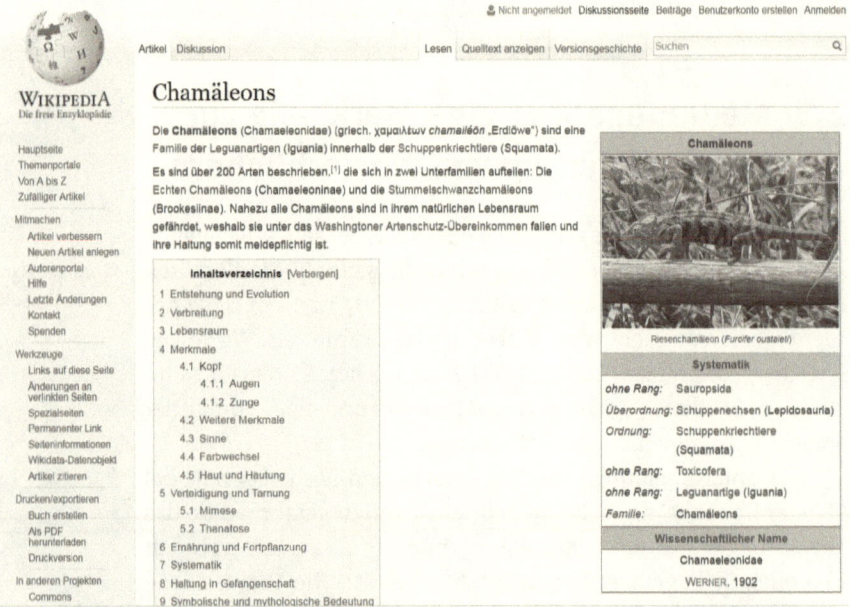

Abb. 2.2: Ausschnitt aus dem Artikel zum Lemma *Chamäleons* in der deutschen WIKIPEDIA.

Abb. 2.3: Ausschnitt aus dem Artikel zum Lemma *Chamäleon* im deutschen WIKTIONARY.

2.3.1 Einsprachig – zweisprachig – mehrsprachig

Sprachwörterbücher kann man einteilen in *einsprachige* Wörterbücher, die nur eine Sprache als lexikografischen Gegenstandsbereich haben, und *zweisprachige* Wörterbücher, die den Lemmata (den Stichwörtern) Äquivalente in einer Zielsprache zuordnen. Zweisprachige Wörterbücher sind vor allem in der Sprachvermittlung, für die Textrezeption und -produktion in einer Fremdsprache und für die Übersetzung wichtig (vgl. Engelberg/Lemnitzer 2009, Kap. 3.4).

Einsprachige und zweisprachige Wörterbücher

Im Internet gibt es verschiedene Portale mit sehr hohen Zugriffszahlen, die zweisprachige Wörterbücher zu mehreren Sprachpaaren bereitstellen. Seit 1995 stellt z. B. das viel genutzte Sprachportal LEO (= Link everything online) bilinguale Wörterbücher mit Deutsch als Äquivalentsprache zur Verfügung. Es handelt sich um ein redaktionell betreutes Ausbauwörterbuch, das seine Äquivalente mit Einträgen aus monolingualen Internetwörterbüchern verlinkt, aus denen sich die Nutzer weitere Informationen, z. B. zu Orthografie, Grammatik und Semantik, erschließen können. Das Portal unterstützt verschiedene Formen der Nutzerpartizipation, z. B. ein Forum, und bietet Werkzeuge für Sprachlernerinnen

(Vokabeltrainer etc.) an. Die bilingualen Ausbauwörterbücher von DICT.CC werden von ehrenamtlich tätigen Nutzern auf- und ausgebaut; hierfür stellt die Plattform Werkzeuge zur Eingabe, Korrektur und Evaluation von nutzergenerierten Äquivalentangaben bzw. von Audiodateien mit nutzergenerierten Ausspracheangaben bereit. Das Portal LINGUEE ergänzt die bilingualen Wörterbücher von LEO und DICT.CC, indem es sukzessiv erweiterte Wörterbuchartikel mit Beispielen aus Übersetzungskorpora verbindet. Alle drei Wörterbuchportale sind auch als Apps für den mobilen Internetzugriff verfügbar.

Mehrsprachige Wörterbücher

In *mehrsprachigen* Wörterbüchern werden den Lemmata Äquivalente aus mehreren Zielsprachen zugeordnet. Ein Beispiel hierfür ist das WIKTIONARY-DE, das am Ende jedes Artikels Äquivalentangaben zu mehreren Zielsprachen auflistet (→ Abbildung 2.4). Die Links führen zu den Wörterbuchartikeln der Äquivalente im deutschen WIKTIONARY; rot eingefärbte Links zeigen an, dass zum betreffenden Äquivalent noch kein Artikel existiert.

Ein Beispiel für ein multilinguales Wörterbuch aus der wissenschaftlichen Lexikografie ist die SPRICHWORT-PLATTFORM, in der man sich zu deutschen Sprichwörtern Äquivalentangaben aus vier verschiedenen Sprachen abrufen kann (→ Abbildung 2.5).

Übersetzungen [Bearbeiten]

Einklappen ▲

- Baskisch: [1] kameleoi →^{eu}
- Chinesisch (traditionell): [1] 變色龍 (biànsèlóng) →^{zh}
- Chinesisch (vereinfacht): [1] 变色龙 (biànsèlóng) →^{zh}
- Dänisch : [1, 3] kamæleon →^{da}; [2] kamæleoner →^{da}
- Englisch: [1] chamaeleon →^{en}, chameleon →^{en}
- Finnisch: [1, 3] kameleontti →^{fi}; [2] kameleontit →^{fi} Pl.; [4] Kameleontti →^{fi}
- Französisch: [1] caméléon →^{fr} m, [2] caméléontidés →^{fr}
- Galicisch: [1] camaleón →^{gl}
- Griechisch (Neu-): [1–3] χαμαιλέοντας (chamäléontas) →^{el} m; [4] Χαμαιλέων (Chameléon) →^{el} m
- Italienisch: [1] camaleonte →^{it} m
- Lingala: [1] longónya →^{ln}
- Niederdeutsch: [1–4] Kamäleon →^{nds} n
- Niederländisch: [1] kameleon →^{nl}
- Polnisch: [1, 3] kameleon →^{pl} m, [3] proteusz →^{pl} m
- Portugiesisch: [1] camaleão →^{pt}
- Russisch: [1] хамелеон (chameleon) →^{ru}
- Schwedisch: [1] kameleont →^{sv}; [2] kameleonter →^{sv} Pl.; [3] kameleont →^{sv}; [4] kameleonten →^{sv}
- Slowakisch: [1] chameleón →^{sk}
- Sorbisch
    - Niedersorbisch: [1] chameleon ? →^{dsb}
    - Obersorbisch: [1, 2] chameleon →^{hsb}; [3] wjertawka →^{hsb}, wjertawa →^{hsb}, haperleja →^{hsb}
- Spanisch: [1] camaleón →^{es} m
- Tagalog: [1] hunyango →^{tl}, hinyango →^{tl}
- Türkisch: [1] bukalemun →^{tr}
- Ungarisch: [1] kaméleon →^{hu}

Abb. 2.4: Äquivalentangaben zu *Chamäleon* im deutschen WIKTIONARY.

Abb. 2.5: Ausschnitt aus dem Artikel zum Sprichwort *Guter Rat ist teuer* in der multilingualen SPRICHWORT-PLATTFORM.

2.3.2 Allgemeinwörterbücher – Spezialwörterbücher

Den Sprachausschnitt, der in einem Wörterbuch beschrieben wird, bezeichnet man auch als *Gegenstandsbereich* des Wörterbuchs. Aus diesem Gegenstandsbereich wird jeweils eine Auswahl an zu beschreibenden Lemmata (Stichwörtern) getroffen. Im Laufe des lexikografischen Prozesses wird jedes Lemma (Stichwort) in einem Wörterbuchartikel beschrieben. Dabei wird meist festgelegt, welche Typen von lexikografischen Angaben zum Lemma im Wörterbuchartikel gemacht werden, also z. B. Angaben zur Form, zur Bedeutung, zur Herkunft, zur Wortbildung etc. *Allgemeinwörterbücher* sind Wörterbücher, die bei der Lemmaselektion keine Einschränkungen bezüglich der Art der beschriebenen Lexeme machen und die Lemmata im Hinblick auf möglichst viele relevante Angabetypen beschreiben. Ein Beispiel für ein Allgemeinwörterbuch zur englischen Sprache ist die Online-Version des OXFORD ENGLISH DICTIONARY (OED-ONLINE). Allgemeinwörterbücher beziehen sich meist auf die Standardsprache und werden deshalb auch *Standardwörterbücher* genannt.

Gegenstandsbereich des Wörterbuchs

Allgemeinwörterbücher

Von diesen „Generalisten" heben sich die Spezialwörterbücher in verschiedener Weise ab: *Lemmatyporientierte* Spezialwörterbücher fokussieren auf bestimmte Arten von Lemmata, z. B. Abkürzungen, Lehnwörter, Ortsnamen oder Schimpfwörter. *Informationstyporientierte* Wörterbücher fokussieren auf bestimmte Angabeklassen, z. B. Rechtschreibung, Aussprache, Herkunft (Etymologie) oder Valenz. *Benutzergruppenorientierte* Spezialwörterbücher richten sich an spezielle Nutzertypen und Nutzungssituationen (z. B. Lernerwörterbücher, Gebärdensprachelexika). *Varietätenorientierte* Wörterbücher beschreiben Dialekte und Regionalsprachen, Sprachstadien, Fachsprachen sowie Gruppen- und Sondersprachen. Zu dieser Gruppe gehören auch textbezogene Wörterbücher, also Autorenwörterbücher, Konkordanzen und Belegstellenwörterbücher. → Abbildung 2.6 basiert auf der Einteilung aus Engelberg/Lemnitzer (2009); die Typen sind dort an vielen Beispielen beschrieben. Im Folgenden können wir nur eine kleine Auswahl an Spezialwörterbüchern im Internet herausgreifen, an denen sich spezifisch mediale Eigenschaften von Internetwörterbüchern besonders gut demonstrieren lassen.

Typen von Spezialwörterbüchern

Lemmatyporientierte Spezialwörterbücher

Im Bereich der *Orts- und Flurnamenlexikografie* gibt es innovative Darstellungsformen, die Wörterbucheinträge mit automatisch generierten und interaktiv bearbeitbaren Kartenausschnitten verknüpfen. Ein Beispiel ist die Datenbank SCHWEIZER ORTSNAMEN, die durch eine wissenschaftliche Redaktion betreut wird und umfangreiche und flexible Suchmöglichkeiten bietet.

Orts- und Flurnamen

Wer sich für *Neologismen* und Trends in der Entwicklung des deutschen Wortschatzes interessiert, kann das digitalisierte NEOLOGISMENWÖRTERBUCH im Portal OWID konsultieren. Er oder sie kann zudem in der mit Textbelegen verknüpften und nach Sachgruppen und chronologisch geordneten Neuwortsammlung des Projekts WORTWARTE recherchieren, deren Bestand kontinuierlich erweitert wird.

Neologismen

Informationstyporientierte Spezialwörterbücher

Bei den *syntagmatischen* Spezialwörterbüchern gibt es ein großes Angebot, z. B. das im Portal OWID abrufbare Wörterbuch zu FESTEN

Syntagmatische Spezialwörterbücher

2 Typologie von Internetwörterbüchern und -portalen — 43

Abb. 2.6: Klassifikation von Allgemein- und Spezialwörterbüchern (mit leichten Änderungen übernommen aus Engelberg/Lemnitzer 2009, S. 22).

WORTVERBINDUNGEN, die im Projekt „Kollokationen im Wörterbuch" entwickelte IDIOMDATENBANK oder das nutzergenerierte Ausbauwörterbuch zu deutschen Idiomen (REDENSARTENINDEX). Zudem stellen viele korpusgestützte Wörterbuchprojekte Ergebnisse von automatischen Auswertungen zur Kookkurrenz und zu Kollokationen eines Suchworts (→ Kapitel 6.4.2) zur Verfügung (z. B. DWDS). Sehr ausführliche Informationen zu typischen syntaktischen Umgebungen enthalten die Artikel im Portal des Projekts „Deutscher Wortschatz" (WORTSCHATZ LEIPZIG), die teilautomatisch aus Korpora erstellt sind. Das digitalisierte Valenzwörterbuch E-VALBU am Institut für Deutsche Sprache bietet flexible Zugriffsmöglichkeiten auf eine Datenbank zur Valenz deutscher Verben.

Zu den *inhaltsparadigmatisch* spezialisierten Wörterbüchern gehört das nutzergenerierte Wörterbuch für Synonyme und Assoziationen (OPENTHESAURUS-DE), das auch in das lexikalische Informationssystem DWDS integriert ist.

Inhaltsparadigmatische Spezialwörterbücher

Andere informationstyporientierte Wörterbücher finden sich in Form von PFEIFER-DWDS, das im lexikalischen Informationssystem DWDS abrufbar ist; der Lemmabestand wird laufend ergänzt.

Benutzergruppenorientierte Spezialwörterbücher

Benutzergruppenorientierte Spezialwörterbücher richten sich an einen bestimmten Benutzerkreis und spezielle Nutzungssituationen.

Lernerwörterbücher

Zu diesem Typ gehören *Lernerwörterbücher*, wie z. B. die OXFORD LEARNERS' DICTIONARIES (OED LEARNER), die teilweise auch in einer kosten-, wenngleich nicht werbefreien Online-Version angeboten werden.

Gebärdensprachewörterbücher

Zu diesem Typ gehören auch Wörterbücher zur *Gebärdensprache* wie z. B. das FACHGEBÄRDENLEXIKON PSYCHOLOGIE, das am Institut für Deutsche Gebärdensprache und Kommunikation Gehörloser der Universität Hamburg entwickelt wurde, schon früh die multimedialen Mehrwerteigenschaften von Wörterbüchern zur Verdeutlichung von Gebärden in Bildern und Videos nutzte und mehrere miteinander verlinkte Zugriffsstrukturen auf die über 900 Fachbegriffe anbietet (→ Abbildung 2.7).

Varietätenorientierte Spezialwörterbücher

Dialekte und Regionalsprachen

Die wissenschaftliche *Dialektlexikografie* dokumentiert Regionalsprachen und Dialekte auf der Basis umfassenden Quellenmaterials. Im TRIERER WÖRTERBUCHNETZ sind verschiedene digitalisierte Versionen gedruckter Dialektwörterbücher abrufbar, u. a. das 1899–1907 in zwei Bänden herausgegebene WÖRTERBUCH DER ELSÄSSISCHEN MUNDARTEN (ElsWB), ein 1928–1971 publiziertes 9-bändiges RHEINISCHES WÖRTERBUCH (RhWB) sowie das 1965–1997 in sechs Bänden erschienene PFÄLZISCHE WÖRTERBUCH (PfWB), das um Funktionen zur Georeferenzierung angereichert ist (→ Abbildung 2.8).

Fachwörterbücher

Das Angebot von ein- und zweisprachigen *Fachwörterbüchern* ist nicht nur in der Printlexikografie, sondern auch im Internet groß

2 Typologie von Internetwörterbüchern und -portalen — 45

≤ A B C D E F G H I J K L M N O P Q R S T U V W X Y Z Oberbegriffe English ? ≥

Gefühl *(feeling)*

- Gebärde (4 Varianten)

- **Definition:** Der Begriff G. läßt sich nicht definieren, sondern nur umschreiben. Er bezieht sich auf eine bestimmte Kategorie von Erfahrungen, für die die verschiedensten sprachlichen Ausdrücke benutzt werden. Beispiele: Angst, Ärger, Liebe, Freude, Mitleid, Abscheu usw.

  G.e sind psychophysische Grundphänomene (s. Psychophysiologie) des subjektiven (s. Subjektivität), individuellen Erlebens (s. Individuum) einer Erregung (Spannung) oder Beruhigung (s. Entspannung). Sie werden mehr oder weniger deutlich von Lust oder Unlust begleitet.

  G.e hängen eng mit der Tätigkeit des autonomen Nervensystems zusammen. G.e sind komplexe Zustände. Sie werden begleitet von gesteigerter Wahrnehmung eines Objekts oder einer Situation. Damit gehen weitreichende physiologische Veränderungen (s. Physiologie) einher wie z.B. Änderung der Puls- und Atemfrequenz (s. Puls, Atmung, Frequenz). Wahrgenommen werden ebenfalls G.e wie Anziehung oder Abscheu, die von Annäherungs- oder Vermeidungsverhalten (s. Vermeidung, Verhalten) begleitet werden.

- **Oberbegriffe:**
  - Biopsychologie (Fachgebiet Biopsychologie)
  - Emotion (Fachgebiet Allgemeine Psychologie)

- **Gebärde: Variante 1**

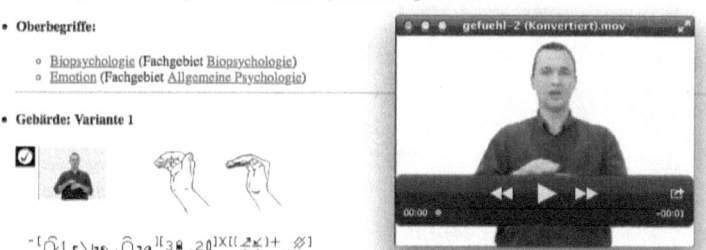

Abb. 2.7: Ausschnitt aus dem Artikel zum Lemma *Gefühl* in Fachgebärdelexikon Psychologie.

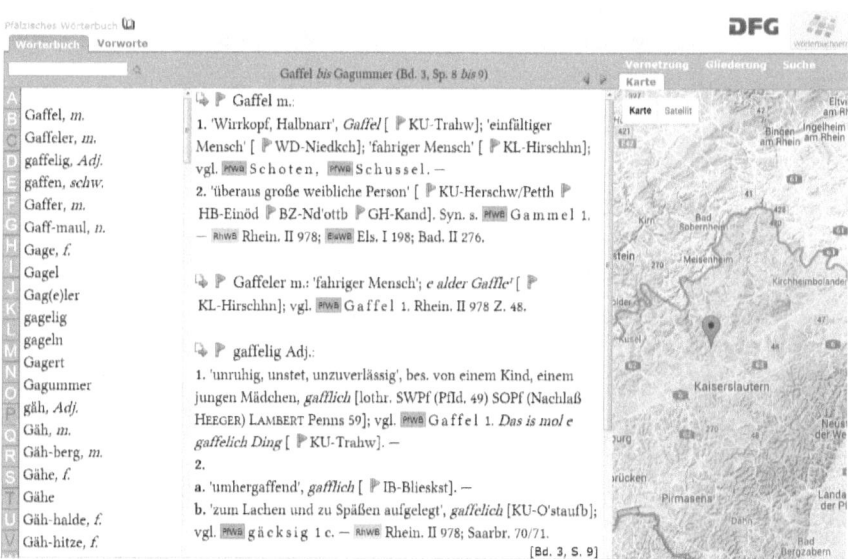

Abb. 2.8: Ausschnitt aus dem (PfWB) im Trierer Wörterbuchnetz.

und vielfältig. Es reicht von nutzergenerierten Angeboten wie dem Wiki-basierten linguistischen Fachwörterbuch GLOTTOPEDIA über kostenfrei verfügbare digitalisierte Fachwörterbücher wie ROCHE-ONLINE zu medizinischem Fachwortschatz bis zu kostenpflichtigen Angeboten. Ein innovatives Konzept zur Strukturierung bietet das KICKTIONARY, ein multilinguales Wörterbuch zum Fußballwortschatz. In Anlehnung an das Konzept des englischen FRAMENETS ist der Fachwortschatz des Fußballs mit Situationstypen (z. B. Shot, Goal, Pass) verlinkt und über konzeptuelle Relationen (Hyperonymie, Holonymie etc.) hierarchisch strukturiert (→ Abschnitt 3.2 in → Kapitel 5). Interessante Konzepte zur interaktiven Suche und zur Verknüpfung von Wörterbuchartikeln zur deutschen Rechtssprache mit faksimilierten Quelltexten findet man in dem an der Heidelberger Akademie der Wissenschaften erarbeiteten DEUTSCHEN RECHTSWÖRTERBUCH, (DRWB-ONLINE).

Textbezogene Wörterbücher

Die im TRIERER WÖRTERBUCHNETZ verfügbare Online-Version des GOETHE-WÖRTERBUCHS (GOETHE-WB-ONLINE, → Abbildung 2.9) ist ein Beispiel für ein Autorenwörterbuch. Zu diesem Typ gehören auch *Konkordanzen* und *Belegstellenwörterbücher*, die im Internet aber langfristig überflüssig werden, weil sich Konkordanzen und Belegsammlungen bei Bedarf mit Korpuswerkzeugen schnell und flexibel selbst erstellen lassen (vgl. → Kapitel 6 und Lemnitzer/Zinsmeister 2015).

2.4 Wörterbuchportale

2.4.1 Kriterien zur Beschreibung von Wörterbuchportalen

Wörterbuchportal

Die Grundidee des WWW legt es nahe, lexikografische Konzepte zu ersinnen, die eine Integration verschiedener Internetwörterbücher beinhalten. Einen Zugang zu solchen Verbünden von Wörterbüchern bieten *Wörterbuchportale*. Ein Portal – so belehren uns das DWB-ONLINE und ADELUNG-ONLINE im TRIERER WÖRTERBUCHNETZ – ist das „prachtthor eines gebäudes", die mit „Zierathen versehene Hauptthür". Pracht und Zierrat von Wörterbuchportalen sind – wie wir auf den folgenden Seiten sehen werden – vor allem die Vernetzungen und Zugangsfunktionalitäten, die eine Ty-

2 Typologie von Internetwörterbüchern und -portalen — 47

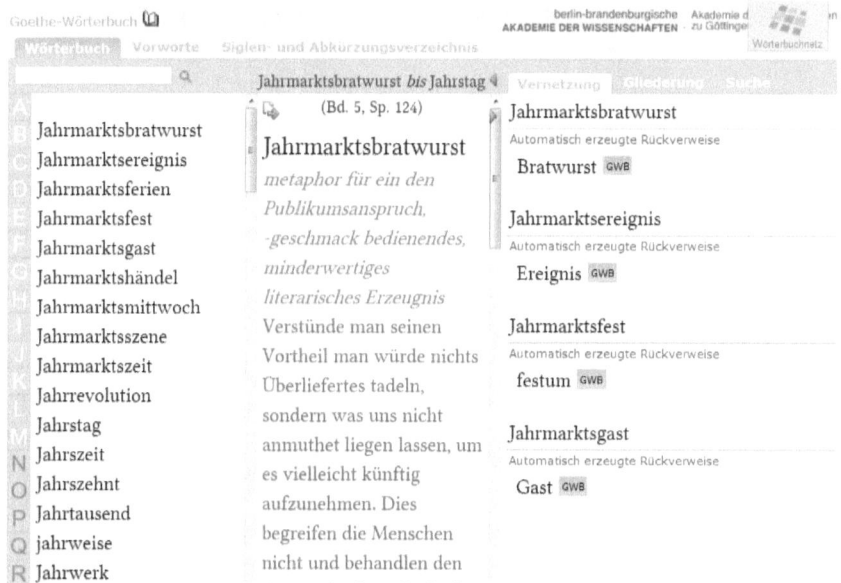

Abb. 2.9: Ausschnitt aus dem Artikel zum Lemma *Jahrmarktsbratwurst* in GOETHE-WB-ONLINE.

pologie von Wörterbuchportalen und verwandten Portalen zum Gegenstand haben. Die Typologie orientiert sich – auch terminologisch – vor allem an Engelberg/Müller-Spitzer (2013), einer Arbeit, die in etwa den Stand von 2009 widerspiegelt. Der vorliegende Text enthält allerdings verschiedene Änderungen und Erweiterungen, die vor allem der Entwicklung im internetlexikografischen Bereich in den letzten Jahren geschuldet sind.

Ein Wörterbuchportal ist eine Internetseite oder eine Menge von miteinander vernetzten Internetseiten, die Zugang zu mehreren Internetwörterbüchern bzw. den in ihnen enthaltenen Angaben bietet, wobei die Wörterbücher immer auch als Einzelwerke konsultiert werden können. Um solche Wörterbuchportale zu typisieren, können eine Reihe von Kriterien herangezogen werden. Wir greifen hier die wichtigsten heraus: (i) die Wörterbuchintegrität, (ii) die Zugriffsstrukturen, (iii) die Wörterbuchvernetzung und (iv) das Layout.

Die obige Definition von „Wörterbuchportal" beinhaltet also, dass die in das Portal integrierten Wörterbücher auch eine eigenständige, vom Portal unabhängige Existenz haben. Dieses Kriterium ist gradueller zu verstehen als es zunächst scheint. Die über

Wörterbuchintegrität

das Portal ONELOOK zu erreichenden Wörterbücher erfüllen das Kriterium vollständig. Sie sind unabhängig vom Portal konzipiert und erstellt worden und ihre digitale Form ist auch nicht durch die Betreiber des Wörterbuchportals bestimmt worden.

Demgegenüber sind in Portalen wie dem TRIERER WÖRTERBUCHNETZ oder OWID die einzelnen Wörterbücher zwar auch das Ergebnis lexikografischer Projekte, die von den Portalen unabhängig sind, ihre digitale Form ist allerdings im Wesentlichen das Ergebnis der Arbeit der Portalgestalter. Andere Portale bieten wiederum Zugang zu Wörterbüchern an, die im Portal zwar als Einzelwörterbücher gelistet werden, bei denen aber nicht ersichtlich ist, ob sie unabhängig vom Portal entstanden sind. CANOONET ermöglicht den Zugriff auf ein Bedeutungs-, ein Rechtschreib-, ein Morphologie-, ein Flexions- und ein Wortbildungswörterbuch, bei denen unklar ist, ob es sich um unabhängig vom Portal erstellte Ressourcen handelt und ob es überhaupt Ressourcen sind, die in der Datenhaltung voneinander getrennt sind. Noch ausgeprägter ist die Verschmelzung von Portal und Wörterbüchern in der BASE LEXICALE DU FRANÇAIS (BLF, → Abbildung 2.10). Aus einer benutzungsfunktionalen Perspektive geht das Portal davon aus, dass die Wörterbuchbenutzerin andere Informationen für fremdsprachliche Rezeptionsprozesse benötigt als etwa für die Übersetzung. Die Benutzerin kann hier deshalb die relevante Funktion angeben und das Portal generiert dann aus den zugrundeliegenden Ressour-

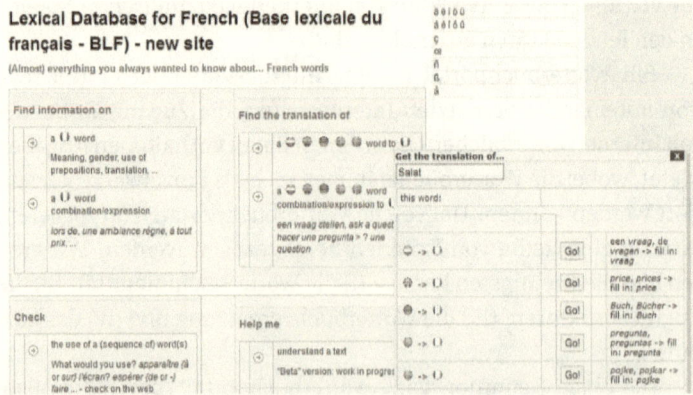

Abb. 2.10: Ausschnitt aus BLF (new site); gewählt ist die Übersetzung als Nutzungsfunktion.

cen jeweils verschiedene auf die Nutzungsfunktion zugeschnittene Wörterbücher bzw. Wörterbuchartikel (vgl. Verlinde 2011).[1]

Wörterbuchportale unterscheiden sich stark nach den Arten des *Zugriffs*, den sie auf die lexikografischen Daten bieten. Wir unterscheiden hier den externen, den äußeren und den inneren Zugriff. Ein Portal mit externem Zugriff erlaubt es, von der Portalseite auf die Wörterbücher als solche, das heißt auf ihre Startseite, zuzugreifen (→ Abbildung 5.7). Ist dies die einzige Zugriffsmöglichkeit, so ist ein Portal allerdings nicht viel mehr als eine Linkliste.

Zugriffsstruktur

Bietet das Portal einen äußeren Zugriff, so kann von der Portalseite aus direkt auf die Lemmaliste der eingebetteten Wörterbücher zugegriffen werden. Die Eingabe eines Suchausdrucks in die Suchmaske des Portals erbringt als Ergebnisse entweder die Auflistung

Polish Dictionaries

- LexiTools **Polish-English Translation Dictionary** (over 60,000 terms)
- English-Polish Dictionary
- Small English-Polish Dictionary
- English-Polish Dictionary
- Vesna Belarusan, Russian, Ukrainian, Polish, English Dictionary
- Polish Language Books and Other Resources

Sorbian (Lusatian) Dictionaries

- Elektroniski terminologiski słownik
- Słownik
- Wucbnica - Němsko-serbski słownik/Deutsch-sorbisches Wörterbuch
- Sorbian Language Books and Other Resources

South Slavic Languages

Bulgarian Dictionaries

- Glossary of Asparukh and Kuber Bulgar
- Bulgarian-English-Bulgarian Online Dictionary
- Bulgarian Language Books and Other Resources

Abb. 2.11: Externer Zugriff in einem Ausschnitt einer nach Sprachfamilien gegliederten Zugriffsstruktur innerhalb des Portals YOURDICTIONARY.

---

[1] Als Konsequenz ausführlicher Nutzerstudien wurde die BLF mittlerweile durch die INTERACTIVE LANGUAGE TOOLBOX (ILT) ersetzt. Auf die Funktionsauswahl durch den Benutzer wird hier verzichtet (s. Verlinde/Peeters 2012).

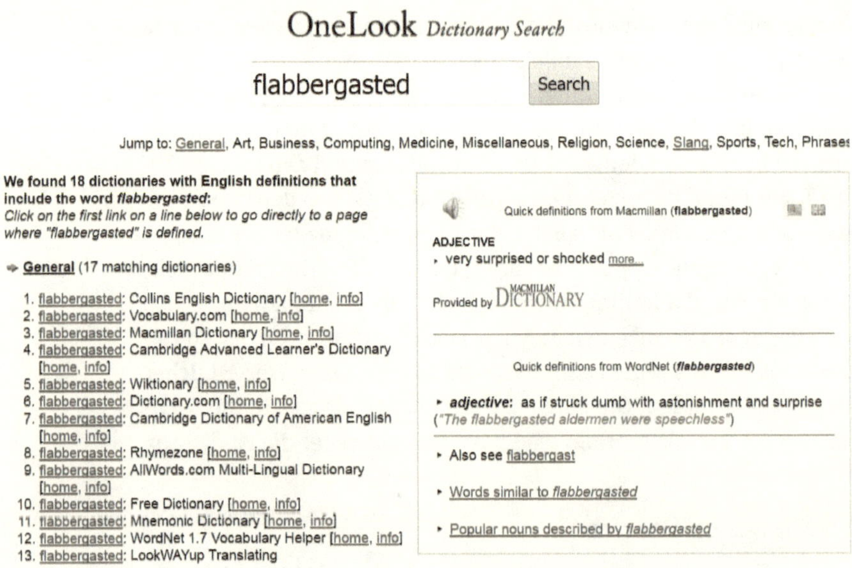

Abb. 2.12: Äußerer Zugriff auf die Wörterbücher in ONELOOK; links eine Liste von Stichwörtern aus den integrierten Wörterbüchern zu dem Suchausdruck »flabbergasted«, rechts ein Ausschnitt aus dem Artikel zum Stichwort in einem der Wörterbücher.

aller Wörterbuchartikel, die dem Suchausdruck in den eingebetteten Wörterbüchern entsprechen, oder eine Liste aller Lemmata, deren zugehörige Artikel dann über einen Link zu erreichen sind (→ Abbildung 2.12).

Seltener verfügen Portale auch über die Möglichkeit des inneren Zugriffs. Bei einem inneren Zugriff kann über eine Suchfunktion der Portalseite direkt auf bestimmte Angaben in den eingebetteten Wörterbüchern zugegriffen werden. Ein innerer Zugriff liegt etwa vor bei der „Suche in Bedeutungsparaphrasen" in OWID (→ Abbildung 2.13) und der onomasiologischen Suche im ONELOOK Thesaurus.

Wörterbuchvernetzung

Ob eine wörterbuchübergreifende Navigation auch jenseits der auf der Portalseite angebotenen Suchfunktionen möglich ist, hängt davon ab, wie stark die Wörterbücher des Portals miteinander *vernetzt* sind. Die Vernetzung setzt natürlich voraus, dass die Portalbetreiber auch Zugriff auf die digitale Gestaltung der integrierten Wörterbücher haben. Im TRIERER WÖRTERBUCHNETZ werden innerhalb des Portals Wörterbuchartikel mit korrespondierenden Artikeln aus Wörterbüchern zu anderen deutschen Varietäten verlinkt (→ Abbildung 2.14).

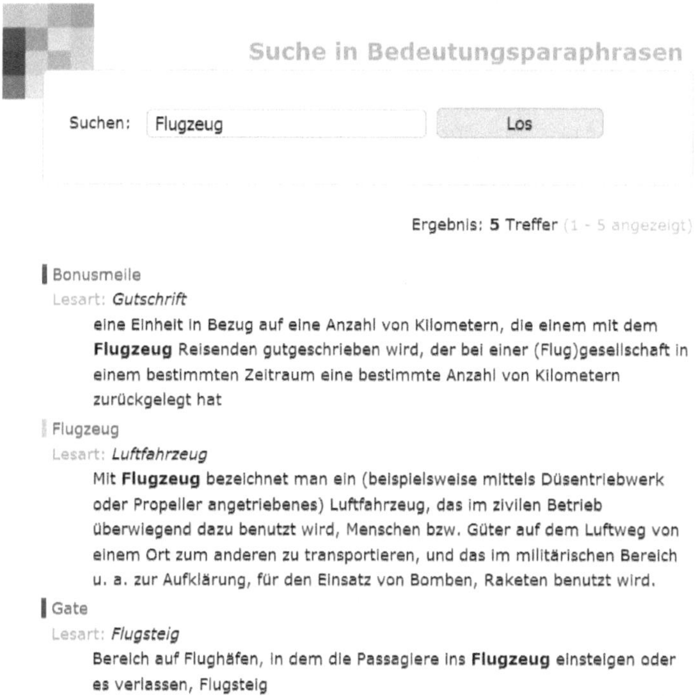

> Suche in Bedeutungsparaphrasen
>
> Suchen: Flugzeug   Los
>
> Ergebnis: **5 Treffer** (1 - 5 angezeigt)
>
> | Bonusmeile
>   Lesart: *Gutschrift*
>   eine Einheit in Bezug auf eine Anzahl von Kilometern, die einem mit dem **Flugzeug** Reisenden gutgeschrieben wird, der bei einer (Flug)gesellschaft in einem bestimmten Zeitraum eine bestimmte Anzahl von Kilometern zurückgelegt hat
>
> | Flugzeug
>   Lesart: *Luftfahrzeug*
>   Mit **Flugzeug** bezeichnet man ein (beispielsweise mittels Düsentriebwerk oder Propeller angetriebenes) Luftfahrzeug, das im zivilen Betrieb überwiegend dazu benutzt wird, Menschen bzw. Güter auf dem Luftweg von einem Ort zum anderen zu transportieren, und das im militärischen Bereich u. a. zur Aufklärung, für den Einsatz von Bomben, Raketen benutzt wird.
>
> | Gate
>   Lesart: *Flugsteig*
>   Bereich auf Flughäfen, in dem die Passagiere ins **Flugzeug** einsteigen oder es verlassen, Flugsteig

Abb. 2.13: Innerer Zugriff in OWID. Über die „Suche in Bedeutungsparaphrasen" werden zu dem Suchausdruck »Flugzeug« die Bedeutungsparaphrasen aller Lemmata der Portalwörterbücher angezeigt, in denen der Ausdruck *Flugzeug* vorkommt.

Auch die Präsentation eines einheitlichen Layouts für das Portal und seine Wörterbücher setzt natürlich eine Zentralisierung zumindest der digitalen Gestaltung der Wörterbücher voraus. Nur wenn diese in einer Hand liegt, kann wie in DWDS, OWID, LEO und dem TRIERER WÖRTERBUCHNETZ ein durchgehendes Layoutkonzept auf das Portal und seine Wörterbücher angewendet werden.

Layout

2.4.2 Typologie von Wörterbuchportalen

Die obigen Kriterien erlauben es, Wörterbuchportale zu typologisieren und zwar hinsichtlich zweier gradueller Dimensionen, des Grades der Eigenständigkeit der darin enthaltenen Wörterbücher

Typologie von Wörterbuchportalen

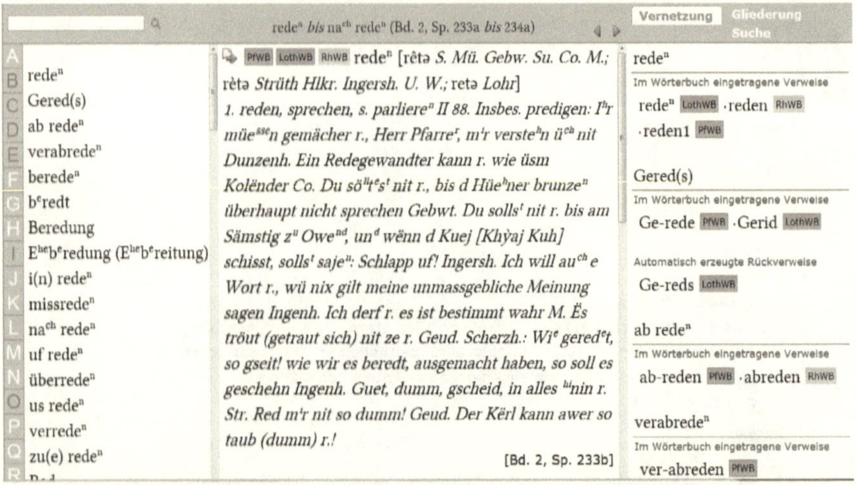

Abb. 2.14: Wörterbuchvernetzung im TRIERER WÖRTERBUCHNETZ; Verlinkung des Artikels zu *reden* im ELSWB mit entsprechenden Artikeln im WÖRTERBUCH DER DEUTSCH-LOTHRINGISCHEN MUNDARTEN (LOTHWB), dem RHWB und dem PFWB.

und des Grades der Integration (Zugriff, Layout, Vernetzung) der eingebundenen Wörterbücher.

Wörterbuchsammlung
Wörterbuchsammlungen (sehr hohe Eigenständigkeit der Wörterbücher, keine Integration) bieten lediglich einen externen Zugriff auf die verlinkten, vollkommen eigenständigen Wörterbücher. Es gibt keine Vernetzung und kein einheitliches Layout. Beispiele sind die Linkliste ONLINE-WÖRTERBÜCHER ZU OSTEUROPÄISCHEN SPRACHEN (OW-OST) und viele andere Linklisten.

Wörterbuchsuchmaschine
Wörterbuchsuchmaschinen (sehr hohe Eigenständigkeit der Wörterbücher, geringe Integration) verfügen über einen äußeren Zugriff auf die Lemmalisten der angebundenen Wörterbücher, ohne diese Wörterbücher zu vernetzen oder in ein einheitliches Layout einzubinden. Beispiele: ONELOOK (→ Abbildung 2.12), WORDREFERENCE, WÖRTERBUCHPORTAL und YOURDICTIONARY, in dem äußerer und externer Zugriff alternieren.

Wörterbuchnetz
Wörterbuchnetze (hohe Eigenständigkeit der Wörterbücher, hoher Grad an Integration) bieten ein hohes Maß an Vernetzung, elaborierte Zugriffsstrukturen und Layoutvereinheitlichungen, ohne darüber hinaus in die Integrität der Wörterbücher einzugreifen. Beispiele für Wörterbuchnetze sind OWID (→ Abbildung 2.13) (Müller-Spitzer 2010), das TRIERER WÖRTERBUCHNETZ (→ Abbil-

dung 2.14) (Burch 2008) und das LEHNWORTPORTAL DEUTSCH (→ Abbildung 2.15), das Wörterbücher deutscher Lehnwörter in anderen Sprachen einbettet (Meyer/Engelberg 2011). Die Vernetzung erfolgt hier vor allem dadurch, dass aus den in den Wörterbuchartikeln genannten deutschen Etyma ein „umgekehrtes Lehnwörterbuch" von in andere Sprachen entlehnten deutschen Wörtern erzeugt wird (Meyer 2013).

Wörterbuchnetze stellen gewissermaßen den Prototyp des Wörterbuchportals dar. Sie versuchen ein Maximum an Integration mit einem Maximum an Eigenständigkeit der Wörterbücher zu verbinden, soweit es die beiden an bestimmten Punkten konfligierenden Kriterien zulassen.

Virtuelle Wörterbuchportale (geringe Eigenständigkeit der Wörterbücher, sehr hoher Grad an Integration) sind zwar in hohem Maße vernetzt und bezüglich des Layouts und der Zugriffsstrukturen vereinheitlicht, lassen aber die Eigenständigkeit der integrierten Wörterbücher kaum erkennen. Beispiele: ILT, CANOONET, aber auch viele zweisprachige Portale wie etwa LEO oder LINGUEE.

Virtuelles Wörterbuchportal

Abb. 2.15: Resultat der Suche zum Suchausdruck »Zeche« im portalgenerierten umgedrehten deutschen Lehnwörterbuch des LEHNWORTPORTALS DEUTSCH; angezeigt werden die entsprechenden Lemmata und Artikelanfänge in den integrierten Lehnwörterbüchern.

Wir bezeichnen die präsentierte Gruppierung von Portalen auch deshalb als Typologie und nicht als Klassifikation, weil sich natürlich verschiedene Übergangsformen finden. So präsentiert sich YOURDICTIONARY in manchen Bereichen als elaborierte Suchmaschine mit äußerem Zugriff, in anderen Bereichen werden Wörterbücher über Linklisten gesammelt (→ Abbildung 5.7) und in wiederum anderen Teilen des Portals alternieren diese Funktionalitäten. CAMBRIDGE-ONLINE und PONS-ONLINE scheinen zwar – wie bei Wörterbuchsuchmaschinen – keine Vernetzung der eingebetteten Wörterbücher vorzunehmen, präsentieren sich hinsichtlich Layout und Zugriff aber ähnlich wie man es von Wörterbuchnetzen erwartet.

Historisch betrachtet stehen Wörterbuchsammlungen und -suchmaschinen am Anfang der Portallexikografie, während Wörterbuchnetze und virtuelle Portale Entwicklungen der letzten Dekade sind. Aber auch die ursprünglichen Typen erfüllen nach wie vor wichtige Funktionen und entwickeln sich weiter. Wörterbuchsammlungen etwa präsentieren sich mittlerweile auch als Datenbankanwendungen wie zum Beispiel OBELEXDICT, das über mehrdimensionale Suchabfragen kommentierte Links zu über 10000 Internetwörterbüchern bietet (Möhrs/Töpel 2011).

2.4.3 Wortschatzportale

Enzyklopädisches Portal

Neben Wörterbuchportalen gibt es noch zwei andere Arten von Portalen, die lemmabasiert sind, also Ressourcen integrieren, die Informationen zu Stichwörtern bieten, nämlich *enzyklopädische* und *lexikologische* Portale. Enzyklopädische Portale (z. B. ENCYCLOPEDIA) verhalten sich zu Wörterbuchportalen wie Sachwörterbücher (Enzyklopädien) zu Sprachwörterbüchern. Sie lassen sich auch ähnlich typologisieren, sind aber nicht Gegenstand dieses Kapitels. Gelegentlich finden sich Hybride aus Wörterbuch- und enzyklopädischem Portal, zum Beispiel BARTLEBY.

Lexikologisches Portal

Lexikologische Portale fokussieren dagegen ähnlich wie Wörterbuchportale auf Sprachinformationen, sehen ihre Aufgabe aber nicht vorrangig in der Integration von Wörterbüchern. Stattdessen wird lemmabezogene Information (meist) automatisch oder semiautomatisch aus Textkorpora generiert und als eine Art virtuelles Wörterbuch präsentiert. Eine lexikografische Überarbeitung der Daten findet üblicherweise nur in geringem Maße statt. Zu

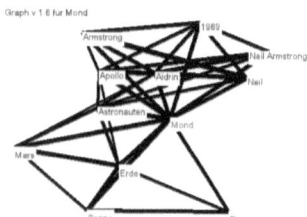

Abb. 2.16: Lexikologisches Portal WORTSCHATZ LEIPZIG, Ausschnitt der Angaben zum Suchausdruck »Mond«.

den (semi-)automatisch generierten Angaben, die in solchen lexikologischen Portalen zu finden sind, gehören unter anderem folgende:
– Korpusbelege,
– grammatische Angaben (Wortart, Flexionsklasse, Flexionsparadigmen),
– Angaben zu Vorkommenshäufigkeiten in Korpora,
– Kookkurrenzen, also überzufällig häufige Partnerwörter, präsentiert als Listen, Graphen oder Wortwolken,

- häufige N-Gramme, d. h. Wortsequenzen, präsentiert zum Beispiel in Form von häufigen rechten oder linken Nachbarwörtern des Stichworts,
- semantische Relationen,
- frequenzbasierte Zeitverlaufsgrafiken.

Das bekannteste und prototypischste lexikologische Portal zum Deutschen ist WORTSCHATZ LEIPZIG (→ Abbildung 2.16, vgl. Quasthoff 2010), aber auch viele andere Portale integrieren mittlerweile automatisch generierte Informationen.

Entwicklungen der letzten Jahre zeigen eine Tendenz, Wörterbuchnetze und lexikologische Portale zu verknüpfen. Solche hybriden Portale sollen hier als *integrierte Wortschatzportale* bezeichnet werden. Der wohl prägnanteste Typ eines solchen Portals ist das DWDS-Portal (→ Abbildung 2.17 und z. B. Herold et al. 2012). Es bietet Zugang zu mehreren Wörterbüchern, u. a. DWB-ONLINE und PFEIFER-DWDS sowie das digitalisierte WÖRTERBUCH DER DEUTSCHEN GEGENWARTSSPRACHE (E-WDG), ergänzt um automatisch generierte lexikologische Informationen (Korpusbelege, Wortprofile, Zeitverlaufsgrafiken, Korpusfrequenzen).

Wortschatzportal

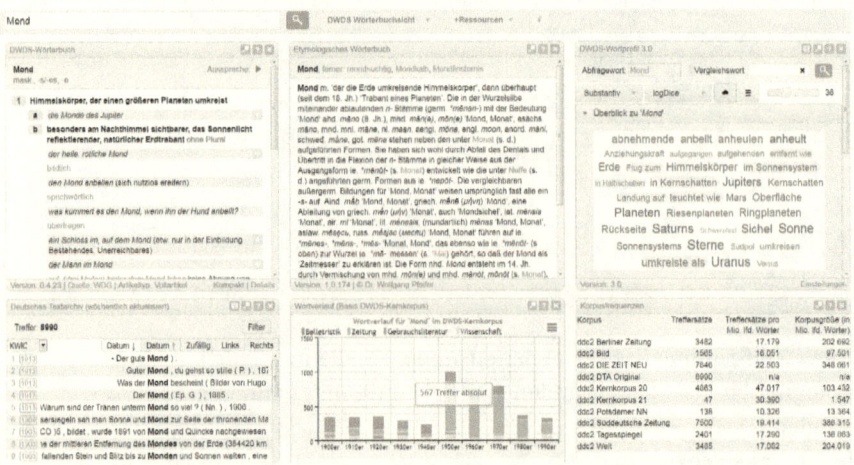

Abb. 2.17: Ausschnitt aus dem Ergebnis zum Suchausdruck »Mond« im DWDS-Portal; zu sehen sind die Artikel aus WDG-ONLINE und PFEIFFER-DWDS, ein Wortprofil, Korpusbelege aus dem „Deutschen Textarchiv", eine Zeitverlaufsgrafik und die Frequenz des Wortes in verschiedenen Korpora.

Die Grafik in → Abbildung 2.18 fasst noch einmal die in den vorangegangenen Abschnitten präsentierte Typologie von Portalen zusammen.

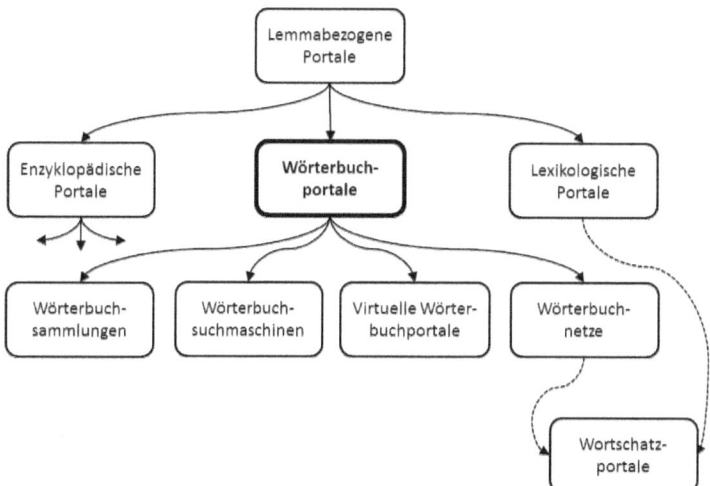

Abb. 2.18: Typologie von Wörterbuchportalen im Feld lemmabezogener Portale.

Über die Verknüpfung verschiedener Arten von lemmabezogenen Informationen hinaus bieten Portale mittlerweile auch andere Dienste und Materialien an, die im Zusammenhang mit Wortschatz und Wörterbüchern stehen, zum Beispiel didaktische Materialien (in der ILT) oder eine Bibliografie zur internetlexikografischen Forschung (in OWID).

2.5 Literatur

2.5.1 Weiterführende Literatur

Hausmann (1989) = Hausmann, Franz Josef: Wörterbuchtypologie. In: Hausmann, Franz Josef/Reichmann, Oskar/Wiegand, Herbert Ernst/Zgusta, Ladislav (Hgg.), Wörterbücher. Ein internationales Handbuch zur Lexikografie. 1. Teilband. Berlin/New York: De Gruyter, S. 968–980. *Allgemeine Grundlagen der Typologisierungen von Wörterbüchern (noch auf Printwörterbücher beschränkt).*

Kühn (1989) = Kühn, Peter: Typologie der Wörterbücher nach Benutzungssituationen. In: Hausmann, Franz Josef/Reichmann, Oskar/Wiegand, Herbert Ernst/Zgusta, Ladislav (Hgg.), Wörterbücher. Ein internationales Handbuch zur Lexikografie. 1. Teilband. Berlin/New York: De Gruyter, S. 111–127. *Grundlegende Typologie nach Benutzungssituationen (noch auf Printwörterbücher beschränkt).*

OBELEX[DICT] = Online-Bibliografie zur elektronischen Lexikografie – Wörterbücher. Online: http://www.owid.de/obelex/dict. *Die Online-Bibliographie OBELEX im Portal OWID bietet Zugriff auf eine Vielzahl von Internetwörterbüchern, die nach Typen und Merkmalen gefiltert werden können. Der Bestand wird laufend aktualisiert.*

Wiegand et al. (2010) = Wiegand, Herbert Ernst/Beißwenger, Michael/Gouws, Rufus H./Kammerer, Matthias/Storrer, Angelika/Wolski, Werner (Hgg.), Wörterbuch zur Lexikographie und Wörterbuchforschung. Bd. 1, A–C. Berlin/New York: De Gruyter. *Die systematische Einführung zu diesem Wörterbuch gibt in Kapitel 4 einen neueren Überblick über Einteilungskriterien, der auch digitale Wörterbücher berücksichtigt und sowohl in Deutsch (S. 82–92) als auch in Englisch (S. 202–212) verfügbar ist.*

2.5.2 Literaturverzeichnis

Sachliteratur

Burch (2008) = Burch, Thomas: Fragen der Vernetzung in OWID und im Wörterbuchnetz. In: Klosa, Annette (Hg.), Lexikografische Portale im Internet. Mannheim: Institut für Deutsche Sprache, S. 131–142. (= OPAL Sonderheft 1/2008). Online: http://pub.ids-mannheim.de/laufend/opal/opal08-1.html.

De Schryver (2003) = De Schryver, Gilles-Maurice: Lexicographers' Dreams in the Electronic-Dictionary Age. In: International Journal of Lexicography 16, S. 143–199.

Engelberg/Lemnitzer (2009) = Engelberg, Stefan/Lemnitzer, Lothar: Lexikografie und Wörterbuchbenutzung. 4. überarbeitete Auflage. Tübingen: Stauffenburg.

Engelberg/Müller-Spitzer (2013) = Engelberg, Stefan/Müller-Spitzer, Carolin: Dictionary portals. In: Gouws, Rufus/Heid, Ulrich/Schweickard, Wolfgang/Wiegand, Herbert Ernst (Hgg.), Dictionaries. An International Encyclopedia of Lexicography. Supplementary Volume: Recent Developments with Focus on Electronic and Computational Lexicography. Berlin/Boston: De Gruyter, S. 1023–1035.

Hausmann (1989) = Hausmann, Franz Josef: Wörterbuchtypologie. In: Hausmann, Franz Josef/Reichmann, Oskar/Wiegand, Herbert Ernst/Zgusta, Ladislav (Hgg.), Wörterbücher. Ein internationales Handbuch zur Lexikografie. 1. Teilband. Berlin/New York: De Gruyter, S. 968–980.

Herold et al. (2012) = Herold, Axel/Lemnitzer, Lothar/Geyken, Alexander: Integrating Lexical Resources Through an Aligned Lemma List. In: Chiarcos, Christian/Nordhoff, Sebastian/Hellmann, Sebastian (Hgg.), Linked Data in Linguistics. Representing and Connecting Language Data and Language Metadata. Heidelberg: Springer, S. 35–44.

Kühn (1989) = Kühn, Peter: Typologie der Wörterbücher nach Benutzungssituationen. In: Hausmann, Franz Josef/Reichmann, Oskar/Wiegand, Herbert Ernst/Zgusta, Ladislav (Hgg.), Wörterbücher. Ein internationales Handbuch zur Lexikografie. 1. Teilband. Berlin/New York: De Gruyter, S. 111–127.

Lemnitzer/Zinsmeister (2015) = Lemnitzer, Lothar/Zinsmeister, Heike: Korpuslinguistik. Eine Einführung. 2. Auflage. Tübingen: GNV.

Lew (2011) = Lew, Robert: Online Dictionaries of English. In: Fuertes-Olivera, Pedro Antonio/Bergenholtz, Henning (Hgg.), e-Lexicography. The Internet, Digital Initiatives and Lexicography. London/New York: Continuum, S. 230–250.

Meyer (2013) = Meyer, Peter: Ein Internetportal für deutsche Lehnwörter in slavischen Sprachen. Zugriffsstrukturen und Datenrepräsentation. In: Kempgen, Sebastian/Franz, Norbert/Jakiša, Miranda/Wigender, Monika (Hgg.), Deutsche Beiträge zum 15. Internationalen Slavistenkongress, Minsk 2013. München: Otto Sagner, S. 233–242.

Meyer/Engelberg (2011) = Meyer, Peter/Engelberg, Stefan: Ein umgekehrtes Lehnwörterbuch als Internetportal und elektronische Ressource: Lexikographische und technische Grundlagen. In: Hedeland, Hanna/Schmidt, Thomas/Wörner, Kai (Hgg.), Multilingual Resources and Multilingual Applications. Hamburg: Universität Hamburg, S. 169–174. (= Arbeiten zur Mehrsprachigkeit/Working Papers in Multilingualism, Folge B, Nr. 96). Online: http://www.corpora.uni-hamburg.de/gscl2011/downloads/AZM96.pdf.

Möhrs/Töpel (2011) = Möhrs, Christine/Töpel, Antje: The „Online Bibliography of Electronic Lexicography" (OBELEX). In: Kosem, Iztok/Kosem, Karmen (Hgg.), Electronic Lexicography in the 21st Century: New Applications for New Users. Proceedings of eLex2011, Bled, Slowenien, 10–12 November 2011. Ljubljana. Trojina, Institute for Applied Slovene Studies, S. 199–202. Online: http://elex2011.trojina.si/Vsebine/proceedings.html.

Müller-Spitzer (2010) = Müller-Spitzer, Carolin: OWID – A dictionary net for corpus-based lexicography of contemporary German. In: Dykstra, Anne/Schoonheim, Tanneke (Hgg.), Proceedings of the XIV Euralex International Congress. Leeuwarden, 6–10 July 2010. Leeuwarden: Fryske Akademy, S. 445–452.

Nesi (2000) = Nesi, Hilary: Electronic Dictionaries in Second Language Vocabulary Comprehension and Acquisition: the State of the Art. In: Heid, Ulrich/Evert, Stefan/Lehmann, Egbert/Rohrer, Christian (Hgg.), Proceedings of the Ninth EURALEX International Congress, Stuttgart, Germany, August 8th–12th, 2000. Stuttgart: Universität Stuttgart, Institut für Maschinelle Sprachverarbeitung, S. 839–847.

Quasthoff (2010) = Quasthoff, Uwe: Automatisierte Rohdatengewinnung für die Lexikographie. In: Lexicographica 26, S. 47–64.
Schröder (1997) = Schröder, Martin: Brauchen wir ein neues Wörterbuchkartell? Zu den Perspektiven einer computerunterstützten Dialektlexikografie und eines Projekts „Deutsches Dialektwörterbuch". In: Zeitschrift für Dialektologie und Linguistik LXIV/1, S. 57–66.
Storrer/Freese (1996) = Storrer, Angelika/Freese, Katrin: Wörterbücher im Internet. In: Deutsche Sprache 24/2, S. 97–153.
Tono (2004) = Tono, Yukio: Research on the Use of Electronic Dictionaries for Language Learning: Methodological Considerations. In: Campoy Cubillo, Maria Carmen/Safont Jordá, Maria Pilar (Hgg.), Computer-Mediated Lexicography in the Foreign Language Learning Context. Castelló de la Plana: Universitat Jaume I, S. 13–27.
Verlinde (2011) = Verlinde, Serge: Modelling Interactive Reading, Translation and Writing Assistants. In Fuertes-Olivera, Pedro Antonio/Bergenholtz, Henning (Hgg.), e-Lexikography. The Internet, Digital Initiatives and Lexicography. London/New York: Continuum, S. 275–286.
Verlinde/Peeters (2012) = Verlinde, Serge/Peeters, Geert: Data access revisited: The Interactive Language Toolbox. In: Granger, Sylviane/Paquot, Magali (Hgg.), Electronic Lexicography. Oxford: Oxford University Press, S. 147–162.
Wiegand et al. (2010) = Wiegand, Herbert Ernst/Beißwenger, Michael/Gouws, Rufus H./Kammerer, Matthias/Storrer, Angelika/Wolski, Werner: Systematische Einführung. In: Wiegand, Herbert Ernst/Beißwenger, Michael/Gouws, Rufus H./Kammerer, Matthias/Storrer, Angelika/Wolski, Werner (Hgg.), Wörterbuch zur Lexikographie und Wörterbuchforschung. Bd. 1, A–C. Berlin/New York: De Gruyter, S. 1–121.

Wörterbücher

ADELUNG-ONLINE = Grammatisch-kritisches Wörterbuch der hochdeutschen Mundart. München: Bayerische Staatsbibliothek. Online: http://lexika.digitale-sammlungen.de/adelung/.
BARTLEBY = Great books online. New York: Barleby.com. Online: http://www.bartleby.com/.
BLF = Lexical Database for French (Base lexicale du français – BLF). Leuven: Katholieke Universiteit Leuven. Online: http://ilt.kuleuven.be/blf/.
CAMBRIDGE-ONLINE = Cambridge Dictionaries Online. Cambridge: Cambridge University Press. Online: http://dictionary.cambridge.org/.
CANOONET = Deutsche Wörterbücher und Grammatik. Basel: Canoo Engineering AG. Online: http://www.canoo.net/.
DICT.CC = Verbund multilingualer Wörterbücher mit Deutsch als Äquivalentsprache. Wien: dict.cc GmbH. Online: http://browse.dict.cc/.

DWB-Online = Das Deutsche Wörterbuch von Jacob und Wilhelm Grimm. Online abrufbar im Trierer Wörterbuchnetz: http://woerterbuchnetz.de/DWB/ und im DWDS-Portal: http://www.dwds.de.

DRWB-Online = Deutsches Rechtswörterbuch. Heidelberg: Heidelberger Akademie der Wissenschaften. Online: drw-www.adw.uni-heidelberg.de/drw-cgi/.

DWDS = Das Digitale Wörterbuch der deutschen Sprache. Berlin: Berlin-Brandenburgische Akademie der Wissenschaften. Online: http://www.dwds.de/.

elexiko = Online-Wörterbuch zur deutschen Gegenwartssprache. In: OWID – Online Wortschatz-Informationssystem Deutsch. Mannheim: Institut für Deutsche Sprache. Online: http://www.owid.de/elexiko_/index.html.

ElsWB = Elsässisches Wörterbuch. Online abrufbar im Trierer Wörterbuchnetz: http://woerterbuchnetz.de/ElsWB/.

Encyclopedia = Encyclopedia.com. Chicago: HighBeam Research. Online: http://www.encyclopedia.com/.

E-VALBU = Elektronisches Valenzwörterbuch deutscher Verben. Mannheim: Institut für Deutsche Sprache. Online abrufbar im grammatischen Informationssystem GRAMMIS: http://hypermedia.ids-mannheim.de/evalbu/index.html.

E-WDG = Wörterbuch der deutschen Gegenwartssprache online. Online abrufbar im DWDS-Portal: http://www.dwds.de.

Fachgebärdenlexikon Psychologie = Fachgebärdenlexikon Psychologie. Universität Hamburg: Institut für Deutsche Gebärdensprache und Kommunikation Gehörloser. Online: http://www.sign-lang.uni-hamburg.de/projekte/plex/start.htm.

Feste Wortverbindungen = Feste Wortverbindungen. In: OWID – Online Wortschatz-Informationssystem Deutsch. Mannheim: Institut für Deutsche Sprache. Online: http://www.owid.de/wb/uwv/start.html.

FrameNet = FrameNet. Berkeley: International Computer Science Institute. Online: https://framenet.icsi.berkeley.edu/fndrupal/.

Glottopedia = Glottopedia, the free encyclopedia of linguistics. Online: http://www.glottopedia.org/index.php/Main_Page.

Goethe-WB-Online = Goethe-Wörterbuch. Online abrufbar im Trierer Wörterbuchnetz: http://woerterbuchnetz.de/GWB/.

Idiomdatenbank = Idiomdatenbank aus dem Projekt „Kollokationen im Wörterbuch" (Leitung: C. Fellbaum, Berlin-Brandenburgische Akademie der Wissenschaften). Online: http://kollokationen.bbaw.de/.

ILT = Interactive Language Toolbox. Leuven: Katholieke Universiteit Leuven. Online: http://ilt.kuleuven.be/blf/.

Kicktionary = Schmidt, Thomas: Kicktionary. Mehrsprachiges digitales Wörterbuch zur Fachsprache des Fußballs. Online: http://www.kicktionary.de/index_de.html.

Kommunikationsverben = Kommunikationsverben. In: OWID – Online Wortschatz-Informationssystem Deutsch. Mannheim: Institut für Deutsche Sprache. Online: http://www.owid.de/docs/komvb/start.jsp.

LEHNWORTPORTAL DEUTSCH = Lehnwortportal Deutsch. Mannheim: Institut für Deutsche Sprache. Online: http://lwp.ids-mannheim.de/.
LEO = LEO. Sauerlach: LEO GmbH. Online: http://www.leo.org/.
LINGUEE = Linguee. Köln: Linguee GmbH. Online: http://www.linguee.de/.
LOTHWB = Wörterbuch der deutsch-lothringischen Mundarten. Online abrufbar im Trierer Wörterbuchnetz: http://woerterbuchnetz.de/LothWB/.
NEOLOGISMENWÖRTERBUCH = Neologismenwörterbuch. In: OWID-Online Wortschatz-Informationssystem Deutsch. Mannheim: Institut für Deutsche Sprache. Online: http://www.owid.de/wb/neo/start.html.
OBELEXDICT = Online-Bibliografie zur elektronischen Lexikografie – Wörterbücher. Mannheim: Institut für Deutsche Sprache. Online: http://www.owid.de/obelex/dict.
OED-ONLINE = Oxford English Dictionary online. Oxford: Oxford University Press. Online: http://www.dictionary.oed.com.
OED-LEARNER = Oxford Learners' Dictionaries. Oxford: Oxford University Press. Online: http://www.oxfordlearnersdictionaries.com/.
ONELOOK = OneLook Dictionary Search. Datamuse. Online: http://www.onelook.com/.
OPENTHESAURUS-DE = Wörterbuch für Synonyme und Assoziationen (deutsch): http://www.openthesaurus.de/.
OWID = Online-Wortschatz-Informationssystem Deutsch. Mannheim: Institut für Deutsche Sprache. Online: http://www.owid.de.
OW-OST = Online-Wörterbücher zu osteuropäischen Sprachen. Zürich: Universität Zürich, Historisches Seminar. Online: http://www.hist.uzh.ch/fachbereiche/oeg/links/woerterbuch.html.
PFWB = Pfälzisches Wörterbuch. Online abrufbar im Trierer Wörterbuchnetz: http://woerterbuchnetz.de/PfWB/.
PFEIFER-DWDS = Pfeifer, Wolfgang: Etymologisches Wörterbuch des Deutschen. Online abrufbar im DWDS-Portal: http://www.dwds.de.
PONS-ONLINE = PONS Online-Wörterbuch. Stuttgart: PONS GmbH. Online: http://de.pons.com/.
REDENSARTENINDEX = Wörterbuch für Redensarten, Redewendungen, idiomatische Ausdrücke und feste Wortverbindungen. Online: http://www.redensarten-index.de/suche.php.
ROCHE-ONLINE = Roche-Lexikon Medizin. Online: https://www.tk.de/rochelexikon/.
RHWB = Rheinisches Wörterbuch. Online abrufbar im Trierer Wörterbuchnetz: http://woerterbuchnetz.de/RhWB/.
SCHWEIZER ORTSNAMEN = Datenbank Schweizer Ortsnamen (Von H. Bickel und E. Nyffenegger geleitetes Projekt der Universitäten Basel und Zürich). Online: http://www.ortsnamen.ch/.
SPRICHWORT-PLATTFORM = Sprichwort. Eine Internt-Lernplattform für das Sprachenlernen. Online: http://www.sprichwort-plattform.org.
TRIERER WÖRTERBUCHNETZ = Wörterbuchnetz. Trier: Trier Center for Digital Humanities. Online: http://woerterbuchnetz.de/.
WIKTIONARY-DE = Das deutsche Wiktionary. Online: https://de.wiktionary.org/wiki/Wiktionary:Hauptseite.

WORDREFERENCE = WordReference.com. Vienna, VA (USA). Online: http://www.wordreference.com/.
WÖRTERBUCHPORTAL = Wörterbuch-Portal. Berlin: Berlin-Brandenburgische Akademie der Wissenschaften. Online: www.woerterbuch-portal.de.
WORTSCHATZ LEIPZIG = Wortschatz Universität Leipzig. Leipzig: Universität Leipzig, Institut für Informatik, Abteilung Sprachverarbeitung. Online: http://wortschatz.uni-leipzig.de/.
WORTWARTE = Lemnitzer, Lothar: Die Wortwarte: Wörter von heute und morgen (seit 2000 kontinuierlich ausgebaut). Online: http://www.wortwarte.de/.
YOURDICTIONARY = Your Dictionary. Burlingame, CA: LoveToKnow Corporation. Online: http://www.yourdictionary.com/.

Internetquellen

WIKIPEDIA = Wikipedia, die freie Enzyklopädie. San Francisco, CA: Wikimedia Foundation. Online: www.wikipedia.org.

Bildnachweis

Abbildung 2.1: Klassifizierung zur Wissensanordnung. http://www.wiki-hilfe.de/attach/Pic/klassifizieren_zur_wissensordnung.jpg

Annette Klosa und Carole Tiberius
3 Der lexikografische Prozess

Abb. 3.1: Robotereinsatz am Fließband – Werkzeugschlosser bei der Arbeit.

DOI 10.1515/9783050095615-007

Das Fließband symbolisiert für viele Menschen in der heutigen Zeit einen in bestimmter Abfolge einzelner Tätigkeiten ablaufenden Herstellungsprozess, erstmals eingeführt für die Produktion von Autos. Inzwischen ersetzen Roboter den Menschen bei vielen sich oft wiederholenden Arbeitsschritten. Dieser Art des herstellerischen Prozesses steht – noch immer – der Mensch, hier ein Maschinenschlosser, gegenüber, der sich zwar Maschinen zunutze macht, doch ohne dessen spezielle Fertigkeiten und Expertise man (z. B. bei der Produktion von Autos) nicht auskommt. Genau in diesem Spannungsfeld zwischen lexikografischer Tätigkeit einerseits und maschinell automatisiertem Arbeiten andererseits laufen lexikografische Prozesse für Internetwörterbücher ab.

Der lexikografische Prozess ist bislang fast ausschließlich bezogen auf gedruckte Wörterbücher untersucht worden. Bei Internetwörterbüchern (und insbesondere bei solchen, die sich im Aufbau befinden) gestaltet sich dieser Prozess ganz anders: Hier ist kein Nacheinander der einzelnen Herstellungsphasen zu beschreiben, sondern ein permanentes Neben- und Ineinander einzelner Arbeitsschritte. In diesem Zusammenhang stellt sich somit eine ganze Reihe von Fragen, z. B. danach, wie Bearbeitungsteilwortschätze auszuwählen sind oder welchen Einfluss die neuen Möglichkeiten der Datengewinnung aus elektronischen Textkorpora auf den lexikografischen Prozess haben, welche Software zur Unterstützung lexikografischer Prozesse eingesetzt werden kann oder wie sich all diese Änderungen auf die Nachschlagenden auswirken.

3.1	Einführung —— 67
3.2	Die Erforschung des lexikografischen Prozesses —— 69
3.3	Der computerlexikografische Prozess bei Internetwörterbüchern und seine Besonderheiten —— 72
3.3.1	Computerlexikografischer Prozess bei retrodigitalisierten Internetwörterbüchern —— 76
3.3.2	Computerlexikografischer Prozess bei Ausbauwörterbüchern —— 77
3.3.3	Computerlexikografischer Prozess und Wörterbuchbenutzer —— 80
3.4	Beispiele lexikografischer Prozesse von Internetwörterbüchern —— 84
3.4.1	Der lexikografische Prozess von ELEXIKO und ANW —— 84
3.4.2	Der lexikografische Prozess des deutschen Wiktionary —— 93
3.4.3	Der lexikografische Prozess des Ordbog over det Danske Sprog —— 94

3.5	Software zur Unterstützung lexikografischer Prozesse —— 96	
3.5.1	Das lexikografische Redaktionssystem —— 96	
3.5.2	Korpusabfragesysteme —— 98	
3.6	Ausblick: Der lexikografische Prozess von Wörterbuchportalen —— 102	
3.7	Literatur —— 104	
3.7.1	Weiterführende Literatur —— 104	
3.7.2	Literaturverzeichnis —— 105	

3.1 Einführung

Form und Inhalt von Wörterbüchern stehen seit jeher im Fokus der wissenschaftlichen Wörterbuchkritik und der wissenschaftlichen Untersuchung von Wörterbüchern. Form und Inhalt sind auch leicht von außen zugänglich, weil sowohl Gestalt wie Inhalt im gedruckten Wörterbuch auf Papier oder beim elektronischen Wörterbuch auf einem Bildschirm sichtbar sind. Eher im Hintergrund läuft dagegen der Prozess ab, in dessen Verlauf ein Wörterbuch entsteht. Unter diesem Prozess verstehen wir all diejenigen Arbeitsschritte, die nötig sind, damit ein Wörterbuch im Internet erscheinen kann. Solch ein Prozess läuft unter Beteiligung verschiedener Personen, unter Einsatz unterschiedlicher technischer Mittel und in unterschiedlich langen Zeitabschnitten in einer bestimmten Reihenfolge ab. Wörterbuchredaktionen geben traditionellerweise kaum detaillierte Auskunft über diese Abläufe im Inneren, was für Verlagslexikografie wie wissenschaftliche Lexikografie gleichermaßen gilt.

Trotzdem ist dieser Prozess (und hier insbesondere der lexikografische Prozess für Internetwörterbücher) aus verschiedenen Gründen wert, untersucht und beschrieben zu werden:

Motivation für Untersuchung

– Form und Inhalt eines Wörterbuches können vor dem Hintergrund der Kenntnis über ihre Entstehungsbedingungen angemessener beurteilt werden; dies ist etwa im Kontext von kritischen Rezensionen bestehender Wörterbücher wichtig. So kann z. B. die Kenntnis darüber, dass in einem Wörterbuchprojekt keine finanziellen Mittel zur Verfügung standen, um Illustrationen zu kaufen oder eigene herstellen zu können, erklären, warum auf frei verfügbare Bilder zurückgegriffen werden musste, die möglicherweise ihren Zweck im Wörterbuch nicht ganz optimal erfüllen. Wenn Informationen zur Erarbei-

tungsdauer und zum lexikografischen Team eines Wörterbuches vorliegen, kann auch zwischen verschiedenen Wörterbüchern fundierter verglichen werden.
- Wenn die Abläufe und die Beteiligten des Herstellungsprozesses eines Wörterbuches bekannt sind, können auf dieser Grundlage sinnvolle Vorschläge für zukünftige Verbesserungen des Wörterbuches entwickelt werden. Sind in einem Internetwörterbuch beispielsweise die Möglichkeiten der grafischen Datenaufbereitung gar nicht oder kaum ausgeschöpft, kann dies daran liegen, dass entweder das hierfür nötige technische Know-how im Projekt gefehlt hat, oder dass entsprechende Arbeitsschritte nicht eingeplant wurden. Für einen möglichen Ausbau des Wörterbuches in Hinblick auf grafische Datenaufbereitung kann die Wörterbuchredaktion entsprechend umplanen, wenn der Anstoß hierzu beispielsweise durch Benutzer oder Wörterbuchforscher erfolgt ist.
- Die Durchdringung lexikografischer Prozesse für publizierte Wörterbücher kann dazu beitragen, die Planung völlig neuer Wörterbuchprojekte zu erleichtern; neue Wörterbücher können effizienter und konsistenter erarbeitet werden, indem sie aus den Planungsfehlern bestehender Wörterbuchprojekte lernen. Dies ist etwa der Fall, wenn ein bestehendes Wörterbuchteam über keine eigene korpuslinguistische Kompetenz verfügt, sodass es davon abhängig ist, diese beispielsweise für die automatische Ermittlung von Korpusbelegen von außen einzukaufen. Ähnliche Fehler können vermieden werden, wenn neu geplante Wörterbuchprojekte von Anfang an eigene Korpuslinguistinnen im Team haben, wenn ähnliche Angaben für das Wörterbuch geplant sind.
- Ein gutes Verständnis der speziellen Bedingungen für lexikografische Prozesse bei Internetwörterbüchern ist nötig, damit Nachschlagende die neuen Nutzungsgegebenheiten solcher Wörterbücher verstehen können. Wörterbuchbenutzer sollten sich, wenn sie Interesse haben, über den lexikografischen Prozess informieren können, damit sie beispielsweise einschätzen können, wie aktuell und zitierbar ein Internetwörterbuch ist.
- Kenntnisse über lexikografische Prozesse ermöglichen, Wörterbücher als Produkt vieler verschiedener kognitiver, linguistischer, computerlinguistischer, korpuslinguistischer sowie redaktioneller Arbeitsschritte und damit als komplexes kulturel-

les Gut zu begreifen. Dies ist insofern für Wörterbuchbenutzerinnen sinnvoll, als sie redaktionell erstellte Internetwörterbücher in ihrer Qualität einzuschätzen lernen und sie durch häufige Benutzung in ihrem Fortbestehen unterstützen.

Dem lexikografischen Prozess von Internetwörterbüchern widmen wir in diesem Kompendium aber auch deshalb ein eigenes Kapitel, weil sich an den Veränderungen des lexikografischen Prozesses besonders deutlich zeigt, in welch großem Ausmaß sich das Medium Internet auf Wörterbücher auswirkt. Einiges, was in praktischer Lexikografie und Wörterbuchforschung hinsichtlich des lexikografischen Prozesses erprobt und bekannt war, kann für Wörterbücher, die für die Publikation im Internet erstellt werden, so nicht mehr gelten. Es ist daher nötig „to unlearn a great deal of what we know" (Gouws 2011, S. 29, vgl. → Abschnitt 3.3). Ein kurzer Überblick über die wissenschaftliche Erforschung des Herstellungsprozesses (→ Abschnitt 3.2) sowie die Beschreibung verschiedener lexikografischer Prozesse für Internetwörterbücher unterschiedlichen Typs (retrodigitalisierte Wörterbücher und Ausbauwörterbücher, → Abschnitt 3.4) bieten hierfür die Ausgangsbasis. Daneben betrachten wir Verbünde von Internetwörterbüchern (sogenannte Wörterbuchportale, → Abschnitt 3.6). Da die Herstellung von Internetwörterbüchern nicht ohne den Einsatz von Computern erfolgen kann (wir sprechen deshalb genauer vom computerlexikografischen Prozess von Internetwörterbüchern), zeigen wir in → Abschnitt 3.5, welche Software hierfür eingesetzt werden kann.

Auswirkungen des Internets

3.2 Die Erforschung des lexikografischen Prozesses

Die Beschreibung lexikografischer Prozesse setzt im Grunde erst in den 80er Jahren des 20. Jahrhunderts ein, wobei sie zunächst ausschließlich für Printwörterbücher dargestellt werden (z. B. in Dubois 1990, Riedel/Wille 1979 und Schaeder 1987). Stark verkürzend und vereinfachend benennt etwa Landau (1984, S. 227) drei Phasen, die in jedem lexikografischen Prozess vorkommen: „planning (30 %), writing (50 %), and producing (20 %)", wobei die Phase des

Herstellung von Printwörterbüchern

Schreibens bei wissenschaftlichen Wörterbüchern im Allgemeinen deutlich länger dauere als bei Verlagswörterbüchern.

Zu den Arbeitsschritten für die Herstellung von Printwörterbüchern in der Phase des Schreibens gehören nach Landau (1984) beispielsweise das Entwerfen einer Bedeutungserläuterung, ihre Korrektur, die Vorbereitung der Daten zum Satz (u. a. durch typografische Auszeichnungen) oder das Korrekturlesen verschiedener Satzstadien (Fahnen und Umbrüche). Zu diesen Tätigkeiten zählen hier also einerseits lexikografische Kernaufgaben (die Erklärung der Bedeutung bzw. Bedeutungen eines Lemmas), andererseits aber auch Tätigkeiten, die generell bei der Herstellung von Printmedien anfallen (Korrekturlesen). Zgusta (1971, S. 223) benennt die Arbeitsschritte „(1) the collection of material; (2) the selection of entries; (3) the construction of entries; and (4) the arrangement of the entries", wobei originär lexikografische (Nummern 2–4) mit allgemein schriftstellerischen und journalistischen Arbeitsschritten (Nummer 1) zusammenfließen. Generell ist festzuhalten, dass für Printwörterbücher von einer gewissen Linearität der einzelnen Arbeitsschritte ausgegangen wird. Eher ungenau bleibt dagegen, welche einzelnen Tätigkeiten bei Planung und Produktion eines Wörterbuches anfallen und wer sie ausübt.

Definition des lexikografischen Prozesses

Es ist das Verdienst von Wiegand (1998), den lexikografischen Prozess als Erster vollständig theoretisch durchdacht und beschrieben zu haben. Er definiert den lexikografischen Prozess folgendermaßen:

> Ein abgeschlossener lexikographischer Prozeß [...] ist die Menge derjenigen prozeßzugehörigen Tätigkeiten, welche ausgeführt wurden, damit ein bestimmtes Wörterbuch entsteht. [...] er ist zerlegbar, kontrollierbar, reglementierbar, lehrbar und prüfbar. (S. 134)

Prozesse ohne Computereinsatz – computerlexikografische Prozesse

Den lexikografischen Prozess für die Herstellung von Printwörterbüchern zerlegt Wiegand (1998, S. 135) in fünf Phasen: die Vorbereitungsphase, die Phase der Materialbeschaffung, die Phase der Materialaufbereitung, die Phase der Materialauswertung und die Phase der Satz- und Druckvorbereitung. Generell unterscheidet er zwischen lexikografischen Prozessen ohne Computereinsatz und computerunterstützten lexikografischen Prozessen, d. h. Prozessen, bei denen „in allen Prozeßphasen ein in der Vorbereitungsphase geplanter Computereinsatz erfolgt" (Wiegand 1998, S. 233; zum Einsatz von Computern im lexikografischen Prozess vgl. auch

Knowles 1990, S. 1648). Ziel dieser beiden Prozesse ist aber die Erstellung eines Printwörterbuches. Ziel eines computerlexikografischen Prozesses ist dagegen „die Erstellung eines Wörterbuches, das nicht auf Papier, sondern auf einem elektronischen Datenträger fixiert ist" (Wiegand 1998, S. 239).

In kritischer Auseinandersetzung mit Wiegands Vorschlägen kommt Müller-Spitzer (2003, S. 161) zu einer Fortentwicklung und Ausdifferenzierung verschiedener lexikografischer Prozesse (→ Abbildung 3.2), die zum einen auf der Unterscheidung beruhen, ob das erstellte Wörterbuch für menschliche Benutzer oder als Ressource für sprachtechnologische Produkte dienen soll. Zum anderen unterscheidet sie auch danach, ob das geplante Wörterbuch ausschließlich auf einem elektronischen Datenträger publiziert werden soll oder ob aus einer medienneutral erarbeiteten Datensubstanz sowohl gedruckte wie elektronische Wörterbücher publiziert werden können. Alle lexikografischen Prozesse für Internetwörterbücher sind demnach computerlexikografische Prozesse oder medienneutral konzipierte lexikografische Prozesse.[1] {Prozess für elektronische Wörterbücher}

Über die systematische Einbeziehung der menschlichen Benutzer in den lexikografischen Prozess, und zwar insbesondere in computerlexikografische Prozesse, wird noch nicht lange nachgedacht. Dabei kann das Feedback von Wörterbuchnutzerinnen noch während des Aufbaus des Wörterbuches zu einer deutlichen Qualitätsverbesserung (z. B. hinsichtlich der Abdeckung der gesuchten Lemmata) führen (De Schryver/Prinsloo 2000 a und b). Die Mitwirkung der Benutzer ist aber beispielsweise auch in der Phase der Materialbeschaffung nützlich, etwa, wenn für ein Wörterbuch nach Erstbelegen oder Belegen aus sehr entlegenen Quellen gesucht wird. Lexikografinnen nehmen dann im computerlexikografischen Prozess, insbesondere bei halbkollaborativ erstellten Wörterbüchern, verstärkt die Rolle von Organisatoren ein (Abel/Klosa 2014, S. 7). Eine sorgfältige Planung sowie Kontrolle des Prozesses sind unerlässlich. Es ist aber auch nötig, diesen für die Wörterbuchbenutzer transparent zu machen. {Einbeziehung der Benutzer}

Neben Lexikografen sind an computerlexikografischen Prozessen eine Reihe anderer Personen beteiligt, beispielsweise Korpus- {Benötigte Expertise}

---

[1] Im Folgenden sprechen wir verkürzend nur noch vom „computerlexikografischen Prozess".

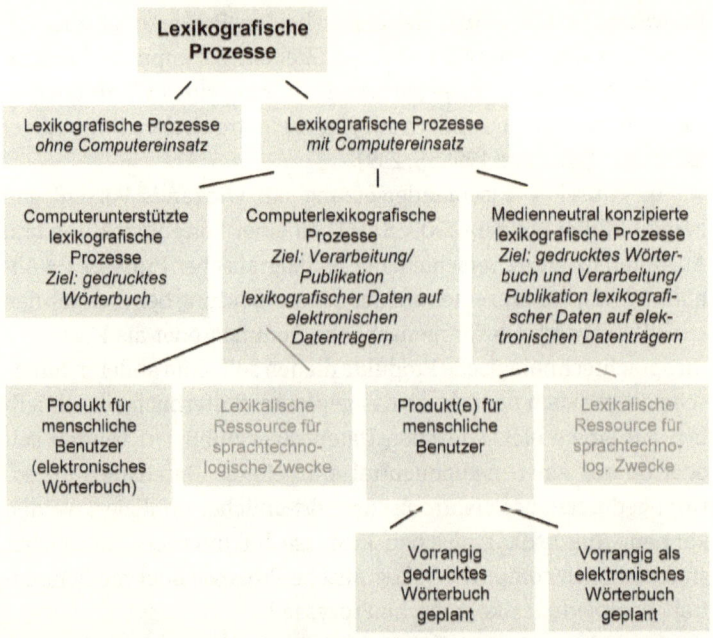

Abb. 3.2: Übersicht über lexikografische Prozesse (nach Müller-Spitzer 2003, S. 161).

linguisten, Computerlinguistinnen, Texttechnologen, EDV-Spezialistinnen oder Grafiker (Klosa 2013, S. 504). Mit der Ausweitung des Wörterbuchteams geht eine Veränderung des Bedarfs an bestimmter Expertise einher, worauf schon Wiegand (1998) hinweist. Vor diesem Hintergrund sind vermutlich Bestrebungen zu sehen, computerlexikografische Prozesse zu normieren, wie es das ISO-Projekt (NP 11763) „Lexicographical production and marketing – Concepts and vocabulary" (siehe hierzu Derouin/Le Meur 2008) vorhat.

3.3 Der computerlexikografische Prozess bei Internetwörterbüchern und seine Besonderheiten

Wörterbuchtypen

Zieht man die medialen Merkmale als Unterscheidungskriterium zwischen verschiedenen Wörterbuchtypen (→ Kapitel 2) heran, lassen sich die in → Tabelle 3.1 genannten Arten von Internetwörter-

Tab. 3.1: Mögliche Klassifikation von Internetwörterbüchern (nach Storrer/ Freese 1996, Storrer 1998 und Storrer 2001).

Merkmal	Wörterbuchtyp
Ursprüngliche Erscheinungsweise	– zuerst als gedrucktes Wörterbuch erschienen – zuerst als elektronisches Offlinewörterbuch erschienen – direkt als Onlinewörterbuch erschienen
Vollständigkeit	– abgeschlossenes Wörterbuch – Wörterbuch im Aufbau
Hypertextualisierung	– hypertextualisiertes Wörterbuch – Wörterbuch ohne Hypertextualisierung
Interaktion mit dem Benutzer	– Wörterbuch mit Benutzerinteraktion – Wörterbuch ohne Benutzerinteraktion
Multimedia	– Wörterbuch mit Text, Illustrationen, Tabellen, Diagrammen – Wörterbuch mit Text und Audiodateien – Wörterbuch mit Text, Illustrationen und Audiodateien – Wörterbuch ohne Multimedia
Zugriff auf das Wörterbuch	– Zugriff über Scrollen in der Lemmaliste – Zugriff über eine als Hyperlinks realisierte Lemmaliste – Zugriff über Suchoptionen – Wörterbuch mit kombinierten Zugriffsmöglichkeiten

büchern unterscheiden. Das Merkmal der ursprünglichen Erscheinungsweise eines Internetwörterbuches beeinflusst vor allem (aber nicht nur), wie das Wörterbuch online gestaltet wird, wie stark es hypertextualisiert ist, wie viele multimediale Elemente integriert sind und welche Zugriffsmöglichkeiten geschaffen werden. Das Kriterium der Vollständigkeit hat dagegen vor allem Einfluss auf den lexikografischen Prozess: Bei noch nicht abgeschlossenen Wörterbüchern läuft der lexikografische Prozess – anders als bei allen anderen Arten von gedruckten oder elektronischen Wörterbüchern – kontinuierlich bis zum (möglichen, aber nicht unbedingt nötigen) Abschluss des Wörterbuches. So führt Schröder (1997) den Unterschied zwischen „Abschlusswörterbuch" und „Ausbauwörter-

Erscheinungsweise

Vollständigkeit

Ausbauwörterbuch

buch" ein, Lemberg (2001) spricht von „statischem Wörterbuch" gegenüber „dynamischem Wörterbuch". Bei Ausbauwörterbüchern (→ Abschnitt 3.3.2) kann weiter unterschieden werden nach solchen, die zunächst gedruckt erschienen sind, dann retrodigitalisiert wurden und nun kontinuierlich erweitert und verändert werden (z. B. das OXFORD ENGLISH DICTIONARY [OED ONLINE], das DEUTSCHE RECHTSWÖRTERBUCH [DRWB]) und solchen, die direkt für die Onlinepublikation geplant wurden und kontinuierlich erweitert und verändert werden (z. B. das ALGEMEEN NEDERLANDS WOORDENBOEK [ANW], ELEXIKO).

Interaktion mit dem Benutzer

Einfluss auf den lexikografischen Prozess hat schließlich das Kriterium der Interaktion mit dem Benutzer, indem bei Wörterbüchern mit Nutzerbeteiligung mit Auswirkungen auf den lexikografischen Prozess zu rechnen ist (→ Abschnitt 3.3.3). Bevor Besonderheiten lexikografischer Prozesse dieser verschiedenen Internetwörterbuchtypen untersucht werden, kann der computerlexikografische Prozess für Internetwörterbücher allgemein ausgehend von Wiegand (1998, S. 233ff.) in sechs Phasen mit einer Vielzahl einzelner Arbeitsschritte (→ Tabelle 3.2) beschrieben werden.

Für die Ausführung der genannten Arbeitsschritte ist eine unterschiedliche fachliche Qualifikation vonnöten. An der Vorbereitungsphase beteiligen sich im Idealfall alle am geplanten Wörterbuch Beteiligten, also z. B. Lexikografen und Korpuslinguistinnen gemeinsam an der Planung des Korpusdesigns oder Lexikografinnen und Grafiker bzw. Spezialisten für Webdesign am Entwurf der Gestaltung der Wörterbucheinträge. Auch in der Phase der Datenbeschaffung arbeiten Korpuslinguisten (Akquise von Korpustexten) und Lexikografinnen (Sichtung und Beschaffung anderer Quellen) zusammen. Die Aufgaben in der Phase der Computerisierung sowie der Phase der Datenaufbereitung liegen hauptsächlich bei Korpus- und Computerlinguisten sowie gegebenenfalls Programmiererinnen, doch können die meisten dieser Arbeitsschritte nicht ohne die Abstimmung mit dem lexikografischen Team erfolgen.

Phase der Datenauswertung

Die Phase, welche naturgemäß die meiste Zeit im lexikografischen Prozess einnimmt, ist die Phase der Datenauswertung. Hier haben Lexikografen ihr Hauptbetätigungsfeld, doch gilt dies für Internetwörterbücher dann nur teilweise, wenn in dem Wörterbuch neben redaktionell erarbeiteten lexikografischen Angaben auch automatisch aus Korpora oder mithilfe sprachtechnologischer Anwen-

Tab. 3.2: Phasen und Arbeitsschritte im computerlexikografischen Prozess von Internetwörterbüchern.

Phase	Arbeitsschritte (in Auswahl)
Vorbereitungsphase	Wörterbuchskizze, Organisationsplan (Finanzierung, Workflow, Zeitplan, Personal), Pilotstudien zu den lexikografischen Angaben und der Lemmaliste, Wörterbuchplan (grobe Modellierung der Datenstruktur, Redaktionsanweisungen, Musterartikel, Planung der Benutzeroberfläche wie der Zugriffsstrukturen, Planung des technischen Supports, Planung von Versionierung und Archivierung der Wörterbuchdaten, Planung der Nutzereinbindung bzw. von Nutzungsstudien)
Phase der Datenbeschaffung	Beschaffung lexikografischer Primärquellen (Korpusaufbau) sowie weiterer Quellen (z. B. Referenzwörterbücher), Beschaffung weiterer Daten (z. B. Illustrationen, Videos, Tondateien)
Phase der Computerisierung	Aufbereitung der Korpustexte (Tagging, Lemmatisierung), Programmierung/Anschaffung eines Korpusrecherche- und -analysetools, Anschaffung eines lexikografischen Redaktionssystems und Implementierung der Datenmodellierung, Programmierung für Versionierung und Archivierung der Wörterbuchinhalte, Programmierung der Benutzeroberfläche, Beschaffung und Installation der benötigten Hardware sowie u. U. weiterer Software
Phase der Datenaufbereitung	Erstellung von Lemmakandidaten- und Frequenzlisten, Definition von Frequenzschichten oder Häufigkeitsklassen, Analyse von Kookkurrenzen, Auszeichnungen von Bild- und Tondateien, maschinelle Integration automatisch ermittelter Angaben (z. B. Frequenzen, Kollokatoren) in Wörterbucheinträge
Phase der Datenauswertung	Verlinkung von Wörterbucheinträgen und Korpus, Verfassen der Wortartikel, Anlegen von Hyperlinks, Integration von Illustrationen und anderen multimedialen Elementen
Phase des Vorbereitung für Onlinerelease	Inhaltliches und formales Korrekturlesen, Testen der Benutzeroberfläche (Hyperlinks, multimediale Elemente, Suchmöglichkeiten usw.), Aufbau der Wörterbuchumtexte, Entwicklung einer „Guided Tour" durch das Wörterbuch

dungen erstellte Angaben erscheinen (→ Kapitel 6). Aufgabe von Korpus- und Computerlinguistinnen ist beispielsweise, für automatische Belegextraktion aus dem Korpus zu sorgen oder die Angaben zur Worttrennung bei den Lemmata automatisch zu generieren. Solcherart automatisch erstellte Informationen werden in vielen Wörterbuchprojekten allerdings redaktionell geprüft, bevor sie im Wörterbuch erscheinen. Solche Kontroll- und Korrekturtätigkeiten fallen in der Phase der Vorbereitung für den Onlinerelease an, in der die Lexikografen mit den Programmierern beim Testen der Benutzeroberfläche zusammenarbeiten.

Im Folgenden gehen wir in → Abschnitt 3.3.1 auf abgeschlossene, für das Internet retrodigitalisierte Wörterbücher ein, in → Abschnitt 3.3.2 auf zwei Arten von Ausbauwörterbüchern und schließlich denken wir in → Abschnitt 3.3.3 über die Konsequenzen von Rückmeldungen von Wörterbuchbenutzern auf den computerlexikografischen Prozess nach.

3.3.1 Computerlexikografischer Prozess bei retrodigitalisierten Internetwörterbüchern

Retrodigitalisierte Wörterbücher

Retrodigitalisierte Wörterbücher sind ursprünglich gedruckte und abgeschlossene Wörterbücher, deren lexikografischer Prozess bereits vollständig durchlaufen wurde, die aber in einem elektronischen Medium (hier: Internet) neu zur Verfügung gestellt werden sollen. Von den oben beschriebenen Phasen des computerlexikografischen Prozesses fallen bei Retrodigitalisaten (für ein Beispiel → Abschnitt 3.4.3) daher nur die folgenden an:

- Vorbereitungsphase: Organisationsplan (Finanzierung, Workflow, Zeitplan, Personal) sowie Wörterbuchplan (grobe Modellierung der Datenstruktur, Planung der Benutzeroberfläche wie der Zugriffsstrukturen, Planung des technischen Supports, ggf. Planung der Nutzerbeteiligung);
- Computerisierung: Beschaffung und Installation der benötigten Hardware und Software; Implementierung der Datenmodellierung;
- Vorbereitung für den Onlinerelease: Testen der Benutzeroberfläche, Entwicklung einer „Guided Tour" durch das Wörterbuch.

Die für lexikografische Prozesse allgemein bedeutendste Phase der Datenauswertung mit den lexikografischen und korpus- oder computerlinguistischen Kernaufgaben entfällt dagegen völlig, ebenso die Phase der Datenbeschaffung. Es stellt sich daher die Frage, ob der Prozess, der zur Veröffentlichung retrodigitalisierter Wörterbücher führt, überhaupt als computerlexikografischer Prozess zu bestimmen ist (vgl. hierzu auch → Abschnitt 3.6). Wenn ein retrodigitalisiertes Internetwörterbuch nicht nur ein 1:1-Abbild des zugrunde gelegten Printwörterbuches ist, sondern online ein lexikografischer Mehrwert geschaffen wird, dann halten wir es für berechtigt, zumindest von einem computerlexikografischen Teilprozess zu sprechen. Dieser Mehrwert besteht z. B. dann, wenn:

Lexikografischer Mehrwert

- die lexikografische Information (zusätzlich zu einer Wiedergabe des Druckbildes) auf verschiedene Weise (verteilt auf Teilfenster, als Ganzes) präsentiert wird,
- das Wörterbuch innovativ durchsucht werden kann,
- die Mediostruktur durch automatisierte Einbringung von Hyperlinks systematisch ergänzt wird.

Im Übrigen ist für die erfolgreiche Retrodigitalisierung von Wörterbüchern lexikografische Expertise für die Planung der Benutzeroberfläche wie der Zugriffsstrukturen und für die Modellierung der Datenstruktur unabdingbar. Hauptsächlich sind in einem solchen Wörterbuchprojekt jedoch Computerlinguistinnen wie Programmierer gefordert.

3.3.2 Computerlexikografischer Prozess bei Ausbauwörterbüchern

Bei Ausbauwörterbüchern muss, wie oben erwähnt, danach unterschieden werden, ob das Wörterbuch vollständig neu erarbeitet wird (für Beispiele → Abschnitt 3.4.1) oder ob zunächst ein (in Teilen oder als Ganzes abgeschlossenes) Printwörterbuch retrodigitalisiert, online publiziert und kontinuierlich online ausgebaut wird. Für die zuletzt genannten Wörterbücher liegt der interessante Fall vor, dass der lexikografische Prozess für das Printwörterbuch, der computerunterstützt sein kann oder nicht, beendet ist und nachgelagert ein computerlexikografischer Prozess für das Internetwörterbuch einsetzt. Bestimmte Phasen der Prozesse können

Ausbauwörterbücher

Ausbau eines retrodigitalisierten Printwörterbuches

in diesem Szenario entfallen, andere ersetzen sich, neue Arbeitsschritte kommen hinzu:
- Vorbereitungsphase: Es müssen nur noch für das Medium Internet spezifische Fragen geklärt werden, z. B. Planung der Retrodigitalisierung, Planung des weiteren Ausbaus des Wörterbuches in welchen Teilmengen, ggfs. Planung des Ausbaus der Datengrundlage und Planung der Benutzeroberfläche.
- Phase der Datenbeschaffung: Diese kann dann entfallen, wenn für den weiteren Ausbau des Wörterbuches tatsächlich nur die (nicht elektronisch aufbereiteten) Materialien des Printwörterbuches als Primärquellen dienen.
- Phase der Computerisierung: Der Ausbau des Internetwörterbuches ist nicht ohne konsequenten Einsatz des Computers zu realisieren, selbst, wenn das Printwörterbuch bereits computerunterstützt erarbeitet wurde. Schließlich muss immer die Benutzeroberfläche implementiert werden.
- Phase der Datenaufbereitung: Auch hier gilt, dass diese Phase dann entfällt, wenn keine neuen Quellen für das Wörterbuch genutzt werden sollen.
- Phase der Datenauswertung: Die Tätigkeiten, die von den Lexikografinnen in der Phase der Materialauswertung für das Printwörterbuch bereits ausgeführt wurden, werden auch für den weiteren Ausbau des Internetwörterbuches nötig sein. Es können weitere Tätigkeiten hinzukommen, z. B. das redaktionelle Erstellen von Hyperlinks.
- Phase der Vorbereitung für den Onlinerelease: Diese Phase ersetzt die Phase der Satz-/Druckvorbereitung des Printwörterbuches.

Vollständig neu erarbeitete Ausbauwörterbücher

Im Unterschied zu Printwörterbüchern sowie zu abgeschlossenen (retrodigitalisierten) elektronischen Wörterbüchern (→ Abschnitt 3.3.1), bei denen die Phase der Satz- und Druckvorbereitung bzw. die Phase der Vorbereitung für den Onlinerelease erst dann einsetzt, wenn die Prozessphasen davor abgeschlossen sind, werden Ausbauwörterbücher, die von Beginn an für die Publikation im Internet geplant wurden, nach und nach publiziert. Ausbauwörterbücher werden außerdem nicht unbedingt am Alphabet entlang

Modulare Erarbeitung

entstellt, sondern können in Modulen erscheinen, da die alphabetische Sortierung und Auflistung der Lemmata als Zugriffsstruktur überflüssig geworden ist (→ Kapitel 4). Die Artikelmengen eines Moduls können unterschiedlich definiert werden (z. B. anhand ihrer Frequenz, nach Wortart; → Abbildung 3.3), die Arbeit an einem nach bestimmten Kriterien ausgewählten Modul (bzw. Bearbeitungsteilwortschatz) ist nicht nur für die Lexikografen von Vorteil, weil die Lemmata auf diese Weise häufig sehr konsistent bearbeitet werden können (Storrer 2001, S. 61f.), sondern auch für die Wörterbuchbenutzerinnen, die online in einem nicht willkürlich, sondern nach sinnvollen Kriterien ausgewählten Wortschatzausschnitt nachschlagen können.

elexiko-Module

Der Ausbau von *elexiko* erfolgt nicht linear und alphabetisch, sondern in Wortschatzausschnitten, so genannten Modulen. Eine Publikation der Wortartikel in alphabetischer Reihenfolge scheint für ein im Aufbau befindliches Online-Wörterbuch wie *elexiko* grundsätzlich wenig angemessen. Im Modul "Lexikon zum öffentlichen Sprachgebrauch" werden im elexiko-Korpus sehr frequente Wörter beschrieben, im Modul "Niedrig frequente Stichwörter" werden die Stichwörter hingegen nur mit automatischen Angaben versehen. Andere Auswahlkriterien waren für die Auswahl des *elexiko*-Demonstrationswortschatzes maßgebend. In sogenannten "Wortgruppenartikeln" werden schließlich bereits bearbeitete Stichwörter in bestimmten Lesarten vergleichend beschrieben.

Abb. 3.3: Information zu Modulen im Wörterbuchprojekt ELEXIKO (z. B. anhand von Frequenz definiert).

In einem Wörterbuchprojekt kann auch an mehreren Modulen parallel gearbeitet werden. So kann es dazu kommen, dass sich ein Modul noch in der Vorbereitungsphase befindet, an einem anderen gerade gearbeitet wird und ein drittes bereits online erschienen ist. Abhängig von der Entscheidung des Wörterbuchprojektes über den Veröffentlichungszyklus können die Phasen sogar noch weiter ineinander übergehen. Entscheidet ein Wörterbuchprojekt beispielsweise, jeden fertigen Wortartikel direkt online freizuschalten, und nicht größere fertige Artikelmengen z. B. einmal pro Vierteljahr online zu stellen, dann kann es zu folgendem Szenario kommen: für einige Lemmata innerhalb eines Moduls werden noch die Daten ausgewertet, andere Lemmata stehen schon kurz vor der Onlineveröffentlichung und wieder andere sind bereits publiziert. Kombiniert ein Wörterbuch die automatische Erstellung lexikografischer Angaben mit der redaktionellen Bearbeitung eines Lemmas, dann verschieben sich die Grenzen zwischen den Prozessphasen noch weiter: Ein Lemma kann mit den automatisch erstellten Angaben schon online sein, für eine nachgelagerte redaktionelle Bearbeitung des selben Lemmas setzt aber möglicherweise gerade erst die Phase der

Ineinander übergehende Phasen

Datenauswertung ein. Ein Lemma befindet sich daher zugleich in zwei verschiedenen Phasen des lexikografischen Prozesses.

Es wird an diesen Überlegungen deutlich, dass Ausbauwörterbücher tatsächlich „offene Systeme" (Schröder 1997, S. 16) sind. Der computerlexikografische Prozess solcher Wörterbücher ist deshalb weniger linear als zirkulär zu beschreiben. Es ist unabdingbar, dass dieser Prozess sorgfältig geplant und kontinuierlich kontrolliert wird, wobei alle Beteiligten in der Lage sein müssen, parallel verschiedene Arbeitsschritte aus verschiedenen Phasen auszuführen.

Zirkulärer Prozess (margin)

3.3.3 Computerlexikografischer Prozess und Wörterbuchbenutzer

Interaktion mit dem Benutzer (margin)

Eine Reihe an Möglichkeiten, den Benutzer direkt in die Wörterbucharbeit einzubeziehen (→ Kapitel 7), kann sich auf den lexikografischen Prozess von Internetwörterbüchern[2] auswirken:
- Benutzer werden aufgefordert, Fehler zu melden und/oder Vorschläge für bestehende Einträge wie für Neueinträge zu machen;
- Benutzer können Kommentare zu einem Wortartikel abgeben, die redaktionell beantwortet werden (sowohl Kommentar wie Antwort sind online für andere Nutzer sichtbar);
- Die Redaktion beantwortet Fragen der Nutzer zum Wörterbuchgegenstand;
- Benutzer beraten sich gegenseitig (z. B. in Foren) oder werden dazu aufgefordert, die Inhalte anderer Beiträger zu bewerten.

Fehlermeldungen (margin)

Gehen Fehlermeldungen von Nutzern ein, hängt es von der Art des gemeldeten Fehlers ab, was in der Folge passieren muss.

```
(1) Sehr geehrte Damen und Herren,
    beim Eintrag "Burschenschafter" hat sich bei der
    Worttrennung der morphologischen Variante ein (Tipp-)
    Fehler eingeschlichen: Bur|schen|schaf|lter

    Es sollte wohl "Bur|schen|schaft|ler" heißen.
```

---

2 Zum computerlexikografischen Prozess kollaborativer Wörterbücher wie dem WIKTIONARY → Kapitel 3.4.2.

```
      Einige Einträge auf schaftler weisen dabei keine
      Trennung von "schaft" und "ler" auf. Ist dies
      beabsichtigt? (Vgl. z.B. Kulturwissenschaftler)
```

Der Fehler in → Beispiel (1) erfordert eine Korrektur in einem einzelnen Wortartikel und eine systematische Überprüfung einer ganzen Reihe von Wörtern mit entsprechenden Korrekturen. In einem solchen Fall muss eine Lexikografin den betreffenden Wortartikel oder die betroffenen Gruppen von Stichwörtern in die Phase der Datenauswertung zurückversetzen, die Korrekturen vornehmen, diese in der Phase der Vorbereitung auf die Onlinefreischaltung nochmals überprüfen und schließlich den entsprechenden Eintrag bzw. die Einträge online wieder freischalten.

```
(2)   hallo,
      elexico findet nichts für die suche nach "tausende".
      mfg
```

Der in → Beispiel (2) beschriebene Fehler bezieht sich nicht auf einzelne Lemmata oder eine Gruppe von Lemmata, sondern auf die Lemmaliste bzw. auch auf die Suchfunktionalität. Sollte das vermisste Lemma tatsächlich fehlen, obwohl es dem Konzept für die Lemmaliste zufolge in der Lemmaliste hätte enthalten sein müssen, dann gehen die Lexikografen auch hier zurück in die Phasen der Datenaufbereitung und -auswertung und prüfen z. B. im Korpus, ob das vermisste Wort in der richtigen Schreibung in ausreichender Belegung vorhanden ist. Gegebenenfalls schließen sich hieran alle weiteren Bearbeitungsschritte an, bis das Lemma online erscheinen kann. Anders liegt der Fall, wenn das Wort aufgrund eines Fehlers bei der Suchfunktionalität oder der Art der Realisierung der Suchfunktionalität nicht gefunden werden konnte. In einem solchen Fall müssen die zuständigen technischen Mitarbeiterinnen zurückgehen zur Phase der Computerisierung, in der u. a. die Benutzeroberfläche des Wörterbuches realisiert wurde. Im Falle einer Korrektur an der Programmierung der Suchmöglichkeiten muss diese natürlich wieder getestet werden, bevor online die verbesserte Version freigeschaltet wird.

Generell bewirken sowohl der Umgang mit Fehlermeldungen wie mit Vorschlägen für Verbesserungen, Ergänzungen, neue Lemmata, die Bearbeitung bevorzugter Lemmata u. Ä. durch Wörterbuchnutzer also, dass einige Phasen des computerlexikografischen Prozesses für dynamische Internetwörterbücher wieder durchlau-

Auswirkungen von Benutzerinteraktion

fen werden. Ähnlich können sich auch Anfragen von Wörterbuchbenutzerinnen oder Diskussionen in einem Wörterbuchblog auswirken, und zwar, wenn diese als Anstoß für das Wörterbuchteam dienen, das Wörterbuch in bestimmter Weise weiter auszubauen oder systematische Korrekturen und Ergänzungen vorzunehmen.

Auswirkungen von Benutzungsforschung

Wörterbuchbenutzungsforschung (→ Kapitel 8) kann ähnliche Konsequenzen nach sich ziehen. Werden z. B. die erfolglosen Suchen in den Logfiles so ausgewertet, dass deutlich wird, welche potenziellen Stichwörter vermisst werden, und das Wörterbuchprojekt entscheidet sich für eine Nachbearbeitung dieser Wörter, so muss das Projekt im lexikografischen Prozess wieder zurückgehen.

Es kann auch Rückmeldungen durch die Wörterbuchbenutzer geben, die dazu führen können, dass man im lexikografischen Prozess bis zur Phase der Datenbeschaffung zurückgehen muss. Dies kann z. B. dann der Fall sein, wenn eine Benutzerbefragung ergibt, dass das Wörterbuch besonders dringlich um Ausspracheangaben in Form von Audiodateien ergänzt werden sollte, diese aber ursprünglich nicht vorgesehen waren und deshalb erst jetzt beschafft werden müssen. Oder das Wörterbuchprojekt geht in die Vorbereitungsphase zurück, wenn beispielsweise die Evaluierung der Benutzeroberfläche in Benutzungsstudien dazu führt, dass diese in Teilen neu geplant werden muss.

Optimierung durch Benutzerinteraktion

Die Zirkularität, die in gewissem Umfang für den lexikografischen Prozess von Ausbauwörterbüchern im Internet auch wegen des Einbezugs bzw. der Berücksichtigung des Wörterbuchbenutzers charakteristisch ist, ist nicht nur lästig, weil das Wörterbuchteam dadurch gezwungen wird, permanent zu korrigieren und zu ergänzen, sondern ist auch eine Chance, weil man das Wörterbuch damit zugleich ausbauen und optimieren kann, und zwar im Sinne der Benutzerfreundlichkeit. Durch solche Maßnahmen kann es außerdem gelingen, dass Nachschlagende mit dem Zustand der kontinuierlichen Veränderung des Wörterbuchs besser zurechtkommen.

Versionierung des Wörterbuches

Letzteres kann allerdings nur funktionieren, wenn es eine sorgfältige Versionierung des Wörterbuches gibt.

Alle Veränderungen an Lemmata, Ergänzungen oder Streichungen in einem Ausbauwörterbuch sollten im besten Fall für die Nutzer (zumindest für Nutzer in einem akademischen Kontext, in dem es auf exakte bibliografische Angaben für Zitate aus dem Wörterbuch ankommt) nachvollziehbar markiert werden. Mindestens sollten jedoch verschiedene Bearbeitungsstadien (wie in → Abbil-

Abb. 3.4: Nachweis über die Veröffentlichungsgeschichte von *dictionary* in OED ONLINE.

dung 3.4 am Beispiel von OXFORD ENGLISH DICTIONARY ONLINE [OED ONLINE]) vermerkt werden oder die jeweils letzte Version (wie in → Abbildung 3.5 am Beispiel des DIGITALEN WÖRTERBUCHS DER DEUTSCHEN SPRACHE [DWDS]) oder das letzte Bearbeitungsdatum genannt werden.

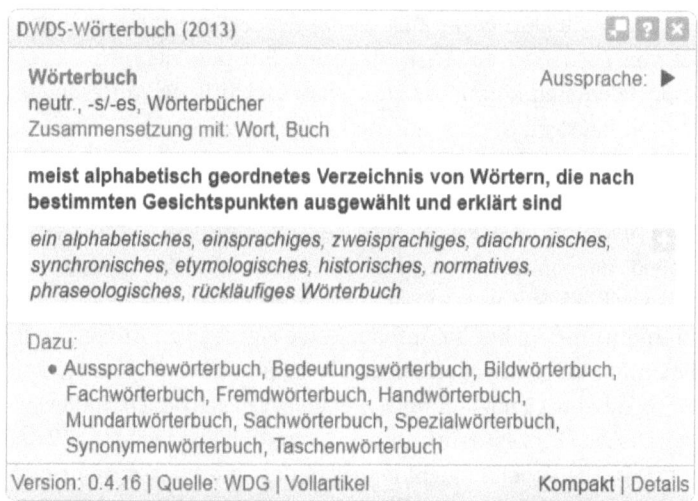

Abb. 3.5: Angabe der Version (im Bild unten links) zu *Wörterbuch* in DWDS.

Zu bedenken ist, dass es technisch sehr aufwändig ist, alte Auflagen eines Internetwörterbuches wirklich vorrätig zu halten. Es ist deshalb abzuwägen, ob sich der Aufwand für möglicherweise sehr seltene Zugriffe auf die alten Daten lohnt.

3.4 Beispiele lexikografischer Prozesse von Internetwörterbüchern

In diesem Abschnitt betrachten wir die Praxis und besprechen den lexikografischen Prozess von vier Internetwörterbüchern: ELEXIKO, dem ALGEMEEN NEDERLANDS WOORDENBOEK (ANW) und dem deutschen WIKTIONARY, die alle drei als Ausbauwörterbücher angesehen werden können, und einem retrodigitalisierten Wörterbuch, dem ORDBOG OVER DET DANSKE SPROG (ODS).

3.4.1 Der lexikografische Prozess von ELEXIKO und ANW

Beispiele für redaktionell erstellte Ausbauwörterbücher

Wir kombinieren hier die Diskussion des lexikografischen Prozesses von ELEXIKO und ANW, da beide Projekte ziemlich ähnlich sind. Beide sind korpusbasierte, wissenschaftliche Wörterbucher, die den heutigen Sprachgebrauch beschreiben, ANW für das Niederländische und ELEXIKO für das Deutsche. ANW ist eines der Hauptprojekte des Instituut voor Nederlandse Lexicologie in Leiden (INL, Institut für niederländische Lexikologie), und ELEXIKO ist ein Projekt, das am Institut für Deutsche Sprache in Mannheim realisiert wird. ANW und ELEXIKO sind im wahrsten Sinne des Wortes Internetwörterbücher im Aufbau. Beide wurden von Anfang an für die Onlinepublikation geplant und kontinuierlich weiterentwickelt.

Prozessphasen für ANW und ELEXIKO

→ Tabelle 3.3 zeigt die verschiedenen Phasen des computerlexikografischen Prozesses und ihre Anfangs- und Endzeit für ANW und ELEXIKO. Die Tabelle macht deutlich, dass die Phasen nicht mehr ordentlich hintereinander stattfinden, sondern dass sie eher parallel zueinander ablaufen und dass eine klare Grenzziehung zwischen den einzelnen Phasen gelegentlich schwer durchzuführen ist. Generell kann man viele Überschneidungen zwischen einzelnen Phasen erkennen, außer bei der Phase der Datenaufbereitung.

Tab. 3.3: Prozessphasen von ANW und ELEXIKO.

	1	5	10	15
Vorbereitung	ANW			
	elexiko			
Datenbeschaffung				
Computerisierung				
Datenaufbereitung				
Datenauswertung				
Vorbereitung für Onlinerelease				

Beim ANW läuft diese Phase im Prinzip kontinuierlich bis zum Abschluss des Wörterbuchs, wobei die Datenaufbereitung aber keine dauerhafte Vollzeitaufgabe ist. Immer wenn neue Technologien zur Verfügung stehen, werden sie untersucht und exploriert, wie die automatische Belegextraktion aus dem Korpus oder die computerunterstützte Erarbeitung von Wortfamilien. Die Daten in → Tabelle 3.3 deuten auch auf stärkere Computerunterstützung für ANW als für ELEXIKO hin.

Im Folgenden geben wir eine vergleichende Analyse der verschiedenen Phasen des lexikografischen Prozesses der beiden Projekte.

Vorbereitungsphase
Mit ELEXIKO und ANW wurde im Bereich der wissenschaftlichen Lexikografie Neuland betreten, sodass es im Grunde nur Erfahrungswerte aus der Printlexikografie gab, auf denen die Projekte aufbauen konnten. Dadurch sind in beiden Projekten einige essenzielle Arbeitsschritte in der Vorbereitungsphase versäumt oder falsch eingeschätzt worden. Beide Projekte konzentrierten sich in der Vorbereitungsphase auf die Entwicklung der inhaltlichen Konzeption des Wörterbuches und auf Pilotstudien, wobei die Wichtigkeit der Erstellung eines detaillierten Organisationsplans mit Angaben zu Finanzierung, Personal, Zeitplan und Workflow unterschätzt wurde.

Pilotstudien

Nutzerstudien So wurden beispielsweise Nutzerstudien anfänglich nicht vorgesehen oder durchgeführt: seit Beginn der Onlinepublikation des ANW im Jahr 2009 wurden z. B. zwar Logdateien gespeichert, aber sie wurden nicht systematisch analysiert. Erst 2011 wurde eine erste Loganalyse durchgeführt (vgl. Tiberius/Niestadt 2015). Abel/Klosa (2012) stellen weiter fest, dass eine ordnungsgemäße Marktanalyse **Redaktionssystem** der bestehenden lexikografischen Redaktionssysteme für ELEXIKO nicht durchgeführt wurde. Als Folge kam es in beiden Projekten zu unnötigen Investitionen von Zeit und Geld, um eingangs schlecht oder gar nicht geplante Arbeitsschritte zu verbessern bzw. nachträglich durchzuführen.

Phase der Datenbeschaffung

Da ANW und ELEXIKO korpusgestützte Wörterbücher sind, war die **Korpusaufbau** Phase der Datenbeschaffung vor allem der Zusammenstellung des Korpus gewidmet. Das ELEXIKO-Korpus ist ein dynamisches Korpus, das virtuell aus dem Deutschen Referenzkorpus des IDS Mannheim (DEREKO) zusammengestellt (und im Anschluss immer wieder aktualisiert) wurde. Das ANW-Korpus war ursprünglich ein geschlossenes Korpus von 100 Millionen Wörtern, das speziell für das Wörterbuchprojekt zusammengestellt wurde. Dieses Konzept wurde inzwischen für ANW revidiert, und neues Material wird zum Korpus hinzugefügt.

Bildmaterial Beide Projekte haben auch viel Zeit investiert, um Bildmaterial (insbesondere freies Bildmaterial) zu sammeln. Die Illustrationen in ELEXIKO stammen aus Onlinedatenbanken für lizenzfreie Fotos wie z. B. WIKIMEDIA oder PIXELIO und wurden erst seit 2012 systematisch in den redaktionell bearbeiteten Lemmata ergänzt, sodass das Projekt nach längerer Laufzeit für die Abbildungen wieder in die Phase der Datenbeschaffung zurückkehren musste. Auch ANW benutzt Onlinedatenbanken für lizenzfreie Fotos wie WIKIMEDIA. Daneben benutzt ANW Illustrationen aus dem Internet (immer mit Verweis auf die ursprüngliche Quelle, → Abbildung 3.6). Mehr und mehr werden die Bilder des ANW intern gespeichert, um das Problem von fehlerhaften Links zu vermeiden.

Beide Projekte haben auch geplant bzw. realisiert, mithilfe von **Tonmaterial** Belegen aus Tonaufnahmen die natürlichsprachige Aussprache eines Lemmas (in seinem Kontext) zu illustrieren. In ELEXIKO wurden hierfür seit 2008 pro Lemma bis zu drei Belege aus dem Archiv

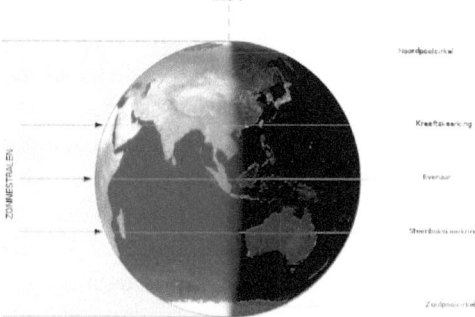

Bron: Blueshade/Lies van Rompaey
(CC BY-SA 3.0)

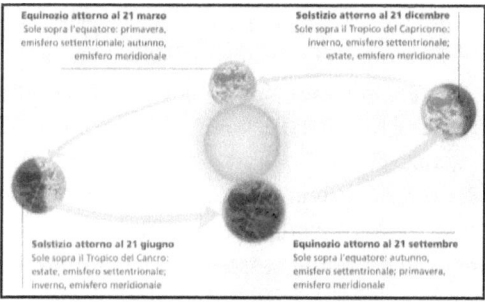

Bron: AJ
(CC BY-SA 3.0)

Abb. 3.6: Nennung von lizenzfreien Illustrationen in ANW zum Lemma *nacht-evening*.

für gesprochenes Deutsch (AGD) des Instituts für Deutsche Sprache Mannheim ausgewählt, die allerdings erst seit dem Jahr 2012 online auch aufzurufen und zu hören sind. Anfang 2014 hat ANW einen Vertrag mit der kommerziellen Firma Readspeaker für Aussprachangaben zu den Lemmata abgeschlossen. Es wird im ANW eine Aussprachangabe für das gesprochene Niederländisch in den Niederlanden und in Belgien geben.

Es zeigt sich an diesen Beispielen aus der Phase der Datenbeschaffung, dass die Phasen nicht wirklich eine nach der anderen ablaufen, sondern sich immer wieder überlappen können. Die Phase der Datenbeschaffung läuft für die meisten Ausbauwörterbücher bis zum Ende des Projekts, obwohl der Schwerpunkt zu Projektbeginn mit dem ursprünglichen Entwurf und der Zusammenstellung des Korpus liegt.

Phase der Computerisierung

Aufbereitung der Korpustexte

Korpustools

Redaktionssystem

In der Phase der Computerisierung haben beide Projekte die Korpustexte für die lexikografische Verwendung aufbereitet und ein lexikografisches Redaktionssystem eingerichtet. Die Aufbereitung des Korpus umfasste einerseits Tagging und Lemmatisierung der Korpustexte und andererseits das Laden des Korpus in einem Korpusabfragesystem. Hierzu nutzte ELEXIKO am Institut für Deutsche Sprache verfügbare Korpustools bzw. bereits vorhandenes Tagging und die Lemmatisierung der Korpora. Für ANW wurde ursprünglich ein im Haus programmiertes Korpussystem benutzt und seit 2007 das kommerzielle System SKETCH ENGINE (Kilgarriff et al. 2004).

Im Projekt ELEXIKO wird kein lexikografisches Redaktionssystem im eigentlichen Sinn eingesetzt, sondern ein existierender XML-Editor (OXYGEN³) wurde an die Projektbedürfnisse angepasst. Der Editor wird durch weitere Software wie z. B. ein im Haus programmiertes Vernetzungstool („Vernetziko", → Abbildung 3.7) und ein Verwaltungstool ergänzt. Für ANW wurde 2007/2008 im Haus ein lexikografisches Redaktionssystem entwickelt, das seit 2008 verwendet wird (Niestadt 2009; Tiberius et al. 2014). Das INL-Redaktionssystem wird regelmäßig verbessert auf der Grundlage neuer Erkenntnisse sowohl von den Lexikografinnen, als auch von den Computerlinguisten und Programmierern.

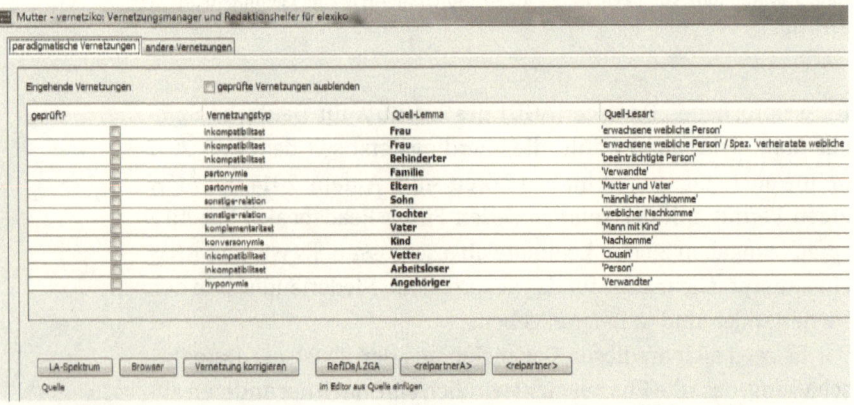

Abb. 3.7: Screenshot mit Ausschnitt aus der Benutzeroberfläche von Vernetziko, dem Vernetzungstool für ELEXIKO (hier: eingehende paradigmatische Vernetzungen zum Lemma *Mutter*).

---

3 OXYGEN ist ein kommerzieller XML-Editor: http://www.oxygenxml.com/.

Wichtig in der Phase der Computerisierung sind auch Datensicherung und Versionierung. Wie für das norwegische Wörterbuch NORSK ORDBOK 2014 festgestellt wird: Wenn das tägliche Backup aller Daten nicht funktioniert, bedeutet dies im Grunde den Verlust von Daten, die in anderthalb Personenmonaten erarbeitet wurden (Grønvik/Smith Ore 2013, S. 255). Im ANW wird die Software GIT[4] für die Versionierung des Quellcodes des Redaktionssystems und der Webanwendung verwendet. Die Wörterbuchartikel werden in einer MySQL-Datenbank gespeichert. Täglich werden Backups gemacht, die drei Monate aufbewahrt werden. Jedes Quartal erfolgt ein Backup, welches ein Jahr lang aufbewahrt wird, und jährlich wird ein Backup gemacht, das 10 Jahre lang aufzubewahren ist. Darüber hinaus wird jede Woche ein Notfall-Reparatur-Backup gemacht, um sicherzustellen, dass die Systeme im Falle einer Katastrophe so schnell wie möglich wieder laufen. Das alles geschieht, um Verzögerungen des Projektes zu vermeiden und um sicherzustellen, dass die Ziele erreicht werden können.

Datensicherung und Versionierung

Phase der Datenaufbereitung

Die erste Aufgabe, die in der Regel in der Phase der Datenaufbereitung erledigt werden muss, ist die Erstellung einer Lemmakandidatenliste. Dies ist eine automatische Aufgabe mit manueller Steuerung.

Lemmakandidaten

Obwohl die Möglichkeiten zur automatischen Gewinnung lexikalischer Angaben aus Korpora in den letzten zehn Jahren durch Fortschritte in der Sprachtechnologie deutlich verbessert worden sind (→ Kapitel 6), sind ANW und ELEXIKO beide relativ konservativ bei der Aufnahme von automatisch extrahierten Daten ins Wörterbuch, und die Korpusdaten werden immer noch überwiegend manuell analysiert (obwohl die Analyse natürlich computergestützt ist). Beide Projekte enthalten aber einige automatisch extrahierte Daten. Im Projekt ELEXIKO wurden z. B. jeweils drei Belege aus dem ELEXIKO-Korpus ermittelt, die bei all jenen Lemmata angezeigt werden, die noch nicht redaktionell bearbeitet sind. ANW enthält Daten, die automatisch aus anderen lexikalischen Ressourcen ex-

Automatisch extrahierte Daten

---

4 GIT ist ein freies, als Open Source zur Verfügung gestelltes Tool zur Versionenkontrolle: http://git-scm.com.

trahiert werden, wie z. B. die Informationen zur orthografischen Form aus dem offiziellen Regelwerk zur niederländischen Rechtschreibung.

Phase der Datenauswertung

Lexikografisches Team ANW verfügt über ein größeres lexikografisches Team als das ELEXIKO-Projekt. Im ELEXIKO-Projekt sind vier (und eine Zeit lang fünf) Vollzeitlexikografen (einschließlich der Chefredakteurin) beschäftigt, während ANW bis Mitte 2015 fünf Vollzeitlexikografen hat und darüber hinaus drei lexikografische Assistentinnen in Vollzeit sowie eine Chefredakteurin und einen Projektleiter. Gelegentlich gibt es Studierende, die ein Praktikum bei ANW oder ELEXIKO machen.

Workflow ANW hat einen komplexeren Workflow in der Phase der Datenauswertung als ELEXIKO, da die Lexikografinnen und lexikografischen Assistenten im ANW eng zusammenarbeiten, wie aus → Abbildung 3.8 zu sehen ist. Im ELEXIKO-Projekt gibt es keine Unterstützung durch lexikografische Assistenten, und ein Lexikograf bearbeitet den kompletten Wortartikel.

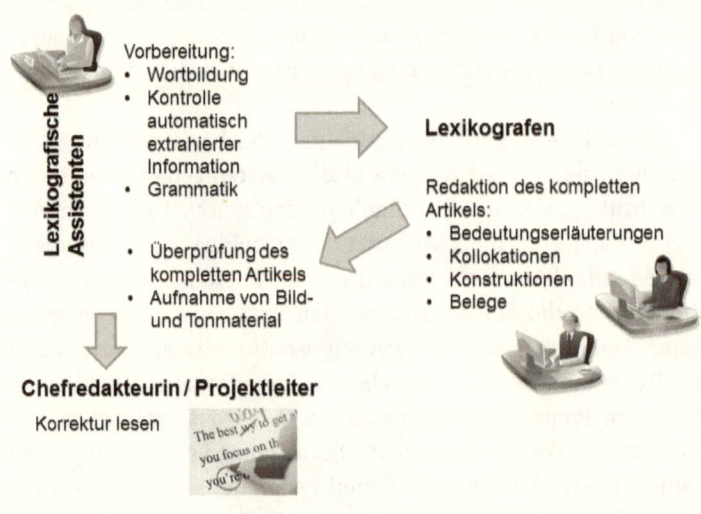

Abb. 3.8: Der ANW-Workflow.

Die Arbeit der Lexikografinnen ist in dieser Phase nicht wesentlich verschieden von der Phase der Datenauswertung in einem gedruckten Wörterbuch. Die Analyse ist jedoch in allen Fällen computergestützt, d. h. Funktionen wie Konkordanz, Filtern oder Sortieren ermöglichen den Lexikografen, große Mengen von Daten effizient zu analysieren.

Phase der Vorbereitung für Onlinerelease

In dieser letzten Phase werden die Wörterbuchartikel Korrektur gelesen. Im ANW lesen die Chefredakteurin und der Projektleiter Korrektur. Danach gehen die Wortartikel zurück an die Lexikografinnen, um die letzten Verbesserungen durchzuführen. Sobald das erledigt ist, kontrollieren die Chefredakteurin und der Projektleiter die Wortartikel nochmals, und danach ändern sie den Status des Wörterbuchartikels auf „geht online". Alle drei Monate wird eine neue Onlineversion des Wörterbuches erstellt. Automatische Kontrollen für Rechtschreibung und Hyperlinks werden durchgeführt, die dann manuell korrigiert werden. Danach wird die neue Version des Wörterbuches für eine Woche in eine Testumgebung geladen. Fehler und Inkonsistenzen usw. können dann noch korrigiert werden. Wenn nach einer Woche die Version in der Testumgebung genehmigt ist, wird eine Aktualisierung des Wörterbuchs auf der öffentlichen Webseite veröffentlicht.

Prüf- und Korrekturgänge

In ELEXIKO werden alle Wortartikel zunächst einer doppelten inhaltlichen Korrektur (durch eine andere Lexikografin und die Projektleiterin, → Abbildung 3.9) sowie anschließend einer formalen Korrektur (z. B. auf orthografische Fehler) unterzogen. Alle vorgenommen Verbesserungen werden nochmals kontrolliert, und vor dem Erscheinen des fertigen Artikels im Internet werden generell alle Hyperlinks im Wortartikel überprüft, Illustrationen werden testweise geöffnet, Tondateien testweise abgespielt usw. Fertige Wortartikel werden sofort für das Internet freigegeben und erscheinen über Nacht online.

Vor der ersten Veröffentlichung im Internet mussten auch die Wörterbuchumtexte geschrieben werden, d. h. Benutzungshinweise, Informationen über den Inhalt, Informationen über das Korpus usw. In ELEXIKO waren diese Texte in einer ersten, sehr knappen Fassung bereits seit 2003 online, 2007 wurden sie gründlich überarbeitet und ergänzt. Im ANW sind die Wörterbuchumtexte seit der

Wörterbuchumtexte

```
<relpartner>
<relpartnerA artikel-refid="24151" lesart-refid="0" ltspez-refid="0"><Datum></relpartnerA>
<angabe-zusatz>
<belege>
<beleg>
<belegtextA>Auf die Wissenschaftler warten [...] zwei bis drei Monate Analysearbeit der
ungeheuren Datenflut - die Geduldsarbeit am Puzzle Treibhauseffekt. "Wir müssen das
<belegwortA>Material</belegwortA> erst einmal sichten", erklärt Kesselmeier, "jetzt geht
die Arbeit erst richtig los." Im September wollen die Wissenschaftler noch einmal für sechs
Wochen in die Amazonasregion - mehr <belegwortA>Daten</belegwortA> sammeln und die
verlorene Zeit von diesem Mal aufholen.</belegtextA>
<belegnachweisA>Rhein-Zeitung, 06.07.1999, Den Treibhausgasen auf der Spur:
Wissenschaftler des Mainzer Max-Planck-Instituts für Chemie kehrten von einer
mehrwöchigen Expedition aus dem Amazonasgebiet
zurück.</belegnachweisA></beleg></belege>
<hinweis>
<verwendungH>
```

Abb. 3.9: Ausschnitt aus einer doppelt inhaltlich korrigierten Manuskriptfassung (mit XML-Auszeichnung) des Wortartikels *Material* in ELEXIKO (Auszug aus den paradigmatischen Relationen).

ersten Veröffentlichung im Jahr 2009 weitgehend unverändert geblieben, mit Ausnahme der Bibliografie und der Zahlenangaben, und sie werden nur geändert, wenn nötig.

Zusammenfassung

Wie eingangs schon erwähnt wurde, wurde mit der Arbeit am Projekt ELEXIKO und am ANW begonnen, ohne den für die Realisierung notwendigen computerlexikografischen Prozess vollständig zu durchdenken, sodass es zu Versäumnissen hinsichtlich wichtiger planerischer Schritte kam. Da es sich bei beiden Wörterbüchern aber um vollständig neu aus Korpusdaten erarbeitete, ausschließlich für das Medium Internet konzipierte und erstmals als Wörterbücher im Aufbau publizierte Nachschlagewerke handelt, konnten erst in der Praxis die nötigen Erfahrungen gesammelt werden, um schließlich den lexikografischen Prozess in seiner Gänze erfahren und beschreiben zu können, wobei auch Erfahrungen aus der Printlexikografie übertragen werden konnten.

3.4.2 Der lexikografische Prozess des deutschen Wiktionary

In diesem Abschnitt betrachten wir den computerlexikografischen Prozess bei einem anderen Typ von Ausbauwörterbuch, nämlich beim gemeinschaftlich erstellten Onlinewörterbuch WIKTIONARY. WIKTIONARY ist ein frei verfügbares, mehrsprachiges Wörterbuch für den Wortschatz verschiedener Sprachen, für welches die Inhalte gemeinschaftlich erarbeitet werden. Meyer/Gurevych (2016) beschreiben den lexikografischen Prozess des deutschen WIKTIONARY und vergleichen ihn mit dem lexikografischen Prozess bei redaktionell erstellten Wörterbüchern. Sie kommen in ihrer Untersuchung zu dem Fazit, dass die aus Printwörterbüchern bekannten Phasen nur mäßig auf das WIKTIONARY abbildbar sind. Die Phasen der Datenbeschaffung und Datenaufbereitung verschmelzen hier stark mit der Phase der Datenauswertung, und auch die Phase der Datenauswertung und die Phase der Satz- und Druckvorbereitung sind kaum zu unterschieden, da die Markupsprache automatisch in fertig formatierte Wörterbuchartikel übersetzt wird.

Gemeinschaftlich erstelltes Ausbauwörterbuch

Ein anderer wichtiger Unterschied ist, dass der lexikografische Prozess des WIKTIONARY stark von Überarbeitungen und Diskussionen geprägt ist. Das Schreiben von Wortartikeln in diesem Wörterbuch basiert auf der mehrfachen Überarbeitung durch verschiedene Autoren. Die Überarbeitung schließt Ergänzungen,

Überarbeitungen und Diskussionen

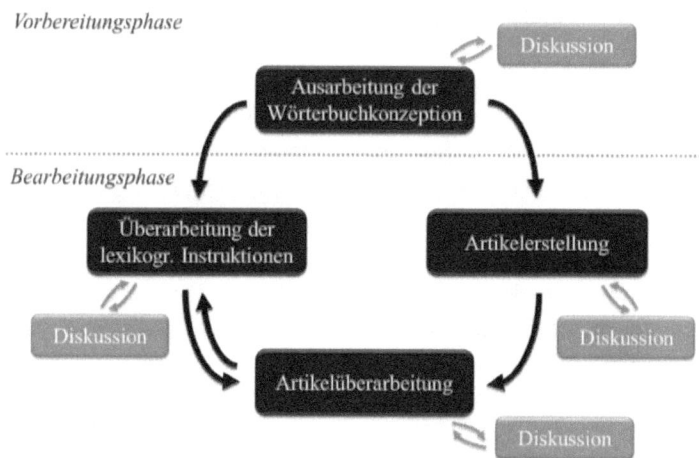

Abb. 3.10: Prozessmodell für WIKTIONARY (nach Meyer/Gurevych 2016).

Konkretisierung, Neuformulierung, Fehlerkorrektur, das Einfügen von Belegen und Quellen und das Löschen irrelevanter Informationen ein. Sowohl zur Wörterbuchkonzeption als auch zu den Wörterbuchartikeln existieren gesonderte Diskussionsseiten, die zur Vorbereitung, Abwägung und Umsetzung von Änderungen genutzt werden können und die ein wichtiges Hilfsmittel zur Nachvollziehbarkeit von Änderungen darstellen. Um den lexikografischen Prozess beim WIKTIONARY besser beschreiben zu können, schlagen Meyer/Gurevych (2016) ein neues Prozessmodell vor, das in → Abbildung 3.10 schematisch dargestellt ist.

3.4.3 Der lexikografische Prozess des Ordbog over det Danske Sprog

Retrodigitalisiertes Wörterbuch

Schließlich betrachten wir den lexikografischen Prozess des ORDBOG OVER DET DANSKE SPROG (ODS), des retrodigitalisierten Wörterbuches der dänischen Sprache. Das ODS ist ein historisches Wörterbuch vergleichbar mit großen nationalen Wörterbüchern wie dem DEUTSCHEN WÖRTERBUCH (DWB) von Jacob und Wilhelm Grimm, dem WOORDENBOEK DER NEDERLANDSCHE TAAL (WNT), dem OXFORD ENGLISH DICTIONARY (OED ONLINE) und dem SVENSKA AKADEMIENS ORDBOK (SAOB). Es wurde ursprünglich zwischen 1918 und 1946 in 48 Bänden publiziert und ist seitdem um fünf zusätzliche Bände ergänzt worden (1992 bis 2005). Seit November 2005 gibt es eine digitale Version unter ORDNET.DK, einem Portal für die dänische Sprache.

Digitalisierung

Die Digitalisierung des ODS begann relativ spät im Vergleich zu den anderen Projekten. SAOB begann hiermit bereits 1983, OED und WNT 1984, und DWB wurde zwischen 1998 und 2003/4 digitalisiert. Dadurch konnte ODS von der Digitalisierungserfahrung der anderen Projekte profitieren. Der Prozess begann im Jahr 2004 mit einer Vorbereitungsphase und sollte fünfeinhalb Jahre dauern. In groben Zügen können in der anschließenden Phase der Datenaufbereitung zwei Arbeitsschritte unterschieden werden: Rohdigitalisierung und Strukturmarkierung.

Der erste Schritt der Digitalisierung wurde in Zusammenarbeit mit dem Kompetenzzentrum für elektronische Erschließungs- und Publikationsverfahren in den Geisteswissenschaften/Center for Digital Humanities an der Universität Trier ausgeführt, das auch für die Digitalisierung des DWB verantwortlich war. Für die rohe Digitalisierung wurde die Methode der doppelten Erfassung ohne Korrektur verwendet, d. h. die gedruckte Version des Wörterbuchs wurde zweimal von zwei unabhängigen Personen (in Asien) abgetippt. Um gute Ergebnisse zu erhalten, wurde ein Handbuch erstellt, um eine konsistente Kodierung für Sonderzeichen und Symbole zu gewährleisten. Nach der Erfassung wurden die beiden Versionen automatisch in Trier verglichen, und eine Liste der Abweichungen wurde generiert, überprüft und korrigiert. Diese Erfassung dauerte neun Monate. Kodierung der Daten

In einem zweiten Arbeitsschritt wurde die digitalisierte Version mittels Programmroutinen strukturell markiert. Zunächst wurde ein grobes Markup eingebracht, in dem nur Lemmata, Homografennummern (falls vorhanden) und Wortarten explizit als solche gekennzeichnet wurden. Diese Version, deren Realisierung ungefähr zwei Jahre dauerte, erschien im November 2005 online. Nachfolgend wurde das Markup noch weiter verfeinert, um weitere Informationseinheiten der Mikrostruktur des Wörterbuchtextes zu identifizieren, die aus den typografischen Merkmalen abgeleitet werden können (Belege sind z. B. immer kursiv kodiert). Außerdem sollten die Ergänzungsbände in das digitalisierte Wörterbuch integriert werden. Mit diesen Arbeitsschritten ist das Projekt nach dem Onlinerelease eines ersten Bearbeitungsstandes erneut in die Phase der Datenaufbereitung zurückgekehrt. Markup der Daten

Entgegen der ursprünglichen Planung, innerhalb von fünfeinhalb Jahren die Retrodigitalisierung mit dem Onlinerelease des ODS abzuschließen, erkennen wir, dass ein Ende des hierfür nötigen Prozesses zwar theoretisch möglich, praktisch aber nicht realisiert ist. Dies ist sicherlich dem Medium Internet und seiner generellen Möglichkeit, schnell Korrekturen oder Ergänzungen an Webseiten vornehmen zu können, geschuldet. An unserem Beispiel sieht man auch, dass weitere Optimierungen an einem Wörterbuch wie dem ODS – aber natürlich auch an anderen Typen von Internetwörterbüchern – im Prinzip ad infinitum vorgenommen werden können, sodass der computerlexikografische Prozess in solch einem Szenario nicht abgeschlossen wird. Theoretisch unendlicher Prozess

3.5 Software zur Unterstützung lexikografischer Prozesse

Heutzutage ist die lexikografische Arbeit durch eine zunehmende Unterstützung durch Automatisierung gekennzeichnet (siehe u. a. Rundell/Kilgarriff 2011, Abel/Klosa 2012). Zwei Hilfsmittel sind im Rahmen der modernen lexikografischen Arbeit nicht mehr wegzudenken, nämlich das lexikografische Redaktionssystem und das Korpusabfragesystem.

3.5.1 Das lexikografische Redaktionssystem

Lexikografisches Redaktionssystem — Ein lexikografisches Redaktionssystem ist eine Software, die den lexikografischen Prozess ermöglicht und möglichst auch optimiert und strafft. Es erlaubt Lexikografinnen, Wörterbuchartikel zu schreiben (Phase der Datenauswertung), und es erleichtert die Projektleitung sowie die Publikation (Phase der Vorbereitung für ein Onlinerelease). Ein lexikografisches Redaktionssystem hat gewöhnlich drei Komponenten:

Textbearbeitungsoberfläche —
- eine Textbearbeitungsoberfläche, die den Lexikografen erlaubt, Wörterbuchartikel zu bearbeiten – dies kann eine WYSISWYG ('what-you-see-is-what-you-get')-Ansicht oder einfach eine XML-Ansicht sein (→ Abbildung 3.11);

Datenbank —
- eine Datenbank zur Sicherung der Daten; häufig eingesetzte Datenbanksysteme im lexikografischen Kontext sind relationale Datenbanken wie ORACLE, MySQL, PostgreSQL und native XML-Datenbanken;

Verwaltungstools —
- eine Reihe von Verwaltungstools für das Projektmanagement und die Publikation.

Im Haus entwickelte Redaktionssysteme – kommerzielle Redaktionssysteme — Ein lexikografisches Redaktionssystem kann in der Phase der Computerisierung für ein bestimmtes Projekt im Haus entwickelt werden (oft der Fall bei wissenschaftlichen Wörterbüchern, wie z. B. ANW) oder ein kommerzielles System kann angeschafft werden.

Für die Auswahl eines geeigneten lexikografischen Redaktionssystems sind grundsätzlich die Bedürfnisse, die das System befriedigen soll, entscheidend sowie die Überlegung, ob die lexikografische Arbeitsumgebung durch ein kommerzielles System oder

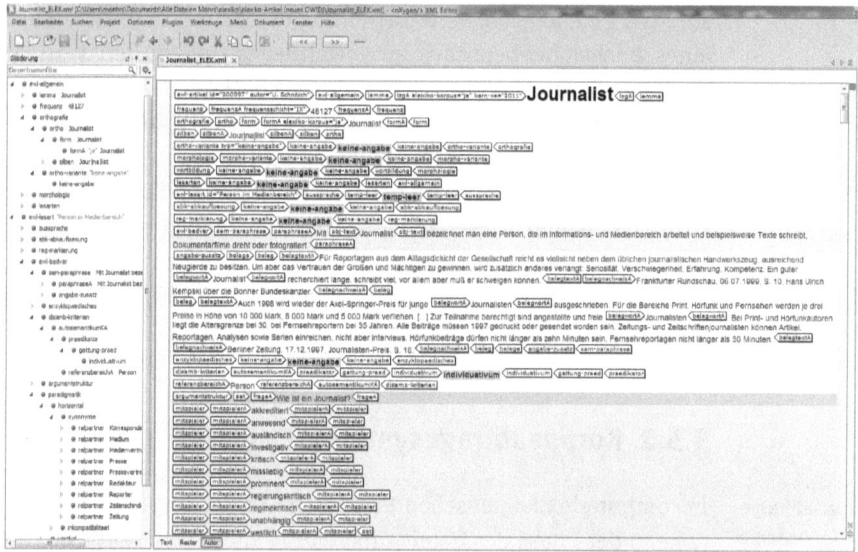

Abb. 3.11: XML-Editor OXYGEN, der im Projekt ELEXIKO zur Erarbeitung der Wortartikel (hier ein Ausschnitt des Lemmas *Journalist*) genutzt wird.

ein maßgeschneidertes System realisiert werden soll oder nicht. Vorteil eines eigenen Systems ist, dass es leichter an den lexikografischen Prozess für ein bestimmtes Projekt angepasst werden kann, und dass Verbesserungen, wenn nötig, im Haus vorgenommen werden können. Allerdings setzt dies voraus, dass man hierfür über die nötigen personellen wie zeitlichen Ressourcen verfügt. Vorteil eines kommerziellen Systems ist, dass viele Benutzer kollektiv zu Verbesserungen des Systems beitragen, was eine schnelle Entwicklung von neuen Funktionen erlaubt. Allerdings ist man bei kommerziellen Systemen an das Datenformat des Herstellers gebunden. Offensichtlich spielen auch die Finanzen (eines Projektes) eine Rolle bei der Auswahl (siehe Abel/Klosa 2012 für eine weiterführende Diskussion über die Vorteile und Nachteile der beiden Möglichkeiten).

Je komplexer die Verwaltungs- und Publikationstools, die das System bietet, sind, desto mehr Kontrolle haben die Redakteure über den lexikografischen Prozess. Das für das NORSK ORDBOK (NOB) im Hause entwickelte lexikografische Redaktionssystem bietet in dieser Hinsicht ein interessantes Feature. Es ermöglicht zu überwachen, wie viel Text für einen Artikel geschrieben werden soll, um eine angemessene Verteilung der Artikellänge innerhalb eines Buchstabenbereiches zu gewährleisten. Wenn ein Wort in die Bearbeitung übernommen wird, wird basierend auf der Datenmenge, die zum Zeitpunkt der Erstellung für das Wörterbuch insgesamt vorhanden ist, eine maximale Länge für den neuen Wortartikel vorgeschlagen. Während der Bearbeitung wird die tatsächliche Länge des Wortartikels ständig mit der errechneten Maximallänge des Artikels verglichen, sodass die Lexikografinnen genau sehen können, ob sie innerhalb des vorgeschlagenen Umfangs bleiben (Grønvik/Smith Ore 2013, S. 254).

3.5.2 Korpusabfragesysteme

Korpusabfragesysteme

In computerlexikografischen Prozessen werden Korpusabfragesysteme in der Phase der Datenaufbereitung eingesetzt. Korpusabfragesysteme sind Tools, mit denen Linguistinnen und Lexikografen Korpustexte in linguistisch relevanter Weise befragen und ihren Bedürfnissen anpassen können. Speziell für den Einsatz in Wörterbuchprojekten ist z. B. das Korpustool SKETCH ENGINE (Kilgarriff et al. 2004) entwickelt worden.

Die Grundfunktionalität, die ein Korpusabfragesystem zur Unterstützung der Lexikografie bietet, ist die (KWIC) Konkordanz, die alle gefundenen Vorkommen eines Suchwortes im Korpus in einem etwa 20 Wörter umfassenden Kontext darstellt. KWIC steht für „Keyword in Context" (Suchwort im Kontext) und bezieht sich auf die Anzeige der Konkordanz mit dem Suchwort in der Mitte des Bildschirms. Früher wurden solche Konkordanzen ausgedruckt und manuell analysiert. Heutzutage bieten die meisten Korpusabfragesysteme die Möglichkeit der Sortierung und Filterung der Konkordanzzeilen sowie die Möglichkeit, wenn nötig mehr Kontext (als die 20 Wörter, die der Defaultfall sind), anzuzeigen.

Die meisten Systeme unterstützen auch eine Vielzahl von leistungsfähigen Suchanfragen nach dem Lemma selbst, einer bestimmten Wortform oder einer Phrase (in Kombination mit einer bestimmten Wortart) bis hin zur Suche nach allen Vorkommen eines Wortes in einer speziellen lexikalischen Umgebung. So können z. B. einfach alle Vorkommen des Verbs *sprechen* in einem Abstand von fünf Wörtern vor oder nach dem Suchwort *Sprache* gefunden werden. Ein weiteres Feature, das für die Lexikografie besonders nützlich ist (und das in fortschrittlichen Korpustools angeboten wird), ist das sogenannte lexikalische Profil. Ein lexikalisches Profil ist eine statistische Zusammenfassung der wichtigsten Fakten über ein Wort und seine üblichen Kombinationen mit anderen Wörtern (Atkins/Rundell 2008, S. 109). Die SKETCH ENGINE bietet ein solches lexikalisches Profil in Form von Wortskizzen. Im deutschen DWDS nutzen nicht nur Lexikografen das Wortprofil (so heißen hier die lexikalischen Profile), sondern Benutzerinnen können sich das Wortprofil eines Wortes auch als Teil des Wörterbuchartikels anzeigen lassen (→ Abbildung 3.12).

Lexikalisches Profil

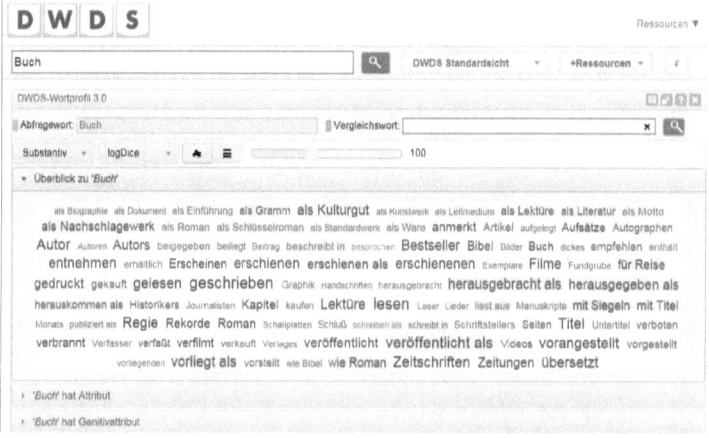

Abb. 3.12: Wortprofil für das Wort *Buch* in DWDS.

Die meisten Funktionen eines Korpusabfragesystems funktionieren nur, wenn die Korpusdaten in der Phase der Computerisierung richtig aufbereitet wurden. Die Aufbereitung der Korpustexte umfasst zwei Arbeitsschritte: die Aufbereitung der Metadaten und die Aufbereitung der Texte. Metadaten enthalten Informationen über die Quelle des Textes, z. B. Autor, Datum, Genre, Domäne usw., was es Lexikografen ermöglicht, bestimmten Lemmata Labels wie „hauptsächlich gesprochene Sprache" mit größerer Zuversicht zuzuweisen. Die Texte aufzubereiten bedeutet, dass die rohen Korpustexte linguistisch annotiert, d. h. lemmatisiert und getaggt (Annotation nach Wortarten) oder geparst (Annotation nach syntaktische Strukturen) werden (→ Kapitel 5).

Metadaten

Linguistische Annotation

Korpussoftware wird möglichst auf der Grundlage neuer Erkenntnisse und Anforderungen von Benutzern regelmäßig verbessert und aktualisiert. Neue Funktionalitäten können wiederum die Möglichkeiten für ein Wörterbuchprojekt erweitern. Beispiele für solche neuen Funktionalitäten sind *Tickbox Lexicography* (TBL) und *Good Dictionary Examples* (GDEX) in der SKETCH ENGINE. GDEX ist eine Funktion, die versucht, die Sätze in einer Konkordanz automatisch nach ihrer Benutzbarkeit als Beleg im Wörterbuch zu sortieren (Kilgarriff et al. 2008). Das heißt, die besten Belege stehen an der Spitze der Liste, und sie sind diejenigen, die Lexikografinnen zuerst sehen. GDEX wurde für das Englische entwickelt, sodass die Heuristik in der SKETCH ENGINE noch für andere Sprachen optimiert werden muss. Ein vergleichbares Werkzeug für die Extraktion guter Beispiele wird in Didakowski et al. (2012) vorgestellt. TBL ist eine Funktion, mit der Lexikografen Belege aus einer Liste von (guten) Kandidaten auswählen und die ausgewählten Belege direkt in das Redaktionssystem exportieren können (→ Abbildung 3.13).

Gute Korpusbelege

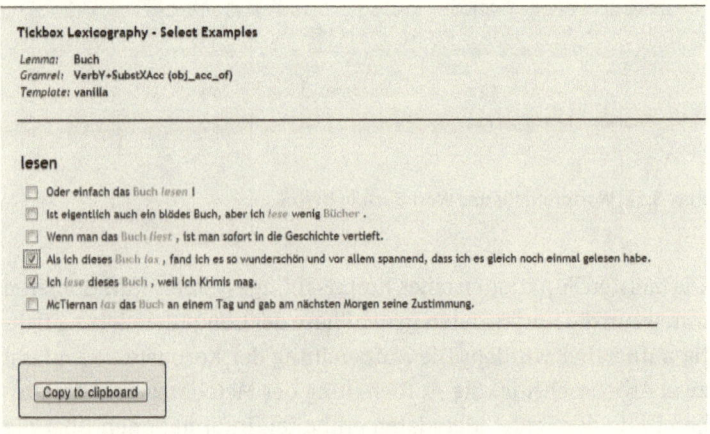

Abb. 3.13: Beispiel für die TickBox-Lexikografie (für das Verb *lesen*) in der SKETCH ENGINE.

Ein weiteres Feature, das die einfache Datenübertragung vom Korpusabfragesystem ins Redaktionssystem unterstützt, ist *One-click-Copying* (Kopieren mit einem Klick). Nicht nur die Konkordanzzeile wird kopiert, sondern auch der komplette Satz wird (eventuell mit

Metadaten) in die Zwischenablage zum Einfügen in das Redaktionssystem übertragen.

Verbesserungen der Korpusabfragesysteme gibt es auch hinsichtlich einer visuellen Darstellung der Korpusdaten, z. B. DOUBLE TREE (Culy/Lyding 2010), eine neue Darstellung einer KWIC-Konkordanz für ein einzelnes Wort, bei der die Kontexte in einem doppelseitigen Baum zusammengeführt sind (→ Abbildung 3.14). Jede Seite des Baumes kann erweitert werden, was ein dynamisches Durchsuchen der Kontexte auf beiden Seiten des Wortes ermöglicht.

Visualisierung von Korpusdaten

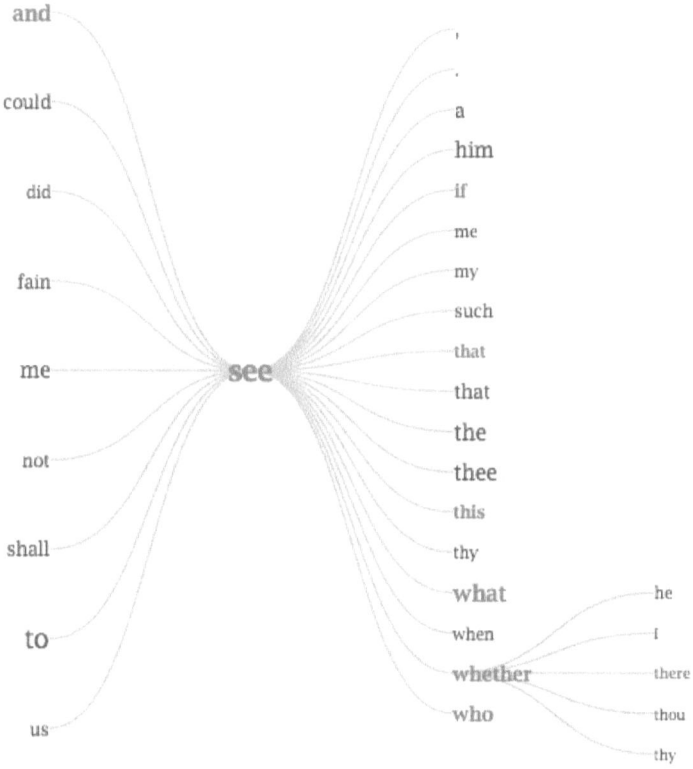

Abb. 3.14: DOUBLE-TREEJS-KWIC-Repräsentation für das Verb *see*.

Im Allgemeinen sind Redaktionssysteme und Korpusabfragesysteme separate Tools (sie können jedoch miteinander kommunizieren, wie z. B. bei der SKETCH ENGINE und dem ANW-Redaktionssytem). Es gibt auch Beispiele von Systemen, bei denen das

Integrierte Korpus-/Redaktionssysteme

Redaktionssystem und das Korpusabfragesystem in ein Tool integriert sind, z. B. das TLEX-System (Joffe/De Schryver 2004).

Auswahl der Software
Die Grundüberlegung bei der Auswahl der Software ist, ob sie allen notwendigen Bedürfnissen für das Projekt entspricht oder nicht. Grundlegende Aspekte wie Preis und Verfügbarkeit der akademischen Lizenzen können auch eine Rolle bei der Auswahl eines Systems spielen. Besonders in der Planungsphase ist eine eingehende Analyse verfügbarer Software in enger Zusammenarbeit zwischen dem lexikografischen Team und IT-Experten wichtig, um zu evaluieren, welche Arbeitsschritte damit durchgeführt werden sollen und welche technischen Entwicklungen im eigenen Haus unter Umständen eingesetzt werden können. Leider fehlt solch eine Analyse im Planungsstadium bei vielen Wörterbuchprojekten heute oft noch immer.

3.6 Ausblick: Der lexikografische Prozess von Wörterbuchportalen

Wörterbuchportale
Schließlich betrachten wir den lexikografischen Prozess von Wörterbuchportalen (→ Kapitel 2). Engelberg/Müller-Spitzer (2013) definieren ein Wörterbuchportal als eine Datenstruktur, die (i) als eine Webseite oder eine Reihe von vernetzten Seiten dargestellt wird, die (ii) Zugriff bietet auf eine Reihe von elektronischen Wörterbüchern, und wo (iii) diese Wörterbücher auch als selbständige Produkte eingesehen werden können. Sie unterscheiden drei Haupttypen, die sie Wörterbuchnetze, Wörterbuchsuchmaschinen und Wörterbuchsammlungen nennen.

Wörterbuchsammlungen
Wörterbuchsammlungen sind Sammlungen, die nur externen Zugriff auf die Wörterbücher im Portal geben. Das heißt, sie bestehen aus Links zur Startseite der Wörterbücher im Portal, und diese Wörterbücher sind in der Regel nicht im Besitz der Institution, die das Portal betreibt. Die ERLANGER LISTE ist so eine Wörterbuchsammlung.

Wörterbuchsuchmaschinen
Wörterbuchsuchmaschinen sind ein wenig anspruchsvoller. Sie bieten die Möglichkeit, alle Lemmata der integrierten Wörterbücher zu durchsuchen. Jedoch sind die Daten in den verschiedenen Wörterbüchern nicht durch Verweise miteinander verknüpft. Es gibt auch keine Präsentation für alle Wörterbücher im Portal, und

der Portalbesitzer und der Wörterbuchbesitzer sind in der Regel nicht die gleichen. Die Webseite ONELOOK ist ein Beispiel so einer Wörterbuchsuchmaschine.

Wörterbuchnetze gehen wieder einen Schritt weiter und ermöglichen es Benutzern, nach bestimmten Informationen in den Einträgen der Wörterbücher, die im Portal enthalten sind, zu suchen. Beispiele so eines Portals sind OWID und das TRIERER WÖRTERBUCHNETZ.

Wörterbuchnetze

Es ist klar, dass der lexikografische Prozess sich für diese drei Arten von Wörterbuchportalen unterscheidet. Der lexikografische Prozess der Wörterbuchsammlungen ist am einfachsten. Es gibt eine Vorbereitungsphase, eine Phase der Datenbeschaffung und möglicherweise eine kurze Computerisierungsphase, um eine Webseite einzurichten, sowie eine Phase der Vorbereitung für ein Onlinerelease, die das Schreiben der Umtexte (was das Portal ist und was es nicht ist) umfasst. Bei Wörterbuchsammlungen folgen die Phasen mehr oder weniger linear aufeinander. Zuerst muss entschieden werden, welche Wörterbücher enthalten sein sollen, dann muss die Webseite geplant werden und schließlich wird das Portal freigegeben. Sobald die Wörterbuchsammlung online ist, gibt es im Prinzip nicht viele Veränderungen.

Lexikografische Prozesse für Portale

Der lexikografische Prozess von Wörterbuchsuchmaschinen ähnelt dem Prozess von Wörterbuchsammlungen. Die Computerisierungsphase ist jedoch aufwändiger, da eine kombinierte Lemmaliste für alle Wörterbücher im Portal kompiliert werden muss, eine Suchfunktion implementiert werden muss und die Daten indiziert werden müssen. Benutzerinnen wechseln beim Klicken auf einen Link für ein Lemma in ein individuelles Wörterbuch und verlassen das Portal.

Wörterbuchnetze haben den komplexesten lexikografischen Prozess der Wörterbuchportale. Während der Planungsphase müssen Entscheidungen darüber getroffen werden, welche Wörterbücher in das Portal aufgenommen werden sollen, und über die Vernetzung zwischen den Wörterbüchern im Netz. Die Wörterbücher, die integriert werden, können bereits publizierte Wörterbücher oder Ausbauwörterbücher sein. Dieses beeinflusst die Aufgaben, die in den Phasen der Datenaufbereitung und Datenauswertung erledigt werden müssen. Die Computerisierung umfasst hier die Vernetzung von Suchmaschinen und Webseite. Die Phase der Vorbereitung des Onlinerelease enthält das Schreiben der Umtexte.

Portale und lexikografische Prozesse

Es ist generell zu überlegen, ob man bezogen auf Wörterbuchnetze und -portale überhaupt von einem computerlexikografischen Prozess sprechen kann. Wiegand (1998, S. 134) definiert, dass ein solcher Prozess ausgeführt wird, „damit ein bestimmtes Wörterbuch entsteht". Bei der Erstellung von Wörterbuchnetzen und -portalen entsteht aber kein Wörterbuch, sondern eine Webseite, über die auf verschiedene Wörterbücher zugegriffen werden kann. Zentrale Arbeitsschritte computerlexikografischer Prozesse (z. B. Korpusaufbau [Phase der Datenbeschaffung], Aufbereitung der Korpustexte [Phase der Computerisierung], Erstellen einer Lemmaliste [Phase der Datenaufbereitung] und insbesondere das Verfassen von Wortartikeln [Phase der Datenauswertung]) gibt es hier nicht. Allerdings sind für den Aufbau von Wörterbuchsuchmaschinen und Wörterbuchnetzen durchaus Arbeitsschritte nötig, die lexikografische Kompetenz erfordern, z. B. das Zusammenführen verschiedener Lemmalisten in eine übergreifende Zugriffsstruktur oder die Konzeption und Realisierung von Vernetzungen zwischen den einzelnen in einem Wörterbuchnetz enthaltenen Inhalten.

Neudefinition des computerlexikografischen Prozesses

Insofern tendieren wir dazu, die Definition von Wiegand (1998) auszuweiten: Ein computerlexikografischer Prozess ist in unserem Verständnis die Menge derjenigen prozesszugehörigen Tätigkeiten, welche ausgeführt werden, damit ein bestimmtes Wörterbuch oder ein Verbund aus Wörterbüchern auf bzw. in einem elektronischen Trägermedium entsteht. Dieser Prozess ist in verschiedene Phasen zerlegbar, in welchen konsequent der Computer als Arbeitsmittel eingesetzt wird.

3.7 Literatur

3.7.1 Weiterführende Literatur

Wiegand, Herbert Ernst: Wörterbuchforschung. Untersuchungen zur Wörterbuchbenutzung, zur Theorie, Geschichte, Kritik und Automatisierung der Lexikographie. 1. Teilband. Berlin/New York 1998: De Gruyter. *Kapitel „1.5. Computer, wissenschaftliche Lexikographie und Wörterbuchforschung" (S. 133–246) bietet die erste vollständige Zerlegung und Beschreibung computerlexikografischer Prozesse.*

Müller-Spitzer, Carolin: Ordnende Betrachtungen zu elektronischen Wörterbüchern und lexikographischen Prozessen. In: Lexicographica 19/2003,

S. 140–168. *Fortführung und Erweiterung der Überlegungen von H. E. Wiegand für elektronische Wörterbücher.*

Hildenbrandt, Vera/Klosa, Annette (Hgg.): Der lexikografische Prozess bei Internetwörterbüchern. 4. Arbeitsbericht des wissenschaftlichen Netzwerks „Internetlexikografie". Mannheim: Institut für Deutsche Sprache. (OPAL – Online publizierte Arbeiten zur Linguistik 1/2016). *Die hier versammelten Beiträge gewähren Einblick in computerlexikografische Prozesse verschiedener Internetwörterbücher.*

Abel, Andrea: Dictionary writing systems and beyond. In: Granger, Sylviane/ Paquot, Magali (Hgg.), Electronic Lexicography. Oxford 2012: Oxford University Press, S. 83–106. *Überblick über lexikografische Redaktionssysteme.*

Kilgarriff, Adam/Kosem, Iztok: Corpus Tools for lexicographers. In: Granger, Sylviane/Paquot, Magali (Hgg.), Electronic Lexicography. Oxford 2012: Oxford University Press, S. 31–55. *Überblick über Korpustools für Lexikografen.*

3.7.2 Literaturverzeichnis

Sachliteratur

Abel/Klosa (2012) = Abel, Andrea/Klosa, Annette: Der lexikographische Arbeitsplatz – Theorie und Praxis. In: Fjeld, Ruth Vatvedt/Torjusen, Julie Matilde (Hgg.), Proceedings of the 15th EURALEX International Congress in Oslo 2012, S. 413–421.

Abel/Klosa (2014) = Abel, Andrea/Klosa, Annette: Einleitung: „Ihr Beitrag bitte! – Der Nutzerbeitrag im Wörterbuchprozess". Mannheim: Institut für Deutsche Sprache. (OPAL – Online publizierte Arbeiten zur Linguistik 2/2014), S. 3–8.

Atkins/Rundell (2008) = Atkins, B. T. Sue/Rundell, Michael: The Oxford Guide to Practical Lexicography. Oxford: Oxford University Press.

Culy/Lyding (2010) = Culy, Christopher/Lyding, Verena: Double Tree: An Advanced KWIC Visualization for Expert Users. In: Information Visualization, Proceedings of IV 2010, 2010 14th International Conference Information Visualization, S. 98–103.

Derouin/Le Meur (2008) = Derouin, Marie-Jeanne/Le Meur, André: ISO-Standards for Lexicography and Dictionary Publishing. In: Bernal, Elisande/De Cesaris, Janet (Hgg.), Proceedings of the Thirteenth EURALEX International Congress. Barcelona, S. 663–669.

De Schryver/Prinsloo (2000 a) = De Schryver, Gilles-Maurice/Prinsloo, Daniel Jacobus: The Concept of „Simultaneous Feedback": Towards a New Methodology for Compiling Dictionaries. In: Lexikos, 10, S. 1–31.

De Schryver/Prinsloo (2000 b) = De Schryver, Gilles-Maurice/Prinsloo, Daniel Jacobus: Dictionary Making Process with 'Simultaneous Feedback' from the Target Users to the Compilers. In: Heid, Ulrich/Evert, Stefan/Lehmann, Egbert/Rohrer, Christian (Hgg.), Proceedings of the Ninth EURALEX International Congress, Stuttgart, S. 197–209.

Didakowski et al. (2012) = Didakowski, Jörg/Lemnitzer, Lothar/Geyken, Alexander: Automatic example sentence extraction for a contemporary German dictionary. In: Fjeld, Ruth Vatvedt/Torjusen, Julie Matilde (Hgg.), Proceedings of the 15th EURALEX International Congress in Oslo 2012, S. 343–349.

Dubois (1990) = Dubois, Claude: Considérations générales sur l'organisation du travail lexicographique. In: Hausmann, Franz-Josef/ Reichmann, Oskar/Wiegand, Herbert Ernst/Zgusta, Ladislav (Hgg.), Wörterbücher, Dictionaries, Dictionnaires. Ein internationales Handbuch zur Lexikographie. Berlin/New York: De Gruyter, S. 1574–1588.

Engelberg/Müller-Spitzer (2013) = Engelberg, Stefan/Müller-Spitzer, Carolin: Dictionary Portals. In: Gouws, Rufus H./Heid, Ulrich/Schweickard, Wolfgang/Wiegand, Herbert Ernst (Hgg.), Dictionaries. An International Encyclopedia of Lexicography. Supplementary Volume: Recent Developments with Focus on Computational Lexicography. Berlin/Boston: De Gruyter, S. 1023–1035.

Gouws (2011) = Gouws, Rufus H.: Learning, Unlearning and Innovation in the Planning of Electronic Dictionaries. In: Fuertes-Olivera, Pedro Antonio/Bergenholtz, Henning (Hgg.), e-Lexicography. The Internet, Digital Initiatives and Lexicography. London/New York: Continuum, S. 17–29.

Grønvik/Smith Ore (2013) = Grønvik, Oddrun/Smith Ore, Christian-Emil: What should the electronic dictionary do for you – and how? In: Kosem, Iztok/Kallas, Elena/Gantar, Polona/Krek, Simon/Langemets, Maria/Tuulik, Maria (Hgg.), Electronic lexicography in the 21st century: thinking outside the paper. Proceedings of the eLex 2013 conference, 17–19 October 2013, Tallinn, Estonia. Ljubljana/Tallinn: Trojina, Institute for Applied Slovene Studies/Eesti Keele Instituut, S. 243–260.

Joffe/De Schryver (2004) = Joffe, David/De Schryver, Gilles-Maurice: TshwaneLex: A State-of-the-Art Dictionary Compilation Program. In: Williams, Geoffrey/Vessier, Sandra (Hgg.), Proceedings of Eleventh EURALEX International Conference, Lorient, S. 99–104.

Kilgarriff et al. (2004) = Kilgarriff, Adam/Rychlý, Pavel/Smrz, Pavel/Tugwell, David: The Sketch Engine. In: Williams, Geoffrey/Vessier, Sandra (Hgg.), Proceedings of Eleventh EURALEX International Conference, Lorient, S. 105–116.

Kilgarriff et al. (2008) = Kilgarriff, Adam/Husák, Milos/McAdam, Katy/Rundell, Michael/Rychlý, Pavel: GDEX: Automatically finding good dictionary examples in a corpus. In: Bernal, Elisande/De Cesaris, Janet (Hgg.), Proceedings of the Thirteenth EURALEX International Congress. Barcelona, S. 425–432.

Klosa (2013) = Klosa, Annette: The lexicographical process (with special focus on online dictionaries). In: Gouws, Rufus H./Heid, Ulrich/Schweickard, Wolfgang/Wiegand, Herbert Ernst (Hgg.), Dictionaries. An International Encyclopedia of Lexicography. Supplementary Volume: Recent Developments with Focus on Computational Lexicography. Berlin/Boston: De Gruyter, S. 501–508.

Knowles (1990) = Knowles, Francis E.: The Computer in Lexicography. In: Hausmann, Franz Josef/Reichmann, Oskar/Wiegand, Herbert Ernst/Zgusta, Ladislav (Hgg.), Wörterbücher, Dictionaries, Dictionnaires. Ein internationales Handbuch zur Lexikographie. Berlin/New York: De Gruyter, S. 1645–1672.

Landau (1984) = Landau, Sydney: Dictionaries. The Art and Craft of Lexicography. New York: Scribner's.

Lemberg (2001) = Lemberg, Ingrid: Aspekte der Online-Lexikographie für wissenschaftliche Wörterbücher. In: Lemberg, Ingrid/Schröder, Bernd/Storrer, Angelika (Hgg.), Chancen und Perspektiven computergestützter Lexikographie. Tübingen: Niemeyer, S. 71–91.

Meyer/Gurevych (2016) = Meyer, Christian M./Gurevych, Iryna: Der lexikografische Prozess im deutschen Wiktionary. In: Hildenbrandt, Vera/Klosa, Annette (Hgg.), Der lexikografische Prozess bei Internetwörterbüchern. 4. Arbeitsbericht des wissenschaftlichen Netzwerks „Internetlexikografie". Mannheim: Institut für Deutsche Sprache, S. 55–68. (OPAL – Online publizierte Arbeiten zur Linguistik 1/2016).

Müller-Spitzer (2003) = Müller-Spitzer, Carolin: Ordnende Betrachtungen zu elektronischen Wörterbüchern und lexikographischen Prozessen. In: Lexicographica 19, S. 140–168.

Niestadt (2009) = Niestadt, Jan: De ANW-artikeleditor: software als strategie. In: Beijk, Egbert/Colman, Lut/Göbel, Marianne/Heyvaert, Frans/Schoonheim, Tanneke/Tempelaars, Rob/Waszink, Vivien (Hgg.), Fons verborum. Feestbundel voor prof. dr. A.F.M.J. (Fons) Moerdijk, aangeboden door vrienden en collega's bij zijn afscheid van het Instituut voor Nederlandse Lexicologie. Leiden/Amsterdam: Instituut voor Nederlandse Lexicologie/Gopher BV, S. 215–222.

Riedel/Wille (1979) = Riedel, Hans/Wille, Margit: Über die Erarbeitung von Lexika. Leipzig: Bibliographisches Institut.

Rundell/Kilgarriff (2011) = Rundell, Michael/Kilgarriff, Adam: Automating the creation of dictionaries: where will it all end? In: Meunier, Fanny/De Cock, Sylvie/Gilquin, Gaëtanelle/Paquot, Magali (Hgg.), A Taste for Corpora. A tribute to Professor Sylviane Granger. Amsterdam: Benjamins, S. 257–281.

Schaeder (1987) = Schaeder, Burkhard: Germanistische Lexikographie. Tübingen: Narr.

Schröder (1997) = Schröder, Martin: Brauchen wir ein neues Wörterbuchkartell? Zu den Perspektiven einer computerunterstützten Dialektlexikographie und eines Projektes „Deutsches Dialektwörterbuch". In: Zeitschrift für Dialektologie und Linguistik, 64/1, S. 57–65.

Storrer (1998) = Storrer, Angelika: Hypermedia-Wörterbücher: Perspektiven für eine neue Generation elektronischer Wörterbücher. In: Wiegand, Herbert Ernst (Hg.), Wörterbücher in der Diskussion III. Tübingen: Niemeyer, S. 106–131.

Storrer (2001) = Storrer, Angelika: Digitale Wörterbücher als Hypertexte: Zur Nutzung des Hypertextkonzepts in der Lexikographie. In: Lemberg, Ingrid/Schröder, Bernd/Storrer, Angelika (Hgg.), Chancen und Perspektiven computergestützter Lexikographie. Tübingen: Niemeyer, S. 54–69.

Storrer/Freese (1996) = Storrer, Angelika/Freese, Karin: Wörterbücher im Internet. In: Deutsche Sprache, 24, S. 97–136.

Tiberius/Niestadt (2015) = Tiberius, Carole/Niestadt, Jan: Dictionary Use: A Case Study of the ANW dictionary. In: Tiberius, Carole/Müller-Spitzer, Carolin (Hgg.), Research into dictionary use / Wörterbuchbenutzungsforschung. 5. Arbeitsbericht des wissenschaftlichen Netzwerks „Internetlexikografie". Mannheim: Institut für Deutsche Sprache, S. 28–35. (OPAL – Online publizierte Arbeiten zur Linguistik 2/2015).

Tiberius et al. (2014) = Tiberius, Carole/Niestadt, Jan/Schoonheim, Tanneke: The INL Dictionary Writing System. In: Kosem, Iztok/Rundell, Michael (Hgg.), Slovenščina 2.0: Lexicography, 2 (2), S. 72–93.

Wiegand (1998) = Wiegand, Herbert Ernst: Wörterbuchforschung. Untersuchungen zur Wörterbuchbenutzung, zur Theorie, Geschichte, Kritik und Automatisierung der Lexikographie. 1. Teilband. Berlin/New York: De Gruyter.

Zgusta (1971) = Zgusta, Ladislav: Manual of Lexicography. The Hague/Paris: Mouton.

Wörterbücher

ANW = Algemeen Nederlands Woordenboek. Leiden: Instituut voor Nederlandse Lexicologie. Online: http://anw.inl.nl/.

DRWB = Deutsches Rechtswörterbuch. Heidelberg: Heidelberger Akademie der Wissenschaften. Online: http://drw-www.adw.uni-heidelberg.de/drw/.

DWB = Deutsches Wörterbuch von Jacob und Wilhelm Grimm online. In: Wörterbuchnetz des Trier Center for Digital Humanities/Kompetenzzentrum für elektronische Erschließungs- und Publikationsverfahren in den Geisteswissenschaften an der Universität Trier. Online: http://woerterbuchnetz.de/DWB/.

DWDS = Das Digitale Wörterbuch der deutschen Sprache. Berlin-Brandenburgische Akademie der Wissenschaften. Online: http://www.dwds.de.

ELEXIKO = Online-Wörterbuch zur deutschen Gegenwartssprache. In: OWID – Online Wortschatz-Informationssystem Deutsch. Mannheim: Institut für Deutsche Sprache. Online: http://www.elexiko.de.

ERLANGER LISTE = Lexika & Wörterbücher. Online: http://www.erlangerliste.de/ressourc/lex.html.

NOB = Norsk Ordbok. Oslo: Universitetet i Oslo, Institutt for lingvistike og nordiske studier. Online: http://no2014.uio.no/l/ordbok/no2014.cgi.

ODS = Ordbog over det Danske Sprog. In: ordnet.dk. Dansk Sprog i Ordbøger og Korpus. Den Danske Sprog- og Litteraturselskab. Online: http://ordnet.dk/ods.

OED ONLINE = Oxford English Dictionary online. Oxford: Oxford University Press. Online: http://dictionary.oed.com.
ONELOOK = OneLook Dictionary Search. Online: http://www.onelook.com/.
ORDNET.DK = Dansk Sprog i Ordbøger og Korpus. Den Danske Sprog- og Litteraturselskab. Online: http://ordnet.dk.
OWID = OWID Online-Wortschatz-Informationssystem Deutsch. Mannheim: Institut für Deutsche Sprache. Online: http://www.owid.de/.
SAOB = Svenska Akademiens Ordbok. Stockholm: Svenska Akademien. Online: http://g3.spraakdata.gu.se/saob/index.html.
TRIERER WÖRTERBUCHNETZ = Wörterbuchnetz des Trier Center for Digital Humanities/Kompetenzzentrum für elektronische Erschließungs- und Publikationsverfahren in den Geisteswissenschaften an der Universität Trier. Online: http://woerterbuchnetz.de/.
WIKTIONARY = Wiktionary, das freie Wörterbuch. Online: http://de.wiktionary.org/wiki/Wiktionary:Hauptseite.
WNT Woordenboek der Nederlandsche Taal. Leiden: Instituut voor Nederlandse Lexicologie. Online: http://gtb.inl.nl/.

Internetquellen

AGD = Archiv für Gesprochenes Deutsch. Mannheim: Institut für Deutsche Sprache. Online: http://agd.ids-mannheim.de/index.shtml.
DEREKO = Deutsches Referenzkorpus. Mannheim: Institut für Deutsche Sprache. Online: http://www.ids-mannheim.de/kl/projekte/korpora.html.
DOUBLE TREE JS = Online: http://linguistics.chrisculy.net/lx/software/DoubleTreeJS/index.html.
GIT = Git Tool zur Versionenkontrolle. Online: https://git-scm.com.
MYSQL = MySQL Open-Source-Datenbank. Online: https://www.mysql.de/.
ORACLE = ORACLE Datenbank. Online: https://www.oracle.com/de/index.html.
OXYGEN = oXygen XML Editor. Online: https://www.oxygenxml.com/.
PIXELIO = pixelio.de – Deine kostenlose Bilddatenbank für lizenzfreie Fotos. Online: http://www.pixelio.de.
POSTGRESQL = PostgreSQL Datenbankmanagementsystem. Online: http://www.postgresql.org/.
SKETCH ENGINE = Online: https://www.sketchengine.co.uk/.
TLEX = TLex Suite: Dictionary Compilation Software. Online: https://tshwanedje.com/tshwanelex/.
WIKIMEDIA = Wikimedia Commons, das freie Medienarchiv. Online: http://commons.wikimedia.org.

Bildnachweis

Abbildung 3.1: Robotereinsatz am Fließband: KUKA Systems GmbH [CC BY-SA 3.0-de (http://creativecommons.org/licenses/by-sa/3.0/de/deed.en)], via Wikimedia Commons (http://commons.wikimedia.org/wiki/Category: KUKA_robots?uselang=de).

Abbildung 3.1: Werkzeugschlosser bei der Arbeit: Deutsche Fotothek [CC-BY-SA-3.0-de (http://creativecommons.org/licenses/by-sa/3.0/de/deed.en)], via Wikimedia Commons (http://upload.wikimedia.org/wikipedia/commons/7/75/Fotothek_df_roe-neg_0006486_016_Portr%C3%A4t_eines_Arbeiters_an_einer_Bohrmaschine%2C_W.jpg).

Axel Herold, Peter Meyer und Carolin Müller-Spitzer
4 Datenmodellierung

Abb. 4.1: Lego-Steine.

DOI 10.1515/9783050095615-008

Ein großer Berg voller Lego-Steine: viel Material, um zahlreiche Bauwerke errichten zu können. Aber wie fängt man am besten an? Greift man sich Stück für Stück einzelne Steine heraus, um ein Haus zu bauen? Spätestens, wenn man zum dritten Mal länger nach einem roten Dreier-Stein gesucht hat, gilt es zu überlegen, ob die Steine nicht zunächst geordnet werden sollten. Aber nach welchem System? Die roten in eine Kiste, die blauen in die andere, die gelben, weißen dementsprechend? Oder lieber die Einer, die Zweier und die Dreier zusammensortieren, unabhängig von ihrer Farbe? Egal, für welches Ordnungssystem man sich entscheidet – nach dem Sortieren wird der „Zugriff" gezielter, d. h. das Bauen geht leichter und schneller von der Hand.

4.1	Einleitung —— 113	
4.2	Datenstrukturen und Repräsentationsformate —— 115	
4.2.1	XML-Dokumente —— 119	
4.2.2	Relationale Datenbanken —— 122	
4.3	Datenmodellierung —— 125	
4.3.1	Konzeptuelle (semantische) Datenmodelle —— 125	
4.3.2	Logische Datenmodelle —— 129	
4.3.3	Technische Implikationen der logischen Datenmodellierung —— 131	
4.4	Standardisierungsbestrebungen —— 134	
4.4.1	Text Encoding Initiative (TEI) —— 140	
4.4.2	Lexikalisch-semantische Wortnetze —— 143	
4.4.3	Toolbox und Multi-Dictionary Formatter (MDF) —— 145	
4.4.4	Lexical Markup Framework (LMF) – ein Modell für alle Wörterbuchtypen —— 146	
4.5	Ausblick —— 147	
4.6	Literatur —— 149	
4.6.1	Weiterführende Literatur —— 149	
4.6.2	Literaturverzeichnis —— 149	

4.1 Einleitung

Datenmodellierung beschäftigt sich auch mit dem Sortieren und Strukturieren, allerdings nicht von Lego-Steinen, sondern von Daten. In Bezug auf die Lexikografie ist es die Aufgabe der Datenmodellierung, die lexikografischen Inhalte so zu strukturieren, dass der Computer gezielt auf sie zugreifen kann. Übertragen auf das Lego-Beispiel: Man könnte die einzelnen sortierten Lego-Kisten mit einem Code versehen, der es einer Maschine ermöglicht, gezielt auf alle roten oder blauen Lego-Steine zuzugreifen oder – bei einer anderen Sortierung – gezielt Einer- oder Zweier-Steine herauszugreifen. Eine solche Programmierung ist wesentlich einfacher, als eine Maschine zu entwickeln, die aus einer Menge von Lego-Steinen automatisch die Einer und die Zweier unterscheiden und gezielt herausgreifen kann. Genauso ist es bei lexikografischen Daten: Auch hier kann man sehr viel flexibler mit den Daten umgehen, wenn sie für eine Maschine von ihrem Inhalt her unterscheidbar sind.

Aufgabe der Datenmodellierung

So wie man aus gleichen Lego-Steinen unterschiedliche Häuser bauen kann, ist es heutzutage eine normale Anforderung, gleiche lexikografische Inhalte auf verschiedene Weise z. B. im gedruckten und elektronischen Wörterbuch darzustellen. Dafür – wie auch für sogenannte erweiterte Suchen in digitalen Wörterbüchern, bei denen Benutzer komplexe Kombinationen von Suchoptionen angeben können – schafft die passende Datenmodellierung die Voraussetzung.

Um diesen Prozess zu verstehen, muss man sich zunächst die verschiedenen Ebenen vor Auge führen, die man bei der Herstellung eines gedruckten oder elektronischen Wörterbuchs beachten muss (→ Abbildung 4.2 und → Kapitel 3). Die Grundlage eines jeden Wörterbuchs ist zunächst einmal eine lexikografische Datenbasis. Aus dieser Datenbasis können verschiedene produktbezogene Ausschnitte definiert werden. Ein Beispiel: Die Inhalte für die verschiedenen Wörterbücher des Bibliographischen Instituts (des Verlags der Duden-Werke) werden in einer gemeinsamen Datenbasis vorgehalten. In dieser Datenbasis sind sowohl die Daten enthalten, die im DUDEN – DEUTSCHES UNIVERSALWÖRTERBUCH (DDUW) enthalten sind, wie auch die aus DUDEN – DAS GROSSE FREMDWÖRTERBUCH (DGFW) oder DUDEN – DAS SYNONYMWÖRTERBUCH (DSWB). Für die Erstellung eines Wörterbuchs wird aus dieser großen Datenbasis ein produktbezogener Ausschnitt definiert,

Ebenen des lexikografischen Prozesses

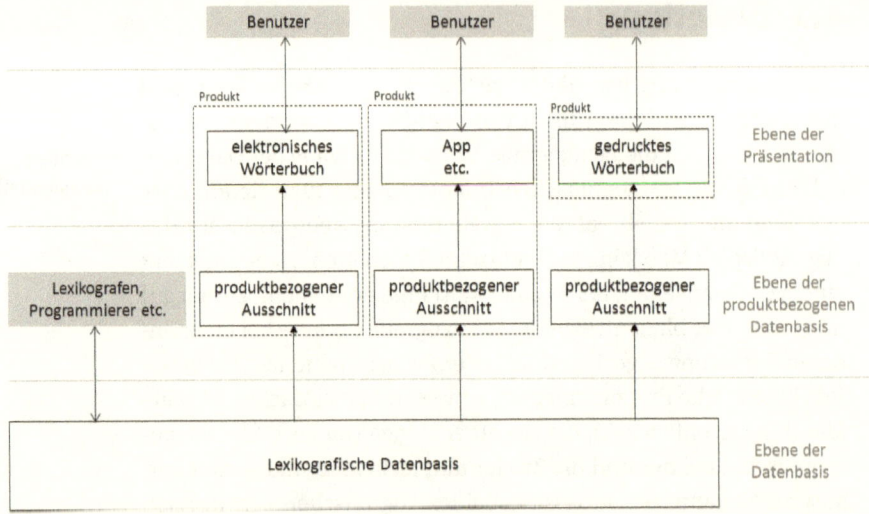

Abb. 4.2: Ebenen im lexikografischen Prozess.

beispielsweise die 140.000 Stichwörter des DUDEN 1 – DIE DEUTSCHE RECHTSCHREIBUNG (DDRS) mit zugehörigen Rechtschreib- und Grammatikangaben und kurzen Bedeutungserläuterungen. Aus dieser produktbezogenen Datenbasis kann dann entweder ein Wörterbuch gedruckt werden, oder auch eine App für Smartphones und Tablets oder ein Internetwörterbuch entwickelt werden. Die Datenmodellierung setzt dabei immer auf der Ebene der Datenbasis an, denn hier werden alle Voraussetzungen für die darauf folgenden Schritte geschaffen. Bezogen auf das Lego-Beispiel findet man auf der Ebene der Datenbasis also die einzelnen Steine. Auf der Ebene der Präsentation finden sich die fertigen Produkte, d. h. im Lego-Szenario die Häuser oder bezogen auf die Lexikografie die einzelnen Wörterbücher. Die Lexikografen arbeiten dabei direkt auf der lexikografischen Datenbasis, die Benutzer interagieren mit den Produkten bzw. rezipieren diese.

Datenmodellierung als Ordnungsprinzip

Um die gleichen lexikografischen Inhalte auf unterschiedliche Weise darstellen zu können, müssen sie gezielt maschinell zugreifbar sein. Grundlage dafür ist eine geeignete Datenmodellierung. Genauso wie bei den Lego-Steinen muss man sich dabei für ein Ordnungsprinzip entscheiden: Ist das leitende Element der Inhalt der Angaben (z. B. ob mit ihnen die Wortart oder die Bedeutung eines Stichworts beschrieben wird), oder nur zu welcher Artikelposition sie gehören (zu den allgemeinen Angaben am Anfang eines Artikels oder zu denen speziell zu einer Einzelbedeutung), oder ein ganz anderer Aspekt? Klare Richtlinien sind dafür wichtig, denn wie bei Lego-Steinen ist eine Neuordnung in der Mitte des Weges „teuer". Wenn man sich beispielsweise nach dem Sortieren der Hälfte der Lego-Steine nun doch entscheidet, dass man nicht mehr nach Farbe, sondern nur nach der Größe sortieren möchte, muss man die bisher geleistete Arbeit neu machen. Ähnlich ist es bei einer Modellierung von Daten.

In unserem Beitrag werden wir zunächst versuchen zu zeigen, welche Technologien sich hinter der Benutzeroberfläche eines digitalen Wörterbuchs verbergen, um die zentrale Rolle der Datenmodellierung in diesem Gesamtzusammenhang besser verorten zu können. Der darauf folgende Abschnitt über Datenstrukturen befasst sich mit der Frage, in welche „Kisten" die lexikografischen Inhalte gesteckt werden können und welche Vor- und Nachteile damit verbunden sind. Da es viele lexikografische Projekte gibt, die zum Teil vor sehr ähnlichen Herausforderungen stehen, gibt es Initiativen, die darauf ausgerichtet sind, standardisierte Lösungen für eine Datenmodellierung lexikografischer Inhalte zu entwickeln, ähnlich einer Guideline zur Sortierung von Lego-Steinen. Darüber berichten wir im vierten Abschnitt.

Aufbau des Kapitels

4.2 Datenstrukturen und Repräsentationsformate

Wir knüpfen in diesem Kapitel an Begriffe, Erläuterungen und Beispiele aus → Kapitel 1 zu den technischen Grundlagen von Internetwörterbüchern an. Ausgangspunkt soll die Frage sein, wie die lexikografischen Informationen eines Wörterbuchs sinnvoll auf einem Server gespeichert werden sollten. Betrachten wir zunächst den in → Kapitel 1 bereits besprochenen HTML-Code einer minimalen Wörterbuchartikel-Webseite mit dem englischen Lemma *disproof*, hier noch einmal wiederholt in → Abbildung 4.3.

Ausgangspunkt: Speicherung lexikografischer Information

In → Kapitel 1 wurde bei der Erläuterung des allgemeinen Funktionierens von Webservern und Webanwendungen absichtlich die in diesem Beitrag zentrale Frage ausgeklammert, woher die Webanwendung überhaupt den HTML-Code des jeweils vom Be-

Serverseitige Verwaltung von Online-Wörterbuchdaten

```html
<html>
  <head>
    <meta charset="utf-8">
    <title>MyEnglishDict</title>
  </head>
  <body>
    <h1>disproof</h1>
    <p>[dɪsˈpruːf] <i>n.</i></p>
    <ol>
      <li>facts that disprove something</li>
      <li>the act of disproving</li>
    </ol>
    <p><i>See also:</i> <a href="/entry/disprove">
       disprove</a></p>
  </body>
</html>
```

Abb. 4.3: HTML-Code eines minimalen Online-Artikels.

nutzer gewünschten Artikels hat. Eine naheliegende und einfache Lösung könnte darin bestehen, dass man den HTML-Code der Wörterbuchartikel einfach fest in die Webanwendung integriert. Eine Webanwendung ist ja ein Programm, das auf dem Webserver läuft und Client-Anfragen beantwortet. Man könnte also beispielsweise folgende Anweisung in dieses Programm integrieren: „Wenn die Anfrage ‚GET /entry/disproof' lautet, dann schicke als Antwort den folgenden HTML-Code zurück: (siehe Code in → Abbildung 4.3)". Ein solches Vorgehen ist jedoch keine gute Idee, da jede Änderung am Aussehen irgendeiner Artikel-Webseite eine Veränderung am Code des Computerprogramms erforderlich machen würde. Solche Veränderungen können mit vielen technischen Komplikationen verbunden sein, z. B. mit der Notwendigkeit, die laufende Webanwendung zu beenden und das Programm nach Vornehmen der gewünschten Änderungen neu zu starten. Viel gravierender ist aber, dass bei dieser Lösung die Programmierer der Webanwendung nicht unabhängig von den Lexikografinnen arbeiten können.

Datenhaltung in Webanwendungen Es ist also sinnvoll, die Datenhaltung für die lexikografischen Informationen von der Programmierung und Administration der Webanwendung zu trennen. So könnte man einfach für jeden Wörterbuchartikel eine eigene, nach dem jeweiligen Lemma benannte Textdatei in einem bestimmten Verzeichnis auf der Festplatte des Webservers ablegen. Jede Textdatei enthält den HTML-Code der zugehörigen Webseite. Wenn nun die Webanwendung eine Anfrage „GET /entry/[LEMMA]" erhält ([LEMMA] sei hier ein Platzhalter für das gewünschte Lemma), dann sucht sie im erwähnten Dateiordner nach einer Textdatei namens [LEMMA].txt. Wird eine solche Datei gefunden, liest das Programm den Inhalt der Textdatei (also den HTML-Code für die Artikel-Webseite) aus und schickt ihn als HTTP-Antwort an den anfragenden Webbrowser. Der offenkundige Vorteil dieser Lösung besteht darin, dass Lexikografen völlig unabhängig von den Programmierern die Textdateien verändern oder sogar löschen und bei Erweiterungen des Wörterbuchs neue Textdateien anlegen können: Die Webanwendung selber bleibt von diesen Veränderungen unberührt und kann einfach immer weiterlaufen, denn der Programmcode enthält keinerlei Information über den Inhalt der Webseiten.

Mit dem geschilderten Vorgehen – oder einer aus informatischer Sicht sinnvolleren Variante davon, die z. B. eine Datenbank verwendet – werden zwar in der Tat die eher „technischen" und die eher „inhaltlichen" Aspekte der Erstellung eines Internetwörterbuchs etwas voneinander entkoppelt. Aber die Entkopplung ist weder vollständig noch weitreichend genug: Die lexikografischen Daten, die dem Programm zur Verfügung gestellt werden, bestehen aus HTML-Code. Sie sind mithin in einem von vornherein für Internetwörterbücher spezifischen Format abgelegt und legen das Aussehen der einzelnen Wörterbuchartikel relativ genau fest. Ein Lexikograf, der einen Artikel für ein solches Internetwörterbuch schreibt, befindet sich also gedanklich von vornherein auf der Ebene der *Datenpräsentation*. Angenommen, die Wörterbuchredaktion beschließt zu einem späteren Zeitpunkt Änderungen an der Darstellung der Artikel:

Datenpräsentation

- „Die Wortartenangabe soll direkt neben dem Lemma stehen und ausgeschrieben werden, z. B. *noun* statt *n*."
- „Die Überschrift mit dem Lemma soll grün und rechtsbündig sein."
- „Die Ausspracheangabe soll zwischen |senkrechten Strichen| statt zwischen [eckigen Klammern] erscheinen."
- ...

In einem solchen Fall müssten sämtliche HTML-Seiten manuell oder durch geeignete Programmierung verändert werden, obwohl sich die lexikografischen Inhalte überhaupt nicht geändert ha-

Lexikografische Datenbasis versus Präsentation

ben. Was also benötigt wird, ist eine Trennung der *lexikografischen Datenbasis* von Fragen der Datenpräsentation: Die auf dem Webserver liegenden Textdateien für die einzelnen Wörterbuchartikel sollten keinen HTML-Code enthalten, sondern die lexikografischen Informationen in einem für die lexikografische Arbeit sinnvollen Datenformat, das von Darstellungsfragen weitestgehend abstrahiert, angeben. Es ist dann Aufgabe der Webanwendung, dieses Datenformat in geeigneten HTML-Code zu übersetzen. Sollte die Wörterbuchredaktion zu irgendeinem Zeitpunkt Änderungen an der Präsentation beschließen, muss nur der Programmcode für den Übersetzungsvorgang geändert werden; die Originaldateien mit den lexikografischen Inhalten bleiben unverändert.

Wie sieht aber nun ein geeignetes Format zur Repräsentation lexikografischer Daten aus? Mit der Beantwortung dieser Frage gelangen wir nun zur Problematik der Datenmodellierung und der zugehörigen Datenstrukturen.

Hierarchische Strukturierung von Angabetypen

Eine naheliegende und für die maschinelle Verarbeitung geeignete textuelle Darstellung der lexikografischen Daten eines Wörterbuchartikels besteht darin, die einzelnen *Angabetypen* in hierarchisch gegliederter Form voneinander zu trennen und mit entsprechenden Überschriften oder „Etiketten" zu versehen (→ Abbildung 4.4).

```
Eintrag (id="3325"):
    Form:
        Orthografie: disproof
        Aussprache: dɪsˈpruːf
    Grammatik:
        Wortart: nomen
    Bedeutungen:
        Bedeutung (Position "1"):
            Definition: facts that disprove something
        Bedeutung (Position="2"):
            Definition: the act of disproving
    Verweis: (refid="3411")
```

Abb. 4.4: Beispiel für eine textuelle Repräsentation lexikografischer Daten.

Wie man sieht, wird die inhaltliche Struktur des Artikels hier in hierarchisch ineinander geschachtelten, durch „Überschriften" (Namen) und Einrückungen markierten *Blöcken* dargestellt. Jeder Block enthält entweder eine Abfolge von weiteren, untergeordneten Blöcken (der Bedeutungen-Block enthält mehrere Bedeutung-Blöcke, diese wiederum je einen Definition-Block) – oder einfach Text (der Aussprache-Block enthält den Text „dɪsˈpruːf"). Manche Blöcke verfügen noch über zusätzliche Informationen, die nicht textueller Natur sind und hier statt in eigenen Unterblöcken einfach als sogenannte *Attribute* in Klammern nach dem „Blocknamen" notiert sind. So wird hier der „Gesamtblock" mit dem Namen **Eintrag** mit einem Attribut **ID** versehen, dessen *Wert* eine eindeutig identifizierende Zahlenkombination ist; der Block **Verweis** enthält weder Text noch Unterblöcke, sondern hat nur ein Attribut **refid**, dessen Wert die ID des Artikels ist, auf den verwiesen wird. Bei den beiden **Bedeutung**-Blöcken wird ihre Abfolge auf redundante, aber für maschinelle Verarbeitung praktische Weise nicht nur durch ihre tatsächliche Reihenfolge im Dokument kodiert, sondern auch durch das Attribut **Position**.

4.2.1 XML-Dokumente

Formal lassen sich hierarchische Strukturen der hier betrachteten Art als *Bäume* beschreiben und entsprechend als *Baumgraphen* darstellen, die in der Tat wie ein auf den Kopf gestellter Baum aussehen (→ Abbildung 4.5).

Baumgraph

Der *Wurzelknoten* an der Spitze des „umgedrehten" Baumes repräsentiert die Gesamtstruktur, seine mit ihm durch Linien (*Kanten*) verbundenen *Kindknoten* die Blöcke der höchsten Gliederungsebene, und so fort. Bäume sind aus formaler, insbesondere auch aus informatischer Sicht besonders einfache und gut zu beschreibende und zu verarbeitende Strukturen. Sie werden seit längerem auch in der Metalexikografie zur systematischen Beschreibung von Artikelmikrostrukturen von Print- und digitalen Wörterbüchern verwendet (vgl. Kunze/Lemnitzer 2007, S. 77-93; Wiegand 1989). Wichtig ist, dass jeder Knoten des Baums – jeder inhaltliche Block – genau einen *Elternknoten* – einen ihn enthaltenden Block – hat, mit der Ausnahme des Wurzelknotens. Entsprechend können Bäume im Computer auf einfache Weise gespeichert werden, indem jeder Knoten im Wesentlichen aus Verweisen auf die Speicheradressen seiner Kindknoten repräsentiert wird, mit Ausnahme der „kinderlosen"

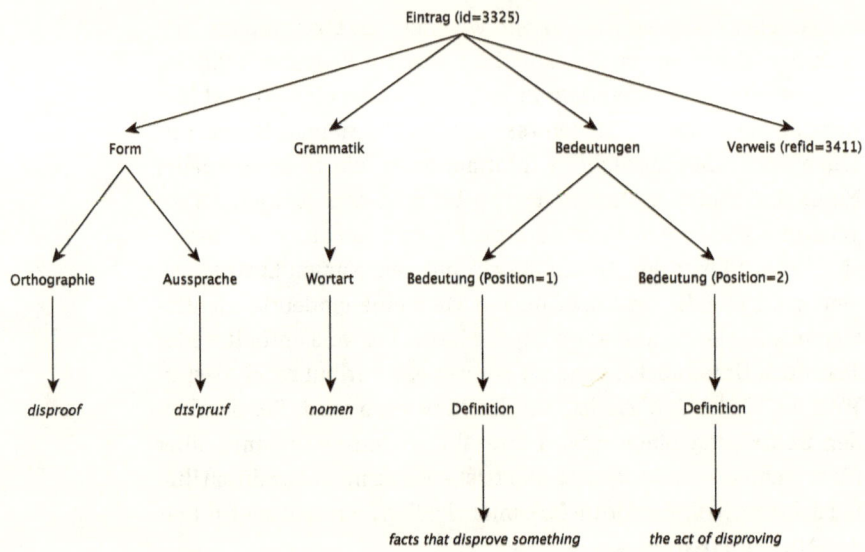

Abb. 4.5: Darstellung der Artikelmikrostruktur als Baumgraph.

Knoten oder *Blätter* am Ende der Hierarchie, die als Text repräsentiert werden.

XML Zur Kodierung solcher Baumstrukturen verwendet man heute üblicherweise eine als *XML* (Extensible Markup Language) bezeichnete Auszeichnungsform, die sehr stark an das oben besprochene HTML erinnert und mit denselben Grundprinzipien arbeitet (vgl. Holzner 2009 für eine didaktisch gelungene Einführung in XML-Technologien): Die einzelnen inhaltlichen Blöcke werden jeweils von einem Start- und einem zugehörigen Endtag umschlossen und enthalten ihrerseits weitere solcher in HTML und XML als *Elemente* bezeichneten Blöcke oder aber (unformatierten) Text, also Abfolgen von Zeichen, insbesondere Buchstaben und Zahlen. Im Vergleich zu HTML ist XML rigider: so gibt es z. B. in bestimmten Versionen von HTML, im Gegensatz zu XML, „leere" (Start-)Tags, zu denen es keinen Endtag gibt, wie etwa **
** für den Zeilenumbruch. Während das „Vokabular", also die Menge der verfügbaren Tags und die „Grammatik", also die Regeln dafür, welche Tags wo im Dokument vorkommen dürfen, bei HTML fest vorgegeben ist, kann der Autor bei XML für jede konkrete *Anwendung* – z. B. für die Kodierung von Artikeln eines bestimmten Wörterbuchs – die Tags und ihre Grammatik selber in einem sogenannten *Schema* festlegen.

So wie in → Abbildung 4.6 könnte der Beispielartikel in XML-Repräsentation aussehen, wenn man die oben verwendeten deutschsprachigen „Blocküberschriften" einmal, wie dies weitgehend üblich ist, durch englischsprachige Start- und Endtags ersetzt.

XML-Beispieldokument

```
<entry id="3325">
  <form>
    <orth>disproof</orth>
    <pron>dɪsˈpruːf</pron>
  </form>
  <gramGrp>
    <pos>n</pos>
  </gramGrp>
  <senses>
    <sense n="1">
      <def>facts that disprove something</def>
    </sense>
    <sense n="2">
      <def>the act of disproving</def>
    </sense>
  </senses>
  <crossref refid="3411"></crossref>
</entry>
```

Abb. 4.6: XML-Repräsentation des Beispielartikels.

Genau wie HTML kennt auch XML das Konzept der Attribute. Welche Informationen als Attribute und welche als Text kodiert werden sollen, ist eine inhaltliche Frage. Üblicherweise werden Attribute, wie bereits gesagt, eher für nicht sprachlich-textuelle Daten verwendet; auch die Wortart könnte sinnvoll als Attribut kodiert werden, weil die Menge der Werte des Attributs eine kleine fest vorgegebene Anzahl von Elementen enthält.

Wenn die in → Abbildung 4.6 gezeigte XML-basierte Repräsentation für eine Webanwendung verwendet werden soll, muss die Webanwendung einen Programmcode enthalten, der in der Lage ist, z. B. bei Anforderung des Artikels mit der ID 3325 durch den Browser die Struktur der XML-Repräsentation in → Abbildung 4.6 zu analysieren (das XML-Dokument zu *parsen*) und daraus eine geeignete Präsentation, in diesem Fall z. B. den HTML-Code aus → Abbildung 4.3, zu erzeugen. Dieser Code kann ausnutzen, dass die verschiedenen Typen lexikografischer Angaben im XML-Code jeweils *semantisch* mit je eigenen Tags ausgezeichnet werden. Eine verbreitete Technologie, um aus XML-Dokumenten andere XML- oder z. B. HTML-Dokumente zu generieren, sind *XSL-Transformationen.*

XSLT
Der oft als *XSLT-Stylesheet* bezeichnete Programmcode von XSL-Transformationen ist dabei interessanterweise selber in XML repräsentiert. Auf diese Weise kann ein und dasselbe XML-Dokument, z. B. in Abhängigkeit von Benutzerwünschen, auf völlig verschiedene Weise in HTML-Seiten oder alternativ auch in andere Dokumenttypen, etwa eine PDF-Datei für den Ausdruck, „übersetzt" werden. Beim Übersetzungsvorgang können nach Belieben Informationen weggelassen oder umgeordnet werden; auf diese Weise lassen sich beispielsweise durch verschiedene Transformationen aus einem und demselben XML-Dokument sowohl eine überblicksartige Kurzdarstellung der wichtigsten Angaben als auch eine vollständige Detailansicht eines Wörterbuchartikels generieren.

Webservices
Oft müssen Webserver auch nicht nur Nutzeranfragen von Browsern im Internet beantworten, sondern sogenannte *Webservices* bereitstellen, die Anfragen von anderen Servern beantworten, deren Aufgabe die maschinelle Weiterverarbeitung der gelieferten Information ist. Für solche Webservices gibt es eigene Datenaustauschformate; auch diese können aus XML-Code erzeugt werden. Für das XML-Format gibt es leistungsfähige standardisierte Software-Bearbeitungswerkzeuge, mit denen beispielsweise auch komplexe Suchen über viele XML-Dokumente hinweg schnell und unter Beachtung der hierarchischen Struktur dieser Dateien durchgeführt werden können.

4.2.2 Relationale Datenbanken

Relationale Datenbanken
Eine andere, schon etwas länger gebräuchliche Form der Repräsentation lexikografischer Daten ist die Verwendung einer *relationalen Datenbank.* Darunter versteht man die Verwendung eines strukturierten Systems von Datentabellen, vergleichbar den Tabellen in Tabellenkalkulationsprogrammen. Solche Datentabellen können in äußerst effizienter Form auf der Festplatte eines Servercomputers abgelegt und von einem als *Datenbankmanagementsystem* bezeichneten Programm mit hoher Geschwindigkeit ausgelesen, verändert und verwaltet werden. Programme – z. B. Webanwendungen –, die Informationen aus einer Datenbank bekommen oder

modifizieren möchten, müssen Anfragen an das Datenbankmanagementsystem stellen, die üblicherweise in der dafür spezialisierten Abfrage- und Datenmanipulationssprache *SQL* gestellt werden. Das Datenbankmanagementsystem kann auf demselben Rechner laufen wie die Webanwendung oder auf einem anderen, üblicherweise über ein schnelles internes Computernetzwerk angebundenen Server. Auf die komplexen Details relationaler Datenbanktechnologie kann hier nicht eingegangen werden; stattdessen sei hier anhand des oben zu Beispielzwecken verwendeten Miniatureintrags vorgeführt, wie man Wörterbuchartikel in einer relationalen Datenbank beschreiben kann. Um das Beispiel einfach zu halten, sei zunächst unterstellt, dass *alle* Einträge des Wörterbuchs die in den obigen → Abbildungen 4.4 und 4.5 angedeutete Struktur aufweisen, also beispielsweise immer nur eine einzige Aussprachangabe und höchstens einen Verweis auf einen anderen Artikel enthalten. Nur die Zahl der Bedeutungen soll variieren können. Dann sähe die Haupttabelle der Wörterbucheinträge wie in → Abbildung 4.7 aus.

ID	Orthografie	Aussprache	Wortart	Verweis
...	...	...	...	...
3325	disproof	dɪsˈpruːf	nomen	3411
3411	disprove	dɪsˈpruːv	verb	NULL
...	...	...	...	...

Abb. 4.7: Relationale Tabelle, HAUPTTABELLE der Wörterbucheinträge.

Da die Zahl der Bedeutungen variiert und zu einem Wörterbucheintrag prinzipiell beliebig viele Bedeutungen gehören können (sogenannte *1:n-Beziehung*), wird für die Bedeutungen eine eigene Tabelle benötigt, die die Bedeutungsdefinitionen samt Verweis auf den zugehörigen Artikel und Positionsnummer in diesem Artikel enthält. Die Artikelverweise verwenden die IDs der Artikel; die ID-Spalte dient als sogenannter *Schlüssel*, um eine Tabellenzeile (einen *Datensatz* der Datenbanktabelle) eindeutig zu identifizieren. Das Datenbankmanagementsystem kann die *referentielle Integrität* solcher Verweise auf Datensätze in anderen Tabellen automatisch sicherstellen, also verhindern, dass beispielsweise in der Haupttabelle ein Datensatz für einen Artikel gelöscht wird, obwohl es in der Bedeutungentabelle noch einen Verweis auf die ID dieses Artikels gibt.

Verweisstrukturen zwischen Tabellen: 1:n-Beziehungen

Artikel	Position	Definition
...	...	...
3325	1	facts that disprove something
3325	2	the act of disproving
...	...	...

Abb. 4.8: Relationale Tabelle, BEDEUTUNGENTABELLE.

Im Gegensatz zum vorherigen XML-Beispiel ist die Angabe der Position in der Tabelle aus → Abbildung 4.8 nicht redundant, da die Zeilen in einer relationalen Datenbanktabelle im technischen Sinne keine definierte Reihenfolge haben (da es sich, mathematisch gesprochen, einfach um Elemente einer Relation handelt), auch wenn man natürlich in einer grafischen Darstellung eine solche Reihenfolge auswählen muss.

In einem realistischeren Szenario kann ein Artikel beliebig viele Verweise auf andere Artikel enthalten. Dann entfällt in der Haupttabelle die Spalte „Verweis" und es wird eine weitere, in → Abbildung 4.9 gezeigte Tabelle für die Querverweise benötigt. Jeder Datensatz in dieser Tabelle enthält einen Verweis auf den Quellartikel (in dem der Verweis stehen soll) und einen Verweis auf den Zielartikel (auf den verwiesen werden soll). Es handelt sich um eine *m:n-Beziehung*: Zu jedem Quellartikel können prinzipiell beliebig viele Zielartikel gehören – jeder Artikel kann auf beliebig viele andere verweisen –, zugleich kann auf einen Artikel aber auch von beliebig vielen anderen Artikeln aus verwiesen werden.

Verweisstrukturen zwischen Tabellen: m:n-Beziehungen

Quelle	Ziel	Position
...	...	...
3325	3411	1
3325	54321	2
...	...	...

Abb. 4.9: Relationale Tabelle, VERWEISTABELLE.

SQL-Anfragen

Die Webanwendung kann nun an das Datenbankmanagementsystem Anfragen in der schon erwähnten Abfragesprache SQL stellen, um die lexikografischen Daten für den Artikel zu *disproof* mit der ID 3325 zu bekommen. Die SQL-Anfrage, um sämtliche zur Zeile mit der ID 3325 gehörenden Spaltenwerte aus der Haupttabelle auszulesen, sieht etwa so aus:

```
SELECT * FROM HAUPTTABELLE WHERE ID=3325;
```

Entsprechend müssen aber auch sämtliche passenden Zeilen (Datensätze) aus den Bedeutungen- und Verweistabellen ermittelt werden:

```
SELECT * FROM BEDEUTUNGENTABELLE WHERE ARTIKEL=3325;
SELECT * FROM VERWEISTABELLE WHERE QUELLE=3325;
```

Mit Hilfe der so gewonnenen Daten kann die Webanwendung oder der Webservice dann wiederum seine Antwort an den Client (z. B. eine HTML-Seite) zusammenbauen.

Abschließend sei betont, dass hier keine vollständige Übersicht über existierende Datenrepräsentationsformate gegeben wurde. So weisen viele Daten formal die Struktur eines Graphen auf, d. h. man hat es mit Objekten (*Knoten*) zu tun, zwischen denen je paarweise eine Verknüpfung (*Kante*) bestehen kann. In vielen Fällen handelt es sich aber nicht speziell um die oben betrachteten hierarchisch strukturierten Baumgraphen, bei denen jeder Knoten mit Ausnahme des Wurzelknotens einen Elternknoten hat. Für diesen allgemeineren Fall, der sich natürlich auch in XML oder Tabellenform abbilden lässt, existieren spezialisierte Datenbanktechnologien (vgl. Robinson et al. 2013), die beispielsweise das schnelle Suchen von Pfaden, also Wegen von einem Knoten über mehrere Kanten zu einem anderen Knoten, im Graphen ermöglichen. Ein konkretes Beispiel für Daten, die sich gut als allgemeine Graphen modellieren lassen, sind die in → Abschnitt 4.4 besprochenen lexikalisch-semantischen Netze. Graphenorientierte Technologien werden mittlerweile in verschiedenen Projekten im Umfeld der Lexikografie eingesetzt, vgl. Spohr (2012).

Graphenbasierte Formate

4.3 Datenmodellierung

4.3.1 Konzeptuelle (semantische) Datenmodelle

Die bisherigen Ausführungen haben gezeigt, wie lexikografische Information in sehr unterschiedlichen Datenformaten – textuell oder tabellarisch – unabhängig von Präsentationsaspekten so repräsentiert werden kann, dass die maschinelle Weiterverarbeitung und flexible Präsentation dieser Daten leicht möglich ist. Dabei ist auch bereits das Problem angeklungen, dass beispielsweise bei der

Entwicklung eines Internetwörterbuchs zunächst ganz allgemein bestimmt werden muss, wie die Struktur der zu speichernden und zu verarbeitenden Daten aussieht. Hierher gehört insbesondere die Frage, welche Typen von lexikografischen Angaben wir in unseren Wörterbuchartikeln benötigen, in welchen hierarchischen Beziehungen sie zueinander stehen, welche davon obligatorisch sind und welche beispielsweise auch mehrfach vorkommen können. Im Falle von relationalen Datenbanken werden, wie oben am Beispiel von Artikelverweisen gezeigt wurde, solche grundsätzlichen Festlegungen über die Struktur benötigt, um die Zahl und den Aufbau der Datenbanktabellen sowie deren Beziehungen zueinander überhaupt festlegen zu können. Aber auch die Bestimmung der in einem XML-basierten Wörterbuch benötigten XML-Elemente setzt solche Festlegungen voraus; so hätte es wenig Sinn, wie in → Abbildung 4.6 gezeigt, zwischen einem übergeordneten Element <senses> und untergeordneten <sense>-Elementen zu unterscheiden und ein XML-Attribut zur Nummerierung von Einzelbedeutungen einzuführen, wenn es – um ein etwas unrealistisches Beispiel zu bemühen – pro Wörterbucheintrag ohnehin nur maximal eine Bedeutungsangabe geben können soll.

Spezifiziert man bei der Entwicklung eines Wörterbuchs die gewünschten lexikografischen Angabetypen und ihre Beziehungen zueinander in abstrakter Weise, noch ohne sich dabei beispielsweise auf eine relationale oder XML-Datenhaltung festzulegen, so bewegt man sich auf der Ebene der *konzeptuellen Datenmodellierung*. Zur Formulierung eines entsprechenden Modells gibt es etablierte formalisierte grafische Beschreibungsformate, insbesondere das *Entity-Relationship-Modell* und die *Unified Modeling Language* (UML). Beispielhaft sei hier kurz eine zum oben besprochenen Miniaturartikel passende, sehr einfache UML-basierte Modellierung vorgestellt:

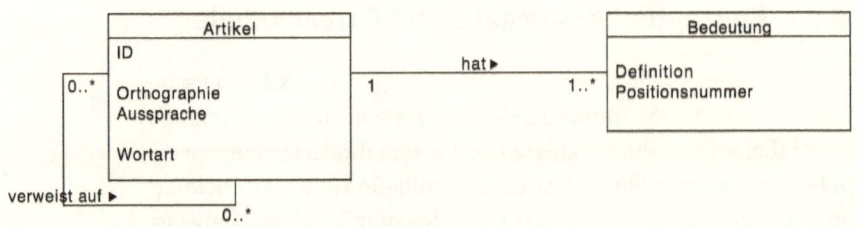

Abb. 4.10: Einfache UML-Modellierung des Beispielartikels.

UML kennt eine sehr große Zahl von Diagrammtypen. → Abbildung 4.10 zeigt ein *Klassendiagramm*. Die Rechtecke repräsentieren *Klassen*, d. h. Typen von zu modellierenden *Entitäten*. Im vorliegenden Beispiel werden zwei Arten von Entitäten angesetzt, nämlich Wörterbuchartikel als Ganzes sowie Bedeutungsangaben innerhalb dieser Artikel. Unterhalb des Klassennamens, durch eine waagerechte Linie abgetrennt, finden sich die Namen der *Attribute*, also der Eigenschaften, die in ihrer Gesamtheit jede Entität der betreffenden Klasse (also eines konkreten Artikels oder einer konkreten Bedeutungsangabe) charakterisieren. Für konkrete Artikel sind das in unserem Beispiel eine ID und jeweils eine einzelne Angabe zur orthografischen Gestalt des Lemmazeichens, zur Aussprache und zur Wortart. Bedeutungen haben eine Definition und (so sei hier zu Demonstrationszwecken angenommen) eine Positionsnummer innerhalb des Artikels. In einer ausführlicheren Modellierung könnte man z. B. auch noch den *Datentyp* der einzelnen Attribute angeben; so ist die ID eine positive Ganzzahl, die Ausspracheangabe eine prinzipiell beliebige Zeichenkette und die Wortart eine von mehreren fest vorgegebenen Zeichenketten wie „n", „v", „prep" usw., die eben Wortarten repräsentieren.

Entitäten und Attribute

Beziehungen zwischen Entitäten von Klassen werden durch *Assoziationen*, durchgezogene Verbindungslinien zwischen den zugehörigen Klassenrechtecken, dargestellt. An den beiden Enden einer solchen Verbindungslinie werden die *Multiplizitäten* der Assoziation notiert. Das sei an den Modellierungsanforderungen erläutert, die das oben gezeigte Diagramm zum Ausdruck bringt (das Asterisksymbol * bezeichnet allgemein eine beliebige Anzahl):

Assoziationen

- Ein gegebener Artikel *hat* mindestens eine, ansonsten aber beliebig viele Bedeutungen (Multiplizität 1..*).
- Umgekehrt „gehört" jede Bedeutung nur zu genau einem Artikel (Multiplizität 1 oder, ausführlicher notiert, 1..1). Das ist übrigens nicht trivial; man könnte Synonymiebeziehungen dadurch explizit modellieren wollen, dass eine und dieselbe Bedeutung mehreren Artikeln zu synonymen Wörtern zugeordnet wird. Allerdings müsste man dann das Attribut „Positionsnummer" anders zuordnen.
- Ein gegebener Artikel *verweist auf* eine beliebige Zahl von Artikeln (Multiplizität 0..*); da hier beide aufeinander bezogenen Entitäten Instanzen derselben Klasse (Artikel) sind, spricht man von einer *reflexiven Assoziation*.

– Umgekehrt kann auch auf einen gegebenen Artikel von beliebig vielen anderen Artikeln aus verwiesen werden (Multiplizität 0..*).

Hinter den hier an konkreten Beispielen nur kurz skizzierten Ideen steht ein eigener Fachbereich der Informatik, vgl. Kastens/Kleine Büning (2014) für eine anspruchsvolle Lehrbuchdarstellung. Einige konkrete Beispiele zu konzeptuellen und vor allem zu logischen Modellierungen in der Internetlexikografie finden sich in Klosa/Müller-Spitzer (2011).

_{Modellierung bei Printwörterbüchern} Es sei abschließend festgehalten, dass die hier umrissenen Prinzipien und Begrifflichkeiten der konzeptuellen Datenmodellierung grundsätzlich ohne Unterschied auch auf die Beschreibung der Mikro- und Mediostruktur von gedruckten Wörterbüchern anwendbar sind. In der Regel haben jedoch vor allem ältere Printwörterbücher keine rigide formalisierbaren Strukturen, da sie nur für menschliche Benutzerinnen und Benutzer, nicht aber für maschinelle Durchsuchbarkeit und Verarbeitbarkeit konzipiert wurden. Was digitale Wörterbücher wesentlich von Printwörterbüchern unterscheidet, ist also nicht die Art und Weise, wie Information als solche strukturiert werden *kann*, sondern die Notwendigkeit, die Daten tatsächlich in irgendeiner Weise strukturiert zu speichern und zu bearbeiten, und die Möglichkeit, diese strukturierten Inhalte den Nutzerinnen und Nutzern auf flexible Weise zu präsentieren und für sie durchsuchbar zu machen. Die *Granularität* der konzeptuellen Modellierung kann dabei beträchtlich variieren. So gibt es gerade bei älteren Printwörterbüchern häufig Artikelabschnitte, die sich bei einer nachträglichen digitalen Aufbereitung (*Retrodigitalisierung*) aufgrund ihres narrativen Charakters nicht einheitlich strukturieren lassen; ein typisches Beispiel dafür sind diskursive Erläuterungen zur Etymologie. Im Extremfall muss man in solchen Fällen einen solchen Abschnitt als Entität modellieren, deren einziges Attribut einfach den gesamten Text des Abschnitts als weiter nicht strukturierte, nur noch im Rahmen einer Volltextsuchfunktion weiter erschließbare Zeichenkette enthält. Neu konzipierte digitale Wörterbücher sind das gegenteilige Extrem, denn hier besteht die Möglichkeit, die lexikografischen Daten sehr granular zu modellieren, einzelne Angaben also sehr feinkörnig in je verschiedenen Attributen von Entitäten zu speichern. Bei *Ausbauwörterbüchern*, deren Modellierung und lexikografischer Prozess

von vornherein darauf ausgerichtet sind, dass jeder Artikel prinzipiell jederzeit weiter überarbeitet werden kann, besteht häufig die Anforderung, dass die konzeptuelle Modellierung an neue Anforderungen anpassbar sein muss, die im laufenden Betrieb auftreten.

4.3.2 Logische Datenmodelle

Es fällt auf, dass die Art und Weise, wie von einem Artikel auf einen anderen verwiesen werden soll, im UML-Diagramm der → Abbildung 4.10 nicht spezifiziert ist. Im XML-Dokument aus → Abbildung 4.6 wird der Verweis durch Angabe der ID des Artikels, auf den verwiesen wird, bewerkstelligt. Tatsächlich könnte man entsprechend in UML eine eigene *Assoziationsklasse* „verweist auf" einführen und diese mit einem ID-Attribut versehen, um die verwendete Verweistechnik zum Ausdruck zu bringen. Die konkrete Implementierung des „Verweismechanismus" setzt jedoch voraus, dass das Daten(bank)format bereits bekannt ist. Auf der konzeptuellen Modellierungsebene wird jedoch von solchen Fragen in der Regel abstrahiert; es geht zunächst wesentlich um inhaltliche Festlegungen bezüglich der Arten und Eigenschaften von Entitäten, die man mit informatischen Methoden abbilden oder beschreiben möchte, und der Arten und Eigenschaften von Beziehungen zwischen diesen Entitäten. Fragen wie die der konkreten Implementierung von Verweisstrukturen werden eher auf der Ebene der *logischen Datenmodellierung* beantwortet, bei der es um die „Ausbuchstabierung" des konzeptuellen Datenmodells für ein konkretes Datenformat und ein damit verbundenes Datenbanksystem geht. Diese Ausbuchstabierung ist keine mechanisch durchführbare Prozedur, weil konzeptuelles und logisches Datenmodell nicht in einer einfachen Entsprechungsrelation zueinander stehen. So hat z. B. die Gruppierung der Elemente **orth** und **pron** unter ein übergeordnetes Element **form** im XML-Dokument aus → Abbildung 4.6 keine formale Entsprechung im Klassendiagramm aus → Abbildung 4.10.

Logische Datenmodellierung

Die logische Datenmodellierung bei XML-Dokumenten wird wiederum mit geeigneten Beschreibungsformalismen, sogenannten *Schemasprachen*, erfasst. Für XML-Dokumente gibt es einige etablierte formale Schemasprachen, darunter *DTD* (Document Type Definition), *XSD* (XML Schema Definition) und *RELAX NG* (REgular LAnguage for XML Next Generation). In → Abbildung 4.11 wird zu

Schemasprachen

```
element entry {
   attribute id { text },
   element form {
     element orth { text },
     element pron { text }
   },
   element gramGrp {
     element pos { string "n" | string "v" | string "
         adj" }
   },
   element senses {
     element sense {
       attribute n { xsd:integer },
       element def { text }
     }+
   },
   element crossref {
     attribute refid { xsd:integer }
   }*
}
```

Abb. 4.11: RELAX-NG-Modellierung in der sogenannten kompakten Syntax.

Illustrationszwecken wegen der besonders guten Lesbarkeit eine einfache, fast selbsterklärende RELAX-NG-Modellierung (ein *XML-Schema*, wie man oft kurz sagt) gezeigt, die auf das XML-Beispieldokument aus → Abbildung 4.6 passt.

Die angegebene Modellierung legt genau fest, welche Elemente wie häufig, mit welchen Attributen und an welchen Positionen in den modellierten XML-Dokumenten unseres fiktiven Beispielwörterbuchs vorkommen dürfen. Auch Datentypen werden festgelegt; so müssen IDs und Verweise darauf Ganzzahlen (xsd:integer) sein. Das Wortart-Element **pos** darf in der angegebenen Miniaturmodellierung nur eines von drei Zeichenketten enthalten, „n", „v" oder „adj". Im Beispiel finden sich Äquivalente zu den Multiplizitäten der konzeptuellen Modellierungsebene in den Symbolen „*" (entspricht 0..* in UML) und „+" (entspricht 1..*) wieder.

Die verschiedenen oben genannten Formalismen unterscheiden sich hinsichtlich ihrer Mächtigkeit, d. h. sie erlauben die Formulierung unterschiedlich weitgehender und komplexer Beschränkungen. Ihr Zweck ist aber derselbe: Sie ermöglichen es, die gewünschte Struktur einer Klasse von XML-Dokumenten genau zu beschreiben. Ein gegebenes XML-Dokument kann dann von einem

Computerprogramm rein formal darauf überprüft werden, ob es der geforderten Struktur auch wirklich entspricht oder nicht. Dieser Prozess heißt *Validierung*. Die Validität von XML-Dokumenten ist grundlegende Voraussetzung für jegliche Form von weiterer maschineller Verarbeitung der Dokumente. So kann man nur dann ein Programm (z. B. eine XSL-Transformation) entwickeln, das beliebige in XML repräsentierte Artikel eines Wörterbuchs in eine HTML-Darstellung übersetzt, wenn die Struktur der XML-Dokumente bekannt ist.

Validierung von XML-Dokumenten

Natürlich gibt es auch für relationale Datenbanken formale Techniken der Spezifikation der gewünschten Datenstrukturen. Ein relationales *Datenbankschema* legt fest, welche Tabellen es gibt, welche Spalten sie haben, welche Datentypen in den verschiedenen Spalten abgelegt werden sollen, welche Beziehungen zwischen den Tabellen es gibt und welche Schlüssel verwendet werden, um diese Beziehungen abzubilden (→ Abschnitt 4.2.2). Es ist auch möglich, in einer Datenbank weitergehende Beschränkungen, sogenannte *Constraints*, festzulegen, die z. B. die in einer Tabellenspalte erlaubten Werte oder aber bestimmte Bedingungen für die Zulässigkeit von ganzen Datensätzen vorgeben und deren Einhaltung das Datenbankmanagementsystem gewährleistet.

Relationale Datenbankschemata

4.3.3 Technische Implikationen der logischen Datenmodellierung

Grundsätzlich kann jede gegebene konzeptuelle Datenmodellierung auf alle hier vorgestellten Technologien zur Datenrepräsentation und -manipulation (textuell, XML, relationale Datenbank) abgebildet werden. Die Entscheidung für ein Repräsentationsformat hat jedoch weitreichende praktische Konsequenzen, insbesondere hinsichtlich der zur Datenbearbeitung erforderlichen Werkzeuge und der benötigten technischen Ausstattung und schließlich auch der lexikografischen Arbeitsabläufe und der Austauschbarkeit von Daten. Ein weiteres Kriterium ist die Flexibilität und Erweiterbarkeit der Repräsentationsform bei neu hinzukommenden Anforderungen und Wünschen hinsichtlich der im betreffenden Wörterbuch repräsentierten lexikografischen Informationen. Hier sind relationale Datenbanken häufig im Nachteil, da Veränderungen an der Datenmodellierung eine komplexe Umorganisation von Tabellen-

Konsequenzen der Wahl eines Datenformats

strukturen nach sich ziehen können. Und schließlich muss unter Umständen eine begründete Abwägung zwischen der gewünschten Komplexität der Modellierung und der Geschwindigkeit von Datenabfragen getroffen werden.

Relationale Datenbanken

In einem relationalen Datenbanksystem liegen die Daten in einer auf viele Tabellen verteilten, für die maschinelle Bearbeitung optimierten Form vor. Damit ein menschlicher Bearbeiter etwas mit diesen Daten anfangen kann, muss ein für die jeweiligen Zwecke entwickeltes Eingabeprogramm mittels Abfragen an das Datenbankmanagementsystem die jeweils gewünschten Informationen aus den verschiedenen Tabellen auslesen und in einen lesbaren Text überführen. Umgekehrt müssen gewünschte Veränderungen und Hinzufügungen wieder von einem solchen Programm in SQL-Anweisungen zur Veränderung von Datensätzen in verschiedenen Tabellen „übersetzt" werden. Da das Eingabeprogramm ein gegebenes Datenbankschema (also etwa die Anzahl und Struktur von Tabellen) nicht ad hoc verändern kann und das Datenbankmanagementsystem selber systematisch die formale Inkonsistenz von Daten verhindert, ist die Einhaltung der gewählten konzeptuellen Datenmodellierung und der Datenintegrität gewährleistet, selbst dann, wenn mehrere Personen zur gleichen Zeit die lexikografischen Informationen eines Artikels bearbeiten.

XML

XML ist der derzeitige De-facto-Standard für die Repräsentation von lexikografischen Daten. Anders als bei relationalen Datenbanken, in denen die lexikografischen Informationen eines Artikels unter Umständen über zahlreiche Tabellen verteilt gespeichert sind, ist ein XML-Dokument zunächst nichts anderes als ein auch für Menschen lesbares Textdokument, das alle lexikografischen Daten eines Artikels enthält und prinzipiell auch in einem einfachen Texteditor oder Textverarbeitungsprogramm bearbeitet werden kann.

XML-Editoren

In der Praxis verwendet man zur Bearbeitung von XML-Dokumenten jedoch meist spezialisierte *XML-Editoren*, die beispielsweise automatisch die *syntaktische Wohlgeformtheit* des Dokuments sicherstellen, d. h. verhindern, dass bei Änderungen versehentlich die oben besprochenen allgemeinen Regeln für den strukturellen Aufbau von XML-Dokumenten verletzt werden, indem beispielsweise das zu einem Starttag gehörige Endtag vergessen wird. Manche XML-Editoren ermöglichen sogar die Bearbeitung von XML-Dokumenten in einer an Textverarbeitungsprogramme angelehnten Form, sodass ein menschlicher Bearbeiter z. B. statt mit dem XML-Quelltext aus → Abbildung 4.6 mit einer ähnlich wie in → Abbildung 4.4 formatierten Ansicht arbeiten kann. Eine solche Ansicht muss jedoch zunächst für ein gegebenes XML-Schema programmiert werden. Eine sehr wichtige Funktion von XML-Editoren ist die ständige automatische Validierung der bearbeiteten Dokumente gegen ein vorgegebenes XML-Schema. So kann ein XML-Editor also, wenn ihm das Schema aus → Abbildung 4.11 vorgegeben wird, automatisch verhindern, dass in den XML-Quelltext von → Abbildung 4.6 noch ein weiteres **pos**-Element für eine zweite Wortart eingefügt wird. Anders als bei relationalen Datenbanksystemen existiert für die simultane kollaborative Bearbeitung eines womöglich sehr großen XML-Dokuments bis heute allerdings keine Standardlösung.

Für die maschinelle Verarbeitung von XML-Dokumenten existieren zahlreiche etablierte Technologien. So gibt es spezialisierte Abfragesprachen, mit denen gezielt aus der hierarchischen Struktur von XML-Dokumenten Informationen ausgelesen werden können. Grundlegend sind hier die Abfragesprache *XPath*, mit der Elemente und Attribute systematisch adressiert werden können, und die darauf aufsetzende, sehr mächtige Programmiersprache *XQuery*. Hier nur ein kleines Beispiel für die Anwendung von XPath auf unser Beispieldokument aus → Abbildung 4.6: Der XPath-Ausdruck **/entry/senses/sense[@n='2']/def/text()** liest den Textinhalt aus dem **def**-Element aus, das, in der graphentheoretischen Sprache aus → Abschnitt 4.2.1, *Kindknoten* desjenigen **sense**-Elements ist, dessen **n**-Attribut den Wert „2" hat, und das über *Elternknoten* **entry** und **senses** im Baum erreicht werden kann. Im vorliegenden Fall wird mit dem XPath-Ausdruck also die Zeichenkette „the act of disproving" adressiert. – Es gibt spezialisierte XML-Datenbanken, in denen solche Abfrageoperationen, womöglich über zahlreiche Dokumente mit demselben Schema, sehr effizient ausgeführt werden können.

Abfragesprachen für XML

XPath, XQuery

Angesichts der erheblichen technologischen Unterschiede zwischen relationaler und XML-Repräsentation hat der Umstand große Bedeutung, dass die beiden Formate im Wesentlichen ineinander übersetzbar sind. So können manche XML-Datenbanken XML-Dokumente automatisch anhand eines vorgegebenen XML-Schemas in relationale Datenbanktabellen „zerlegen", um die Informationen effizient speichern, durchsuchen und abrufen zu kön-

Übersetzbarkeit von Datenformaten

nen. Umgekehrt kann XML als bequemes textuelles Austauschformat verwendet werden, wenn der Inhalt einer relationalen Datenbank (oder auch nur die lexikografischen Informationen eines einzelnen Artikels) von einem System auf ein anderes transferiert oder anderweitig weiterverarbeitet werden soll.

Wegen der weitreichenden Übersetzbarkeit von Repräsentionsformaten ineinander werden in lexikografischen Projekten intern häufig spezielle, auf die jeweiligen Arbeitsabläufe und die vorhandene, oft historisch gewachsene technische Infrastruktur zugeschnittene Datenformate verwendet. So bietet sich speziell für kollaborative oder halbkollaborative Wörterbücher (→ Kapitel 2) die Verwendung einer im Vergleich zu XML oder HTML vereinfachten Auszeichnungssprache für das Bearbeiten von Artikeln an. Bekanntes Beispiel sind die Auszeichnungssprachen von Wikisystemen wie der WIKIPEDIA; solche Systeme werden auch für umfangreiche kollaborative lexikografische Projekte genutzt (vgl. Bon/Nowak 2013). Nachteil der Verwendung solcher Formate ist häufig deren mangelnde Eignung für die Modellierung von komplex und hierarchisch gegliederter Information.

Wiki-Markup

Die intern verwendeten Datenformate werden häufig nicht systematisch publiziert. Soweit eine Weitergabe an andere Projekte und Institutionen vorgesehen ist, werden die Daten typischerweise in standardisierte Datenformate „übersetzt", wie sie im folgenden → Abschnitt 4.4 besprochen werden. Die Weitergabe selbst kann beispielsweise in Form von Webservices (→ Abschnitt 4.2.1) geschehen oder auch durch simples Transferieren von Dateien.

4.4 Standardisierungsbestrebungen

Damit die gesuchten Wortinformationen von den Nutzern eines gedruckten Wörterbuchs leicht und schnell gefunden werden können, haben sich im Laufe der Zeit typische Präsentationsformen für Wörterbuchinhalte herauskristallisiert. So erscheinen zusammengehörende Informationen normalerweise gruppiert beieinander und das Stichwort, auf das sich die Informationen beziehen, wird beispielsweise durch einen besonderen Schriftschnitt oder seine Position am Anfang der Gruppierung hervorgehoben. Natürlich muss die Präsentation der lexikalischen Information nicht zwingend auf diese Art und Weise erfolgen. Allerdings wird die gezielte Suche nach be-

Präsentationskonventionen

stimmten Inhalten durch ein Abweichen von dieser Konvention für Benutzer deutlich erschwert.

Während konventionalisierte Darstellungen menschlichen Wörterbuchnutzern für die Suche und Erschließung der gewünschten Informationen genügen, muss für das maschinelle Erzeugen und Lesen lexikalischer Daten eine bestimmte Repräsentationsform gefunden und verbindlich vereinbart – also standardisiert – werden. Insbesondere für die praktische Implementierung von Software-Werkzeugen ist die genaue Spezifikation der verwendeten Formate eine notwendige Voraussetzung. Auch Arbeitsabläufe (zum Beispiel der gesamte lexikografische Prozess, → Kapitel 3) können standardisiert werden. In diesem Abschnitt beschränken wir uns jedoch auf die Diskussion der Standardisierung von lexikografischen Modellen und Datenformaten.

Standardisierung von Datenformaten

Für die Modellierung und Speicherung lexikalischer Daten in standardisierter Form sprechen generell viele Gründe:

Gründe für Standardisierung

- Durch die Verwendung von Standardformaten wird sichergestellt, dass Daten kompatibel zueinander sind. Angaben desselben Typs erscheinen dadurch in derselben Repräsentationsform. So kann ein Standardformat zum Beispiel genau festlegen, in welcher Form Datumsangaben gespeichert werden müssen. Auf diese Weise wird es möglich, Daten aus unterschiedlichen Quellen mit denselben Software-Werkzeugen zu bearbeiten, zu transformieren und darzustellen. Vor allem für die nutzeradaptierte Zusammenführung lexikografischer Daten aus unterschiedlichen Quellen (→ Kapitel 6) wird der gezielte Zugriff auf Einträge und einzelne Angaben dieser Einträge erleichtert.

Kompatibilität

- Der lexikografische Prozess wird oft von verschiedenen Software-Werkzeugen gestützt (→ Kapitel 2 und Abel 2012). Durch die Verwendung von Standardmodellen und -formaten wird die Interoperabilität dieser Werkzeuge konzeptionell und technisch sichergestellt. Das Standardformat stellt dabei eine definierte Schnittstelle zwischen den Werkzeugen dar. Das vereinbarte Ausgabeformat eines Werkzeugs dient als Eingabeformat eines weiteren Werkzeugs. Auf diese Weise wird auch der Datenaustausch über die Grenzen einzelner Arbeitsgruppen hinaus technisch ermöglicht.

Interoperabilität

- Öffentlich dokumentierte Standards sind eine wichtige Voraussetzung für die langfristige und nachhaltige Speicherung

Nachhaltigkeit

lexikalischer Daten, also für deren Langzeitarchivierung. Sie können als explizite und detaillierte Formatdokumentation verstanden werden. Auf dieser Grundlage können auch zu späteren Zeitpunkten Software-Werkzeuge (re)implementiert werden, wenn die ursprünglich verwendeten Programme aus technischen Gründen nicht mehr lauffähig sein sollten.

- Neben den bisher genannten eher technisch orientierten Vorteilen wird durch die konsequente Verwendung von Standardformaten auch die interne Konsistenz und Kohärenz einer lexikalischen Ressource unterstützt. Die Regeln, die in einem Standardformat festgelegt sind, übernehmen für die diesem Format entsprechend modellierten Wörterbücher die Rolle einer Grammatik. Für XML-basierte Standards wird eine solche Grammatik typischerweise in Form eines XSD- oder RELAX-NG-Schemas formuliert. Mit ihrer Hilfe kann sehr leicht automatisch geprüft werden, ob eine elektronische Wörterbuchversion – eine Instanz des Schemas – dieser Grammatik entspricht. Dabei kann die Formatspezifikation sehr detailliert formuliert werden und beispielsweise genau festlegen, welche Werte für die Angabe von Fachgebieten verwendet werden dürfen. So könnte in einer Spezifikation bestimmt werden, dass „Sprachwissenschaft" als Fachgebietsangabe zulässig ist, das gleichbedeutende „Linguistik" jedoch nicht. Einige Grammatiken erlauben auch die Formulierung von Regeln, die Eigenschaften von Elementen festlegen, die auf Eigenschaften von Elementen an anderen Positionen innerhalb eines Wörterbuchartikels Bezug nehmen. Eine solche Regel könnte zum Beispiel besagen, dass ein Artikel, der einen Synonymverweis enthält, nicht gleichzeitig einen Antonymverweis auf dasselbe Verweisziel enthalten darf, während Antonymverweise auf andere Ziele jedoch zulässig sind.

Konsistenz und Kohärenz

- Die explizite und ausführliche Modellierung und Speicherung von Datenstrukturen und -elementen, die von den meisten lexikalischen Standardformaten verlangt werden – insbesondere bei der Verwendung von XML-Technologien – sorgen dafür, dass das Speichervolumen elektronischer Wörterbücher oft relativ groß ist. Angesichts der preiswerten Verfügbarkeit von Computerspeichern ist dieser Effekt allerdings vernachlässigbar.

Hoher Speicherbedarf

Die Idee, lexikalische Ressourcen auf ein *gemeinsames* Modell abzubilden, um Kompatibilität und Interoperabilität elektronischer Wörterbücher zu erreichen, ist keineswegs neu. So betrachtet Kanngießer (1996) die Frage angesichts der wachsenden Fülle bereits zur damaligen Zeit vorhandener elektronischer lexikalischer Ressourcen vor allem unter dem Aspekt ihrer (integrativen) Wiederverwendung. Ausgehend von der Feststellung, dass die Herausforderung der Standardisierung darin besteht, sehr heterogene lexikalische Modelle auf eine gemeinsame Repräsentation abzubilden, arbeitet er das Kernproblem heraus: „Die lexikalische Wiederverwertung [...] ist demzufolge genau in dem Grade möglich, in dem es möglich ist, Grammatiken und die ihnen zugrundeliegenden Theorien [...] zu vereinheitlichen" (S. 92). Weil die lexikografische Beschreibung nicht theorieneutral erfolgen kann, Grammatiktheorien jedoch von einander widersprechenden Grundannahmen ausgehen können, würde eine Standardisierung zwangsläufig zu inkonsistenten Abbildungen führen. Das gilt jedoch nicht für jede lexikografische Beschreibung in gleichem Umfang. Vielmehr lassen sich auch invariante, also unabhängig von der zugrundeliegenden grammatischen Theorie gleich modellierte Elemente identifizieren, die sich sehr wohl aufeinander abbilden lassen (vgl. auch Romary/Wegstein [2012], die solche Elemente mit Bezug auf elektronische Wörterbücher als *crystals* bezeichnen). Wird die Abbildung auf diese invarianten Beschreibungsteile beschränkt und jeweils dynamisch anhand der konkret abzubildenden Ressourcen bestimmt, so lässt sich zumindest eine valide partielle Abbildung erreichen. Der eben skizzierte Ansatz wird in neuerer Zeit durch ein standardisiertes lexikalisches Meta-Modell, das Lexikal Markup Framework (→ Abschnitt 4.4.4) unterstützt.

> Standardisierung und theorieneutrale Beschreibung

Standards für elektronische Wörterbücher zeichnen sich oft durch ein hohes Maß an Variabilität und Modularität aus. Dadurch wird sichergestellt, dass sich Formate und Richtlinien für konkrete lexikografische Prozesse „maßgeschneidert" anpassen lassen. Allerdings kann es vorkommen, dass für besondere Angabentypen – abhängig vom Wörterbuchgegenstand – keine geeigneten Modelle im Standard vorgesehen sind. Insbesondere innovative gegenwartssprachliche Wörterbücher wie ELEXIKO oder das DIGITALE WÖRTERBUCH DER DEUTSCHEN SPRACHE (DWDS) sehen sich mit diesem Problem konfrontiert. In der Regel werden für solche Vor-

Projektspezifische Datenmodelle	haben projektspezifische Datenmodelle exakt auf die benötigten Angabentypen hin entwickelt. Für den Austausch der lexikografischen Daten mit Dritten kann dann zwar wieder auf Standardformate zurückgegriffen werden, die Umwandlung ist dabei jedoch notwendigerweise verlustbehaftet. Eine weitere, allerdings nur sehr langfristig praktikable Möglichkeit besteht darin, den Standardisierungsprozess aktiv zu beeinflussen und auf diese Weise eine Aufnahme spezialisierter Datenmodelle in spätere Versionen eines Standards zu erreichen.
Semantik standardisierter Datenstrukturen	Die Standardisierung lexikalischer Modelle und Datenformate muss nicht auf die eigentlichen formalen Datenstrukturen beschränkt bleiben. Sie umfasst im Idealfall ebenso eine explizite semantische Beschreibung dieser Datenstrukturen und der Elemente, aus denen sie gebildet werden. Eine Möglichkeit, die Semantik von Datenelementen explizit zu beschreiben, ist der Verweis in eine Datenkategorien- oder Konzeptregistratur, die für alle Elemente Definitionen (oft in verschiedenen Sprachen), zulässige Werte und Beziehungen zwischen Elementklassen bereithält. Eine oft genutzte derartige Sammlung von semantischen Beschreibungen ist die Datenkategorienregistratur ISOCAT.
Zugrundeliegende technische Standards	Generell liegen der Modellierung der verschiedenen Standards, die in den folgenden Abschnitten beschrieben werden, meist allgemeinere technische Standards zugrunde. So werden in vielen Fällen die einzelnen Buchstaben und andere auftretende Zeichen mit Hilfe des UNICODE-Standards kodiert. Um die abstrakten Datenmodelle schließlich als Dateien auf dem Rechner abzuspeichern, werden sie oft entsprechend einer Familie von XML-Standards umgewandelt (http://www.w3.org/standards/xml/, → Kapitel 4.2.1). Dieser Vorgang heißt *Serialisierung*. Auf derartige technische Basisstandards werden wir im Folgenden jedoch nicht mehr weiter eingehen.
Organisatorische Ebenen	Standardisierungsbestrebungen können organisatorisch auf verschiedenen Ebenen angesiedelt sein. Die Grenzen sind nicht in jedem Fall scharf zu ziehen, aber es lassen sich drei prototypische Organisationsebenen unterscheiden, auf denen Standards mit unterschiedlich weitreichender Verbindlichkeit angesiedelt sind.
Standards in Einzelprojekten	– Im einfachsten Fall ist die Reichweite eines Standards auf ein einzelnes Wörterbuchprojekt oder eine Arbeitsstelle bezogen. Außerhalb des relativ engen Projektkontexts haben derartige Ad-hoc-Standards zunächst wenig Relevanz. Sie dienen ausschließlich den projektinternen Arbeits- und Organisationsab-

läufen und erfahren häufig Änderungen und Anpassungen an spezifische Bedürfnisse des Projektes. Das lexikalische Modell sowie der daraus abgeleitete Formatstandard für das ELEXIKO-Projekt, mit seinem hochspezialisierten und detaillierten Beschreibungsinventar, ist ein typischer Vertreter dieser Gruppe (Müller-Spitzer 2011).

– Modell- und Formatstandardisierungen, die in größeren Projektzusammenhängen vorgenommen werden, bedürfen der Abstimmung zwischen unterschiedlichen Akteuren mit möglicherweise verschiedenartigen Anforderungen. Sie können sich aufgrund ihrer großen Anwendergemeinschaft und insbesondere bei fortgesetzter aktiver Entwicklung zu einem De-facto-Standard in ihrem Anwendungsbereich entwickeln. De-facto-Standards werden oft durch die Implementierung in weit verbreiteten Computerprogrammen etabliert. Ein Beispiel für diese Entwicklung stellt das MDF-Format (→ Abschnitt 4.4.3) dar, das in der ShoeBox/Toolbox-Arbeitsumgebung für Linguistinnen Verwendung findet, die es bei der Feldforschung zur Dokumentation von bedrohten Sprachen nutzen.

De-facto-Standards

– Schließlich können Standardisierungsbestrebungen auf internationaler Ebene verfolgt werden und beispielsweise in der Verabschiedung eines ISO-Standards[1] gipfeln. Eine ähnliche Rolle wie die ISO können auch multinationale Konsortien wie das Unicode Consortium oder die Text Encoding Initiative (→ Abschnitt 4.4.1) spielen. Der Vorteil internationaler Standardisierung liegt zum einen in der damit verbundenen Konvergenz des Standards gegen einen stabilen Zustand. Modelle und Formate sind keinen kurzfristigen Änderungen mehr unterworfen, da der Standardisierungsprozess auf dieser Ebene sehr lange Zeiträume beansprucht. Zum anderen garantiert die Organisationsstruktur internationaler Standardisierungsgremien eine langfristig verlässliche Referenz, was zeitlich befristete lexikografische Einzelprojekte in dieser Form nicht leisten können.

Internationale Standards

In den folgenden Abschnitten stellen wir einige lexikografische Formate und Modelle detaillierter vor. Wir versuchen dabei, einen Querschnitt sowohl über verschiedene Wörterbuchtypen als auch

---

[1] ISO: International Organisation for Standardization.

über unterschiedliche Nutzergruppen und Verwendungsbereiche dieser Wörterbücher aufzuzeigen. Die dargestellten Standards sind zudem auf unterschiedlichen organisatorischen Ebenen verortet. Allerdings beschränken wir die Darstellung auf Formate und Modelle für Ressourcen, die auf die Konsultation durch menschliche Nutzerinnen zielen. Auf spezialisierte Wörterbücher und lexikalische Datenbanken für Anwendungen der automatischen Sprachverarbeitung gehen wir nicht ein.

4.4.1 Text Encoding Initiative (TEI)

TEI   Die Richtlinien der Text Encoding Initiative (TEI), die Ende der 1980er Jahre erstmals formuliert und seitdem kontinuierlich weiterentwickelt wurden, waren von Anfang an ganz allgemein für die standardisierte Beschreibung von Texten jeglicher Art gedacht. Für viele verschiedene Typen von Texten halten diese Richtlinien detaillierte Beschreibungsmöglichkeiten bereit. Mit ihrer Hilfe kann man sowohl literarische Drucke, alte Handschriften, Inschriften auf Grabsteinen, transkribierte Dialoge und nicht zuletzt auch Wörterbücher mit hoher Genauigkeit modellieren. Heute sind die Richtlinien der TEI der am weitesten verbreitete Textauszeichnungsstandard im Bereich der (digitalen) Geisteswissenschaften und eine Fülle von Material liegt in dieser Form vor.

Drei TEI-Perspektiven auf Wörterbücher   Das Hauptanwendungsgebiet der TEI-Richtlinien ist die Retrodigitalisierung existierender gedruckter Wörterbücher unter einer der drei Hauptperspektiven, die in den Richtlinien identifiziert werden: typografisch, editorial und lexikalisch (vgl. Burnard/Bauman 2013, S. 277). Im Idealfall werden diese Perspektiven sauber getrennt modelliert; das TEI-Modell lässt jedoch auch Mischformen zu. Diese drei Perspektiven sollen kurz erläutert werden:

Typografische Perspektive
– Die typografische Perspektive spiegelt die (satz)technisch und typografisch bedingte Oberflächenform einer Druckseite wider. Sie kodiert Informationen zu verwendeten Schriftschnitten und -auszeichnungen, zum Zeilenfall, zur Anordnung von Textbereichen auf der Druckseite und weitere medienspezifische Eigenschaften der konkreten zweidimensionalen Abbildung.

Editoriale Perspektive
– Unter der editorialen Perspektive erfolgt eine Abstrahierung von der zweidimensionalen Positionierung der Textzeichen hin zu einem Strom von Buchstaben, Satzzeichen und mög-

licherweise von Steueranweisungen an einen hypothetischen Textsatzprozess. Medienspezifische Artefakte der typografischen Perspektive (wie beispielsweise Worttrennungen am Zeilenende) kommen in diesem Textmodell nicht mehr vor. Die lexikografische Information wird also als eine eindimensionale Zeichensequenz modelliert.

– Ebenso wie die editoriale Perspektive ist die lexikalische Perspektive eine Abstraktion über der zweidimensionalen typografischen Perspektive. Die lexikalische Information wird mit Hilfe eines semantisch festgelegten Kategorieninventars spezifischen lexikalischen Kategorien zugewiesen. Dadurch ergibt sich eine semantische Annotation für jede lexikografische Angabe. Außerdem wird durch den Bezug einzelner Angaben aufeinander die Adressierung beziehungsweise der Skopus dieser Angaben modelliert. Für jede Bedeutung lässt sich dadurch in der lexikalischen Perspektive beispielsweise genau angeben, zu welchem Artikel sie gehört.

Lexikalische Perspektive

Im Folgenden werden ausgehend vom gekürzten Artikel aus der Erstausgabe des DEUTSCHEN WÖRTERBUCHS von Jacob und Wilhelm Grimm (DWB-ONLINE) zum Lemma *Nachtlied* die typografische (→ Abbildung 4.12) und die lexikalische Perspektive (→ Abbildung 4.13) einander gegenübergestellt. Während unter der typografischen Perspektive viele satztechnische Details widergespiegelt sind (das Komma nach dem Lemma, der Doppelpunkt nach der Bedeutungsparaphrasenangabe, der Einzug am Anfang des Artikels, die Zeilenumbrüche inklusive des Trennzeichens und so weiter), wird keine Aussage über die lexikografischen Status der einzelnen Textabschnitte getroffen – auch die Grenzen zwischen den

Typografische versus lexikalische Perspektive

```
<hi rend="capitalized indented">nachtlied</hi>,
<hi rend="italics">n. abends oder nachts
  gesungenes oder zu sin-
<lb/>gendes lied:</hi>
nachtlieder dichten. <hi rend="smallcaps">Petr.</hi>
40ª; wanderers nacht-
<lb/>lied. <hi rend="smallcaps">Göthe</hi>
  1,109;
```

Abb. 4.12: Anfang des Artikeln zum Lemma *Nachtlied*, DWB-ONLINE, typografische Perspektive nach TEI.

```
<entry>
  <form>
    <orth>nachtlied</orth>
    <gramGrp>
      <gen>neuter</gen>
      <pos>noun</pos>
    </gramGrp>
  </form>
  <sense>
    <def>abends oder nachts gesungenes
      oder zu singendes lied</def>
    <cit>
      <quote>nachtlieder dichten</quote>
      <bibl>
        <author>Petrarca</author>
        <biblScope>40ᵃ</biblScope>
      </bibl>
    </cit>
    <cit>
      <quote>wanderers nachtlied</quote>
      <bibl>
        <author>Göthe</author>
        <biblScope>1,109</biblScope>
      </bibl>
    </cit>
```

Abb. 4.13: Anfang des Artikels zum Lemma *Nachtlied*, DWB-ONLINE, lexikalische Perspektive nach TEI.

Angaben sind anhand der Auszeichnung nicht eindeutig erkennbar (beispielsweise zwischen Genusangabe und dem Beginn der Bedeutungsparaphrasenangabe). Die rein lexikalische Perspektive verzichtet hingegen auf jegliche Hinweise in Bezug auf die Darstellung der lexikografischen Information. Interpunktionszeichen, die Angaben voneinander abgrenzen, müssen in einem hypothetischen Satzprozess regelhaft aus der Sequenz der Angaben abgeleitet werden („nach einer Bedeutungsparaphrasenangabe steht ein Doppelpunkt, falls weitere Angaben folgen", „Autorennamen werden in Kapitälchen gesetzt"). Außerdem kann eine Normalisierung auf Werteebene vorgenommen werden. So erscheint die Genusangabe in → Abbildung 4.13 in der Form „neuter", die während des hypothetischen Satzprozesses – wiederum regelhaft – aus Gründen der Textkompression auf die Form „n." abgebildet wird. Schließlich kann die lexikalische Perspektive Angaben kodieren, die gar nicht im Druck erscheinen, wie das bei der Wortklassenangabe „noun" der Fall ist.

Beide Perspektiven haben ihre spezifischen Anwendungsbereiche. Für die lexikografische (und metalexikografische) Arbeit ist jedoch nur eine Modellierung unter der lexikalischen Perspektive nutzbringend, da sie die Wörterbuchartikeln inhärente Baumstruktur (→ Abschnitt 4.2.1), die sich aus der Adressierung der Angaben ergibt, direkt widerzuspiegeln vermag. Rolle der lexikalischen Perspektive für Modellierung

Das TEI-Konzeptinventar ist modular organisiert. Das Modul „Dictionaries" zur Beschreibung lexikografischer Angaben enthält momentan 35 Angabentypen. Da das TEI-Modell von Anwendern sehr spezifisch und weitreichend angepasst werden kann sowie Möglichkeiten zur Subkategorisierung von Angabentypen vorhält, kann das Kategorieninventar praktisch nach Belieben erweitert werden. Modularität von TEI

4.4.2 Lexikalisch-semantische Wortnetze

Das erste große lexikalisch-semantische Wortnetz wird seit Mitte der 1980er Jahre an der Universität Princeton entwickelt. Es ist ursprünglich als psycholinguistisch und kognitionswissenschaftlich inspiriertes Modell eines Ausschnitts des sprachlichen Wissens konzipiert: des mentalen Lexikons. Modelliert werden dabei übereinzelsprachliche mentale Konzepte (STEIN, GEHEN, ROT), die durch *Synsets* (Mengen von einzelsprachlich realisierten Synonymen: {rock, stone}, {go, go away, depart}, {red, reddish, ruddy, blood-red, ...}) repräsentiert werden. Wortnetze gehören damit in die Gruppe der onomasiologischen Wörterbücher, also der Wörterbücher, die lexikalischen Bedeutungen sprachliche Formen zuweisen. Lexikalisch-semantische Wortnetze

Synsets

Zwischen den Synsets bestehen verschiedene lexikalisch-semantische Beziehungen. Formal stellen derart modellierte Wortnetze Graphen dar, deren Knotenmenge die Synsets bilden. Die lexikalisch-semantischen Bezüge der Synsets untereinander werden durch eine Reihe von Relationen über der Knotenmenge hergestellt. Ein Wortnetz-Graph ist weder notwendigerweise zusammenhängend noch zyklenfrei. Einen guten Überblick über Aufbau und Anwendungsmöglichkeiten des englischsprachigen WORD-NETS gibt Fellbaum (1998). Beziehungen zwischen Synsets

Anwendung von Wortnetzen

Bis heute erfreuen sich Wortnetze vor allem im Zusammenhang mit computerlinguistischen Anwendungen großer Beliebtheit. Auf der Basis eines Wortnetzes ergibt sich ein guter Zugang für die automatische semantische Annotation und Analyse von Texten. Werden verschiedensprachige Wortnetze zudem aufeinander abgebildet beziehungsweise in eine gemeinsame Repräsentation überführt, so lässt sich dieser Ansatz auch auf Texte in unterschiedlichen Sprachen erweitern. Menschliche Nutzer verwenden Wortnetze in erster Linie als Thesaurus oder als Synonymenwörterbuch. Das Princeton-WORDNET wird in zwei Speicherformaten bereitgestellt: einer proprietären textbasierten Datenbankversion (*lexicographer files*, → Abbildung 4.14) sowie als Prolog-Wissensbasis, einer vor allem innerhalb des Forschungsfeldes der künstlichen Intelligenz traditionell verwendeten Form der Wissensrepräsentation. Viele nachfolgende einzelsprachliche Wortnetzprojekte verwenden als Austauschformat ebenfalls textbasierte Datenbankrepräsentationen oder stellen proprietäre XML-basierte Formate zur Verfügung.

```
{ [ rock1, adj.all:rough^rocky,+ ] [ stone, adj.all:
  rough^stony,+ verb.contact:stone,+ ] noun.Tops:
  natural_object, (a lump or mass of hard consolidated
  mineral matter; "he threw a rock at me") }
```

Abb. 4.14: Kodierung des Synsets {rock, stone} in WORDNET 3.1, lexicographer file. Der Auszug ist eine einzelne Textzeile.

Standards für Wortnetze

Ein einheitliches, von allen Wortnetzprojekten verwendetes Standardformat existiert zur Zeit nicht. Allerdings liegt zum Beispiel mit WORDNET-LMF der im Rahmen des KYOTO-Projekts erarbeitete Vorschlag einer LMF-Modellierung (→ Abschnitt 4.4.4) für Wortnetze sowie Äquivalenzrelationen zwischen Synsets unterschiedlicher Wortnetze vor (Soria et al. 2009). Dieser Vorschlag wurde für eine Reihe von Wortnetzen exemplarisch umgesetzt, bisher jedoch kaum außerhalb des ursprünglichen Projektkontexts aufgenommen und bleibt damit bislang ein Beispiel für einen Ad-hoc-Standard.

4.4.3 Toolbox und Multi-Dictionary Formatter (MDF)

Toolbox ist ein Computerprogramm zur Dokumentation und Verwaltung linguistischer und vor allem lexikalischer Daten. Es wird besonders von feldforschenden Linguisten zur Dokumentation bedrohter Sprachen verwendet.[2] Aufgrund seiner starken Verbreitung bei dieser Anwendergruppe stellt das MDF-Format, das Toolbox zur Speicherung der Daten verwendet, in diesem Bereich einen De-Facto-Standard dar. Anwenderinnen können eine Menge von zirka 100 lexikografischen Angabetypen nutzen, diese Menge jedoch auch um weitere Typen ergänzen.

Toolbox

Das MDF-Standardformat wird beispielhaft in → Abbildung 4.15 dargestellt. Lexikografische Angaben werden durch Feldbezeichner eingeleitet (im Beispiel unter anderem: \lx – „lexeme", Lemmazeichengestaltangabe; \sn – „sense number", semantische Gliederungsmarke, \ps – „part-of-speech", Wortklassenangabe; \de – „definition", Bedeutungsparaphrasenangabe). Das lexikalische Modell, das dem MDF-Standardformat zugrunde liegt, ist das eines semasio-

MDF

```
\lx alabanja
\sn 1
\ps n
\de beach hibiscus. Rope for harpoons and tying up
    canoes is made from this tree species, and the
    timber is used to make \fv{larrwa} smoking pipes
\ge hibiscus
\re hibiscus, beach
\rfs 205,410; IE 84
\sd plant
\sd material
\rf Iwa05.Feb2
\xv alabanja alhurdu
\xe hibiscus string/rope
\sn 2
\ps n
\de short-finned batfish
...
```

Abb. 4.15: Ausschnitt des Artikels zum Lemma *alabanja* aus einem Wörterbuch des Iwaidja, einer nordaustralischen Sprache. Das Beispiel entstammt einer Präsentation von Ringersma/Drude/Kemp-Snijders (2010).

---

[2] Entwickelt und bereitgestellt wird das Programm von SIL International.

logischen Wörterbuchs, also eines Wörterbuchs, das ausgehend von lexikalischen Zeichen diesen Bedeutungen zuordnet.

Artikelstruktur in MDF — Die Adressierung der Angaben bleibt im MDF-Format weitgehend implizit, da zwar die lexikalischen Kategorien eindeutig identifiziert werden, nicht jedoch ihre Beziehungen zueinander. Eine Ausnahme stellen vereinzelte konventionalisierte Gliederungsfunktionen dar, wie sie beispielsweise den Feldern \sn und \ps in der Dokumentation zugeschrieben werden. Eine explizite hierarchische Gliederung der Artikel erfolgt nicht. Anhand der oben für das TEI-Modell eingeführten perspektivischen Unterscheidung modelliert das MDF-Format eine Mischform aus editorialer und lexikalischer Perspektive. Angesichts des Haupteinsatzgebietes ist das ohne Weiteres verständlich: Zum einen kann aus den Daten direkt ein Satzprozess abgeleitet werden, da die Angaben bereits sequenziell gespeichert sind. Die Feldbezeichner nehmen dann die Rolle bloßer typografischer Steueranweisungen ein. Zum anderen soll Linguisten der gezielte Zugriff auf lexikografische Kategorien ermöglicht werden, um die Daten anhand linguistischer Phänomene durchsuchen und analysieren zu können.

4.4.4 Lexical Markup Framework (LMF) – ein Modell für alle Wörterbuchtypen

LMF — LMF wurde 2008 als internationaler Standard ISO 24613:2008 verabschiedet. Dieser Standard beinhaltet ein modulares Meta-Modell zur Beschreibung von konkreten Modellen für eine Vielzahl von Typen lexikalischer Ressourcen. Die wichtigsten Modellierungsprinzipien sind das Zusammenfassen von Elementen einzelner linguistischer Beschreibungsebenen in Modulen (Syntax, Phonologie usw.) sowie die hierarchische Anordnung der dadurch gebildeten Einheiten. Um der oben angedeuteten Problematik der theorieabhängigen Wörterbuchgenese gerecht zu werden, beinhaltet LMF einen Referenzierungsmechanismus, mit dessen Hilfe auch die Semantik der lexikalischen Konzepte explizit beschrieben werden kann. Das wird durch den Bezug auf einen weiteren internationalen Standard (ISO 12620:2009), der eine Datenkategorienregistratur (data category registry) beschreibt, sichergestellt.

LMF und TEI — Romary/Wegstein (2012) zeigen anhand einer Reihe von Beispielen auf, dass eine lexikalische Modellierung im TEI-Framework unter bestimmten Voraussetzungen als Instanziierung eines LMF-Modells verstanden werden kann. Kern ihres Nachweises ist die Beschränkung der Modellierung auf Teilgraphen (*crystals*), die semantisch autonome Einheiten eines Artikels bilden.

Seit der Verfügbarkeit eines integrativen, international standardisierten Wörterbuch(meta)modells, wie es LMF darstellt, werden in jüngster Zeit eine Reihe davon abgeleiteter konkreter Formatvorschläge vorgelegt, beispielsweise WordNet-LMF (→ Abschnitt 4.4.2), UBY-LMF (Eckle-Kohler et al. 2012) oder das lemon-Lexikonmodell (McCrae et al. 2012). Ob sich tatsächlich einer dieser Vorschläge in den kommenden Jahren zu einem De-facto-Standardformat des LMF-Modells entwickeln wird, oder ob bereits der Bezug auf das gemeinsame Metamodell ausreicht, um lexikalische Ressourcen interoperabel und miteinander kompatibel zu repräsentieren, bleibt abzuwarten. Festgehalten werden kann jedoch zumindest, dass für viele Bereiche der elektronischen Lexikografie bereits gezeigt werden konnte, wie existierende Ressourcen innerhalb des LMF-Modells abgebildet werden können. LMF stellt offenbar einen ausreichend weiten Rahmen zur Verfügung, um lexikalische Ressourcen unterschiedlichster Art zu modellieren (vgl. Francopoulo 2013).

Von LMF abgeleitete Formate

4.5 Ausblick

Dass Standards in der Datenmodellierung Verwendung finden, ist mittlerweile gängige Praxis. Man wird zum Beispiel kaum noch ein größeres Wörterbuchprojekt finden, welches nicht XML anwendet. Etwas anders sieht es allerdings bei der Anwendung der im letzten Abschnitt diskutierten projektübergreifenden Standards oder Richtlinien aus. Zwar gibt es zahlreiche Initiativen, Infrastrukturprojekte und Ähnliches, die sich die Verbreitung dieser Standards zum Ziel gesetzt haben (z. B. CLARIN), aber die wichtigste Anforderung der einzelnen lexikografischen Projekte ist es meist doch, eine für das Projektteam und die projektspezifischen Erfordernisse am besten passende Modellierung zu entwickeln, die oft maßgeschneidert ist. Denn im Fokus steht zunächst einmal die alltägliche Arbeit im Projekt, die optimiert werden muss, und nicht der Austausch mit anderen Projekten. Es kommt hinzu, dass man eine feingranulare maßgeschneiderte Modellierung auch immer in eine standardbasierte, z. B. eine TEI-konforme, Modellierung übertragen kann, so-

Standardisierung versus projektspezifische Anforderungen

dass einem Austausch von Daten nichts im Wege steht. Allerdings kann eine solche Umwandlung, wie in → Abschnitt 4.3 ausgeführt, immer mit Verlusten bzw. anderen Interpretationen von Datenkategorien behaftet sein. Es bleibt daher abzuwarten, inwieweit sich diese Standardisierungsbestrebungen flächendeckend durchsetzen werden.

Eine andere spannende Frage für die Zukunft wird sein, ob die feingranulare Auszeichnung lexikografischer Inhalte nach wie vor die Voraussetzung dafür bleibt, dass Daten für Maschinen gezielt zugreifbar sind. Denn der Gedanke hinter der standardbasierten, feingranularen Modellierung lexikografischer Inhalte ist auch, dass diese Daten nach einer solchen Aufbereitung maschinell besser zu verarbeiten sind, z. B. als Basis für automatische Übersetzungsprogramme oder für fortgeschrittene Suchoptionen im Internetwörterbuch. Für viele Aufgaben im Bereich der maschinellen Verarbeitung natürlicher Sprache (sog. Natural Language Processing, NLP) werden im Moment noch die besten Ergebnisse mit der Kombination aus manuell annotierten Daten, also auch lexikografischen Daten (sogenannte supervised approaches/methods) zusammen mit rein automatischen, statistischen Methoden (sogenannte unsupervised approaches/methods) erzielt (McDonald 2013). Doch die Forschung arbeitet immer weiter daran, die automatische Verarbeitung natürlicher Sprache ohne Zugabe manuell aufbereiteter Daten zu verbessern, so dass die Lexikografie langfristig in diesem Bereich auch ihre Bedeutung verlieren könnte. Dies würde wiederum die Verbreitung projektübergreifender Standards in Frage stellen. Die zentrale Rolle der Datenmodellierung für die Erstellung von innovativen digitalen lexikografischen Tools und für die nachhaltige Archivierung lexikografischer Inhalte bleibt davon allerdings unberührt. Um auf das Lego-Beispiel vom Anfang zurückzukommen: Im Moment ist es (noch) effektiver, mit einer geeigneten Datenmodellierung dafür zu sorgen, dass die roten und blauen Steine und die Einser und Zweier so gekennzeichnet sind, dass der Computer gezielt darauf zugreifen kann. Vielleicht wird es jedoch irgendwann in der Zukunft effektiver sein, den Computer selbst so zu trainieren, dass er aus einer ungeordneten Menge Legosteine die unterschiedlichen Arten selbst identifizieren kann.

4.6 Literatur

4.6.1 Weiterführende Literatur

Holzner, Steven: XML: A Beginner's Guide: Go Beyond the Basics with Ajax, XHTML, XPath 2.0, XSLT 2.0 and XQuery. New York 2009: McGraw-Hill. *Didaktisch hervorragende Hinführung zu XML und XML-Technologien.*

Lemnitzer, Lothar/Romary, Laurent/Witt, Andreas: Representing human and machine dictionaries in Markup languages. In: Gouws, Rufus H./Heid, Ulrich/Schweickard, Wolfgang/Wiegand, Herbert Ernst (Hgg.), Dictionaries. An International Encyclopedia of Lexicography. Supplementary Volume: Recent Developments with Focus on Computational Lexicography, Berlin/Boston 2013: De Gruyter, 1195–1208. *Vertiefende Übersichtsdarstellung zur XML-basierten lexikografischen Datenmodellierung.*

Romary, Laurent: Stabilizing knowledge through standards – A perspective for the humanities. In: Grandin, Karl (Hg.): Going Digital. Evolutionary and Revolutionary Aspects of Digitization. New York 2011: Science History Publications. *Gut zugängliche Einführung in die Standardisierungsproblematik mit lexikografischem Bezug.*

4.6.2 Literaturverzeichnis

Sachliteratur

Abel (2012) = Abel, Andrea: Dictionary writing systems and beyond. In: Granger, Sylviane/Paquot, Magali (Hgg.), Electronic Lexicography. Oxford: Oxford University Press, S. 81–106.

Bon/Nowak (2013) = Bon, Bruno/Nowak, Krzysztof: Wiki Lexicographica. Linking Medieval Latin Dictionaries with Semantic MediaWiki. In: Kosem, Iztok/Kallas, Jelena/Gantar, Polona/Krek, Simon/Langements, Margit/Tuulik, Maria (Hgg.), Electronic lexicography in the 21st century: thinking outside the paper. Proceedings of the eLex 2013 conference, 17–19 October 2013, Tallinn, Estonia. Ljubljana/Tallinn: Trojina, Institute for Applied Slovene Studies/Eesti Keele Instituut, S. 407–420.

Burnard/Bauman (2013) = Burnard, Lou/Bauman, Syd (Hgg.): TEI P5: Guidelines for Electronic Text Encoding and Interchange. Version 2.5.0. Charlottesville: Text Encoding Initiative Consortium.

Eckle-Kohler et. al (2012) = Eckle-Kohler, Judith/Gurevych, Iryna/Hartmann, Silvana/Matuschek, Michael/Meyer, Christian M.: UBY-LMF – A uniform model for standardizing heterogeneous lexical-semantic resources in ISO-LMF. In: Proceedings of LREC 2012, Istanbul, S. 275–282.

Fellbaum (1998) = Fellbaum, Christiane: WordNet. An Electronic Lexical Database. Cambridge: MIT Press.

Francopoulo (2013) = Francopoulo, Gil: LMF Lexical Markup Framework. Oxford: Wiley.

Holzner (2009) = Holzner, Steven: XML: A Beginner's Guide: Go Beyond the Basics with Ajax, XHTML, XPath 2.0, XSLT 2.0 and XQuery. New York: McGraw-Hill.

Kanngießer (1996) = Kanngießer, Siegfried: Zwei Prinzipien des Lexikonimports und Lexikonexports. In: Hötker, Wilfried/Ludewig, Petra (Hgg.), Lexikonimport, Lexikonexport. Studien zur Wiederverwertung lexikalischer Informationen. Tübingen: Niemeyer.

Kastens/Kleine Büning (2014) = Kastens, Uwe/Kleine Büning, Hans: Modellierung: Grundlagen und formale Methoden (3. Auflage). München: Hanser.

Klosa/Müller-Spitzer (2011) = Klosa, Annette/Müller-Spitzer, Carolin (Hgg.): Datenmodellierung für Internetwörterbücher. 1. Arbeitsbericht des wissenschaftlichen Netzwerks „Internetlexikografie". Mannheim: Institut für Deutsche Sprache (OPAL – Online publizierte Arbeiten zur Linguistik 2/2011).

Kunze/Lemnitzer (2007) = Kunze, Claudia/Lemnitzer, Lothar: Computerlexikographie. Eine Einführung. Tübingen: Narr.

McCrae et al. (2012) = McCrae, John/Montiel-Ponsoda, Elena/Cimiano, Philip: Integrating WordNet and Wiktionary with lemon. In: Chiarcos, Christian/Nordhoff, Sebastian/Hellmann, Sebastian (Hgg.), Linked data in linguistics. Representing and connecting language data and language metadata. Berlin/Heidelberg: Springer, S. 25–34.

McDonald (2013) = McDonald, Ryan: Leveraging dictionaries to build webscale language technologies (keynote), http://eki.ee/elex2013/videos/.

Müller-Spitzer (2011) = Müller-Spitzer, Carolin: Der Aufbau einer maßgeschneiderten XML-basierten Modellierung für ein Wörterbuchnetz. In: Klosa, Annette/Müller-Spitzer, Carolin (Hgg.), Datenmodellierung für Internetwörterbücher. 1. Arbeitsbericht des wissenschaftlichen Netzwerks „Internetlexikografie". Mannheim: Institut für Deutsche Sprache, S. 37–51. (OPAL – Online publizierte Arbeiten zur Linguistik 2/2011).

Ringersma/Drude/Kemp-Snijders (2010) = Ringersma, Jacqueline /Drude, Sebastian/Kemp-Snijders, Marc: Lexicon standards: From de facto standard Toolbox MDF to ISO standard LMF. Talk presented at LRT standard workshop, LREC'2010,

Robinson et al. (2013) = Robinson, Ian/Eifrem, Emil/Webber, Jim: Graph Databases. Sebastopol, CA: O'Reilly & Associates.

Romary/Wegstein (2012) = Romary, Laurent/Wegstein, Werner: Consistent Modeling of Heterogeneous Lexical Structures. In: Journal of the Text Encoding Initiative [online] 3. DOI: 10.4000/jtei.540.

Soria et al. (2009) = Soria, Claudia/Monacchini, Monica/Vossen, Piek: Wordnet-LMF: fleshing out a standardized format for wordnet interoperability. In: Proceedings of IWIC, Stanford.

Spohr (2012) = Spohr, Dennis: Towards a Multifunctional Lexical Resource. Design and Implementation of a Graph-based Lexicon Model. Berlin/Boston: de Gruyter (Lexicographica Series Maior 141).

Wiegand (1989) = Wiegand, Herbert Ernst: Der Begriff der Mikrostruktur: Geschichte, Probleme, Perspektiven. In: Hausman, Franz Josef/Reichmann, Oskar/Wiegand, Herbert Ernst (Hgg.), Wörterbücher, Dictionaries, Dictionnaires. Ein internationales Handbuch zur Lexikographie. 1. Teilbd. Berlin/New York: De Gruyter, S. 409–462.

Wörterbücher

DDUW = Duden – Deutsches Universalwörterbuch. 8., überarbeitete und erweiterte Auflage. Herausgegeben von der Dudenredaktion. Berlin 2015: Bibliographisches Institut.
DGFW = Duden – Das große Fremdwörterbuch. 4., aktualisierte Auflage. Herausgegeben und bearbeitet vom Wissenschaftlichen Rat der Dudenredaktion. Mannheim 2007: Bibliographisches Institut.
DSWB = Duden – Das Synonymwörterbuch: Ein Wörterbuch sinnverwandter Wörter. 6., vollständig überarbeitete Auflage. Herausgegeben von der Dudenredaktion. Berlin 2014: Bibliographisches Institut.
DDRS = Duden – Die deutsche Rechtschreibung. 26., völlig neu bearbeitete und erweiterte Auflage. Herausgegeben von der Dudenredaktion. Berlin 2013: Bibliographisches Institut.
DWB-Online = Deutsches Wörterbuch von Jacob und Wilhelm Grimm online. In: Wörterbuchnetz des Trier Center for Digital Humanities/Kompetenzzentrum für elektronische Erschließungs- und Publikationsverfahrens in den Geisteswissenschaften an der Universität Trier. Online: woerterbuchnetz.de/DWB/.
DWDS = Das Digitale Wörterbuch der deutschen Sprache. Berlin-Brandenburgische Akademie der Wissenschaften. Online: www.dwds.de/.
ELEXIKO = Online-Wörterbuch zur deutschen Gegenwartssprache. In: OWID – Online Wotschatz-Informationssystem Deutsch. Mannheim: Institut für Deutsche Sprache. Online: www.elexiko.de.
WordNet 3.1 = WordNet Princeton, NJ: Princeton University. Online: https://wordnet.princeton.edu/.

Internetquellen

CLARIN = Common Language Resources and Technology Infrastructure. Online: www.clarin.eu.
ISOcat = ISOcat – a Data Category Registry. Online: www.isocat.org.
SIL = SIL International. Online: www.sil.org.
TEI = Text Encoding Initiative. Online: www.tei-c.org.
Unicode = The Unicode Consortium. Online: www.unicode.org.
Wikipedia = Wikipedia, die freie Enzyklopädie. San Francisco, CA: Wikimedia Foundation. Online: www.wikipedia.org.

Bildnachweis

Abbildung 4.1: privat.

Stefan Engelberg, Carolin Müller-Spitzer und Thomas Schmidt

5 Vernetzungs- und Zugriffsstrukturen

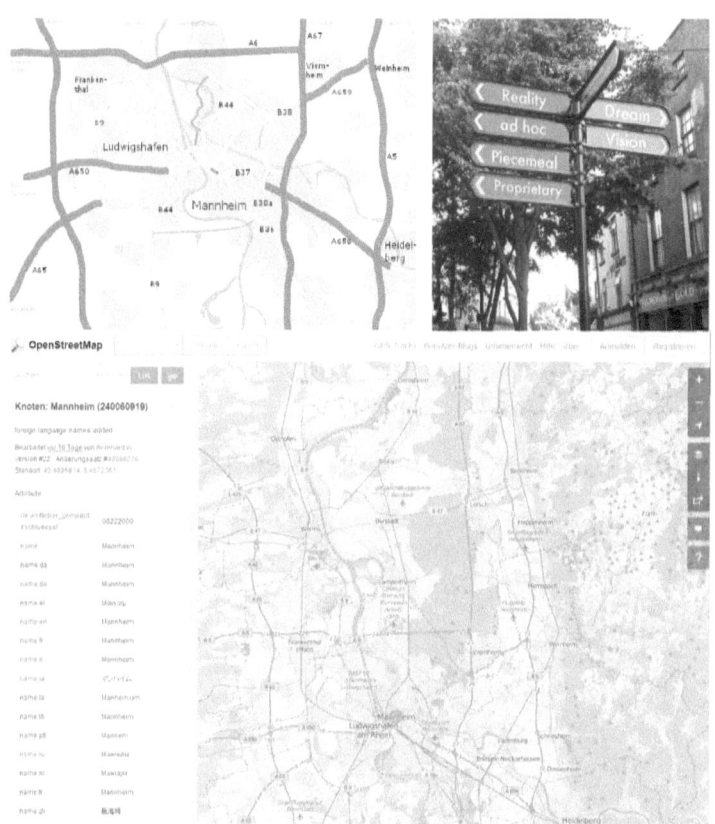

Abb. 5.1: Landkarten, Straßenkarten und Straßenschilder.

DOI 10.1515/9783050095615-009

Vernetzungen von lexikografischen Inhalten in und zwischen Internetwörterbüchern kann man sich vorstellen wie ein Netz von Straßen. Sie verknüpfen verschiedene Inhalte in Internetwörterbüchern und bilden so das digitale Straßennetz zwischen unterschiedlichen Wörterbuchartikeln. Die Linkanzeiger in der Benutzeroberfläche eines Wörterbuchs, z. B. von einem Stichwort auf zugehörige Synonyme, spielen dabei die Rolle von Hinweisschildern, über die die Benutzer allerdings – anders als beim Lesen eines Hinweisschildes an einer Straße – im besten Fall direkt an ihr Ziel gelangen (vgl. auch Blumenthal et al. 1988). Möchte man in einer Gesamtkarte einen Ort suchen, kann man dies heutzutage sehr komfortabel über die Suchfunktion in digitalen Karten online machen. Entsprechend funktioniert das direkte Zugreifen auf Wörterbuchinhalte. Dabei gibt es eine große Bandbreite an Möglichkeiten, wie Wörterbuchbenutzer und -benutzerinnen auf einzelne lexikografische Inhalte zugreifen können.

5.1	Einführung —— 155	
5.2	Vernetzungsstrukturen —— 156	
5.3	Zugriffsstrukturen —— 160	
5.3.1	Semasiologische Zugriffsstrukturen —— 160	
5.3.2	Onomasiologische Zugriffsstrukturen —— 168	
5.3.3	Weitere Zugriffsstrukturen —— 182	
5.4	Neue Perspektiven für die Wörterbuchforschung —— 186	
5.5	Literatur —— 190	
5.5.1	Weiterführende Literatur —— 190	
5.5.2	Literaturverzeichnis —— 191	

5.1 Einführung

In diesem Beitrag werden Vernetzungs- und Zugriffsstrukturen in Internetwörterbüchern beschrieben. Die Vernetzungen sind die von den Lexikografinnen erstellten Navigationspfade durch ein Wörterbuch. So sind in vielen Sprachwörterbüchern Stichwörter, die in bestimmten Kontexten synonym verwendet werden können, miteinander verknüpft, beispielsweise *kostenlos* mit *gebührenfrei* oder *gratis*. In der Benutzeroberfläche werden diese Vernetzungen meist als Links realisiert, mithilfe derer die Nutzer direkt an das Vernetzungsziel gelangen können, z. B. aus dem Artikel *kostenlos* zum Artikel *gebührenfrei*. So können Nutzerinnen auf verschiedenen Wegen durch eine lexikografische Ressource navigieren und die Inhalte explorieren. Querverweise hat es schon immer auch in gedruckten Wörterbüchern gegeben, neu bei Internetwörterbüchern ist nur, dass man statt aufwendig zu blättern im besten Fall nur einmal klicken muss, um an ein Verweisziel zu gelangen. Bei Wörterbüchern ist es außerdem immer ein wichtiges Ziel, gezielt und möglichst schnell auf bestimmte Informationen zugreifen zu können. Denn allen Nachschlagewerken ist gemein, dass sie nicht linear gelesen werden, sondern punktuell Information in ihnen gesucht wird. Auch hier bietet das digitale Medium ein großes Spektrum an Möglichkeiten.

In diesem Beitrag soll ein Einblick in den Phänomenbereich der Vernetzungs- und Zugriffsstrukturen gegeben werden. Dabei verfolgen wir nicht das Ziel, einen vollständigen Überblick zu geben, sondern eher exemplarisch zu zeigen, welche grundsätzlichen Möglichkeiten es gibt. Im ersten Abschnitt erklären wir, was man unter Vernetzung im Internetwörterbuch verstehen kann und wie sich die Ebene der Datenbasis von der der Präsentation unterscheidet. Im zweiten Teil stellen wir Möglichkeiten von semasiologischen (→ Abschnitt 5.3.1) sowie von onomasiologischen Zugriffsstrukturen (→ Abschnitt 5.3.2) dar. In → Abschnitt 5.4 schließlich stellen wir dar, welche Impulse elektronische Zugriffs- und Vernetzungsstrukturen für die moderne Wörterbuchforschung bieten.

5.2 Vernetzungsstrukturen

Vernetzter Wortschatz

Der Wortschatz einer Sprache besteht nicht aus einzelnen Wörtern, die losgelöst voneinander als unabhängige Einheiten existieren. Vielmehr sind alle Elemente des Wortschatzes auf vielfältige Weise miteinander vernetzt. Wörter werden häufig miteinander verwendet (wie *Hund* und *Leine* oder *kostenlos* und *erhalten*), sie können (fast) die gleiche Bedeutung haben (wie *kostenlos* und *gratis*) oder werden typischerweise in bestimmten Konstruktionen verwendet (wie *kostenlos im Internet surfen*). Dieses Geflecht von Wörtern und Wortverbindungen ist in einem allgemeinen Sprachwörterbuch allerdings schwierig darzustellen, vor allem im zweidimensionalen Druckraum. Deshalb hat sich über Jahrhunderte hinweg die Praxis herausgebildet, dass bei sogenannten semasiologischen Wörterbüchern die grafische Form einzelner Wörter die äußere Zugriffsstruktur bildet, d. h. wenn man etwas über die Bedeutung von *kostenlos surfen* wissen will, weiß man, dass man in der Regel – zumindest in einem allgemeinen einsprachigen gedruckten Wörterbuch – entweder unter dem Wort *kostenlos* oder unter *surfen* suchen sollte. Die inhaltlichen Beziehungen zwischen den Wörtern werden dabei durch Verweise zwischen einzelnen Wörterbuchartikeln abgebildet (vgl. Engelberg/Lemnitzer 2009, S. 179). Diese Art der Ordnung ist nicht unbedingt eine „natürliche Ordnung der Dinge", sondern mehr eine kulturelle Praxis.

Den Gegenpol zu den semasiologischen Wörterbüchern, die von einzelnen Wörtern oder Wortgruppen ausgehen, sind die onomasiologischen Wörterbücher, die von Begriffen oder Gegenständen ausgehen. Bei solchen Nachschlagewerken müssen wiederum, zumindest wenn sie nur gedruckt vorliegen, Register den Zugriff über alphabetisch geordnete Wörter ermöglichen. Digital werden diese unterschiedlichen Zugriffsmöglichkeiten in Internetwörterbüchern in der Regel als Suchmöglichkeiten umgesetzt. Die Unterscheidung von semasiologischen vs. onomasiologischen Zugriffsstrukturen findet sich daher auch in → Abschnitt 3 wieder.

Verweisvoraussetzungen

Die inhaltlichen Beziehungen im Wortschatz, die im Sprachwörterbuch durch Verweise dargestellt werden, nennt man in der Wörterbuchforschung die *wörterbuchgegenstandsbedingten Verweisvoraussetzungen*. Mit Wörterbuchgegenstand werden, allgemein gesagt, die Sprache und der Sprachausschnitt bezeichnet, die das Wörterbuch beschreibt (vgl. Engelberg/Lemnitzer 2009, S. 272).

Neben diesen gibt es auch die *wörterbuchformbedingten Verweisvoraussetzungen*. Diese kommen gerade in der gedruckten Lexikografie sehr häufig vor, da aus Platzmangel manche Angaben nur an einer Stelle im Wörterbuch verzeichnet sind, obwohl sie an mehreren Stellen relevant wären (vgl. Wiegand 2002, S. 173). Die wörterbuchformbedingten Verweise sollten in Internetwörterbüchern eher selten vorkommen, da der Platz zur Präsentation der Daten wesentlich weniger beschränkt ist. Als dritte Form sind die *wörterbuchfunktionsbedingten Verweisvoraussetzungen* zu nennen, die abhängig von den anvisierten Wörterbuchfunktionen sind (vgl. Tarp 1999, Wiegand 2001).

Alles, was, allgemein gesagt, mit Verweisphänomenen in gedruckten Wörterbüchern zusammenhängt, wird in der Wörterbuchforschung unter dem Begriff der *Mediostruktur* behandelt (Wiegand/Smit 2013). Für digitale Wörterbücher wird auch allgemeiner von Vernetzungsstruktur gesprochen (Müller-Spitzer 2007, S. 169–180, Meyer 2014). Die Mediostruktur gedruckter Wörterbücher wird in der Regel durch exemplarische Sichtung der Wortartikel eines Wörterbuchs oder mehrerer Wörterbücher analysiert (vgl. Kammerer 1998, S. 325; für andere Beispiele solcher Untersuchungen s. z. B. Lindemann 1999 oder Müller 2002). Datengrundlage für diese Art der Analyse ist ein gedrucktes Buch, aus dem durch Lesen und kognitive Verarbeitungen Informationen gewonnen und klassifiziert werden. Bei digitalen Wörterbüchern erfolgt die Analyse der Wörterbuchstrukturen oftmals ähnlich (vgl. z. B. Mann 2010, S. 28–29, 36–38; zu Fragen der möglichen Übertragbarkeit von Begrifflichkeiten s. u. a. Tarp 2008, S. 102 und Müller-Spitzer 2013). So wird dann beispielsweise beschrieben, welche Arten von Verweisen es in einem Internetwörterbuch gibt, wie diese auf der Benutzeroberfläche dargestellt werden etc. Sie kann aber auch ganz anders erfolgen, wenn man als Datengrundlage die gesamte digitale Datenbasis eines Wörterbuchs zugrunde legt und diese gesamte Datenbasis mithilfe statistischer Methoden auswertet. Ein kurzes Beispiel dafür zeigen wir in unserem Ausblick (→ Abschnitt 5.4).

Die Voraussetzung dafür, welche Verweise im Internetwörterbuch angezeigt werden können, wird bei der Datenmodellierung gelegt (→ Kapitel 4). Schon Ende der 80er Jahre wurden in einem Aufsatz die unterschiedlichen Ebenen – Datenmodellierung und Präsentation – mit dem Vergleich von Landkarten vs. Straßenschildern illustriert (Blumenthal et al. 1988, S. 356f). Die Kodierung auf

Mediostruktur

Datenbasis – Ebene der Datenbasis bildet somit die Grundlage für die weiteren
Benutzeroberfläche Verarbeitungsmöglichkeiten: Alles, was auf der Ebene der Datenbasis verknüpft wird, kann als Verweis angezeigt werden (muss es aber nicht), etwas, das auf dieser Ebene nicht verknüpft ist, kann auch auf der Präsentationsebene nicht verlinkt werden.[1] Deshalb bildet die Datenbasis sozusagen die vollständige Landschaft mit einem Netz von Straßen, und die einzelnen Verweise sind die einzeln gesetzten Hinweisschilder.

Links Verweise werden meist über Links auf der Benutzeroberfläche realisiert. In der alltagssprachlichen Verwendung des Ausdrucks *Link* oder *Hyperlink* unterscheiden wir meist nicht zwischen dem aktivierbaren Element einer Internetseite einerseits und der computerverwalteten Verknüpfung auf der Ebene der Datenbasis andererseits, die zwischen diesem Element und den Inhalten besteht, die durch das Aktivieren des Links angezeigt werden. Bei der Analyse von Vernetzungsstrukturen ist es aber oft sinnvoll, zwischen diesen beiden Verwendungen eines Links auch terminologisch unterscheiden zu können. Für diese Zwecke nutzen wir den Terminus

Linkanzeiger, *Linkanzeiger* für das aktivierbare Element auf der Präsentations-
Linkrelation ebene und den Terminus *Linkrelation* für die computerverwaltete Verknüpfung zwischen inhaltlichen (Text-)Einheiten auf der Ebene der Datenmodellierung. Die Linkrelation ist allerdings von der Benutzeroberfläche aus nicht sichtbar. Sehen können wir auf der Präsentationsebene nur die Linkanzeiger, die man per Maus, Tastatur oder Berührung auf einem Touchpad bzw. Touchscreen aktivieren kann, um andere Informationseinheiten abzurufen (vgl. zu weiteren Informationen Storrer 2013 und die begrifflichen Ausführungen unter „Hypermedia-Texte planen und schreiben"[2]).

Arten von Links Ein Beispiel: Im Artikel *kostenlos*[3] aus ELEXIKO finden sich unter der Rubrik „Sinnverwandte Wörter" verschiedene Linkanzeiger zu Synonymen. Dies ist in diesem Wörterbuch so umgesetzt, dass die Wörter blau gekennzeichnet sind wie alle sprachlichen Linkan-

---

[1] Eine Ausnahme bilden automatisch erstellte Linkanzeiger, z. B. von allen Wörtern in einer Bedeutungsparaphrase zu den entsprechenden Wortartikeln. Solche Arten der Verlinkungen werden allerdings mit gutem Grund in der Metalexikografie nicht zur Trägermenge der Vernetzungsstruktur gerechnet.
[2] http://www.hypermedia-texte.de/grund2/bauteile.html.
[3] Artikel *kostenlos*, in: ELEXIKO. (http://www.owid.de/artikel/134390/unentgeltlich?module=ctx.all).

zeiger in den Wortartikeln. Neben dem Stichwort findet sich allerdings noch eine andere Form von Linkanzeiger: ein Lautsprecher-Icon, über das man zu Hörbelegen des Stichworts gelangt. Linkanzeiger müssen demnach nicht zwangsläufig schriftsprachliche Einheiten sein, auch andere grafische Elemente können als Linkanzeiger fungieren. Auch als Linkziele kommen in Internetwörterbüchern verschiedene Datentypen – Text, Bilder, Audio- und Videodateien – in Frage. Wenn Sie sich den Artikel *kostenlos* online ansehen, erkennen Sie noch eine weitere Form von Links, die eine etwas andere Funktion zu haben scheinen, nämlich die einzelnen Tabs, über die man die verschiedenen Angabegruppen im Artikel aufrufen kann (wie „Kollokationen" oder „Konstruktionen"). Solche Links können als *Strukturlinks* bezeichnet werden, die zur sogenannten inneren Zugriffsstruktur gehören, d. h. dem Zugriff auf einzelne Teile eines Wortartikels dienen. Verweise auf Synonyme, Hörbelege oder Übersetzungen bezeichnen wir dagegen als *Inhaltslinks*, da die Verknüpfung durch den Wörterbuchgegenstand, d. h. durch den Inhalt des Wörterbuchs, motiviert ist.

Strukturlinks

Inhaltslinks

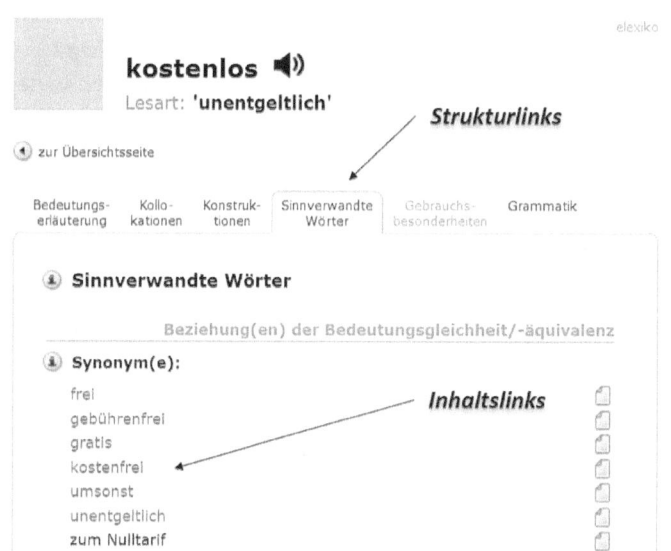

Abb. 5.2: Linkanzeiger im Artikel zum Lemma *kostenlos* aus ELEXIKO im Bereich der sinnverwandten Wörter.

Strukturlinks sind zumindest in der in → Abbildung 5.2 gezeigten Form Teil der inneren Zugriffsstruktur des Artikels. Die äußere Zugriffsstruktur wird in Internetwörterbüchern durch Suchfunktionen realisiert. Von ihnen handelt der folgende Abschnitt.

5.3 Zugriffsstrukturen

Die im vorangehenden Abschnitt beschriebenen Vernetzungsstrukturen stellen dem Wörterbuchnutzer Möglichkeiten zur Verfügung, per Verweis von einem gegebenen Eintrag im Wörterbuch zu einem anderen, mit dem ersten in Verbindung stehenden, zu gelangen. Um überhaupt erst relevante Einträge zu finden, stehen der Nutzerin darüber hinaus verschiedene Zugriffsstrukturen zur Verfügung, die ihr einen Zugriff auf das Wörterbuch „von außen" ermöglichen. Typischerweise handelt es sich dabei um verschiedene Typen von Suchen.

Im Printwörterbuch stehen zwei Arten der Suche im Vordergrund, zum einen die von Formgesichtspunkten ausgehende semasiologische Suche im alphabetischen Wörterbuch durch sukzessives Vor- und Zurückblättern bis zum Auffinden der Fundstelle und zum anderen die von inhaltlichen Gesichtspunkten bestimmte onomasiologische Suche, etwa in hierarchisch strukturierten thematischen Ontologien. Diese Zweiteilung spiegelt sich auch in den beiden folgenden Abschnitten zur Darstellung von Zugriffsstrukturen im Internetwörterbuch wider.

Das digitale Medium und digitale Methoden der Verarbeitung lexikalischer Information vervielfältigen die Möglichkeiten des Zugriffs auf Wörterbuchinhalte. Manche solcher neuen Zugriffsstrukturen lassen sich nicht mehr eindeutig als semasiologische oder onomasiologische Suchen klassifizieren. Diese sind Thema des dritten Abschnitts.

5.3.1 Semasiologische Zugriffsstrukturen

Suchhandlungen

Im Folgenden sollen die verschiedenen Arten von Suchen in Internetwörterbüchern charakterisiert werden. Dazu werden internetlexikografische Suchen nach vier Kriterien betrachtet, die jeweils Aspekte der Suchhandlung betreffen. Diese vier Aspekte sind (1) der

Ausgangspunkt der Suche, (2) die Art der Suchhandlung, (3) die Komplexität der Suchhandlung und (4) das Ziel der Suchhandlung (→ Abbildung 5.3).

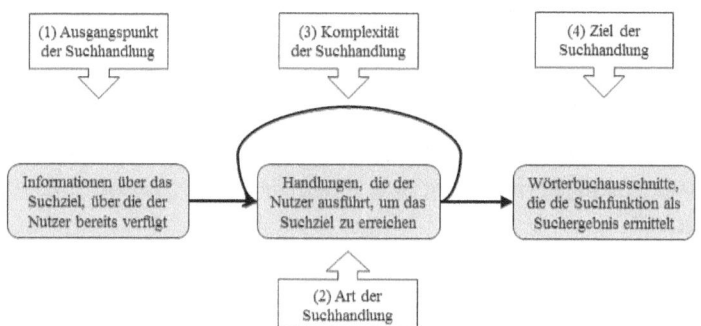

Abb. 5.3: Die Suchhandlung.

(1) *Ausgangspunkt der Suche*: Um eine Nadel in einem Heuhaufen zu finden, kann man den Heuhaufen Halm für Halm abtragen, bis die Nadel schließlich auftaucht. Suchen im Wörterbuch involvieren aber üblicherweise nicht einen solchen zeitraubenden sukzessiven Durchgang durch den gesamten Suchraum, sondern sie nehmen ihren Ausgangspunkt bei bestimmten Informationen über das Suchziel, die dem Sucher bereits zur Verfügung stehen. Diese Informationen können die Schriftform des gesuchten Lemmazeichens betreffen, seine Lautform, seine (intensionale) Bedeutung oder seine typischen Referenzobjekte (extensionale Bedeutung). Suchen, die von der Schrift- oder Lautform ausgehen, werden wie im Printwörterbuch als semasiologische Suchen bezeichnet, solche, die ihren Ausgangspunkt in der intensionalen oder extensionalen Bedeutung eines sprachlichen Zeichens nehmen, als onomasiologische Suchen. Letzteren ist → Abschnitt 5.3.2 gewidmet; hier konzentrieren wir uns zunächst auf semasiologische Suchen.

Ausgangspunkt der Suche

Schriftformbasierte Suchen sind in so gut wie jedem Internetwörterbuch implementiert und stellen den weitaus häufigsten Fall der Suche im Wörterbuch dar und werden im Folgenden ausführlich dargestellt. Die Option einer *lautformbasierten Suche* ist dagegen seltener realisiert. Sie kann grundsätzlich zwei Formen annehmen: In einer lautschriftbasierten Suche wählt die Nutzerin die der Laut-

Schriftformbasierte Suche

Lautformbasierte Suche

form des Lemmazeichens entsprechenden Lautschriftzeichen (z. B. IPA) als Suchterm aus, in einer spracheingabebasierten Suche erfolgt die Suche über eine gesprochensprachliche Eingabe, die dann von einem Spracherkennungsmodul verarbeitet wird. Eine lautschriftbasierte Suche ist etwa im TRÉSOR DE LA LANGUE FRANÇAISE INFORMATISÉ (TLFi) (→ Abbildung 5.4) möglich.

Spracheingabebasierte Suchen finden mittlerweile ebenfalls ihren Eingang in Internetwörterbücher. So bietet PONS ONLINE eine unter Android verfügbare Spracheingabe-App, die zur Suche in den zweisprachigen Internetwörterbüchern des Verlags genutzt werden kann.[4]

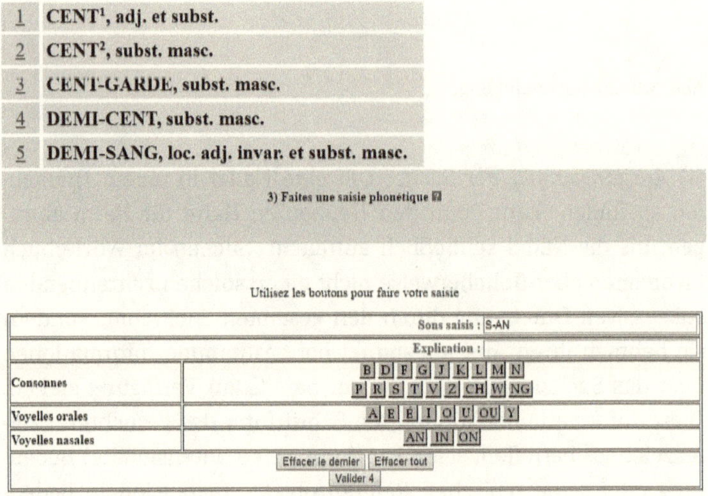

Abb. 5.4: Lautformbasierte Suche im TLFi.

Art der Suchhandlung

(2) *Art der Suchhandlung*: Die elementaren Suchhandlungen orientieren sich am Medium und sind aus anderen internetbasierten Kommunikationsformen bekannt. Sie basieren vor allem auf dem Eingeben von Text, dem Anklicken von Links und dem Bewegen

---

[4] PONS ONLINE – Spracheingabe. http://www.appoid.de/kostenlose-apps/pons-onlinewoerterbuch-spracheingabe-zusatzinfos-zum-sprachgebrauch-und-vieles-mehr-in-einer-kostenlosen-app/.
Stand: 14.06.2016.

des Cursors. Zu den grundlegenden internetlexikografischen Suchhandlungen gehören
- das Eintippen eines Suchterms (eingabebasierte Suche),
- das Anklicken eines sprachlichen Ausdrucks, zu dem ein entsprechender Wörterbuchartikel gesucht wird (indexbasierte Suche),
- das Anklicken eines Auswahlfeldes oder die Auswahl in einem Drop-down-Menü, um die Treffermenge einzuschränken (filterbasierte Suche),
- das Einlesen eines sprachlichen Ausdrucks, zu dem ein entsprechender Wörterbuchartikel gesucht wird, etwa über die Scanfunktion eines Handys (scannerbasierte Suche),
- das oben schon erwähnte Einsprechen eines Suchterms (spracheingabebasierte Suche).

Zu eingabe-, index- und filterbasierten Suche seien hier einige Besonderheiten erwähnt: Die *eingabebasierte Suche* über das Eintippen eines Suchterms in eine Suchmaske wird häufig durch eine Reihe spezifischer Optionen unterstützt:

<small>Eingabebasierte Suche</small>

- Mit dem Beginn des Eingebens des Suchterms werden entsprechend der bereits eingegebenen Zeichenkette Vorschläge zu solchen Vervollständigungen der Zeichenkette zur Auswahl gestellt, die Lemmata im Wörterbuch entsprechen (inkrementelle Suche).
- Es wird eine Option angeboten, über die festgelegt werden kann, ob die Suche sensitiv für Groß- und Kleinschreibung sein soll (großschreibungsindifferente Suche).
- Um auch bei orthografischen Unsicherheiten des Nutzers ein passendes Suchziel anzubieten, werden auch Lemmata angezeigt, die dem Suchterm lediglich grafemisch oder phonetisch ähnlich sind (schreibungstolerante bzw. phonetische Suche) (s. dazu Engelberg/Lemnitzer 2009, S. 106ff.).
- Teile des Suchterms werden durch bestimmte Operatoren variabel gehalten; solche Platzhalter können für einen einzelnen Buchstaben oder für eine Kette von Buchstaben stehen (platzhalterbasierte Suche); auf diese Weise lassen sich u. a. alle Artikel finden, die Lemmazeichen mit bestimmten morphologischen Bestandteilen beschreiben, etwa alle Wörter auf *-ung* oder alle Wörter mit dem Bestandteil *-mond-*.

– In die Suchmaske wird die flektierte Form eines Wortes eingegeben, die per automatischer Lemmatisierung auf die Grundform zurückgeführt wird, zu der dann das entsprechende Lemma gesucht wird (flexionsformbasierte Suche).

Indexbasierte Suche   Bei der *indexbasierten Suche* werden Lemmata über Lemmalisten und Lemmastreckenanzeiger[5] gesucht. Die Suche in Lemmalisten involviert üblicherweise das Navigieren in Lemmalaufleisten, in denen dann das gesuchte Lemma durch Anklicken ausgewählt wird. Die Navigation in Lemmalisten wird oft durch Lemmastreckenanzeiger unterstützt, d. h. durch Buchstabenleisten oder Listen von Anfangssequenzen von Lemmata, die die Lemmastrecke einschränken, innerhalb dessen die gesuchten Lemmata zu lokalisieren sind (→ Abbildung 5.5). Die Suche involviert hier oft ein sukzessives Navigieren von weiten zu engen Lemmastrecken. Am Ende der Navigation über Lemmastreckenanzeiger steht dann gewöhnlich der Ausschnitt aus der Lemmaliste, innerhalb dessen sich das gesuchte Lexem befindet.

Textbasierte Suche   Das Navigieren durch Anklicken bestimmter Ausdrücke liegt auch zwei anderen Arten der Suche zugrunde. Bei der *textbasierten Suche* werden nicht Lemmata aus der Lemmaliste des Wörterbuchs angeklickt, sondern Textwörter in wörterbuchexternen elektronischen Texten (→ Abbildung 5.6). Das angeklickte Wort wird dann, gegebenenfalls nach einer automatischen Lemmatisierung, mit der Lemmaliste des Wörterbuchs abgeglichen. Die Nutzerin kann auf diese Weise direkt aus der Textbearbeitung oder -anzeige heraus einen Wörterbuchartikel aufrufen. Auch die oben erwähnte scannerbasierte Suche ist eine Form der textbasierten Suche. Die Verknüpfung einer textbasierten Suche mit einer kontext-sensitiven Analyse erlaubt im Idealfall sogar die Identifikation der Lesart des Textwortes (Seretan/Wehrli 2013).

Filterbasierte Suche   Vor allem dann, wenn nicht ein einzelnes Lemma, sondern eine Menge von Lemmata, Sublemmata, Wortbildungsprodukten, die zu einem Lemma innerhalb eines Wortartikels genannt werden, oder semantisch verwandten Wörtern gesucht wird, bieten sich *filterba-*

---

[5] Eine Lemmastrecke ist eine ununterbrochene Abfolge von Wörterbuchartikeln in einem Wörterbuch. Man kann auf sie in Form eines Lemmastreckenanzeigers z. B. durch Angabe des ersten und des letzten Lemmas der Strecke referieren.

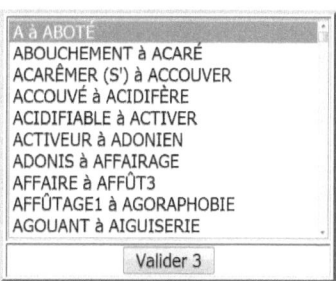
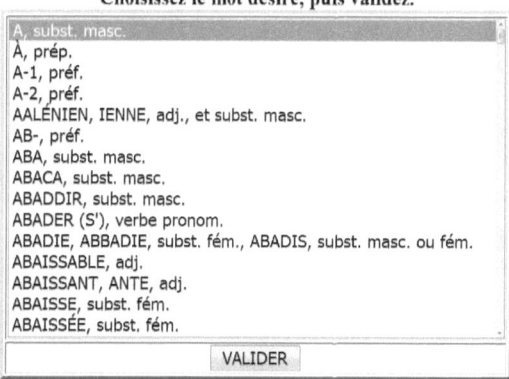

Abb. 5.5: Lemmastreckenanzeiger im TLFi.

sierte *Suchen* an. Sie erlauben es, diejenigen Lemmata herauszufiltern, die über bestimmte (formale, semantische, etymologische) Eigenschaften verfügen. Die Suchhandlung beinhaltet dabei etwa das Anklicken eines Optionsfelds (Checkbox) oder die Auswahl aus einem Drop-down-Menü (→ Abbildung **??**).

(3) *Komplexität der Suchhandlung*: Eindimensionale Suchhandlungen erfordern lediglich einen einzelnen oder eine kurze Sequenz der oben geschilderten Suchvorgänge, also die Eingabe eines einzelnen Suchterms, das Anklicken eines Lemmas in der Lemmaliste oder das Setzen eines einzelnen Filters. Mehrdimensionale Suchhandlungen kombinieren mehrere einzelne Suchhandlungen simultan zu einer komplexen Suchabfrage. Sie dienen meistens nicht dazu, ein einzelnes Lemma zu finden, sondern eine Menge von Aus-

Komplexität der Suchhandlung

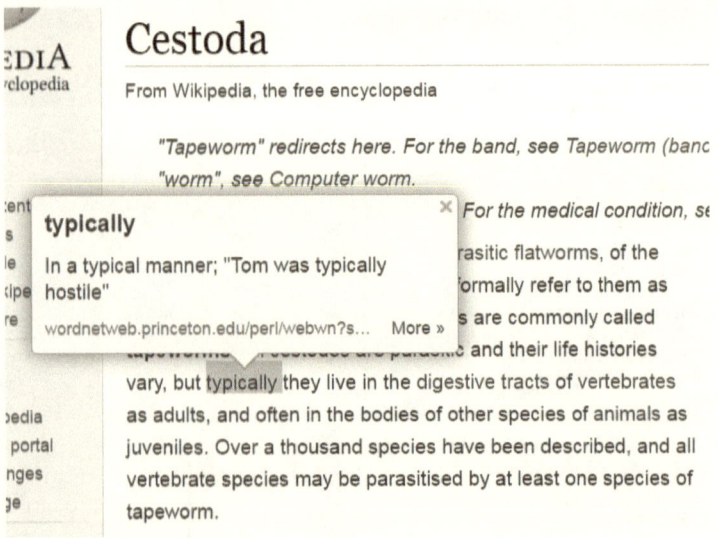

Abb. 5.6: Textbasierte Suche im GOOGLE Wörterbuch (ausgehend von einem WIKIPEDIA-Artikel).

drücken, die bestimmten Kriterien genügt. Dies gilt etwa für die „advanced search" im OED (→ Abbildung **??**).

In einzelnen wissenschaftlichen Wörterbüchern werden mittlerweile auch Suchen über spezifische Abfragesprachen bereitgestellt. So bietet das LEHNWORTPORTAL DEUTSCH (LWPD) die Möglichkeit, über eine deklarative Abfragesprache sämtliche Eigenschaftskonstellationen in dem zugrundeliegenden Wortnetzwerk in die Suche miteinzubeziehen (→ Abbildung 5.8, vgl. Meyer 2014).

Ziel der Suche

(4) *Ziel der Suche*: Das Ziel der Suchhandlung kann ein bestimmtes Lemma sein, eine Menge von Lemmata oder eine bestimmte Informationsposition in einem oder mehreren Wörterbuchartikeln, wie z. B. alle Bedeutungspositionen, deren Paraphrasen ein bestimmtes Inhaltswort enthalten. Der häufigste Fall ist sicherlich die Suche nach einem einzelnen Lemma und dem dazugehörigen Wörterbuchartikel. Die meisten eindimensionalen Suchhandlungen führen zu einem solchen Ergebnis. Komplexe Suchhandlungen, aber auch manche einfache platzhalterbasierte oder filterbasierte Suchen dienen dagegen meist dazu, eine Menge von Lemmata zu ermitteln, die bestimmten syntaktischen (→ Abbildung 5.9), morphologischen, semantisch-pragmatischen (→ Abbildung 5.21), etymologischen oder anderen Kriterien genügt. Suchen

Subject

e.g. Genetics, Theatre, Baseball

Browse subject »

Language of Origin

e.g. French, Japanese, Bantu

Browse origin »

Region

e.g. Australia, Canada, Ireland

Browse region »

Usage

e.g. colloquial and slang, rare, archaic

Browse usage »

Date of entry
e.g. 1750, 1750-1755, -1600, 1970-

Enter year or range of years

Include entries marked as:

● All ○ Current ○ Obsolete

Part of speech

All

Restrict to entry letter or range
e.g. m*, dis*, *atical

Enter range

Abb. 5.7: Filterbasierte Suche im OXFORD ENGLISH DICTIONARY (OED) durch auswahlgestützte Eingabe eines Terms (z. B. „Subject", „Region"), Markieren einer Checkbox (z. B. „All / Current / Obsolete") oder Auswahl in einem Drop-down-Menu („Part of Speech").

Abb. 5.8: Graphenbasierte Suche mittels einer deklarativen Abfragesprache im LWPD.

dieser Art führen entweder direkt zu einem Wörterbuchartikel oder zu einem Lemma, von dem aus der Artikel durch Anklicken des Lemmas erreicht wird.

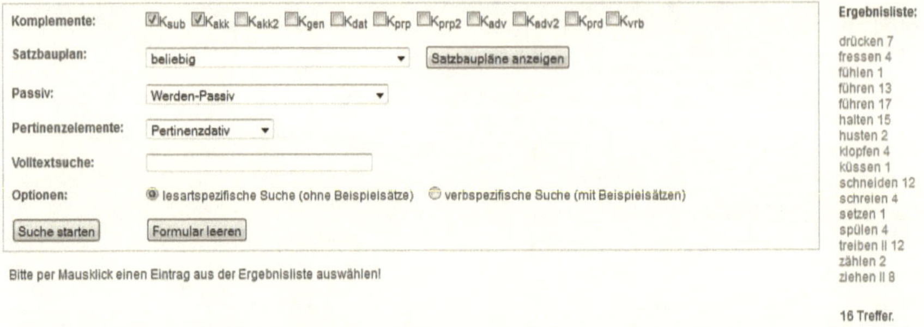

Abb. 5.9: Mehrdimensionale filterbasierte Suche im ELEKTRONISCHEN VALENZWÖRTERBUCH DEUTSCHER VERBEN (E-VALBU); gesucht werden alle Verben, die neben dem Subjekt ein obligatorisches Akkusativobjekt fordern und zudem einen Pertinenzdativ und ein *werden*-Passiv erlauben.

5.3.2 Onomasiologische Zugriffsstrukturen

Onomasiologischer Wörterbuchzugriff

Der semasiologische Wörterbuchzugriff geht von sprachlichen Formen aus und führt zu Informationen zu Bedeutung und Verwendung dieser Formen. Der *onomasiologische Wörterbuchzugriff* hat seinen Ausgangspunkt hingegen in einer Bedeutung (einer Idee, einem Konzept, einem Inhalt) und verweist auf zugehörige sprachliche Formen. Onomasiologische Zugriffsstrukturen können vor allem für die produktive Wörterbuchnutzung hilfreich sein, etwa wenn das Wörterbuch beim Schreiben eines Textes herangezogen wird, aber auch, wenn sich ein Lerner einen Teil eines fremdsprachlichen Wortschatzes oder eine spezialisierte Terminologie über ein Wörterbuch erschließen möchte. Eine umfassende Liste von Internetwörterbüchern mit onomasiologischen Zugriffsstrukturen lässt sich über die „Online-Bibliografie zur elektronischen Lexikografie – Wörterbücher" (OBELEXDICT) recherchieren.

Onomasiologische Zugriffsstrukuren

In der Regel existieren onomasiologische Zugriffsstrukturen in Wörterbüchern zusätzlich, also als Komplement oder Ergänzung, zu semasiologischen – schon gedruckte Bildwörterbücher enthalten normalerweise einen alphabetischen Stichwortindex, der wieder von den sprachlichen Formen auf die als Bilder repräsentierten Inhalte verweist. In digitalen Wörterbüchern eröffnen sich neue und erweiterte Möglichkeiten zur Bereitstellung onomasiologischer Zugriffsstrukturen. Zum einen erlaubt die Loslösung von der Druckform deutlich flexiblere Präsentationsformen. Wenn Wörterbuchdaten zunächst unabhängig von ihrer Darstellungsform nach rein inhaltlichen Gesichtspunkten modelliert werden (→ Kapitel 4), können die einzelnen Wörterbuchbestandteile für die Präsentation nach beliebigen Kriterien zusammengestellt und (um)geordnet werden. Einer alphabetischen Lemmaliste (als der klassischen semasiologischen Zugriffsstruktur) können im Internetwörterbuch daher problemlos eine oder mehrere onomasiologische Zugriffsmöglichkeiten (etwa in Form eines Bildes oder einer hierarchisch organisierten Ontologie) zur Seite gestellt werden, die auf die gleichen Wörterbucheinträge verweisen. Zum anderen eröffnen die Multimedia-Fähigkeiten des Computers neue Möglichkeiten, die Inhaltsseite eines Ausdrucks für die Nutzerin darzustellen und zu illustrieren. Neben dem unbewegten Bild, das auch schon im gedruckten Medium (wenngleich zu relativ hohen Kosten) als Ausgangspunkt eines onomasiologischen Wörterbuchzugriffs genutzt werden konnte, können im digitalen Medium z. B. auch bewegte Bilder (Videoclips) zur Veranschaulichung einer Handlung oder Tondaten (Audioclips) zur Illustration von Geräuschen ins Wörterbuch integriert werden.

Für semasiologische Zugriffsstrukturen (→ Abschnitt 5.3.1) existiert mit der Orthografie ein fast jedem Wörterbuchnutzer geläufiges System für die Repräsentation sprachlicher Formen. Dieses System ist nicht nur weitestgehend standardisiert und flächendeckend auf den Wortschatz anwendbar (jedes Wort hat eine orthografische Form), sondern beinhaltet auch eine eindeutige Systematik, wie verschiedene Formen zu ordnen und zueinander in Beziehung zu setzen sind (das Alphabet bzw. die Zuordnung zwischen Grundformen und flektierten Formen). Dies ist bei der Basis onomasiologischer Zugriffsstrukturen grundlegend anders. Es ist zunächst keineswegs offensichtlich, wie eine gegebene Bedeutung (eine Idee, ein Konzept, ein Inhalt) als Ausgangspunkt eines onomasiologischen Zugriffs für den Wörterbuchnutzer darzustellen ist, und es existiert auch kein eindeutiges System, nach dem sich verschiedene Bedeutungen erschöpfend ordnen und zueinander in Beziehung setzen lassen. Während z. B. Bilder oft ein geeignetes Mittel zur Repräsentation konkreter Objekte sein mögen, in denen mit der Teil-Ganzes-Beziehung (Partonymie) auch ein inhärentes Ordnungssystem enthalten ist (→ Abbildung 5.10), lassen sich die Bedeutungen komplexer Handlungen (z. B. „exmatrikulieren") oder abstraktere Inhalte (z. B. „schüchtern") nicht gut in Bildform darstellen.

Repräsentation von Bedeutungen

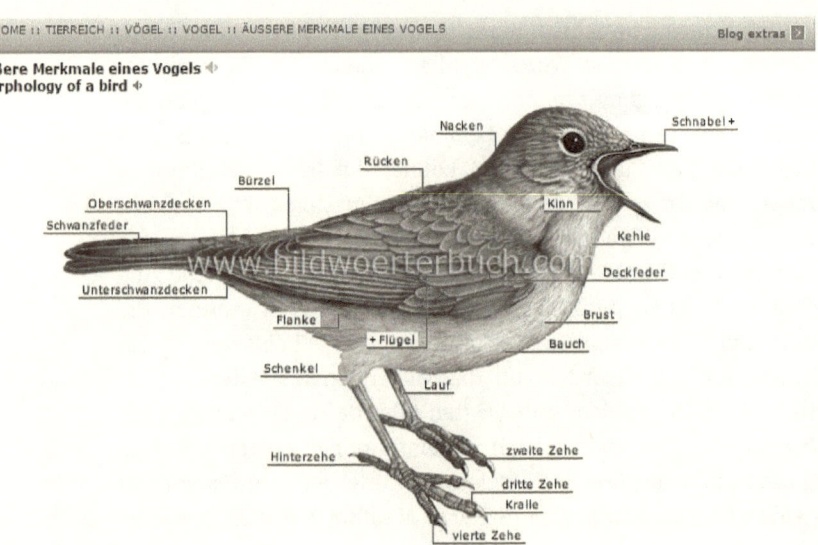

Abb. 5.10: *Vogel* im BILDWÖRTERBUCH.

Die Basis onomasiologischer Zugriffsstrukturen ist daher zum einen in der Regel vielfältiger und weniger eindeutig definiert als bei den semasiologischen Zugriffsstrukturen, zum anderen erschließt eine gegebene onomasiologische Zugriffsstruktur oft nicht den gesamten Wortschatz, sondern nur denjenigen Teil davon, der sich für die jeweilige Form der Repräsentation von Bedeutung gut eignet. Fillmore (1978) argumentiert, dass es aus lexikografischer Sicht durchaus adäquat sein kann, die Zugriffsstrukturen solchermaßen abhängig von „semantischen Domänen" zu wählen:

> I think that semantic theory must reject the suggestion that all meanings need to be described in the same terms. I think, in fact, that semantic domains are going to differ from each other according to the kind of 'definitional base' which is most appropriate to them. (S. 148)

Was die Repräsentation von Bedeutungen für den onomasiologischen Zugriff anbelangt, können wir zunächst grundsätzlich unterscheiden zwischen sprachlichen und nicht-sprachlichen Formen.

Sprachliche Repräsentation

Bei der *sprachlichen Repräsentation* werden Bedeutungen ihrerseits (intensional) durch sprachliche Formen beschrieben, z. B. wenn Verben – wie in dem Wörterbuch zu KOMMUNIKATIONSVERBEN in OWID (→ Abbildung 5.11) – zu Paradigmen zusammenge-

versprechen-Paradigma
(Kommissive.versprechen.versprechen)

Kommunikationsverben

Paradigmenübersicht »

Bezugssituationstyp: Kommissive.versprechen.versprechen	
Propositionaler Gehalt:	Mitteilungsgehalt: P
Geschehenstyp:	Handlung
Zeitbezug:	zukünftig
Rollenbezug:	Sprecher
Kommunikative Einstellung von S	
Propositionale Einstellung von S:	S will: P tun
Sprecherabsicht:	S will: H erkennt: propositionale Einstellung von S
Vorannahmen von S:	im Interesse von H: P

Mitglieder im Paradigma
versprechen · versichern · zusichern
geloben · schwören

Lexikalische Merkmale

Verben	Merkmale							
	Semantische Rollen	Argument Struktur	Passiv	Resultativität	Bewertung	Polysemie	Performativität	stilistische Markiertheit
versprechen	H (fak)	NP<Dat>						
	P (obl)	NP<Akk> SE Inf NPKorrSE	+	–	–	–	+	–
versichern	H (fak)	NP<Dat>						
	P (obl)	NP<Akk> SE Inf NPKorrSE	+	–	–	+	+	–
zusichern	H (fak)	NP<Dat>						

Abb. 5.11: KOMMUNIKATIONSVERBEN in OWID.

fasst werden, die „nach dem leitenden Verb benannt" sind, wenn Begriffe zu sprachlich benannten Konzepten einer Ontologie zugeordnet werden (s. u.) oder wenn – wie im ALGEMEEN NEDERLANDS WOORDENBOEK (ANW, → Abbildung 5.12) – die Bedeutung eines Lexems durch Semagramme mit sprachlich benannten Eigenschaften beschrieben wird. Auch bei der Volltextsuche in einem Wörterbuch, die wie oben erläutert gleichfalls als ein onomasiologischer Zugriff angesehen werden kann, werden Bedeutungen in sprachlicher Form repräsentiert.

Bei einer *nicht-sprachlichen Repräsentation* dienen hingegen Bilder zur Beschreibung der (extensionalen) Bedeutung. Beispiele

Nicht-sprachliche Repräsentation

cockerspaniël 1.0

middelgrote jachthond met een relatief smalle kop en laag aangezette, langharige, lange oren die vanwege zijn vriendelijke karakter vaak gehouden wordt als huisdier

Bron: Gergely Vass
(CC BY-SA 3.0)

Semagram

Een cockerspaniël...

is een hond; is een zoogdier; is een dier

[Gevoelsindruk] heeft een zijdezachte, glanzende vacht

[Kleur] is eenkleurig zwart of rood, of meerkleurig

[Uiterlijk] heeft een tamelijk smalle kop en laag aangezette, langharige, lange oren

+ Meer kenmerken

Woordsoort	
Type	substantief
Naamtype	soortnaam
Geslacht	mannelijk
Lidwoord	de
Betekenisklasse	diernaam

Spelling en flexie		
	Vorm	Afbreking
Enkelvoud	cockerspaniël	coc.ker.spa.ni.el

Abb. 5.12: Semagram zu *cockerspaniël* im ANW.

für eine solche illustrationsbasierte Repräsentation finden sich in den → Abbildungen 5.10 und 5.12, in denen jeweils ein typisches Referenzobjekt in Form einer Zeichnung (Vogel) bzw. eines Fotos (Cockerspaniel) dargestellt ist. Schematische Zeichnungen oder bewegte Bilder (ggf. auch Töne) sind weitere denkbare Methoden, Bedeutungen in nicht-sprachlicher Form darzustellen oder zu illustrieren. So bedient sich etwa das KICKTIONARY (→ Abbildung 5.13) u. a. Diagramme und Videoclips, um der Benutzerin die Bedeutung von Szenen in einem Fußballspiel darzulegen.

Strukturierung von Bedeutungen

Um dem Wörterbuchnutzer einen onomasiologischen Zugriff auf ein Wörterbuch zu ermöglichen, genügt es allerdings nicht, einzelne Bedeutungen als Ausgangspunkt zum Auffinden sprachlicher Formen zur Verfügung zu stellen. Diese Einzel-Bedeutungen müssen vielmehr auch in einer nachvollziehbaren Weise geordnet und zueinander in Beziehung gesetzt sein, damit die Nutzerin in der Lage ist, sie überhaupt als Ausgangspunkt eines onomasiologischen Wörterbuchzugriffs aufzufinden.

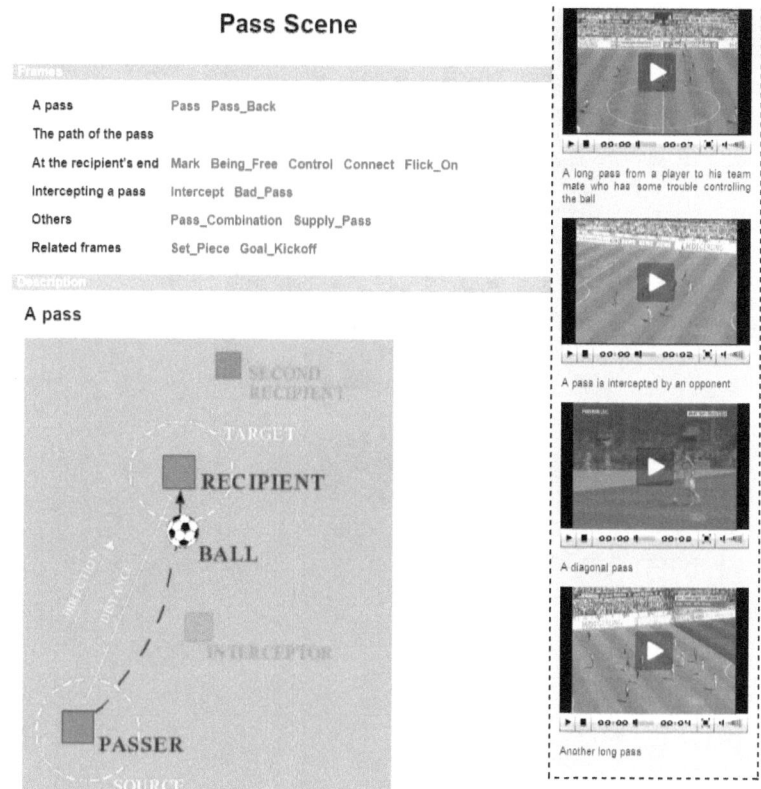

Abb. 5.13: Pass-Szene im KICKTIONARY.

Bei den möglichen Formen solcher Ordnungen können wir allgemein zwischen hierarchischen und nicht-hierarchischen Strukturen sowie zwischen Top-down- und Bottom-up-Verfahren zu deren Konstruktion unterscheiden. Dies wird im Folgenden anhand von vier Beispielen onomasiologischer Zugriffsstrukturen erläutert.

Beispiel 1: BILDWÖRTERBUCH
Oft werden die Grundbestandteile des onomasiologischen Zugriffs (also Bilder, sprachliche Zeichen etc., die für eine gegebene Bedeutung stehen) in einer hierarchischen Struktur organisiert. Beispielsweise geht das BILDWÖRTERBUCH (→ Abbildung 5.14, ganz ähnlich das MERRIAM-WEBSTER VISUAL DICTIONARY ONLINE, MWVDO) zunächst von 17 verschiedenen Themenbereichen aus, die sich dann jeweils in mehreren Stufen (hier: Tierreich > Insekten und Spinnen-

Bildwörterbuch

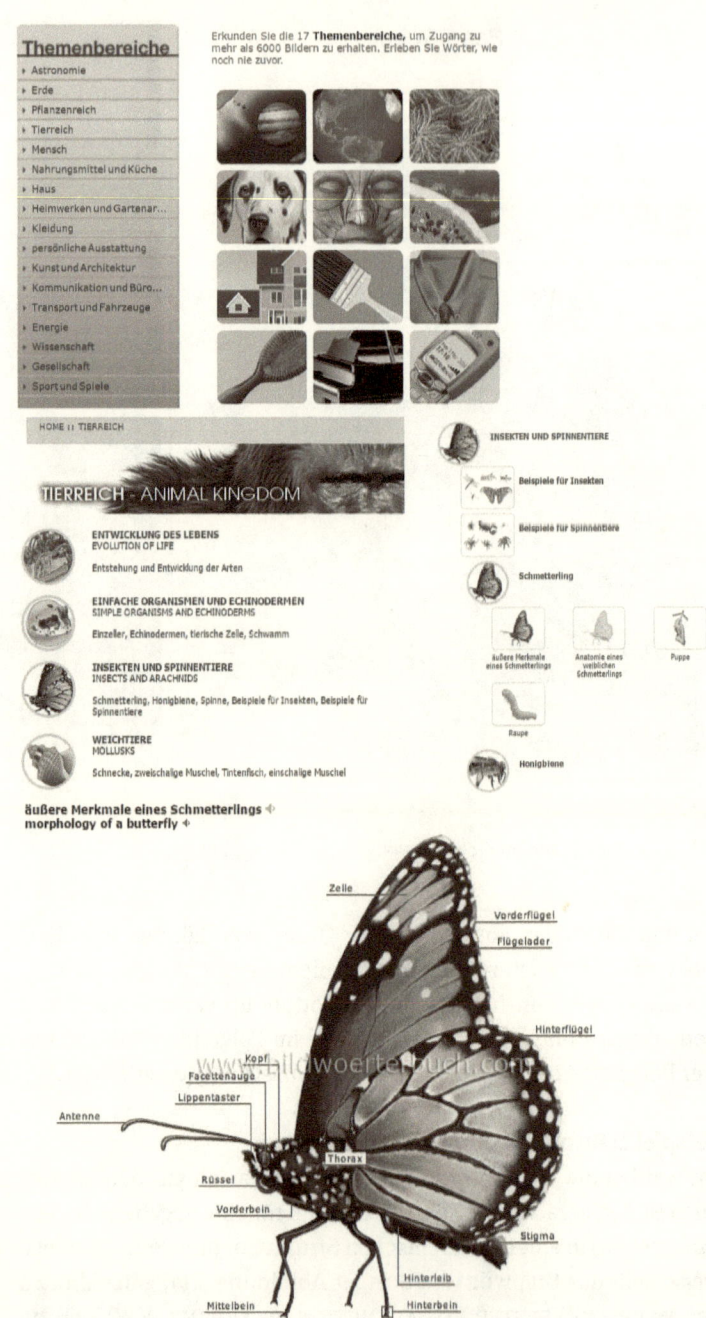

Abb. 5.14: Hierarchischer Aufbau eines Bildwörterbuchs (am Beispiel von BILDWÖRTERBUCH).

tiere > Schmetterling > äußere Merkmale eines Schmetterlings) in weitere Teilbereiche untergliedern, bevor auf der untersten Ebene die eigentlichen sprachlichen Formen als Beschriftungen eines Bildes erscheinen.

Beispiel 2: Semantische Relationen im KICKTIONARY
Die sogenannten Konzepthierarchien des KICKTIONARY sind gleichfalls hierarchisch organisiert, Bedeutungen werden dort aber nicht bildlich, sondern unmittelbar durch synonyme bzw. übersetzungsäquivalente sprachliche Formen repräsentiert. Die Beziehung zwischen einzelnen Einträgen der Hierarchie ist eine semantische Relation, wie sie vor allem zur Organisation von Wortnetzen (z. B. WORDNET oder GERMANET) verwendet wird.

Semantische Relationen

So besteht zwischen den gleichsprachigen Einträgen auf einer Ebene – z. B. *Keeper, Schlussmann, Torhüter, Torwart* – Synonymie. Die Gesamtheit der synonymen Formen wird als SynSet bezeichnet und repräsentiert die den Formen gemeinsame Bedeutung. Im KICKTIONARY wird dieses Prinzip noch sprachübergreifend ausgeweitet: Zusammen mit {*custodian, goalkeeper, keeper*} für das Englische und {*gardien de but, gardien, portier*} für das Französische ergibt sich so ein mehrsprachiges SynSet, das für die Bedeutung (das „Konzept") TORWART steht.

Zwischen SynSets können weitere semantische Relationen bestehen, die dann zu den abgebildeten Hierarchien führen. Die in → Abbildung 5.15 oben dargestellte Hierarchie basiert auf der semantischen Relation der Hyponymie (bzw. ihrer Umkehrung, der Hyperonymie), die die Beziehung zwischen einem Unter- und einem Oberbegriff bezeichnet – wenn *X eine Art Y ist* (ein Torwart ist ein Spieler, ein Abräumer ist ein Innenverteidiger), dann ist X ein Hyponym von Y, und das X enthaltende SynSet wird dem Y enthaltenden SynSet untergeordnet. Die in → Abbildung 5.15 unten dargestellte Hierarchie basiert auf der semantischen Relation der Partonymie (Umkehrung: Holonymie), die eine Teil-Ganzes-Beziehung bezeichnet. Wenn *X ein Teil von Y ist* (ein Torwart ist Teil der Startelf, die Startelf ein Teil der Mannschaft), dann ist X ein Partonym von Y. Ein Wörterbuchbenutzer kann auf diese Weise ausgehend von einer Bedeutung zu verschiedenen sprachlichen Formen gelangen, die diese Bedeutung bezeichnen, und er kann durch Navigieren in den betreffenden Hierarchien auch solche

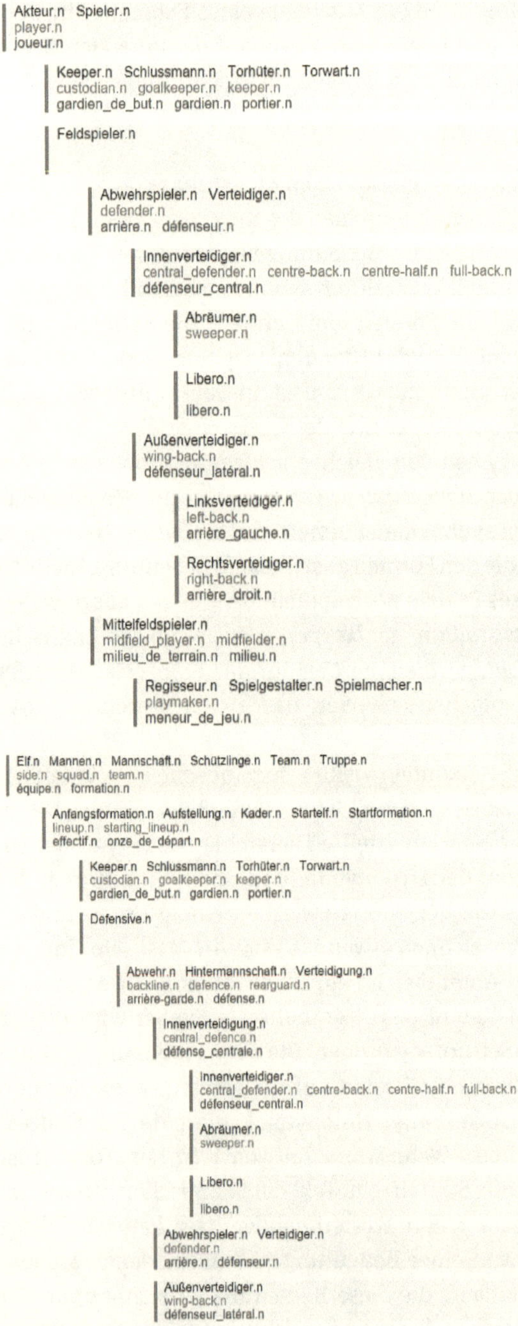

```
Akteur.n  Spieler.n
player.n
joueur.n
    Keeper.n  Schlussmann.n  Torhüter.n  Torwart.n
    custodian.n  goalkeeper.n  keeper.n
    gardien_de_but.n  gardien.n  portier.n

    Feldspieler.n
        Abwehrspieler.n  Verteidiger.n
        defender.n
        arrière.n  défenseur.n
            Innenverteidiger.n
            central_defender.n  centre-back.n  centre-half.n  full-back.n
            défenseur_central.n
                Abräumer.n
                sweeper.n

                Libero.n
                libero.n
            Außenverteidiger.n
            wing-back.n
            défenseur_latéral.n
                Linksverteidiger.n
                left-back.n
                arrière_gauche.n

                Rechtsverteidiger.n
                right-back.n
                arrière_droit.n
        Mittelfeldspieler.n
        midfield_player.n  midfielder.n
        milieu_de_terrain.n  milieu.n
            Regisseur.n  Spielgestalter.n  Spielmacher.n
            playmaker.n
            meneur_de_jeu.n

Elf.n  Mannen.n  Mannschaft.n  Schützlinge.n  Team.n  Truppe.n
side.n  squad.n  team.n
équipe.n  formation.n
    Anfangsformation.n  Aufstellung.n  Kader.n  Startelf.n  Startformation.n
    lineup.n  starting_lineup.n
    effectif.n  onze_de_départ.n
        Keeper.n  Schlussmann.n  Torhüter.n  Torwart.n
        custodian.n  goalkeeper.n  keeper.n
        gardien_de_but.n  gardien.n  portier.n

    Defensive.n
        Abwehr.n  Hintermannschaft.n  Verteidigung.n
        backline.n  defence.n  rearguard.n
        arrière-garde.n  défense.n
            Innenverteidigung.n
            central_defence.n
            défense_centrale.n
                Innenverteidiger.n
                central_defender.n  centre-back.n  centre-half.n  full-back.n
                défenseur_central.n
                    Abräumer.n
                    sweeper.n

                    Libero.n
                    libero.n
            Abwehrspieler.n  Verteidiger.n
            defender.n
            arrière.n  défenseur.n
            Außenverteidiger.n
            wing-back.n
            défenseur_latéral.n
```

Abb. 5.15: Konzepthierarchien im KICKTIONARY.

sprachlichen Formen finden, die eine verwandte (d. h. allgemeinere oder spezifischere) Bedeutung haben.

Beispiel 3: Frames im Berkeley FRAMENET
Eine deutlich komplexere onomasiologische Organisation kommt bei Frame-basierten Wörterbüchern zur Anwendung. Ausgangspunkt der Wörterbuchstruktur ist hier der Frame – eine Struktur, in der das Wissen über prototypische Handlungsabläufe und die daran beteiligten Aktanten und Gegenstände repräsentiert ist.

Semantische Frames

So gibt der Frame *Commerce_buy* aus dem FRAMENET in → Abbildung 5.16 eine Struktur vor, in die sich verschiedene sprachliche Ausdrücke des Kaufens (*buy*, *purchase*, *buyer*) einordnen lassen. Die Definition erklärt die betreffende Handlung in abstrakter Weise und spezifiziert dabei die daran beteiligten sogenannten Frame-Elemente (in diesem Falle u. a. ein Käufer, ein Verkäufer, Waren, Geld). Bei der Beschreibung einzelner sprachlicher Formen („lexikalischer Einheiten", z. B. dem Verb *buy*) kann dann auf diese übergeordnete Struktur zurückgegriffen werden, etwa indem die Frame-Elemente in einem Beispielsatz mit den entsprechenden Labels annotiert werden. Auf diese Weise können also verschiedene sprachliche Formen einer gemeinsamen Bedeutung zugeordnet werden und ermöglichen so einen onomasiologischen Zugriff. Indem einzelne Frames über Frame-Frame-Relationen einander zugeordnet werden, entstehen zusätzliche Möglichkeiten der Wörterbuchnavigation. Beispielsweise stellt der Frame *Rent* (Leihen) einen Spezialfall des Frames *Commerce_buy* dar und „erbt" daher dessen Eigenschaften. Desgleichen stellen *Commerce_buy* und *Commerce_sell* (Verkaufen) entgegengesetzte Perspektiven auf den gleichen übergeordneten Frame *Commerce_goods-Transfer* (Kommerzielle Transaktion) dar und teilen daher ihre wesentlichen Frame-Elemente. Auf diese Weise entsteht ein komplexes Netzwerk von aufeinander bezogenen Frames (→ Abbildung 5.18), die der Wörterbuchnutzerin erlauben, Zusammenhänge zwischen Bedeutungen und zugehörigen sprachlichen Formen zu erkunden.

Beispiel 4: Semagramme im ANW
Während bei Bildwörterbüchern und Frames die onomasiologischen Zugriffsstrukturen als Makrostruktur explizit entworfen werden – ein Lexikograf wählt Bilder aus bzw. definiert Frames, denen dann sprachliche Formen zugeordnet werden –, ergeben sie sich im

Commerce_buy

Lexical Unit Index

Definition:

These are words describing a basic commercial transaction involving a Buyer and a Seller exchanging Money and Goods, taking the perspective of the Buyer. The words vary individually in the patterns of frame element realization they allow. For example, the typical pattern for the verb BUY: Buyer buys Goods from Seller for Money.

Abby bought a car from Robin for $5,000.

FEs:

Core:

Buyer [Byr]

The Buyer wants the Goods and offers Money to a Seller in exchange for them.
Jess BOUGHT a coat.
Lee BOUGHT a textbook from Abby.

Goods [Gds]

The FE Goods is anything (including labor or time, for example) which is exchanged for Money in a transaction.
Only one winner PURCHASED the paintings

Lexical Unit	LU Status	Lexical Entry Report	Annotation Report
buy.v	**Finished_Initial**	Lexical entry	Annotation
buyer.n	**Finished_Initial**	Lexical entry	Annotation
client.n	**Created**	Lexical entry	
purchase [act].n	**Finished_Initial**	Lexical entry	Annotation
purchase.v	**Finished_Initial**	Lexical entry	Annotation
purchaser.n	**Created**	Lexical entry	Annotation

Abb. 5.16: Beschreibung des Frames *Commerce_buy* (oben) mit zugehörigen lexikalischen Einheiten (unten) im FRAMENET.

Falle von Konzepthierarchien implizit aus mediostrukturellen Elementen, nämlich der Zuordnung sprachlicher Formen zueinander. Erstere Methode kann als „Top-down" bezeichnet werden, da sie die übergeordneten Strukturen vorgibt und dann mit lexikalischen

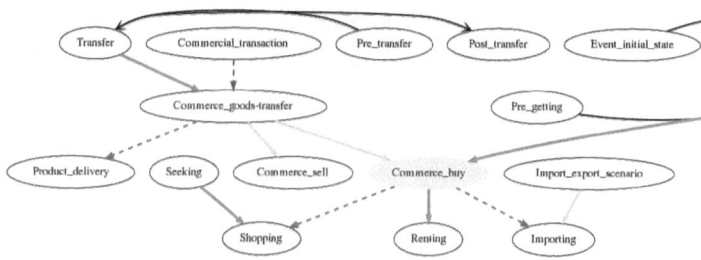

Frame-frame Relations:

Inherits from: Getting
Is Inherited by: Renting
Perspective on: Commerce_goods-transfer
Is Perspectivized in:
Uses:
Is Used by: Importing, Shopping
Subframe of:
Has Subframe(s):
Precedes:
Is Preceded by:
Is Inchoative of:
Is Causative of:
See also:

Abb. 5.17: Frame-Frame-Relationen im FRAMENET.

Einheiten „füllt", letztere als „Bottom-up", weil in ihr die übergeordneten Strukturen sich aus Informationen ergeben, die den lexikalischen Einheiten zugeordnet werden – die übergeordneten Strukturen sind in diesem Falle „emergent".

Eine weitere Bottom-up-Methode für den Aufbau onomasiologischer Zugriffsstrukturen stellen die Semagramme im ANW dar. Ein Semagramm repräsentiert Wissen, das zu einem Wort gehört:

Semagramme

> A semagram is the representation of knowledge associated with a word in a frame of 'slots' and 'fillers'. 'Slots' are conceptual structure elements which characterise the properties and relations of the semantic class of a word meaning. (Moerdijk et al. 2008, S. 19)

Wie in → Abbildung 5.12 dargestellt, gehören z. B. zum Wort *cockerspaniël* (Cockerspaniel) Semagramme, die Ober- und Unterbegriffe (Hund bzw. Englischer Cockerspaniel) zu diesem Wort festhalten, aber auch solche, die bestimmte Eigenschaften dieser Tierart (z. B. „gefleckt") bezeichnen.

Mit den Semagrammen wird dem Wörterbuchnutzer damit eine Möglichkeit zur Verfügung gestellt, bedeutungsbasiert im Wörterbuch zu navigieren oder zu suchen, also etwa sich alle Wörter anzeigen zu lassen, denen das Semagramm *gefleckt* zugeordnet ist. Wie in → Abbildung 5.18 illustriert, kann etwa (in der übergeordneten Kategorie „Tier") nach dem Stichwort „gevlekt" (gefleckt) gesucht werden, was neben dem Treffer *cockerspaniël* auch *pos* (Kaulbarsch), *steenuil* (Steinkauz) und *zandhagedis* (Zauneidechse) als Antwort liefert.

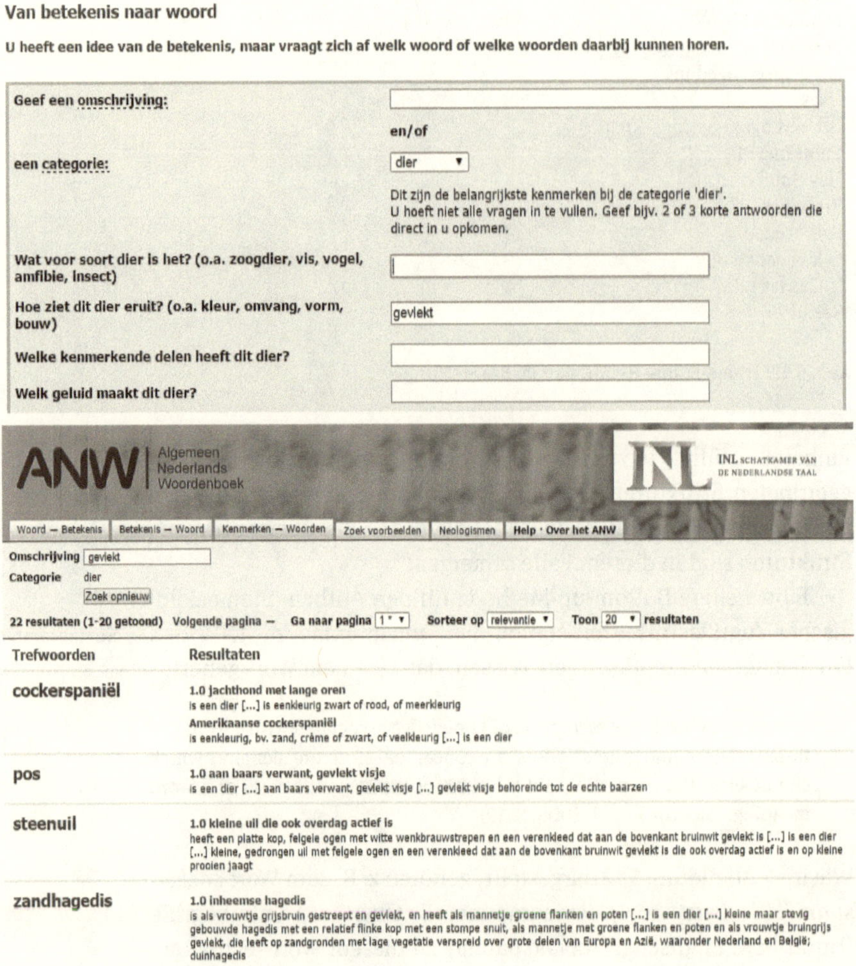

Abb. 5.18: Semagramm-basierte Suche im ANW.

Navigieren und Suchen in onomasiologischen Strukturen

Onomasiologische Suchen können sehr verschiedene Formen annehmen. Manche Internetwörterbücher bieten die Möglichkeit, die Treffer semantisch zu filtern. So erlaubt es die „Erweiterte Stichwortsuche" in ELEXIKO zum Beispiel, die gesuchten Lemmata auf solche bestimmter semantischer Klassen zu beschränken, in → Abbildung 5.19 etwa auf Wörter, die Handlungen bezeichnen:

Onomasiologische Suchen

Abb. 5.19: „Erweiterte Stichwortsuche" in ELEXIKO.

Die in ihrer Grundfunktion eigentlich als semasiologische Suche konzipierte Volltextsuche kann bei geschickter Anwendung und konsistenter Versprachlichung in den Artikeltexten auch als onomasiologische Suche eingesetzt werden. Dabei werden nicht die Artikel gesucht, bei denen der Suchterm dem Lemma entspricht, sondern die Artikel, in denen der Suchterm im Artikeltext bzw. seinen Bedeutungsangaben auftritt. So erlaubt das Wörterbuchportal OWID eine „Suche in Bedeutungsparaphrasen" aller integrierten Wörterbücher, die etwa zu dem Suchterm „Computer" alle Artikel zu Wörtern auflistet, die semantisch zu *Computer* in Beziehung stehen (→ Abbildung 5.20).

Volltextsuche

Wie beim semasiologischen Suchen spielt das Navigieren durch sukzessives Anklicken auch bei onomasiologischen Suchen eine Rolle, wenn etwa in thematischen Bäumen und Ontologien navigiert wird. So erfordert zum Beispiel die Benutzung des Bildwörterbuchs in → Abbildung 5.14 zunächst eine Navigation durch den thematischen Baum von „Tierreich" bis zum „Schmetterling", bevor

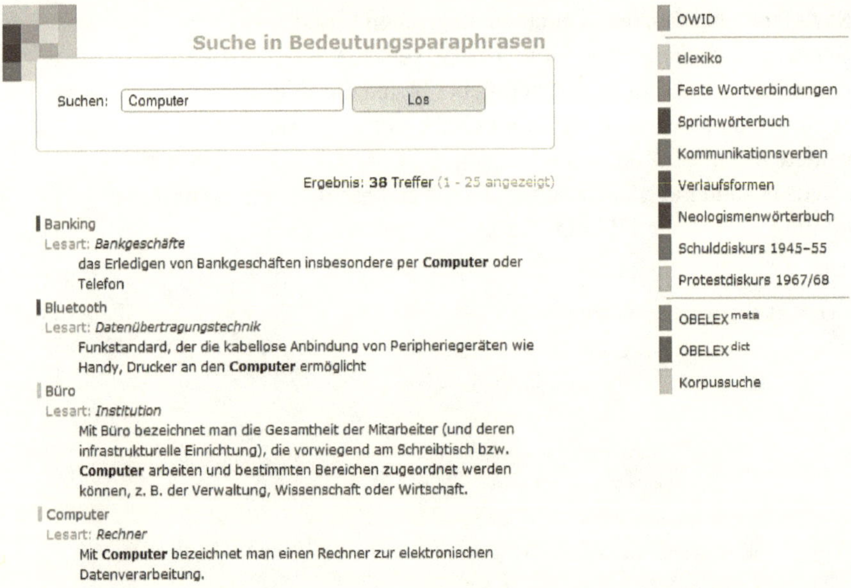

Abb. 5.20: „Suche in Bedeutungsparaphrasen" in OWID.

Illustrationsbasierte Suchen
durch Anklicken in der Illustration ein Lemma ausgewählt wird. Man spricht hier von *illustrationsbasierten Suchen*.

Auch die Darstellung von Bedeutungszusammenhängen in Graphen (siehe auch den folgenden Abschnitt) kann einen Zugriff auf onomasiologische Strukturen ermöglichen. So werden z. B. in → Abbildung 5.21 verschiedene Lexeme, die über eine semantische Relation zum Adjektiv *happy* verfügen, in einem Graphen dargestellt.

5.3.3 Weitere Zugriffsstrukturen

Graphenbasierte Suchen
Graphenbasierte Suchen stellen einen neuartigen visuell unterstützten Zugriff auf Wörterbuchdaten dar, der sich nicht immer eindeutig als semasiologisch oder onomasiologisch klassifizieren lässt. Hierzu wird zu einem bestimmten Lemma ein Graph erzeugt und visualisiert, der Relationen zu anderen Lemmata repräsentiert. Auf diese Lemmata in der Visualisierung des Graphen kann man durch Anklicken zugreifen (→ Abbildungen 5.22, 5.23) oder sich eine komprimierte Form des Artikel durch Mouse-over anzeigen lassen (s. → Abbildungen 5.21, 5.23).

5 Vernetzungs- und Zugriffsstrukturen —— 183

Abb. 5.21: Graph zur Darstellung semantischer Relationen im VISUAL THESAURUS mit der Möglichkeit zur graphenbasierten Suche.

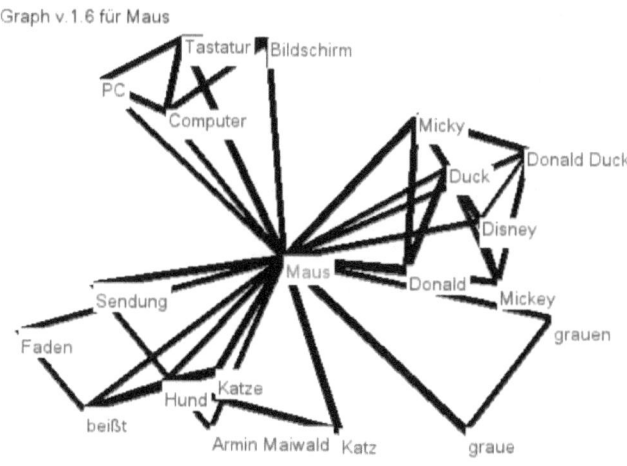

Abb. 5.22: Graph zur Darstellung von Kookkurrenzbeziehungen in WORTSCHATZ mit der Möglichkeit zur graphenbasierten Suche.

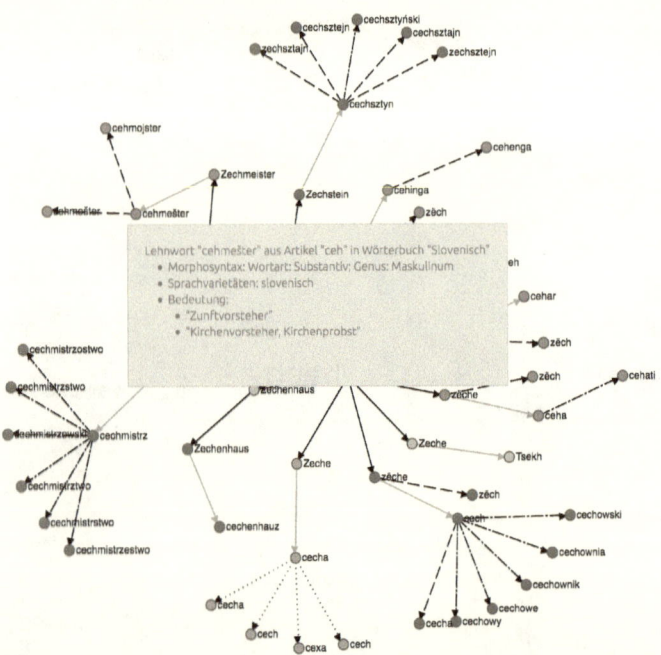

Abb. 5.23: Graph zur Darstellung von Lehnwortbeziehungen und morphologischen Beziehungen im LWPD mit der Möglichkeit zur graphenbasierten Suche.

Wortwolken

Neben graphenbasierten Suchstrukturen verbreiten sich zunehmend weitere Zugriffsstrukturen, die auf verschiedenen visuellen Anordnungen von Lexemen basieren. So kann man etwa durch Anklicken in *Wortwolken*, die aus Kookkurrenzanalysen generiert werden, Lemmata aufrufen, die Kookkurrenzpartner zu einem Ausgangslexem darstellen (→ Abbildung 5.24).

Schließlich verschwimmen im digitalen Medium auch die Grenzen zwischen dem Zugriff auf Wörterbücher und dem Zugriff auf andere Arten internetbasierter Sprachressourcen, insbesondere Korpora. So werden etwa eingabebasierte Suchen natürlich nicht nur bei der Suche in Wörterbüchern, sondern auch bei der Korpusabfrage verwendet. In fortgeschrittenen digitalen lexikalischen Systemen gelangt man mittlerweile über einzelne eingabebasierte Suchabfragen sowohl zu einem Wörterbuchartikel als auch zu einer Menge von Korpusbelegen. Solche Suchen sind sowohl im einsprachigen DWDS (→ Abbildung 5.25) wie in den bilingualen LINGUEE-Wörterbüchern realisiert (→ Abbildung 5.26).

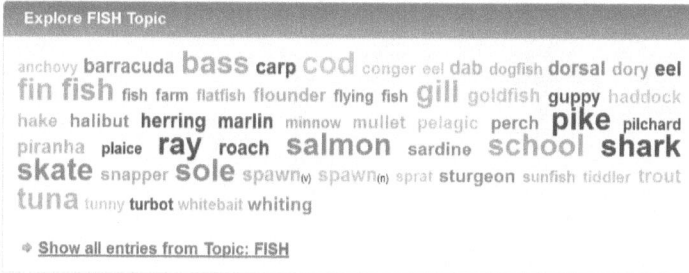

Abb. 5.24: Wortwolke zu dem Ausgangslexem *fish* im Longman Dictionary of Contemporary English (LDoCE); durch Anklicken der Wörter werden die entsprechenden Wörterbuchartikel aufgerufen.

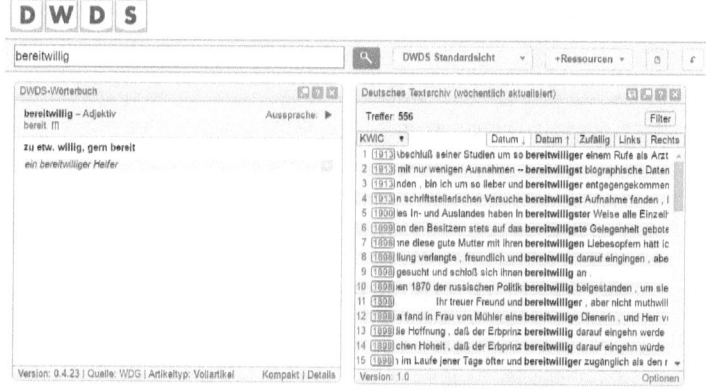

Abb. 5.25: Suche im DWDS und einem der integrierten Korpora.

Abschließend sei denn doch noch erwähnt, dass auch die vermeintlich paradoxe Form des ziellosen Suchens ihre internetlexikografische Realisierung gefunden hat. So kann man sich in den Wiktionary-Wörterbüchern einen Artikel über einen Zufallsgenerator auswählen lassen. Dies ist dann eher mit dem ziellosen Explorieren von Wörterbuchinhalten vergleichbar als mit einem gezielten Zugreifen.

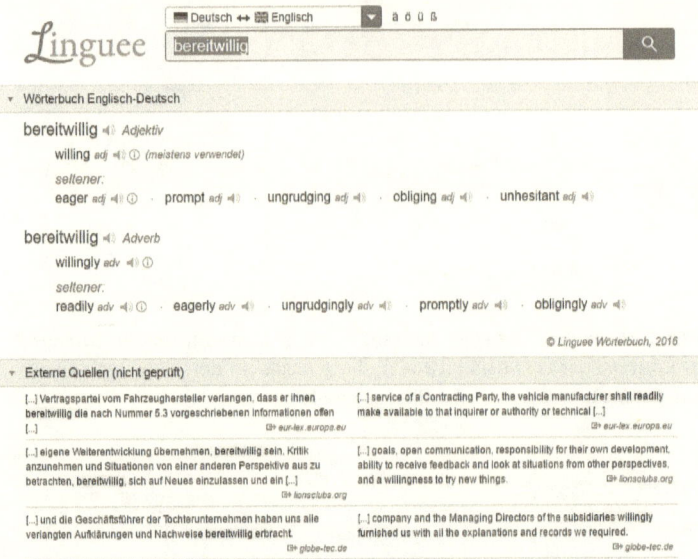

Abb. 5.26: Suche im Wörterbuch und im Parallelkorpus deutsch-englisch in LINGUEE.

5.4 Neue Perspektiven für die Wörterbuchforschung

Eine Stärke des digitalen Mediums sind die Möglichkeiten der Vernetzung von Daten und die Optionen, gezielt auf Daten zugreifen zu können. Dies spiegelt sich auch in den vielfältigen Formen der Vernetzungs- und der Zugriffsstrukturen in Internetwörterbüchern. Diese bieten jedoch nicht nur den Wörterbuchbenutzern vergrößerten Handlungsspielraum, sondern eröffnen auch für die Wörterbuchforschung neuartige Perspektiven. Anfangs haben wir gesagt, dass man die Vernetzungen in Internetwörterbüchern ähnlich beschreiben kann wie auch die Mediostrukturen gedruckter Wörterbücher analysiert wurden, d. h. durch exemplarische Sichtung einzelner Wörterbuchartikel. Sie kann aber auch ganz anders erfolgen, wenn man als Datengrundlage die gesamte digitale Datenbasis eines Wörterbuchs zugrunde legt und diese Datenbasis vollständig mithilfe statistischer Methoden auswertet. Zum Abschluss dieses Beitrags wollen wir daher ein Beispiel für eine solche neuartige Analyse der „Vernetzungs-Straßenkarte" eines Internetwörterbuchs

Gesamte Datenbasis als Analysegrundlage

präsentieren. Wir zeigen dies am Beispiel der paradigmatischen Angaben, d. h. der Angaben zu Synonymen, Antonymen, sinn- und sachverwandten Wörter und Ober- bzw. Unterbegriffen, des deutschen WIKTIONARY (vgl. ausführlicher Müller-Spitzer/Wolfer, 2015).

Die Datenbasis des WIKTIONARY kann man vollständig herunterladen und so als Gesamtdatenmenge analysieren.[6] So ist es beispielsweise möglich, alle relevanten Angaben zur paradigmatischen Vernetzung im WIKTIONARY in einer Gesamtdarstellung zu visualisieren, sozusagen eine Weltkarte der paradigmatischen Angaben im WIKTIONARY zu zeichnen (→ Abbildung 5.27). Die Basis für → Abbildung 5.27 sind alle aus- und eingehenden Kanten aus allen fünf relevanten Angabeklassen (Synonyme, Antonyme, sinn- und sachverwandte Wörter, Oberbegriffe, Unterbegriffe), dargestellt als

Datenbasis des WIKTIONARY als Beispiel

Abb. 5.27: Die paradigmatische Vernetzung im deutschen WIKTIONARY als Gesamtgraph.

---

6 https://dumps.wikimedia.org/.

Gesamtgraph. In diesem Graphen werden zur besseren Übersichtlichkeit nur die Knoten (= Stichwörter) und nicht die Verbindungen unter ihnen (= Kanten) dargestellt. Dabei bilden sich deutlich drei Gruppen heraus: die der Verben, Substantive und Adjektive. Die größte Gruppe ist dabei diejenige der Substantive. Die Visualisierungsroutine, die zur Darstellung des Graphen verwendet wird, ordnet jene Stichwörter räumlich nah nebeneinander an, zwischen denen viele Verbindungen bestehen. Aus der Darstellung des Gesamtgraphen lässt sich somit ablesen, dass die paradigmatischen Vernetzungen, wie man es erwarten würde, v. a. zwischen Stichwörtern der gleichen Wortart angelegt sind. In diesem Gesamtbild lässt sich außerdem erkennen, dass eine große Gruppe von Stichwörtern in der Peripherie des Graphen angeordnet wird. Dies sind Stichwörter, die nur sehr schwach mit anderen Stichwörtern vernetzt sind. Das ist beispielsweise dann der Fall, wenn zwei Stichwörter miteinander verbunden sind, aber keine Verbindung in den Restgraphen vorliegt. Die gedruckte Darstellung hier ist in der Größe wie auch in der schwarz/weiß-Darstellung nur unzulänglich; eine digitale Version dieses Graphen, die eine vergrößerte Darstellung von Ausschnitten durch „Hineinzoomen" erlaubt, haben wir daher online zur Verfügung gestellt.[7] Aus einer solchen Weltkarte lassen sich keine Details zur Vernetzung erkennen, aber sie bietet eine völlig neue Sicht auf die Vernetzungsstruktur des Wörterbuchs.

Bei einer Analyse der gesamten Datenbasis lassen sich außerdem quantitative Verteilungen genau bestimmen: Gibt es mehr Synonym- oder mehr Antonymverweise? Wie viele sinnverwandte Wörter werden bei Substantiven, Verben oder Adjektiven im Schnitt angegeben, etc.? Wir konnten in dieser Untersuchung beispielsweise herausfinden, dass ca. 25 % des gesamten Stichwortbestandes im deutschen WIKTIONARY paradigmatisch vernetzt sind, dass diese Vernetzungen v. a. unter Stichwörtern gleicher Wortart angelegt sind, dass in der überwiegenden Mehrheit der Fälle paradigmatische Angaben in Wortartikeln zu Substantiven gegeben werden, wobei jedoch bei Verben die durchschnittliche Anzahl der angegebenen Relationspartner höher ist als bei Substantiven.

---

7 http://www.ids-mannheim.de/fileadmin/lexik/bilder/all.links.pdf (zuletzt eingesehen am 14.6.2016).

Weiterhin lassen sich mit einer solchen Gesamtanalyse aller paradigmatischen Vernetzungen besonders stark vernetzte Stichwortgruppen detektieren, indem man z. B. analysiert, ob es eine Gruppe von Stichwörtern im Graphen gibt, bei denen alle Mitglieder mit allen anderen Mitgliedern vernetzt sind. Dies war im deutschen WIKTIONARY beispielsweise bei den Kausalkonnektoren rund um *deswegen* der Fall, bei denen alle Mitglieder dieser Stichwortgruppe wiederum mit allen anderen verbunden waren (→ Abbildung 5.28). Solche Daten können in einem zweiten Schritt mit weiteren (Meta-)Daten zu den Stichwörtern zusammengebracht werden. Beispielsweise sind wir der Frage nachgegangen, ob paradigmatisch vernetzte Wörter auch häufig nachgeschlagen werden. Das Ergebnis zu der Stichwortgruppe um *deswegen* ist in → Abbildung 5.29 zu sehen: Hier ist es v. a. das Stichwort *ergo*, welches besonders häufig nachgeschlagen wird.

Detektion stark vernetzter Stichwortgruppen

Abb. 5.28: Clique *deswegen*.

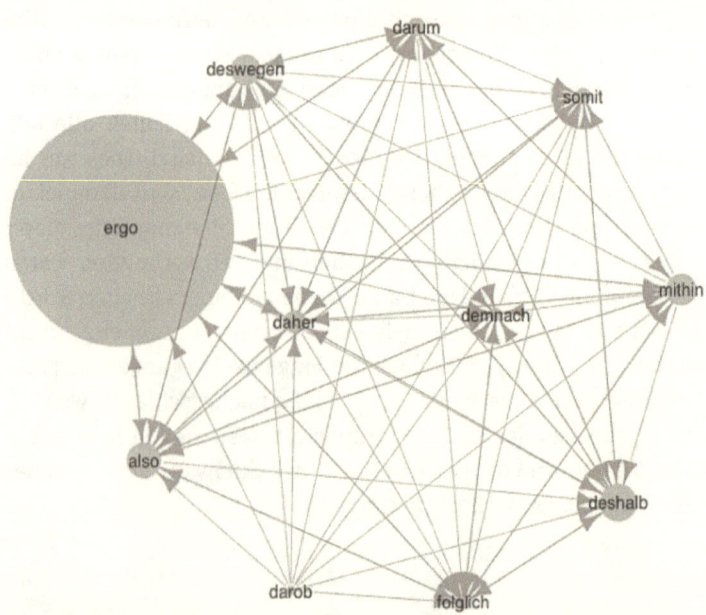

Abb. 5.29: *deswegen*-Clique mit Kennzeichnung der Nachschlagehäufigkeit (die Größe der Kreise verdeutlicht die Nachschlagehäufigkeit im Jahr 2014).

Impulse für neue Darstellungsformen

Ein solcher neuer Ansatz der Analyse von Vernetzungsstrukturen kann nicht nur neue Impulse für die Beschreibung von Vernetzungsstrukturen geben, sondern auch für die Erarbeitung neuer Zugriffsstrukturen genutzt werden. So könnte man beispielsweise Nutzerinnen die Möglichkeit eröffnen, sich paradigmatisch eng vernetzte Stichwortgruppen darstellen zu lassen und auf diese Gruppen direkt zugreifen zu können. Dies ist nur ein Beispiel dafür, wie sich noch vieles im Phänomenbereich der Vernetzungs- und Zugriffsstrukturen von Internetwörterbüchern verändern könnte.

5.5 Literatur

5.5.1 Weiterführende Literatur

Blumenthal et al. (1988) = Blumenthal, Andreas/Lemnitzer, Lothar/Storrer, Angelika: Was ist eigentlich ein Verweis? Konzeptionelle Datenmodellierung als Voraussetzung computerunterstützter Verweisbehandlung. In: Harras,

Gisela (Hg.), Das Wörterbuch. Artikel und Verweisstrukturen. Jahrbuch 1987 des Instituts für deutsche Sprache. Düsseldorf: Schwann, S. 351–373. (= Sprache der Gegenwart 74). *Dieser zwar schon einige Jahre alte Aufsatz zeigt immer noch anschaulich die unterschiedlichen Ebenen auf, die man bei der Betrachtung von Verweisen in Wörterbüchern beachten sollte.*

Meyer (2014) = Meyer, Peter: Meta-computerlexikografische Bemerkungen zu Vernetzungen in XML-basierten Onlinewörterbüchern – am Beispiel von ELEXIKO. In: Abel, Andrea/Lemnitzer, Lothar (Hgg.), Vernetzungsstrategien, Zugriffsstrukturen und automatisch ermittelte Angaben in Internetwörterbüchern. Mannheim: Institut für Deutsche Sprache, S. 9–21. (= OPAL – Online publizierte Arbeiten zur Linguistik 2/2014). *Dieser Beitrag konzentriert sich auf die Vernetzungen digitaler, insbesondere XML-basierter Wörterbücher.*

5.5.2 Literaturverzeichnis

Sachliteratur

Blumenthal et al. (1988) = Blumenthal, Andreas/Lemnitzer, Lothar/Storrer, Angelika: Was ist eigentlich ein Verweis? Konzeptionelle Datenmodellierung als Voraussetzung computerunterstützter Verweisbehandlung. In: Harras, Gisela (Hg.), Das Wörterbuch. Artikel und Verweisstrukturen. Jahrbuch 1987 des Instituts für deutsche Sprache. Düsseldorf: Schwann, S. 351–373. (= Sprache der Gegenwart 74).

Engelberg/Lemnitzer (2009) = Engelberg, Stefan/Lemnitzer, Lothar: Lexikographie und Wörterbuchbenutzung (4. Auflage). Tübingen: Stauffenburg.

Fillmore (1978) = Fillmore, Charles J.: On the Organization of Semantic Information in the Lexicon. In: Farkas, Donka/Jacobsen, Wesley M./Todrys, Karol W. (Hgg.), Papers from the Parasession on the Lexicon, Chicago Linguistic Society, April 14–15, 1978, S. 148–173.

Kammerer (1998) = Kammerer, Matthias: Die Mediostruktur in Langenscheidts Großwörterbuch Deutsch als Fremdsprache. In: Wiegand, Herbert Ernst (Hg.), Perspektiven der pädagogischen Lexikographie des Deutschen. Untersuchungen anhand von „Langenscheidts Großwörterbuch Deutsch als Fremdsprache". Tübingen: Niemeyer, S. 315–330. (= Lexicographica. Series Maior 86).

Lindemann (1999) = Lindemann, Margarete: Mediostrukturen in modernen italienischen Wörterbüchern. In: Lexicographica 15, S. 38–65.

Mann (2010) = Mann, Michael: Internet-Wörterbücher am Ende der „Nullerjahre": Der Stand der Dinge. Eine vergleichende Untersuchung beliebter Angebote hinsichtlich formaler Kriterien unter besonderer Berücksichtigung der Fachlexikographie. In: Lexicographica 26, S. 19–45.

Meyer (2014) = Meyer, Peter: Meta-computerlexikografische Bemerkungen zu Vernetzungen in XML-basierten Onlinewörterbüchern – am Beispiel von ELEXIKO. In: Abel, Andrea/Lemnitzer, Lothar (Hgg.), Vernetzungsstrategien, Zugriffsstrukturen und automatisch ermittelte Angaben in Internetwörterbüchern. Mannheim: Institut für Deutsche Sprache, S. 9–21. (= OPAL – Online publizierte Arbeiten zur Linguistik 2/2014).

Moerdijk et al. (2008) = Moerdijk, Fons/Tiberius, Carole/Niestadt, Jan: Accessing the ANW dictionary. In: Proceedings of the workshop on Cognitive Aspects of the Lexicon (COGALEX '08). Association for Computational Linguistics, Stroudsburg, PA, USA, S. 18–24.

Müller (2002) = Müller, Peter O.: Die Mediostruktur im De Gruyter Wörterbuch Deutsch als Fremdsprache. In: Wiegand, Herbert Ernst (Hg.), Perspektiven der pädagogischen Lexikographie des Deutschen II. Tübingen: Niemeyer, S. 485–496. (= Lexicographica. Series Maior 110).

Müller-Spitzer (2007) = Müller-Spitzer, Carolin: Der lexikografische Prozess. Konzeption für die Modellierung der Datenbasis. Tübingen: Narr. (= Studien zur Deutschen Sprache 42).

Müller-Spitzer (2013) = Müller-Spitzer, Carolin: Textual structures in electronic dictionaries compared with printed dictionaries. A short general survey. In: Gouws, Rufus H./Heid, Ulrich/Schweickard, Wolfgang/Wiegand, Herbert Ernst (Hgg.), Dictionaries. An International Encyclopedia of Lexicography. Supplementary Volume: Recent Developments with Focus on Electronic and Computational Lexicography. Berlin/Boston: De Gruyter, S. 367–381.

Müller-Spitzer/Wolfer (2015) = Müller-Spitzer, Carolin/Wolfer, Sascha: Vernetzungsstrukturen digitaler Wörterbücher. Neue Ansätze zur Analyse. In: Lexicographica 31, S. 173–199.

Schmidt (2009) = Schmidt, Thomas: The Kicktionary – A multilingual lexical resource of football language. In: Boas, Hans C. (Hg.), Multilingual FrameNets in Computational Lexicography. Berlin/Boston: De Gruyter, S. 101–132.

Seretan/Wehrli (2013) = Seretan, Violeta/Wehrli, Eric: Context-sensitive look-up in electronic dictionaries. In: Gouws, Rufus H./Heid, Ulrich/Schweickard, Wolfgang/Wiegand, Herbert Ernst (Hgg.), Dictionaries. An International Encyclopedia of Lexicography. Supplementary Volume: Recent Developments with Focus on Electronic and Computational Lexicography. Berlin/Boston: De Gruyter, S. 1056–1062

Storrer (2013) = Storrer, Angelika: Representing (computational) = dictionaries in hypertextual form. In: Gouws, Rufus H./ Heid, Ulrich/Schweickard, Wolfgang/Wiegand, Herbert Ernst (Hgg.), Dictionaries. An International Encyclopedia of Lexicography. Supplementary Volume: Recent Developments with Focus on Electronic and Computational Lexicography. Berlin/Boston: De Gruyter, S. 1244–1253.

Tarp (1999) = Tarp, Sven: Theoretical foundations of the so-called cross-reference structures. In: Lexicographica 15, S. 114–137.

Tarp (2008) = Tarp, Sven: Lexicography in the borderland between knowledge and non-knowledge: general lexicographical theory with particular focus on learner's lexicography. Tübingen: Niemeyer.

Wiegand (1996) = Wiegand, Herbert Ernst: Über die Mediostrukturen bei gedruckten Wörterbüchern. In: Zettersten, Arne/Hjørnager-Pedersen, Viggo (Hgg.), Symposium on Lexicography VII. Proceedings of the Seventh Symposium on Lexicography May 5–6, 1994 at the University of Copenhagen. Tübingen: Niemeyer, S. 11–49. (= Lexicographica. Series Maior 76).

Wiegand (2001) = Wiegand, Herbert Ernst: Was eigentlich sind Wörterbuchfunktionen? Kritische Anmerkungen zur neueren und neuesten Wörterbuchforschung. In: Lexicographica 17, S. 217–248.

Wiegand (2002) = Wiegand, Herbert Ernst: Altes und Neues zur Mediostruktur in Printwörterbüchern. In: Lexicographica 18, S. 168–252.

Wiegand/Smit (2013) = Wiegand, Herbert Ernst/Smit, Maria: Mediostructures in printed dictionaries. In: Gouws, Rufus H./Heid, Ulrich/Schweickard, Wolfgang/Wiegand, Herbert Ernst (Hgg.), Dictionaries. An International Encyclopedia of Lexicography. Supplementary Volume: Recent Developments with Focus on Electronic and Computational Lexicography. Berlin/Boston: De Gruyter, S. 214–253.

Wörterbücher

ANW = Algemeen Nederlands Woordenboek. Leiden: Instituut voor Nederlandse Lexicologie. Online: http://anw.inl.nl/search.

BILDWÖRTERBUCH = Online-Bildwörterbuch. QA International. Online: http://bildwoerterbuch.com/.

DWDS = Digitales Wörterbuch der deutschen Sprache. Berlin-Brandenburgische Akademie der Wissenschaften. Online: http://www.dwds.de.

ELEXIKO = In: OWID – Online Wortschatz-Informationssystem Deutsch. Mannheim: Institut für Deutsche Sprache. Online: http://www.owid.de/wb/elexiko/start.html.

E-VALBU = Das elektronische Valenzwörterbuch deutscher Verben. Mannheim: Institut für Deutsche Sprache. Online: http://hypermedia.ids-mannheim.de/evalbu/index.html.

FRAMENET = FrameNet. Berkely: International Computer Science Institute. Online: http://framenet.icsi.berkeley.edu/.

GERMANET = Germanet. A Lexical-semantic Net for German. Universität Tübingen, Allgemeine Sprachwissenschaft und Computerlinguistik. Online: www.sfs.uni-tuebingen.de/GermaNet/index.shtml.

GOOGLE = Google Dictionary. Google Inc. [Als App für Chrome verfügbar; ansonsten in die Google-Suchmaschine integriert].

KICKTIONARY = Schmidt, Thomas: Kicktionary. Mehrsprachiges digitales Wörterbuch zur Fachsprache des Fußballs. Online: http://www.kicktionary.de/index_de.html.

KOMMUNIKATIONSVERBEN = Kommunikationsverben. In: OWID – Online Wortschatz-Informationssystem Deutsch. Mannheim: Institut für Deutsche Sprache. Online: http://www.owid.de/docs/komvb/start.jsp.

LDoCE = Longman Dictionary of Contemporary English. London: Pearson Education Limited. Online: http://www.ldoceonline.com.
LINGUEE = Linguee Wörterbuch Englisch Deutsch. Köln: Linguee GmbH. Online: http://www.linguee.de/deutsch-englisch.
LWPD = Meyer, Peter/Engelberg, Stefan: Lehnwortportal Deutsch. Unter Mitarbeit von Friederike Appel, Frank Michaelis und Simona Štavbar. Mannheim: Institut für Deutsche Sprache. Online: http://lwp.ids-mannheim.de/.
MWVDO = Merriam-Webster Visual Dictionary Online. QA International. Online: visualdictionaryonline.com
OED = Oxford English Dictionary. Oxford: Oxford University Press. Online: http://www.oed.com/.
OWID = Online Wortschatz-Informationssystem Deutsch. Mannheim: Institut für Deutsche Sprache. http://www.owid.de/.
PONS ONLINE = PONS Online-Wörterbuch. Stuttgart: PONS GmbH. Online: http://de.pons.com/.
TLFi = Trésor de la langue française informatisé. Nancy: ATILF. Online: http://atilf.atilf.fr/.
VISUAL THESAURUS = Thinkmap Visual Thesaurus. New York: Thinkmap, Inc. Online: http://www.visualthesaurus.com.
WIKTIONARY = Wiktionary, das freie Wörterbuch. Online: https://de.wiktionary.org/wiki/Wiktionary:Hauptseite.
WORDNET = WordNet. Princeton, NJ: Princeton University. Online: https://wordnet.princeton.edu/.
WORTSCHATZ = Wortschatz-Portal. Universität Leipzig. Online: http://wortschatz.uni-leipzig.de/.

Internetquellen

OBELEXDICT = OBELEX[dict] Online-Bibliografie zur elektronischen Lexikografie – Wörterbücher. Mannheim: Institut für Deutsche Sprache. Online: http://www.owid.de/obelex/dict.
WIKIPEDIA = Wikipedia, die freie Enzyklopädie. San Francisco, CA: Wikimedia Foundation. Online: https://www.wikipedia.org.

Bildnachweis

Abbildung 5.1: Mannheim-Straßenverkehr: <https://upload.wikimedia.org/wikipedia/commons/c/c7/Mannheim-Strassenverkehr.png?uselang=de> Knoten Mannheim: OpenStreetMap <http://www.openstreetmap.org/node/240060919#map=11/49.4898/8.4670> Frank, Wikimedia Commons, lizenziert unter CreativeCommons-Lizenz BY-SA 3.0, URL: https://creativecommons.org/licenses/by-sa/3.0/legalcode.

Straßenschild: Street sign with ideas https://upload.wikimedia.org/
wikipedia/commons/3/33/Street_Sign_with_ideas.jpg. Tom Murphy,
Wikimedia Commons, lizenziert unter CreativeCommons-Lizenz BY-SA 3.0,
URL: https://creativecommons.org/licenses/by-sa/3.0/legalcode.

Alexander Geyken und Lothar Lemnitzer
6 Automatische Gewinnung von lexikografischen Angaben

Abb. 6.1: Die verschiedenen Arten der Fahrung.

Abb. 6.2: Vermessung im Bergbau durch einen Markscheider.

„Im Bergbau spielte die Markscheidekunst (Mark = Grenze; scheiden = trennen) zur Orientierung in den Grubenanlagen und bei der Lagerstättenerkundung schon sehr früh eine Rolle" (→ Abbildung 6.1).[1] In Analogie zu der „Kunst", Bodenschätze zu heben, werden hier Verfahren dargestellt, die Korpora für die Beschreibung von Wort „schätzen" nutzen. Die Fundstücke, in unserem Fall lexikalische Informationen, müssen im positiven Fall dann noch gehoben (→ Abbildung 6.2) und ggf. noch geläutert werden. Auch dies wird in diesem Kapitel dargestellt.

6.1	Einleitung —— 199	
6.2	Die Datenbasis eines Wörterbuchprojekts – eine Typologie der Datenquellen —— 200	
6.3	Korpora —— 204	
6.4	Angabeklassen im Wörterbuch —— 209	
6.4.1	Formbasierte Angabeklassen —— 210	
6.4.2	Inhaltsbasierte Angabeklassen —— 218	
6.4.3	Gebrauchsbasierte (pragmatische) Angabeklassen —— 232	
6.5	Grenzen automatischer Verfahren und wünschbare zukünftige Entwicklungen —— 235	
6.6	Integration von Primärquellen in lexikografische Angebote —— 237	
6.7	Literatur —— 240	
6.7.1	Weiterführende Literatur —— 240	
6.7.2	Literaturverzeichnis —— 241	

---

[1] Quelle für das Zitat: Geo- und Umweltportal Freiberg, http://tufreiberg.de/geo/gupf.

6.1 Einleitung

Gegenstand dieses Kapitels sind Verfahren zur Gewinnung von lexikografischen Angaben aus großen Mengen von authentischen Sprachdaten – typischerweise sind dies Korpora, die auf Grund ihrer Größe und Dokumentation mittels Metadaten dazu geeignet sind, den Gebrauch einer Sprache oder Sprachvarietät in einem bestimmten Zeitraum zu repräsentieren. Im Rest dieses Kapitels werden wir davon ausgehen, dass das Ziel der lexikografischen Arbeiten die Erstellung eines einsprachigen, allgemeinsprachlichen Wörterbuches ist und dessen Gegenstand die (deutsche) Gegenwartssprache. Die wichtigsten Merkmale eines Wörterbuchs dieses Typs sind: a) das gegenwärtig verwendete Vokabular der Sprache wird erfasst und b) möglichst viele Eigenschaften der lexikalischen Einheiten dieser Sprache werden beschrieben, u. a. Formeigenschaften, grammatische Eigenschaften und Bedeutungen (zur Typologie von Wörterbüchern und speziell zu diesem Wörterbuchtyp vgl. Engelberg/Lemnitzer 2009, Kapitel 2). Abweichungen von dieser Modellannahme werden erwähnt. Nicht im Fokus dieses Kapitels sind damit lexikografische Prozesse, in denen a) zwei- und mehrsprachige Wörterbücher, b) Fachwörterbücher und c) Wörterbücher zu älteren Sprachstadien erstellt werden. Dieses Modell ist ein abstraktes in dem Sinne, dass damit noch nichts über die mediale Präsentation der Artikel gesagt werden soll; ein Wörterbuch dieses Typs kann als Printwörterbuch, als elektronisches Wörterbuch oder als Internetwörterbuch veröffentlicht werden. Allerdings bietet die Publikation der Daten im Internet vielfältige Möglichkeiten der Vernetzung mit anderen Ressourcen. Auf das Potenzial und die Risiken der direkten Vernetzung eines Wörterbuches mit den primären Quellen werden wir später ausführlicher eingehen.

Die Darstellung von Verfahren zur Gewinnung lexikografisch relevanter Informationen bezieht sich auf typische Angaben, die in einsprachigen, allgemeinsprachlichen Gesamtwörterbüchern gemacht werden.

Wir stellen in diesem Kapitel einige Angabeklassen vor, für die eine (semi-)automatische Extraktion von Angaben besonders ergiebig ist, und streben damit hinsichtlich der Mikrostruktur des typischen, standardisierten Wortartikels unseres Modellwörterbuchs keine Vollständigkeit an.

In → Abschnitt 6.2 werden wir über die verschiedenen Quellen, die im Prozess der Wörterbucherstellung verwendet werden, informieren, in → Abschnitt 6.3 dann näher auf Korpora als die Quellengattung eingehen, die in diesem Text von Interesse ist. In → Abschnitt 6.4 werden wir einige Angabetypen daraufhin betrachten, ob und wie – vor allem mit welchen Hilfsmitteln – Lexikografen, und, im Falle der Vernetzung von Wörterbuch und Quellen im Internet, auch die Wörterbuchbenutzer Daten extrahieren können, die zu verlässlichen und empirisch abgesicherten Urteilen über die Eigenschaft des betrachteten Wortes führen. In → Abschnitt 6.5 zeigen wir die Grenzen, die der Stand der Technik momentan der automatischen Extraktion von lexikografischen Angaben setzt. Im letzten Abschnitt gehen wir auf ein Problem ein, das spezifisch bei Internetwörterbüchern auftritt. In digitalen lexikalischen Systemen können lexikografische Angaben in Wörterbuchartikeln und die Quellen, auf der diese Angaben beruhen, gleichzeitig eingesehen werden. Dadurch werden auch Inkonsistenzen zwischen der Datenbasis und der lexikografischen Beschreibung sichtbar. Wir stellen kurz Strategien vor, wie man mit diesem Problem aus lexikografischer Sicht umgehen kann.

6.2 Die Datenbasis eines Wörterbuchprojekts – eine Typologie der Datenquellen

Zu allen, auch in den vordigitalen Zeiten wurden verschiedene Arten von Quellen bei der Erstellung von Wörterbuchartikeln zu Rate gezogen. In ihrer Gesamtheit werden diese Quellen in der Literatur zur Lexikografie als *Wörterbuchbasis* bezeichnet.

Wörterbuchbasis

In der Forschung zu lexikografischen Prozessen (→ Kapitel 3), d. h. der redaktionellen Bearbeitung sprachlicher Befunde in Wörterbuchartikeln und Angaben, werden systematisch *drei Arten von Quellen* unterschieden: a) als primäre Quellen werden Texte bezeichnet, die aus natürlichen Kommunikationssituationen entstammen. Wir werden Mengen solcher Texte im Folgenden „(Text)Korpora" nennen (Definition s. unten); b) zu den sekundären Quellen werden diejenigen Wörterbücher gezählt, die während des lexikografischen Prozesses konsultiert und ausgewertet werden;

Drei Arten von Quellen

c) zu den tertiären Quellen gehören alle anderen sprachlichen Quellen, z. B. Grammatiken (nach Wiegand 1998; weitere Details in Engelberg/Lemnitzer 2009, S. 235–237). Ergänzend wollen wir auf die Sprachkompetenz oder sprachliche Intuition der Bearbeiterinnen hinweisen.

Die eigene *Sprachkompetenz* bzw. sprachliche Intuition: diese steht bei der Arbeit jederzeit zur Verfügung, ist aber nur bedingt verlässlich. Individuelle Urteile sind schwer so weit verallgemeinerbar, wie dies für eine zuverlässige lexikografische Arbeit notwendig ist. Die sprachliche Intuition ist in einigen Bereichen sogar systematisch unzuverlässig, z. B. bei der Abschätzung von Vorkommenshäufigkeiten (vgl. Rapp 2003) oder unzulänglich, z. B. bei der Erfassung relevanter Wortverbindungen zu einem lexikalischen Zeichen (z. B. Kollokationen, vgl. Geyken 2011, wo die Menge der Kollokationen zu einigen Stichwörtern im Wörterbuch der deutschen Gegenwartssprache mit den Ergebnissen der Analyse von großen Korpora verglichen wird, und, allgemeiner, Hanks 2012). Die eigene (sprachliche) Intuition kann bei der Interpretation der anderen Quellen ein wichtiges Korrektiv sein, sie sollte aber immer kritisch hinterfragt werden. Die Sprachkompetenz der Bearbeiterinnen eines Wörterbuchs oder von ausgewählten Informanten zählt zu der Gruppe der tertiären Quellen, zusammen mit einer gut sortierten linguistischen Bibliothek, die jedem größeren Projekt zur Verfügung stehen sollte.

Quelle: Sprachliche Intuition

Andere *Wörterbücher*: Diese zählen nach der obigen Einteilung zu den sekundären Quellen. Ältere Wörterbücher des gleichen Typs wie das zu erstellende Nachschlagewerk und Spezialwörterbücher aller Art sind wichtige Quellen für die eigene Arbeit. Man muss sich aber als Lexikograf immer darüber klar sein, dass ein Wörterbuchtext immer eine Interpretation des dem Vorgänger oder Kollegen vorliegenden und in der einen oder anderen Weise beschränkten Quellenmaterials ist. Als erfahrener Lexikograf kann man in der Regel die generelle Qualität und Verlässlichkeit der herangezogenen lexikografischen Beschreibungen beurteilen. Auf jeden Fall ist Zweifel, und idealerweise eine Prüfung durch andere Quellen vor der Übernahme von Angaben in anderen Wörterbüchern angebracht. Im Projekt DIGITALES WÖRTERBUCH DER DEUTSCHEN SPRACHE (DWDS), an dem die Autoren dieses Kapitels mitwirken, wird u. a. versucht, die historischen Belege, von denen es im zugrundeliegenden WÖRTERBUCH DER DEUTSCHEN GEGENWARTSSPRACHE

Quelle: Wörterbücher

(WDG) genügend gibt, mit den Quellen zu verknüpfen, sofern diese digital vorliegen und über das Internet verfügbar sind. Die hier verwendete Textbasis ist das DEUTSCHE TEXTARCHIV. Wörterbücher können aber nicht nur im Prozess der Artikelerstellung als Quelle der Inspiration verwendet werden. Sofern ein anderes, verwandtes Wörterbuch elektronisch verfügbar und wohlstrukturiert ist, kann es auch für Datenabgleiche im größeren Stil verwendet werden, z. B. für den Abgleich von Lemmalisten oder von Bedeutungen eines bestimmten Stichworts.

Lexikografische Karteien: Diese wird man als Sammlung authentischer Äußerungen bzw. von deren Exzerpten zu den primären Quellen zählen. In der Regel sind die so bezeichneten Belegzettel-Sammlungen das Ergebnis der Arbeit vieler Exzerptoren, die Zitate aus Texten auf Belegzettel exzerpiert und mit Angaben zur Fundstelle versehen haben. So sind sie zwar das Ergebnis der Auswahl und Bearbeitung durch die Exzerpierenden, erlauben aber den lexikografischen Bearbeitern den Zugriff auf den Primärtext durch eine präzise Belegquellenangabe.

Einerseits handelt es sich bei solchen Sammlungen um das Ergebnis einer gut überlegten und geplanten Auswahl aus einer, zumindest in der vordigitalen Zeit, sonst nicht bewältigbaren Fülle von Material. Atkins und Rundell merken aber zu diesem Quellentyp kritisch an, dass Leser, die solche Belege exzerpieren (müssen), dazu neigen, das Ungewöhnliche oder Besondere des Sprachgebrauchs zu berücksichtigen auf Kosten von Phänomenen, die den meisten Sprachbenutzern belanglos erscheinen (2008, S. 52). Scheinbar belanglose sprachliche Details sind aber für die lexikografische Arbeit ebenso relevant.

Darüber hinaus ist der Zugriff auf Belegsammlungen, wenn sie eine gewisse Größe überschreiten, schwerfällig. Tritt man an eine Menge von Belegen mit einer neuen Fragestellung heran, dann ist damit in der Regel das Umsortieren von Zettelmengen verbunden. Einfache Fragen wie „ist das Wort X im maskulinen Genus später als 1800 noch belegt" erfordern eine zeitraubende Suche in großen Zettelmengen und manche Fragen, die die Aggregierung von Belegen erfordern würden, lassen sich gar nicht auf diese Weise beantworten. Erschwerend kommt hinzu, das lexikografische Karteien ortsfest sind.

Beispiele für „verzettelte" Belegsammlungen finden sich vor allem bei langfristig angelegten sprachhistorischen Wörterbüchern wie etwa dem englischen OXFORD ENGLISH DICTIONARY (OED) und dem von Jacob Grimm und Wilhelm Grimm begründeten DEUTSCHEN WÖRTERBUCH (DWB). Beispiel für eine gegenwartssprachlich orientierte Belegsammlung ist die Duden Sprachkartei.

(Text-)Korpora: Nach der obigen Einteilung zählen diese zu den primären Quellen. Im Zeitalter der Digitalisierung erschließen sich mit der Nutzung von *Korpora* Möglichkeiten für die lexikalische und lexikologische Analyse des aktuellen Sprachgebrauchs, die, wie oben gezeigt, mit keinem der anderen Quellentypen möglich sind. Digitale Korpora sind im Rahmen eines Projekts ortsunabhängig zugänglich, sie liefern ein unverzerrtes Bild der abgebildeten Sprache in dem Sinne, dass sie auch für scheinbar belanglose Phänomene Belege liefern. Die Aufgabe der fragespezifischen Extraktion der Daten wird heutzutage von flexiblen, oft auch auf lexikografische Bedürfnisse zugeschnittenen Suchmaschinen übernommen. Als Beispiel seien hier die Suchmaschinen auf den Webseiten www.dwds.de und www.duden.de genannt. Die Suchmaschinen selber sind für den Benutzer in der Regel unsichtbar bzw. nur über Textfeld für die Eingabe des Suchwortes bzw. der Suchwörter zugänglich.

Quelle: Korpora

Wir gehen im nächsten Abschnitt näher auf Korpora ein. Bei der Verwendung von Korpora für die Zwecke der Wörterbucherstellung muss man sich, wie bei den anderen Datenquellen auch, folgender *Beschränkungen* bewusst sein: a) kein Korpus, egal welcher Größe, kann eine lebende Sprache als Ganzes abbilden oder repräsentieren, die Abbildung wird aber besser, je größer und nach verschiedenen Dimensionen wie Textsorten, räumliche und zeitliche Verteilung der Texte etc. ausgewogener das verwendete Korpus ist (vgl. Geyken 2007). Viele große Korpora bestehen zum großen Teil oder gar ausschließlich aus Zeitungstexten. Einige Korpora wie das Kernkorpus des DWDS erfassen systematisch auch andere Textsorten wie Gebrauchstexte. Transkripte gesprochener Sprache gibt es praktisch nur in Spezialkorpora wie z. B. im ARCHIV GESPROCHENES DEUTSCH (AGD) beim Institut für Deutsche Sprache; b) bei der Abstraktion von Beobachtungsdaten aus Korpora auf sprachsystematische Beschreibungen ist Vorsicht angebracht, besonders wenn die Zahl der Belege zu einem Phänomen gering ist; c) alle sekundären linguistischen Analysen über großen Mengen von Textdaten sind fehleranfällig; wenn Daten manuell linguistisch annotiert oder kontrolliert wurden, enthält das Ergebnis eine Vielzahl wiederum

Korpora: Beschränkungen

schwer zu kontrollierender subjektiver Entscheidungen (zu diesen drei Aspekten ausführlicher Lemnitzer/Zinsmeister 2010, Kapitel 2).

Trotz dieser einschränkenden Bemerkungen werden wir dieses Kapitel des Kompendiums, das der automatischen Gewinnung von lexikografischen Angaben gewidmet ist, auf Textkorpora als Datenquelle beziehen. Aus keiner der anderen genannten Datenquellen lassen sich, wie oben dargestellt, lexikografische Daten automatisch extrahieren. Im folgenden Abschnitt werden wir zunächst näher auf die relevanten Eigenschaften von digitalen Textkorpora eingehen.

6.3 Korpora

Definition

Im Anschluss an Lemnitzer/Zinsmeister (2010), S. 8, *definieren* wir „Korpus" wie folgt:

> Ein Korpus ist eine Sammlung schriftlicher oder gesprochener Äußerungen. Die Daten des Korpus sind typischerweise digitalisiert und maschinenlesbar. Ein Korpus besteht aus den Primärdaten, also den Texten, sowie möglicherweise aus Metadaten, die diese Daten beschreiben, und aus linguistischen Annotationen, die diesen Daten zugeordnet sind.

Anforderungen an Korpora: Größe

Eine wichtige *Anforderung* an ein Korpus aus der Sicht der Lexikografie betrifft dessen Größe. Zum einen steigt mit der *Größe* eines Korpus die Wahrscheinlichkeit, eine seltene, aber nach den grammatischen Regeln der Sprache bildbare Konstruktion darin zu finden. Wie wir weiter unten sehen werden, ist eine gewisse Größe – gemessen als die Anzahl laufender Wörter – für aggregierende statistische Auswertungen sogar zwingend erforderlich, d. h. unter einer gewissen Korpusgröße sind die Ergebnisse der statistischen Analyse(n) für die Zwecke der Lexikografie zu schlecht (Geyken 2007, S. 37). Ein paar Zahlen zum Vergleich: Das englische Korpus, das der Erstellung der ersten Auflage des COLLINS COBUILD ENGLISH LANGUAGE DICTIONARY (CCELD) zugrundelag, umfasste ca. 20 Millionen laufende Wörter, das Referenzkorpus für das britische Englisch, das BRITISH NATIONAL CORPUS (BNC) umfasst ebenso wie das Kernkorpus des DWDS ca. 100 Millionen laufende Wörter. Gegenwärtig bewegen sich die Zahlen gegenwartssprachlicher Korpora im zweistelligen Milliardenbereich. Das DEUTSCHE REFERENZKORPUS am Institut für Deutsche Sprache (DEREKO) umfasst mehr als

6 Milliarden Token. Ein Größenvergleich verschiedener englischsprachiger Korpora findet sich in Rundell/Atkins (2013, S. 1337).

Eine weitere Anforderung betrifft die *Herkunft* der Korpustexte und *Qualität* der Digitalisate. Ein weiteres lexikografisches Erfordernis, besonders wenn das Korpus zur Sprachdokumentation über Belege dienen soll, sind die Textauswahl und die Dokumentation, also die Metadaten der Korpusdaten selber und Begleittexte, die z. B. über die Zusammenstellung der Texte Auskunft geben. Während die „100 Millionen"-Referenzkorpora in dieser Hinsicht vorbildlich sind, haben die „Milliarden"-Korpora hier z. T. erhebliche Defizite: Die Auswahl der Texte ist oft willkürlich und schwer nachvollziehbar und die Dokumentation zur Herkunft etc. unzureichend. Herkunft und Qualität der Texte

Auch die Qualität der Primärdaten, sofern es sich um nicht weiter geprüfte Scans von Textvorlagen handelt, lässt oft zu wünschen übrig. Das soll nicht heißen, dass diese Korpora unbrauchbar sind – im Gegenteil sind sie für seltene sprachliche Phänomene oft die einzige verfügbare Quelle. Aus lexikografischer Sicht sind solche Korpora aber nur als eine zusätzliche Quelle zu gebrauchen.

Mit Lemnitzer/Zinsmeister (2010, S. 44–50) unterscheiden wir *drei Ebenen* bei (Text-)Korpora: a) die Primärdaten; b) die Metadaten und c) die strukturelle(n) und linguistische(n) Annotation(en) der Primärdaten. Wie wir weiter unten zeigen werden, sind Informationen aller drei Ebenen für verschiedene lexikografische Analysen unterschiedlich wichtig bzw. sogar essentiell. Ebenen des Korpus

Bis auf wenige Ausnahmen stehen die *Primärdaten* eines Korpus unmittelbar zur Verfügung (eine erwähnenswerte Ausnahme: in Korpora von Twitter-Daten dürfen aus rechtlichen Gründen nur Links in den Datenraum von twitter.com bereitgestellt werden, nicht die Texte selber). Primärdaten

Durch Annotation wird in vielen Korpora zumindest die Struktur der Quelle annotiert, also z. B. die Gliederung in Kapitel, Abschnitte und natürlich auch die Seitenzahlen des Originals. Für die lexikografische Belegung (und die damit verbundene Angabe der Belegquelle) sind diese Angaben notwendig, wenn auch nicht immer hinreichend. So ist die Angabe der Seitenzahl bei einigen referierten Werken, z. B. Gesetzestexten und Nachschlagewerken, nicht ausreichend.

Linguistische Annotation Die *linguistische Annotation*, die typischerweise die morphosyntaktischen, seltener die semantischen Merkmale von Textwörtern beschreibt, ist vor allem für die gezieltere Suche von Belegen nützlich. Ein Beispiel: Wenn man nach dem Stichwort *sieben* sucht, werden bei entsprechend großen Korpora sehr viele für die Bearbeitung des aktuellen Stichwortes irrelevante Belege extrahiert. Die Suche ließe sich eingrenzen (entweder auf das Verb oder auf das Zahlwort), wenn die linguistische Annotation, in diesem Fall die Annotation nach Wortarten, diese Informationen zur Verfügung stellt (vgl. Lemnitzer/Zinsmeister 2010, Abschnitte 4.1. und 4.2).

Metadaten Der Umfang und die Qualität von *Metadaten* ist zurzeit noch der Punkt, an dem sich mit intellektuellem Aufwand zusammengestellte Referenzkorpora wie das BNC, DEREKO und das DWDS-KERNKORPUS von Webkorpora, z. B. COW (Schäfer/Bildhauer 2012), und vom „google books" Korpus unterscheiden. Gute Metadaten, die insbesondere verlässliche Angaben über die Datierung, die Quellenausgabe etc. liefern, sind für die lexikografische Nutzung von Korpora für die Belegung unverzichtbar. Wir werden weiter unten zeigen, dass manche Angaben aus Korpora überhaupt nur dann ermittelt werden können, wenn geeignete Metadaten zur Verfügung stehen. Schmidt (2004) behandelt das Thema Metadaten auch mit Bezug auf Korpora ausführlich.

Typen von Korpora Schließlich ist es wichtig, verschiedene *Typen von Korpora* zu unterscheiden, da sich verschiedene Arten von Korpora unterschiedlich gut für unterschiedliche lexikografische Anforderungen eignen. Einige für die lexikografische Arbeit relevante Unterscheidungen sind die

Referenzkorpus vs. Spezialkorpus
– zwischen *Referenzkorpora* und *Spezialkorpora*. Erstere haben den Anspruch, ein Gesamtbild der dokumentierten Sprache zu geben, letztere decken einen bestimmten Bereich ab. Für das Deutsche gibt es seit 2004 ein allgemeinsprachliches Kernkorpus der deutschen Gegenwartssprache des 20. Jahrhunderts, welches nach Textsorten und zeitlich über das gesamte 20. Jahrhundert ausgewogen ist: das DWDS-KERNKORPUS (Geyken 2007). Fachsprachliche Korpora sind ein gutes Beispiel für lexikografisch relevante Spezialkorpora, da sie als Quelle für die Fachsprachenlexikografie dienen. Auch ein Korpus, das die Texte eines Autors (z. B. KANT-KORPUS) oder einer Zeitschrift (Korpus der Zeitschrift „Die Fackel") umfasst, kann man als Spezialkorpus ansehen.

- zwischen *einsprachigen Korpora* und *mehrsprachigen Korpora*. Einsprachige Korpora sind für die hier beschriebenen lexikografischen Arbeiten essentiell. Mehrsprachige Korpora sind oft parallel in dem Sinn, dass ein Satz aus dem Korpusteil der Sprache B eine Übersetzung eines Satzes aus dem Teil zu Sprache A ist. Gelegentlich sind mehrsprachige Korpora aber nicht exakt aligniert, die Texte entstammen aber einem ähnlichen Sachgebiet. In diesem Fall spricht man von vergleichbaren mehrsprachigen Korpora. Für die einsprachige Lexikografie sind mehrsprachige Korpora von marginalem Nutzen.
  Einsprachiges vs. mehrsprachiges Korpus

- zwischen gegenwartssprachlichen *(synchronen) Korpora* und auf ein früheres Sprachstadium bezogenen *(diachronen) Korpora*. Diese Unterscheidung bezieht sich auf den Beschreibungsgegenstand. Korpora der ersten Art bilden die Sprache eines Zeitfensters ab, das man als „Gegenwartssprache" bezeichnen kann, meist mehrere Jahrzehnte, die vor der Erstellung des Korpus liegen. Korpora der zweiten Art dokumentieren den Sprachgebrauch in einer bestimmten, wohldefinierten Epoche, z. B. die Sprache des Althochdeutschen oder Mittelhochdeutschen. Als Mischform zwischen diesen beiden Typen kann man Korpora betrachten, die mehrere Sprachstadien inklusive des gegenwärtigen Sprachgebrauchs abdecken. Wenn die Metadaten dies ermöglichen, kann ein solches Korpus bei Bedarf in einen gegenwartsprachlichen, synchronen und in einen historischen, diachronen Teil aufgeteilt werden.
  Synchrones vs. diachrones Korpus

- zwischen *statischen Korpora* und *dynamischen Korpora*. Korpora der ersten Art sind dauerhaft verfügbar, man kann sich bei der Suche und Dokumentation von lexikografischen oder linguistischen Befunden verlässlich auf sie beziehen – die Primärdaten sind wiederauffindbar. Dynamische Korpora verändern sich permanent, meist durch die regelmäßige Hinzunahme weiterer Texte. Die Stärke von dynamischen Korpora liegt in der Aktualität der Daten und darin, dass bestimmte Phänomene über einen längeren Zeitraum an immer wieder neuen Daten beobachtet werden können. Ein Teil der am Institut für Deutsche Sprache verfügbaren Korpora wird nach dem Prinzip des permanenten Aufwuchses verwaltet. In einem Extremfall von dynamischem Korpus, dem sog. Monitorkorpus, werden Sprachdaten aus einem sehr kleinen Zeitfenster (z. B. Texte, die in einem Zeitraum von mehreren Tagen erstellt wurden) nur
  Statisches Korpus vs. dynamisches Korpus

für kurze Zeit bereitgestellt und danach wieder gelöscht. Die Daten auf twitter.com stellen eine Art Monitorkorpus dar. Zu Monitorkorpora und deren lexikografischer Nutzung vgl. Sinclair (1991).

Auflistungen von Korpora und Korpuskollektionen finden sich u. a. in Lemnitzer/Zinsmeister 2010, Kapitel 5 und im VIRTUAL LANGUAGE OBSERVATORY (VLO).

Datenextraktion
Hat man sich einmal auf ein Korpus oder mehrere Korpora als Primärquelle(n) festgelegt, dann kann die Arbeit der *Datenextraktion* und Datenanalyse beginnen. Dabei sind gegenwärtig die folgenden Modi der Datenextraktion in der lexikografischen Praxis vorherrschend:

Konkordanzen
- Zu einem bestimmten Stichwort, ggf. weiter spezifiziert durch linguistische Informationen zum Stichwort, werden Belege extrahiert und angezeigt, in denen das Stichwort vorkommt. Die resultierende Belegliste nennt man *Konkordanz*. Dies ist die Methode der Wahl z. B. bei der Exploration der unterschiedlichen Verwendungsweisen eines Stichworts. Man unterscheidet weiter sogenannte *Keyword in Context* (KWIC) Konkordanzen, bei denen zusätzlich zum Stichwort eine bestimmte Anzahl von Zeichen oder Wörtern in der linken und rechten Nachbarschaft angezeigt werden, von Konkordanzen, bei denen ein ganzer Satz oder ein noch größerer Kontext angezeigt werden.

Statistiken
- Zu einem Stichwort werden *statistische Daten* ermittelt z. B. über die Vorkommenshäufigkeit des Stichworts im Korpus (wichtig z. B. für die Lemmaselektion), über die Distribution des Stichwortes über verschiedene Texte oder Teilkorpora (dies kann für die Ermittlung pragmatischer Eigenschaften der Verwendung interessant sein) oder zu typischen Wortkombinationen (dies ist wichtig für die Ermittlung von Kollokationen, Phrasemen etc. mit dem Stichwort als Bestandteil).

Interpretation

Teilautomatische Extraktion
Bei der lexikografischen Arbeit mit Korpora findet fast immer ein Zusammenspiel von automatischen bzw. automatisierten Extraktionsverfahren und der darauf folgenden Auswahl und *Interpretation* der Daten statt. Insofern ist es genauer, wenn man von der teilautomatischen Gewinnung von Angaben spricht. Unabhängig davon, ob die Daten automatisch oder *teilautomatisch* gewonnen werden, müssen im Fall eines redaktionell erstellten Wörterbuches Lexiko-

grafinnen die gewonnenen Daten interpretieren, einordnen und in ihre Beurteilung der Sachverhalte einfließen lassen. Für den Fall, dass Korpora und deren teilautomatische Analyse im Rahmen von lexikalischen Informationssystemen den Nutzern direkt zugänglich sind, obliegt die Interpretation und Beurteilung der Daten den Benutzern.

Im Folgenden werden wir, ausgehend von einem typischen Informationsprogramm eines allgemeinsprachlichen Gesamtwörterbuchs (Beispiele hierfür sind das WDG oder DUDEN – DEUTSCHES UNIVERSALWÖRTERBUCH [DDUW]), zeigen, welche der Informationen systematisch aus Korpora gewonnen werden können und mit welchen Schwierigkeiten man rechnen muss. Dabei werden wir korpusbasierte Verfahren darstellen, bei denen eine Menge von Daten ohne vorgelagerte Hypothesenbildung exploriert wird, und korpusgestützte Verfahren, bei denen eine vorgängige lexikografische Hypothese an Korpusdaten verifiziert bzw. falsifiziert werden soll (zu dieser Unterscheidung vgl. Tognini-Bonelli 2001 und Lemnitzer/Zinsmeister 2010, S. 32–37).

Wir wollen außerdem an dieser Stelle darauf hinweisen, dass es Verfahren der automatischen Extraktion von lexikografischen Angaben gibt, die nicht Korpora, sondern andere Datenquellen verwenden. Ein Beispiel hierfür ist die Angabe der Silbentrennung im Wörterbuch ELEXIKO, die durch ein sprachtechnologisches Programm mit einer Regelbasis und Ausnahmenlexikon ermittelt wird, ein weiteres Beispiel ist die automatische, regelbasierte Wortbildungsanalyse, auf die bei den Wörterbüchern von CANOONET zurückgegriffen wird, wenn das gesuchte Wort nicht in der Datenbasis vorhanden ist.

6.4 Angabeklassen im Wörterbuch

Wie bereits oben erwähnt, gehen wir im Folgenden von der Modellstruktur eines standardisierten Artikels in einem einsprachigen, *allgemeinsprachlichen Gesamtwörterbuch* aus. Dies ist unabhängig davon, in welchem Medium die Daten eines solchen Wörterbuches präsentiert werden: im Druck, als elektronisches Wörterbuch auf einer CD oder im Internet.

Allgemeinsprachliches Gesamtwörterbuch

Bei der Identifizierung und der Benennung von *Angabeklassen* folgen wir der formalen Beschreibung von standardisierten Arti-

Angabeklasse

kelstrukturen im Wörterbuch, die vor allem Herbert Ernst Wiegand und Franz Josef Hausmann detailliert ausgearbeitet haben (vgl. u. a. Wiegand 1989). Danach besteht die abstrakte Mikrostruktur der Artikel in einem bestimmten Wörterbuch aus einer Folge bzw. einer Hierarchie von *Angabetypen* und Angabegruppen. Einige der Angabetypen sind obligatorisch, andere sind optional. In der konkreten Mikrostruktur eines bestimmten Artikels sind einige dieser Angabetypen realisiert, mindestens aber alle obligatorischen.

Angabetyp

Da es in diesem Beitrag nicht um ein konkretes Wörterbuch geht, sondern um das *Informationsprogramm* eines allgemeinsprachigen Modellwörterbuchs, werden wir im Folgenden immer von den Angabetypen sprechen und von dem Beitrag, den Korpora und Extraktionswerkzeuge für die Ermittlung konkreter Angaben für diesen Angabetyp erbringen können.

Informationsprogramm

Terminologisch beziehen wir uns dabei auf den „Baum von Angabetypen" in Hausmann/Wiegand (1989, Abb. 36.9) und die Liste von Angabetypen in Wiegand (1989, Abb. 39.3). Der „Baum" erlaubt eine hierarchische Zuordnung und Gruppierung der Angabetypen, die Tabelle in Wiegand (1989) die terminologisch korrekte Benennung der Angabetypen.

6.4.1 Formbasierte Angabeklassen

Lemmazeichengestaltangabe und Varianten

Hinsichtlich der äußeren Gestalt des geschriebenen Wortes, also der Repräsentation seiner Gestalt und Schreibung im Wörterbuch, nennt Wiegand (1989, S. 468) die folgenden *Angabeklassen*: Lemmazeichengestaltangabe, Rechtschreibangabe, Silbenangabe, Schreibungsangabe, Schreibvariantenangabe, Silbentrennungsangabe, Zeichengestaltangabe. Zu einigen dieser Angaben lassen sich durch die Analyse von Korpora keine lexikografisch relevanten Erkenntnisse gewinnen. Die Angabe zu Silbentrennung zum Beispiel ist 1) normativ (Rechtschreibrat 2006–2010, §107f.), 2) heutzutage überwiegend technisch, über entsprechende Softwaremodule in Textverarbeitungsprogramme vermittelt und 3) wird die Worttrennung am Zeilenende im Zuge der Digitalisierung von Korpora heute meist rückgängig gemacht, da dieses „druckraumbezogene" Hilfsmittel das Auffinden von Wörtern z. B. mittels einer Suchmaschine erschwert oder unmöglich macht.

Angabeklassen im Formteil

Interessant für die lexikografische Arbeit sind hingegen solche Angaben, wo die *orthografische Norm* gar nichts vorschreibt oder einen Spielraum lässt, in dem sich unterschiedliche *Sprachgebräuche* etablieren können. Ein Projekt, das korpusbasiert den Sprachgebrauch gegenüber der orthografischen Norm beobachtet, wird zurzeit am Institut für Deutsche Sprache durchgeführt (www.schreibgebrauch.de).

Orthografische Norm vs. Sprachgebrauch

Die Darstellung dieser unterschiedlichen Konventionen kann ein Ziel eines überwiegend deskriptiv orientierten Wörterbuchprojektes sein. Wir illustrieren dies im Folgenden anhand einiger Beispiele, in denen man eine *Schreibvariantenangabe* machen kann:

Angabe von Schreibvarianten

- konkurrierende Schreibung von Komposita mit und ohne Bindestrich: Die Regeln des deutschen Rechtschreibrats (2006–2010, §40f.) lassen hier einigen Spielraum, vor allem §45: „Man kann einen Bindestrich setzen zur Hervorhebung einzelner Bestandteile, zur Gliederung unübersichtlicher Zusammensetzungen, zur Vermeidung von Missverständnissen oder beim Zusammentreffen von drei gleichen Buchstaben." Große Varianz findet man vor allem bei Komposita mit einem nichtnativen Bestandteil (*Musik-Download* vs. *Musikdownload*), aber auch z. B. bei Kopulativkomposita (*öffentlich-rechtlich* vs. *öffentlichrechtlich*, *rot-grün* vs. *rotgrün*);
- konkurrierende Schreibung gibt es auch bei der (Nicht-)Verwendung eines Fugenmorphems in einem Kompositum. Hier gibt es einerseits eine Variante ohne und eine Variante mit Fugenmorphem (*Vertragrecht* vs. *Vertragsrecht*), andererseits den Fall von zwei Varianten mit zwei verschiedenen Fugenmorphemen (*Schweinebraten* vs. *Schweinsbraten*);
- konkurrierende Schreibung aufgrund einer Liberalisierung der Norm durch die neuen Rechtschreibregeln, vor allem in Bezug auf die mehr oder weniger stark vollzogene Integration von Lehnwörtern in das System der nativen Schreibung (s. Rechtschreibrat 2006–2010, §32[2]), z. B. *Portemonnaie/Portmonee*;
- konkurrierende Schreibung aus anderen Gründen, z. B. die Varianz zwischen *-oxid* und *-oxyd* (in *Eisenoxid/-oxyd* u. a.) oder die Varianz zwischen *Ski-* und *Schi-* (sowohl als Simplex und in Komposita wie *Schi-/Skigebiet*).

Sollte man sich bei der Artikelerstellung dazu entschließen, Schreibvarianten dieser Art zu verzeichnen, dann stellt sich die

Anordnung von Schreibvarianten

Frage der Anordnung der verschiedenen Varianten. Dieses Problem kann man auf drei verschiedene Arten lösen: a) man legt im lexikografischen Manual z. B. eine Regel fest, nach der (für den obigen Fall 1) immer die zusammengeschriebene Variante vor die Bindestrichvariante gesetzt wird. Dies führt bei *öffentlichrechtlich/ öffentlich-rechtlich* und ähnlichen Fällen aber zu einer Anordnung, die vom Benutzer unter Umständen schwer nachzuvollziehen ist oder ihn gar hinsichtlich des Usus in die Irre führt. Bei der zweiten Alternative kommen Korpora ins Spiel: man setzt immer die Variante nach vorn, die im zugrundeliegenden Korpus die häufigere ist. Diese Art der Anordnung, nach der je nach Evidenz für ein bestimmtes Stichwort eine andere Variante „vorgezogen" wird, muss aber zumindest in den Umtexten des Wörterbuchs erläutert werden. Noch besser ist eine vergleichende oder absolute Frequenzangabe für die Varianten. Die dritte Alternative ist es, eventuelle Gebrauchsbeschränkungen einer Variante bei dieser Variante zu markieren (also etwa als „fachsprachlich", „süddeutsch" oder „veraltet"), wenn sich dies auf Grund der Metadaten zu den Texten, in denen jeweils eine Variante vorkommt, ermitteln lässt (weitere Details hierzu in → Abschnitt 5.4.3).

Gebrauchspräferenz

Unter Umständen muss man bei der Beobachtung von Schreibvarianten einen zeitlichen Wandel der *Gebrauchspräferenz* berücksichtigen. Hierzu ein Beispiel: Für die Variante *Ski* findet man im DWDS-KERNKORPUS in Dokumenten aus der ersten Hälfte des 20. Jahrhunderts (= Z1, Z steht für Zeitraum) 148 Belege, in Dokumenten aus der zweiten Hälfte des 20. Jahrhunderts (= Z2) 141 Belege. Für die Variante *Schi* findet man in Z1 77 Belege, in Z2 hingegen nur 6 Belege. Der empirische Befund deutet auf eine Änderung der Gebrauchspräferenz zugunsten der ersten Variante hin. Nimmt man in einem gegenwartssprachlichen Wörterbuch die zweite Variante (*Schi* bzw. *Schi-*) mit auf, dann kann man sie, dem Korpusbefund folgend, mit gutem Recht als „selten(er)" markieren.

Grammatische Angaben

Dies ist nicht der Ort, ausführlich die Details und Funktionen von grammatischen Angaben im Wörterbuch bzw. *Wörterbuchgrammatiken* darzustellen. Als Einführung seien Mugdan (1989) sowie weitere Artikel in Band 5.1 der Handbücher zur Sprach- und Kommunikationswissenschaft (HSK) empfohlen. Als Beispiel für ein Internetwörterbuch, das den Schwerpunkt auf grammatische Informationen legt, die zum großen Teil automatisch extrahiert bzw. generiert werden, sei hier noch das Wörterbuch von CANOONET genannt.

Wörterbuchgrammatik

Grammatische Informationen als Strukturinformationen sind anders als Informationen zur Form des zu beschreibenden Stichwortes nicht direkt aus Korpora extrahierbar. Man benötigt neben der Oberflächenform einzelner Wörter unter Umständen Informationen zu deren Wortart oder abstrakte linguistische Kategorien wie „Präpositionalphrase" oder „Nebensatz", um die benötigten Informationen gezielt finden zu können. Die erfolgreiche Suche erfordert also entweder die vorgängige linguistische Analyse oder die nachgelagerte Auswahl und Interpretation der Daten.

Genauer gesagt spielen bei der erfolgreichen Suche nach sprachlichen Strukturen in großen Textmengen drei Aspekte eine Rolle: a) das Korpus und seine linguistische Aufbereitung; b) das Werkzeug, mit dem man Suchabfragen auf diesem Korpus stellen kann und c) der Wissenschaftler bzw. Lexikograf und seine Interpretation der Daten.

Wir haben bereits weiter oben beschrieben, dass zu einem linguistischen Korpus neben den Primärdaten eine weitere Schicht, nämlich die linguistische Annotation gehört (→ Abschnitt 6.3). Für das Verständnis des Folgenden ist es lediglich wichtig zu wissen, dass *sprachtechnologische Werkzeuge* zum einen Angaben zur Morphologie und Wortart eines Textwortes (Token) machen können (üblicherweise ein Wortartentagger) und darüber hinaus wortübergreifende Strukturen (Sätze, Satzteile) markieren und analysieren können (dies ist die Aufgabe von syntaktischen Parsern). Während die wortbezogene Annotation bei den meisten gegenwartssprachlichen Korpora der Standard ist, ist die wortübergreifende Annotation nicht sehr verbreitet, da sie aufwendiger und fehleranfälliger ist. Komplett und zuverlässig auf Satzebene annotierte Korpora nennt man Baumbanken (s. Abschnitt 4.2.3 in Lemnitzer/Zinsmeister 2010).

Rolle sprachtechnologischer Werkzeuge

Der zweite Aspekt ist die Suchmaschine, über die die Abfragen von Linguisten oder Lexikografinnen vermittelt werden. Folgende Suchoptionen sind mit linguistischen Suchmaschinen möglich, allerdings sind nicht alle diese Möglichkeiten überall realisiert:

Rolle der Suchmaschine

- Suche nach einer Oberflächenform (*gibt*) oder nach einem Lemma (*geben*). Bei letzterer Abfrage werden allen *Oberflächenformen* im Paradigma des Lemmas als Treffer gewertet und entsprechende Textstellen angezeigt (*geben* → *gebe, gibst, gibt, gab, gegeben* usw.).

Suche nach Oberflächenform

- Suche nach einer *lexikalischen Form* oder nach einer Wortart, z. B. Suche nach *Entscheidung treffen* oder Suche nach *Entscheidung* $Verb. Im letzteren Fall würden Ausdrücke wie *Entscheidung fällen, Entscheidung drängen* als Treffer gewertet und ausgegeben. Das Potential dieser Art von Abfragen wird deutlicher, wenn man bemerkt, dass man über eine solche Suchmaschine Konzepte wie „Stichwort und vorhergehendes/folgendes Verb" oder „Verb im Abstand von maximal 3 Wörtern zum Stichwort" formulieren kann.

Suche nach lexikalischer Form

- Suche nach bzw. in einer *syntaktischen Struktur*, z. B. „*schnell* innerhalb einer Adverbialphrase" oder „Adverbialphrase im Vorfeld". Diese Art von Abfragen sind momentan nur über spezialisierte Suchwerkzuge für Baumbanken möglich (z. B. TigerSearch in Zusammenhang mit einigen deutschen Korpora und DACT im Zusammenhang mit dem niederländischen Alpino Korpus; weitere Details in Lemnitzer/Zinsmeister 2010, Abschnitt 4).

Suche nach syntaktischer Struktur

Insbesondere das letzte Beispiel zeigt, dass eine Anfrage an ein linguistisch annotiertes Korpus, das die gewünschten Treffer einträgt, dem Suchenden einiges abfordert. Gängige linguistische Konzepte wie „Nebensatz" oder „Imperativsatz" stehen bei der Korpusabfrage in der Regel nicht zur Verfügung und können, wenn erforderlich, nur annähernd formuliert werden. Erfolgreiche Abfragen nach grammatischen Strukturen setzen also nach wie vor gute Kenntnisse der Abfragesprache und der (linguistischen Annotation der) zugrundeliegenden Korpora voraus.

Wir wollen dies anhand einiger leichterer und einiger etwas komplexerer Beispiele, die grammatischen Angaben im Wörterbuch betreffend, demonstrieren.

In standardisierten Wörterbuchartikeln allgemeinsprachlicher Gesamtwörterbüchern werden im sogenannten Formteil *Angaben zur Flexion* von Substantiven gemacht. Im Printwörterbuch wird dabei meist mit sogenannten Eckformen gearbeitet, im Deutschen sind dies Genitiv Singular und Nominativ Plural (*Schuh, -s, -e*). Bei einem Internetwörterbuch, in dem mehr Platz dafür ist, kann man alle Vollformen im Flexionsparadigma angeben (*Schuh, Schuhs, Schuhe* etc., siehe z. B. http://de.wiktionary.org/wiki/Schuh), was vermutlich benutzerfreundlicher ist. Unter Umständen muss man die generischen Angaben im Formteil für einzelne Bedeutungen einschränken (z. B. ist im Falle von *Sand* nicht für alle Bedeutungen der Plural *Sände* bildbar). Alternativ kann man das exakte Formenparadigma bei Bedeutungen einzeln angeben (s. zum Beispiel den Artikel *Wasser* in ELEXIKO, www.owid.de/artikel/261769, dort die „Grammatischen Angaben" bei den einzelnen Bedeutungen). Der Artikel *Wasser* führt uns gleich zu einer weiteren Angabe, die im Zusammenhang mit der Flexion der Substantive relevant ist: die *Numerusbeschränkungsangabe*. Einige Substantive werden ausschließlich im Plural verwendet (z. B. *Kosten*), andere überwiegend im Plural (z. B. *Süßwaren*). Einige Wörter werden nur im Singular verwendet (z. B. *Plastizität*) oder überwiegend im Singular. Letzteres wollen wir an einem Beispiel aus den *-politik*-Komposita zeigen. Der Plural von *Agrarpolitik* ist zwar selten, aber im DWDS-KERNKORPUS doch mehrfach belegt:

Flexionsangabe

Numerusangabe

> Auf solche Weise haben sich die Schwächen der nationalen Agrarpolitik addiert. Die gemeinsame Agrarpolitik ist protektionistischer und wohl auch: produzentenfreundlicher geworden, als es irgendeine der ehemals Sechs oder jetzt Neun nationalen **Agrarpolitiken** je gewesen ist oder hätte werden können. (Die Zeit, 21.02.1975, Nr. 9, Hervorhebung der Autoren, DWDS-Anfrage: „@Agrarpolitiken").

Das Wort wird hier wie in den anderen Belegen in der Bedeutung ‚vergleichbare politische Handlungsfelder in mehreren Staaten' verwendet.

Bei einigen Substantiven, vor allem bei Lehnwörtern, gibt es *Flexionsvarianten* im Singular oder im Plural. Varianz beim Genitiv Singular gibt es vor allem bei Lehnwörtern mit dem z. B. im Englischen typischen Suffix *-ing*, als Beispiel sei dies hier am Wort *Outing* gezeigt.

Flexionsvarianten

Vielleicht war er der erste homosexuelle Schriftsteller seiner Generation, der dieses Faktum weder verschwiegen noch dramatisiert hat. Max Goldt hat gegen die Mode **des Outing** gesagt, der Mensch bestehe auch aus 197 anderen Eigenschaften. (Frankfurter Allgemeine Zeitung, 05.11.1994, Hervorhebung der Autoren, DWDS-Anfrage: „@des @Outing").

Seit einer Woche ist er nicht mehr in diesem Amt, Mbeki nahm ihn nicht mehr in sein neues Kabinett auf. Das mag ihm diese besondere Form **des Outings** erleichtert haben. (Berliner Zeitung, 07.05.2004, Hervorhebung der Autoren, DWDS-Anfrage: „@des @Outings").

Pluralvarianten

Die Varianz bei den *Pluralformen* zeigen wir am Beispiel des Wortes *Bonus*. Neben dem üblicheren Plural *Boni* gibt es auch, allerdings selten, die native Pluralbildung:

Danach stürzte die Aktie ab. Da die zerplatzte Internet-Blase die **Bonusse** von Firmenchefs reduzierte und deren Aktienoptionen wertlos wurden, sichern die sich nun mit anderen Mitteln ab. (Der Tagesspiegel, 28.07.2001, Hervorhebung der Autoren, DWDS-Anfrage: „@die @Bonusse").

Schwierigkeiten bei der Extraktion

Korpora können die Existenz von Singular-/Pluralformen und von Singular-/Pluralvarianten aufzeigen. Eine präzise formbasierte Suche führt zu ersten Ergebnissen. Diese Ergebnisse müssen interpretiert und mit der nötigen Vorsicht beurteilt werden, denn a) ist in einem sehr großen Korpus eine bestimmte Form nur einmal belegt, dann kann es sich um eine z. B. sprecherspezifische Idiosynkrasie oder schlicht um einen Fehler handeln. Ähnliches ist zu vermuten, wenn es mehrere Belege, diese aber nur in einem Text gibt. Es ist also auf eine Mindestzahl an Vorkommen und auf eine ausreichende Streuung der Belege über Texte bzw. Textsorten zu achten. Seltene Befunde, denen man misstraut, sollten durch Recherche in anderen (Referenz-)Korpora abgesichert werden; b) die exakte Suche nach einer bestimmten Form in einem Paradigma wird dadurch erschwert, dass diese Form mehrere Stellen im Paradigma „besetzen" kann. So ist zum Beispiel *Outings* die Form sowohl für den Genitiv Singular als auch für sämtliche Kasus des Plural. Eine präzisere Frage als die obige, die den bestimmten Artikel mit einbezieht, führt meist, aber nicht immer zu den gewünschten Treffern; es ist zu bedenken, dass mit einer solchen, engeren Abfrage nicht alle Vorkommen im Korpus gefunden werden, im speziellen Beispiel Vorkommen in einer Nominalphrase im Genitiv Singular, bei denen kein bestimmter Artikel dem Nomen vorausgeht (z. B. *des längst fälligen Outings)*; c) kann eine linguistische Suchmaschine beim heutigen Stand der Technik nur (Wort-)Formen finden, keine individuellen Bedeutungen eines Stichwortes. Man ist, auf der Suche nach einer bestimmten Form in einer bestimmten Bedeutung, also unter Umständen mit vielen irrelevanten Belegen konfrontiert.

Man kann also mit Hilfe eines großen Korpus ermitteln, ob eine bestimmte Form im Paradigma einer lexikalischen Einheit verwendet wurde oder nicht; man kann auch ermitteln, ob eine bestimmte Form, relativ zu einer anderen Form, häufig oder selten verwendet wird. Interessant, weil im Wörterbuch auf jeden Fall zu markieren, sind die seltenen Phänomene (seltene Plurale wie bei *-politiken* etc.). Man kann aber auch, mit Hilfe einer Skala relativer Frequenzen, alle auffälligen *Häufigkeiten* markieren. In ELEXIKO wird dies auf der Ebene der einzelnen Bedeutung versucht (s. www.owid.de/wb/elexiko/glossar/Grammatik.html). Man muss sich aber, wenn man ein Urteil wie „kommt (relativ) selten vor" trifft oder, als Nutzer des Wörterbuches, liest, bewusst sein, dass die Wörterbuchbasis den Wörterbuchgegenstand nur unvollkommen abbildet. So kann es zum Beispiel der Fall sein, dass eine Form, die im durch das Korpus repräsentierten Sprachausschnitt selten vorkommt, in anderen Ausschnitten oder Varietäten (Fachsprache, Jugendsprache, internetbasierte Kommunikation etc.) deutlich häufiger verwendet wird. Lexikografische Urteile dieser Art sind deshalb immer auf die Wörterbuchbasis beschränkt und damit bei einer Erweiterung der Datenbasis möglicherweise zu revidieren.

Häufigkeitsangaben

Als zwei Beispiele, die *komplexere strukturelle Suchen* erfordern, gehen wir auf präpositionale Anschlüsse für Nomen und auf Nebensatzanschlüsse mit *ob* bzw. *dass* ein.

Komplexe strukturelle Suche

Beispiel 1: die *Analyse der präpositionalen Anschlüsse* für das Nomen *Anfangsverdacht* ergibt Verbindungen mit Präpositionalphrasen mit der Präposition *auf*. Dies ist erwartbar, da auch das Grundwort *Verdacht* diese Art des präpositionalen Anschlusses ermöglicht. Nicht zu erwarten, da vom Grundwort nicht ererbt, ist der Anschluss durch eine *für*-Präpositionalphrase. Dies ist der spezifisch juristischen Verwendung des Wortes geschuldet, und die typische Verbindung lautet *Anfangsverdacht für eine Straftat*. Dies ist unbedingt bei dem Stichwort zu verzeichnen, z. B. als Kollokationsangabe. Daten dieser Art kann man z. B. über das DWDS-

Präpositionale Anschlüsse

WORTPROFIL (Didakowski/Geyken 2014) ermitteln, das auf syntaktisch analysierte und annotierte Korpora zugreift.

<small>Nebensatz als Komplement</small>

Beispiel 2: Mit *ob* eingeleitete *Nebensätze* haben einen propositionalen Inhalt, dessen Faktizität in Frage gestellt wird (*sie fragten mich, ob ich den Unfall gesehen habe* → *?Ich habe den Unfall gesehen*). Mit *dass* eingeleitete Nebensätze hingegen haben einen propositionalen Inhalt, dessen Faktizität vorausgesetzt wird (*ich sagte ihnen, dass ich den Unfall gesehen habe* → *Ich habe den Unfall gesehen*). Bei einigen Verben der propositionalen Einstellung, die die Faktizität der Proposition voraussetzen (z. B. *wissen*), dürfte ein Anschluss mit *ob*-Nebensatz ausgeschlossen sein. Eine Korpusrecherche ergibt Gegenbeispiele. Das Verb *wissen* kann einen *ob*-Nebensatz regieren, wenn das Verb selber im Matrixsatz a) im Präteritum, b) in Kombination mit einem Modalverb (*möchte wissen*) oder c) einem Negator (*weiß nicht, niemand weiß* etc.) verwendet wird. Dies wird bei der Durchsicht der Belege aus den DWDS-Korpora deutlich, die DWDS-Abfrage hierzu lautet: „wissen #5 ob", also *ob* im Abstand von maximal fünf Wörtern zu (einer Form von) *wissen*. Die Suchanfrage „*wissen* im Hauptsatz zusammen mit einem Modalwort oder einem Negator" lässt sich leider so nicht an die Korpora stellen. Hier sind die Grenzen der Korpusannotation erreicht.

6.4.2 Inhaltsbasierte Angabeklassen

Bedeutungsparaphrase / Definition

<small>Bedeutungsparaphrase</small>

Die *Bedeutungsparaphrasenangabe* ist einer der am schwierigsten zu erstellenden Angabetypen im einsprachigen Wörterbuch. Der Text muss hinreichend informativ sein, sollte aber nicht zu lang werden und nicht in einem zu komplizierten Vokabular verfasst sein. Letzteres gilt insbesondere für Bedeutungsparaphrasen im Lernerwörterbuch. Aus diesem Grunde ist die Sprachtechnologie weit davon entfernt, Bedeutungsparaphrasen in ausreichender Qualität und in einer der Funktion des Wörterbuches angemessenen Weise zu erzeugen.

Inwieweit können Korpora bei der Bewältigung dieser schwierigen Aufgabe helfen? In vielen Texten, z. B. in Lehrbüchern und journalistischen Texten, werden Wörter häufig dann definiert, d. h.

es wird ihre Bedeutung beschrieben, wenn der Autor davon ausgeht, dass ein Wort (in einer speziellen Bedeutung) den Lesern unbekannt ist.

Die Computerlinguistik beschäftigt sich seit einigen Jahren damit, Definitionen in Texten automatisch zu identifizieren. Als Beispiele seien hier die Dissertationen von Irene Cramer (2011) und von Stephan Walter (2011) genannt, die sich beide auf deutsche Texte beziehen. Die übliche Herangehensweise dabei ist, nach grammatischen und lexikalischen Mustern zu suchen, die typischerweise zum Definieren von Wortbedeutungen verwendet werden („*Unter X versteht man*", „*ein X ist* NP", „*Sei X*" usw.). Man spricht dabei von typischen *definitorischen Kontexten*. Auf diese Weise werden natürlich nicht alle Definitionen in Texten gefunden, und nicht alle extrahierten Textstellen sind wirklich Definitionen. Aber das Ergebnis vieler solcher Verfahren kann sich sehen lassen. Zwei Beispiele aus den DWDS-Korpora inklusive der verwendeten DWDS-Abfrage sollen dies veranschaulichen:

Definitorische Kontexte

> Denn unter **Chimären** versteht man heute eine im Schwein-Mensch-Experiment nicht vorgesehene Vermischung der Erbsubstanzen verschiedener Arten; etwa von Schaf und Ziege zur „Schiege", oder natürlicherweise von Pferd und Esel zu einem Maultier (Süddeutsche Zeitung, 07.10.2000, Hervorhebung der Autoren, DWDS-Abfrage: „unter $p=NN versteht man").
>
> Was versteht man unter einer Schenkung? Auch eine **Schenkung** ist ein Vertrag und im Bürgerlichen Gesetzbuch geregelt (Paragraf 516 BGB). (Berliner Zeitung, 20.12.2005, Hervorhebung der Autoren, DWDS-Abfrage: „ein $p=NN ist ein $p=NN").

An diesen Beispielen wird deutlich, dass die gefundenen definitorischen Kontexte von unterschiedlicher Qualität und damit Nützlichkeit für den Autor eines Wörterbuchartikels zum definierten Wort ist. Der erste Kontext enthält mit *Vermischung von Erbsubstanzen verschiedener Arten* eine gute Paraphrase, auch wenn unklar bleibt, ob mit *Vermischung* der Prozess oder das Ergebnis des Prozesses gemeint ist. Im zweiten Beispiel wird lediglich ein Oberbegriff (*Vertrag*) genannt und ansonsten auf einen Gesetzestext verwiesen.

Ein *automatisch extrahierter definitorischer Kontext* kann also für die Lexikografin eine Hilfe sein: einerseits eine Verständnishilfe hinsichtlich des zu beschreibenden Wortes, andererseits eine Formulierungshilfe für die zu verfassende Paraphrase. Die durch einen

Automatische Extraktion definitorischer Kontexte

guten Lexikografen verfasste Bedeutungsparaphrasenangabe kann ein automatisch extrahierter definitorischer Kontext aber nicht ersetzen. Einer der wichtigsten Gründe hierfür ist, dass eine Definition immer in einem größeren Kontext steht, eine Bedeutungsparaphrasenangabe jedoch nicht.

Kollokationen
Kollokationen sind seit Jahrzehnten Forschungsgegenstand in der theoretischen Linguistik, der Lexikologie, Lexikografie und Korpuslinguistik. Eine frühe Bestimmung des Konzepts stammt aus der Schule des britischen Kontextualismus (Firth 1957), wo der Begriff der Kollokation sich auf typisch vorkommende Kookkurrenzen bezog. Das Konzept wurde von der kontinentaleuropäischen Lexikografie aufgegriffen und inhaltlich in Hinsicht auf die praktische Wortschatz- und Wörterbucharbeit geschärft (z. B. Hausmann 1984; Hausmann 2007). Dieser charakterisiert Kollokationen als

Basis
Kollokator

... normtypische phraseologische Wortverbindungen, die aus einer Basis und einem Kollokator bestehen. Die *Basis* ist ein Wort, das ohne Kotext definiert, gelernt und übersetzt werden kann. Der *Kollokator* ist ein Wort, das beim Formulieren in Abhängigkeit von der Basis gewählt wird und das folglich nicht ohne die Basis definiert, gelernt und übersetzt werden kann (Hausmann 2007, S. 218).

Beispiele für Kollokationen sind Wortpaare wie *Tisch;decken* oder *Haar;dichtes*. Das jeweils erste Wort in diesen Beispielpaaren bezeichnet die Basis (*Tisch, Haar*), das zweite den Kollokator (*decken, dichtes*). Ein wichtiges Charakteristikum der Kollokation ist deren Gerichtetheit von der Basis zum Kollokator. In einer Formulierungssituation geht man von der Basis aus, um den geeigneten Kollokator zu finden – und nicht umgekehrt. Beispielsweise wird man somit nicht nach allen Substantiven suchen, die man *begehen* kann, sondern man wird umgekehrt von den Substantiven ausgehen, also von *Geburtstag, Jubiläum, Fahrerflucht, Verbrechen*, um dazu das passende Verb (Kollokator) zu finden.

Semantische
Transparenz

Kollokationen können zwar *semantisch* völlig *transparent* sein, sie sind aber als Teil der sprachlichen Norm nicht beliebig. Dies zeigt sich auch in den Übersetzungen einer Kollokation in andere Sprachen: So wird beispielsweise das Adjektiv *dicht* in der Bedeutung von *dichtes Haar* im Englischen als *thick* (*hair*) realisiert. Man sagt *Tisch decken* aber nicht *legen (wie im Französischen *mettre la* *table*). Sie können aber auch teiltransparent sein. Beispiele hierfür sind *schwarzer Kaffee* oder *blinder Passagier*, bei denen zwar die Basen *Kaffee* oder *Passagier* ihre literalen Wörterbuchbedeutungen haben, aber die Bedeutungen von *schwarz* im Sinne von ‚ohne Milch und Zucker!' bzw. *blind* im Sinne von ‚nicht zahlend!' nicht aus den Bedeutungen der Kollokatoren hervorgehen. Die Unterscheidung zwischen Kollokationen und Idiomen bzw. idiomatischen Phrasemen erfolgt somit entweder dadurch, dass erstere transparent oder teiltransparent sind, wohingegen Idiome semantisch opak sind. Ein anderes Unterscheidungsmerkmal besteht aber auch darin, dass Kollokationen stets eine transparente Basis besitzen, wohingegen der semantische Zugriff auf das idiomatische Phrasem sich nur auf den ganzen Ausdruck beziehen kann. Dies gilt beispielsweise für Phraseme wie *den Löffel abgeben* oder polylexematische Phraseme, wie *schwarzes Gold* für Erdöl. Es ist aus diesen Gründen wichtig, dass Kollokationen in allgemeinsprachlichen Wörterbüchern beschrieben werden. Vor allem bei der Textproduktion und beim Sprachlernen von fortgeschrittenen Lernern werden diese Informationen benötigt und nachgeschlagen.

Die korpusbasierte Beschreibung von Kollokationen lässt sich bis in die späten 1980er Jahre zurückverfolgen. Auf der Grundlage der zu dieser Zeit erstmals in größerer Menge verfügbaren textuellen Sprachdaten war es möglich, Kollokationen im Sprachgebrauch nachzuweisen und zu beschreiben (Sinclair 1991).

Kollokationen und Korpora

Dabei wurden erstmals auch einfache *statistische Verfahren* angewendet, um Kollokationen frequenzgestützt zu ermitteln (Dunning 1993): Das sogenannte Mutual-Information-Maß bewertet diejenigen Kovorkommen (engl. *co-occurrences*) von zwei Wörtern A und B höher, wenn diese häufiger gemeinsam vorkommen als dies statistisch erwartbar wäre. Eine Verfeinerung und ein systematischer Vergleich der verschiedenen statistischen Maße erfolgten in den späten 1990er und frühen 2000er Jahren (vgl. Evert 2005). Dabei traten zwei wesentliche Probleme zutage: Erstens ist die Treffgenauigkeit der Verfahren in Bezug auf die Erkennung von Kollokationen unbefriedigend. Die auf diese Weise extrahierten Kovorkommen entsprechen in den hochsignifikanten Fällen zwar überwiegend Kollokationen. In dem großen Bereich der Verbindungen mit geringerer statistischer Signifikanz ist die Anzahl der Wortpaare, die man nicht als Kollokation im engeren Sinn bewerten und in ein Wörterbuch aufnehmen würde, allerdings sehr hoch.

Statistische Ermittlung von Kollokationen

Auffällig ist hier die hohe Zahl an banalen Vorkommen wie *große Stadt*, *Bier kaufen* oder *neues Hemd*. Zweitens waren die damals verwendeten Korpora mit einer Größenordnung von 10–50 Millionen Tokens zu klein, um eine für ein allgemeinsprachliches Wörterbuch angemessene Abdeckung zu erreichen. Viele geläufige und in Wörterbüchern aufgeführte Kollokationen kamen in Korpora dieser Größe gar nicht vor und konnten somit auch nicht von statistischen Modellen erfasst werden. Für das Problem der unzureichenden Abdeckung konnte in den letzten Jahren durch den Aufbau sehr großer linguistischer Korpora Abhilfe geschaffen werden (→ Abschnitt 6.3). Für die Frage, wie groß Textkorpora sein müssen, um eine angemessene Abdeckung von Kollokationen zu erzielen, gibt es derzeit noch keine ausreichende empirische Evidenz, aber dafür einige Erfahrungswerte: So berichten verschiedene Studien, dass nur für Wörter mit einer Vorkommenshäufigkeit von über 1.000 statistisch ausreichend abgesicherte Kookkurrenzprofile extrahiert werden können (Ivanova et al. 2008; Kilgarriff et al. 2004; Geyken 2011). Für Korpora von einer Milliarde Textwörtern bedeutet das, dass für etwa 20.000 Stichwörter eine hinreichend große Abdeckung bestünde (Kilgarriff/Kosem 2012). In der gleichen Arbeit wird anhand einer Zufallsauswahl von 231 niedrigfrequenten Stichwörtern des Oxford Advanced Learner's Dictionary (OALD) gezeigt, dass für eine Beschreibung der Kollokationen dieser Wörter Korpora im Umfang von wenigstens 10 Milliarden Textwörtern notwendig sind.

Das oben erwähnte Problem der mangelnden Treffergenauigkeit der automatischen Extraktion von Kollokationen aus Korpora ist bislang nach wie vor nicht befriedigend gelöst. Dies hängt insbesondere auch damit zusammen, dass der Begriff der Kollokation für die Verfahren der Automatisierung zu weit gefasst ist. Bereits im Rahmen des britischen Kontextualismus wurde der sehr weite Begriff der Kollokation durch den Begriff der *Kolligation* dahingehend präzisiert, dass zwischen den zwei Gliedern einer solchen Verbindung eine „sinnvolle" grammatische Verbindung bestehen muss (*colligation*, vgl. Greenbaum 1970). Daher arbeiten viele der heute gängigen Werkzeuge für die automatische Extraktion von Kollokationskandidaten eigentlich an der Extraktion von Kolligationen.

Kolligation

Das wohl bekannteste Verfahren zur Extraktion von syntaktischen Kookkurrenzen ist die Sketch Engine (Kilgarriff et al. 2004), ein Verfahren, welches gezielt Kookkurrenzen nach grammatischen

Sketch Engine

Mustern extrahieren und klassifizieren kann. Mit anderen Worten werden nur diejenigen Kookkurrenzen berücksichtigt, die in einer vordefinierten syntaktischen Relation stehen. Solche Relationen können beispielsweise Adjektiv-Nomen, Verb-Objekt, Genitivattribute von Nomen oder Verb-Präpositionalphrasen-Verbindungen sein. Obwohl es SKETCH-ENGINE-Plattformen für über 10 Sprachen gibt, darunter Englisch, Tschechisch, Japanisch oder Chinesisch, ist eine einfache Übertragung des SKETCH-ENGINE-Ansatzes z. B. vom Englischen auf das Deutsche schwierig. Dafür gibt es zwei hauptsächliche Gründe: die freie Wortstellung im Deutschen und der Kasussynkretismus. Beide führen dazu, dass eine Extraktion von syntaktischen Relationen auf der Basis von Wortarten und darauf basierenden Satzmustern, anders als im Englischen, zu keinen befriedigenden Ergebnissen führt. So haben Experimente mit der SKETCH ENGINE für das Deutsche gezeigt, dass, je nach Parametrisierung der Regeln, entweder die Analysegenauigkeit unzureichend oder aber die Abdeckung, d. h. der Anteil des analysierbaren Texts, zu gering ist (Kilgarriff et al. 2004; Ivanova et al. 2008). Aus diesem Grund beruhen die beiden existierenden Ansätze für das Deutsche zur Extraktion von syntaktischen Relationen aus großen Textkorpora auf einem allgemeineren Formalismus, der syntaktische Satzfunktionen erkennen und lokale Mehrdeutigkeiten auflösen kann (Ivanova et al. 2008; DWDS-WORTPROFIL, Geyken et al. 2009). Der erste, an der Universität Stuttgart entwickelte Ansatz zur Extraktion „signifikanter Wortpaare als Webservice" (Fritzinger et al. 2009) beruht dabei auf dem Dependenzparser FSPAR (Schiehlen 2003), das zweite an der Berlin-Brandenburgischen Akademie der Wissenschaften (BBAW) entwickelte Verfahren, das DWDS-WORTPROFIL (Geyken et al. 2009; Didakowski et al. 2012), basiert auf SYNCOP (Syntactic Constraint Parser, Didakowski 2007), einem auf syntaktischem Tagging beruhenden Parsing-Formalismus.

Wir werden im Folgenden das auf dem zweiten Ansatz basierende Werkzeug, das DWDS-WORTPROFIL, näher beschreiben. Dieses Verfahren ist in die Standardansicht der Website des DWDS integriert und dient einerseits als Grundlage für die lexikografischen Arbeiten im DWDS-Projekt, wendet sich aber andererseits auch an externe Nutzer für sonstige Nachschlagzwecke. Zunächst soll kurz das Verfahren skizziert werden, bevor dann auf die derzeitige Abdeckung des Wortprofils eingegangen werden soll.

Wortprofil

Die Berechnung des DWDS-WORTPROFILS erfolgt in drei Etappen, die an anderer Stelle ausführlich beschrieben sind (Didakowski/Geyken, 2014):
1. Festlegung der zu extrahierenden syntaktischen Relationstypen. Derzeit werden zwölf Relationstypen verwendet, z. B. ATTR (Adjektiv-Nomen), GMOD (Nomen-Nomen im Genitiv), OBJA (Verb-Nomen als direktes Objekt) oder VPP (Verb-Präposition-Nomen).
2. Für die Annotation der syntaktischen Relationen wird der regelbasierte Syntaxparser SYNCOP verwendet. Die Grammatik für den Parser ist für die Relationsextraktion optimiert. Es handelt sich somit um ein Verfahren, das keine vollständigen Parsebäume erzeugt, sondern um eine Approximation eines vollen Parsers.
3. Zwei statistische Maße werden für das Wortprofil verwendet: logDice (Rychlý 2008) und MI-log (Kilgarriff/Rundell 2002). Diese statistischen Maße werden als quantitatives Maß für die Zusammengehörigkeit von Worttupeln (Paaren oder Tripeln) verwendet: je höher der Wert (Salienzwert, kurz sal), desto höher die Assoziationsstärke. Ein negativer Wert (sal<0) steht für eine negative Assoziationsstärke (Evert 2005). Ein Frequenzschwellwert von f=5 für die minimale Vorkommenshäufigkeit wird eingeführt, um die Ergebnisqualität zu verbessern. Dies basiert auf der Erfahrung, dass Worttupel mit einer zu niedrigen absoluten Frequenz die Ergebnisqualität mindern können (s. dazu auch Kilgarriff/Kosem 2012).

Basis des Wortprofils (Stand 2013) ist ein Korpus im Umfang von 1,8 Milliarden laufenden Textwörtern (im Wesentlichen Zeitungskorpora seit 1990 sowie das DWDS-KERNKORPUS). Aus diesem wurde mit den oben beschriebenen Verfahren eine Datenbank mit etwa zwölf Millionen verschiedenen syntaktischen Kookkurrenzen (der zwölf syntaktischen Relationen) erstellt (Didakowski/Geyken 2014). Damit können Kookkurrenzen für etwa 105.000 verschiedene Lemmata abgefragt werden. → Abbildung 6.3 zeigt einen Bildschirmauszug für das Wort *grau* in Form einer Wortwolke. Die Kollokatoren wiederum sind mit den Korpusbelegen verknüpft, so dass man unmittelbar auf die Ergebnisgrundlage zurückgreifen kann (→ Abbildung 6.4).

6 Automatische Gewinnung von lexikografischen Angaben — 225

Abb. 6.3: Wortwolke in DWDS: Überblick für das Wort *grau*.

Abb. 6.4: Korpusbelege für das Wortpaar *graue Eminenz* in DWDS.

In Geyken (2011) wird ein erster Vergleich der Ergebnisse des Wortprofils mit dem WDG vorgenommen. Dies ist insofern interessant, als das WDG stets für eine gute Abdeckung von Kollokationen positiv hervorgehoben wurde (vgl. Kramer 2011). Anhand des oben erwähnten Adjektivs *grau* soll hier exemplarisch aufgezeigt werden, wie sich die automatisch extrahierten Relationen in ihrer Qualität einordnen lassen. Der *quantitative Vergleich* zeigt zunächst einmal Folgendes: Im DWDS-WORTPROFIL werden 7.727 Relationen extrahiert, darunter 398 verschiedene Relationen (f > 4, sal > 0). Der entsprechende

Vergleich von Wortprofil und Wörterbuch

Wörterbuchartikel im WDG enthält 39 verschiedene typische Wortverbindungen. In der Schnittmenge beider Mengen liegen 30 Kollokatoren. Die verbleibenden 9, die nicht im Wortprofil auftauchen, sind Verbindungen wie *grauer Stoff* oder Ausdrücke wie *in Ehren grau geworden*. Interessanterweise gibt es für diese in den Korpora geläufige, semantisch nahezu äquivalente Alternativen, wie *grauer Flanell* oder *graue Wolle* bzw. *in Ehren ergraut*, die beide nicht im WDG enthalten sind. Auf der anderen Seite enthält das Wortprofil eine Fülle salienter und geläufiger Verbindungen, die den Status einer Kollokation haben, die nicht im Wörterbuch vorhanden sind: Mit einer Salienz von <10 (bzw. >5) sind dies 44 (bzw. 132) Kookkurrenzen, von denen etliche den Status einer Kollokation haben. Beispiele hierfür sind: *graue Eminenz*, *graue Zellen*, *graue Schläfen*, *graue Asche* oder *grauer Markt*. Dieses Beispiel steht für viele weitere im Bereich der hochfrequenten Wörter, also diejenigen, die mit einer Frequenz von über 1.000 im Korpus belegt sind. Man muss natürlich zugunsten eines Printwörterbuchs wie dem WDG berücksichtigen, dass der Druckraum begrenzt war und die Auswahl auch von Kollokationen deshalb sehr restriktiv erfolgen musste. Auch bei der Präsentation von Kollokationen in Internetwörterbüchern muss aus der Menge kookkurrenter Wortpaare eine lexikografisch informierte Auswahl erfolgen (vgl. Klosa/Storjohann 2011).

<small>Kookkurrenzdatenbank</small>

Mit den oben beschriebenen Ansätzen vergleichbar, in einigen wichtigen Aspekten jedoch verschieden ist die am Institut für Deutsche Sprache entwickelte Kookkurrenzdatenbank CCDB. Vergleichbar ist dieser Service insofern, als ebenfalls sehr große, gegenwartssprachliche Korpora die Grundlage bilden und die Daten statistisch analysiert werden, um zu salienten Wortverbindungen zu gelangen. Ein wesentlicher Unterschied ist, dass die Korpora nicht linguistisch analysiert sind und deshalb die im Ergebnis extrahierten Kookkurrenzpaare auch nicht nach syntaktischen Relationen sortiert sein können.

<small>Semantische Gruppierung von Kollokatoren</small>

Ein nicht in den anderen Werkzeugen verfügbares Merkmal von CCDB ist der Versuch, die Kollokatoren einer Basis (automatisch) nach Bedeutungsnuancen zu gruppieren. Das Ergebnis für das Stichwort *grau* ist in → Abbildung 6.5 dargestellt.

Man sieht gut den Zusammenhang von *grau* mit Kleidungsstücken (rechts oben), Körperbehaarung (rechts unten) und mit anderen Farbtönen (links unten). Eine ausführlichere Darstellung über diesen Service mit weiteren Beispielen findet sich in Perkuhn et al. (2012, Kapitel 8).

6 Automatische Gewinnung von lexikografischen Angaben — 227

grau
export SOM as WMF or SVG file

gemustert	Halstuch	Krawatte	Pulli	Hose	
cremefarben	karieren	Mütze	knielang	Halbschuh	
orangefarben	blütenweiß	Frack	Bluse	ärmellos	
gestreift	Schärpe	Kappe	Shirt	Polohemd	
gewandet	überstreifen	Pumps	Mantel	Sandale	
geblümt	lilafarben	hauteng	Blazer	gleichfarbig	
gehüllt	Schal	Turban	Gilet	kurzärmelig	
orangen		Overall	Krage	Trainingsanzug	
rosafarben	hellblau	dunkelblau	Hemd	Jeans	
lila	beige	beigen	Schlips	Turnschuh	
weiß	blauen	beigefarben	Pullover	bekleidet	
knallrot	weinrot	kariert	Jacke	bekleiden	
türkisfarben	weißen	abgewetzt	Anzug	Blouson	
	pinkfarben	Strohhut	Sakko	Sweatshirt	
	olivgrün	Stirnband	Strickjacke	Windjacke	
	Streifen	zerschlissen	tragen	Stoffhose	
dunkelrot	hellgrau	grauen	Schirmmütze	Baseballmütze	
rot	blau	dunkelgrau	zerknittert	Lederjacke	
gelb	dunkelgrün	schwarz	Käppi	Jeansjacke	
hellgrün	schneeweiß	gekleidet	zerknittern	Wollmütze	
violett	sandfarben	verwaschen	adrett	Brille	
himmelblau	fleckig	kleiden	zupfen	Sonnenbrille	
rosa	Fleck	lugen		Bomberjacke	
orange		schmuddelig		Baseballkappe	
rosarot	rotbraun	hellbraun	halblang	Vollbart	
gesprenkelt	blaugrau	braun	wallen	Pferdeschwanz	
aufgemalt	hell	dunkel		Hornbrille	
blutrot	Flecken	silbergrau		Schnurrbart	
umranden	wölben	dunkeln		Schnauzbart	
umrandet		hellen		Dreitagebart	
grün		helle		Oberlippenbart	
pinken		schmucklos		zurückgekämmt	
grünlich	bräunlich	dunkelbraun	Haar	schütter	
gelblich	rötlich	Strähne	schulterlang	hager	
leuchten	graubraun	gewellt	gekämmt	ergrauen	
weißlich	gefleckt	graublau	lockig	graumeliert	
tiefblau	tiefschwarz	pechschwarz	buschig	ergraut	
pinseln	gefärbt	auffallend	dunkelblond	rasiert	
leuchtend		Teint	blond	untersetzt	
milchig		bleichen	meliert	korpulent	

Abb. 6.5: Gruppierung der Kollokatoren für das Stichwort *grau* nach Bedeutungsnuancen in einer „Self-organizing Map" in CCDB.

Belege

Ob und in welcher Weise die heute verfügbaren Korpora und Extraktionswerkzeuge bei der Beschaffung von Belegen für die *Belegbeispielangabe* von Nutzen sind, das hängt von der Funktion ab, die diese Angabe für den Wörterbuchartikel hat. Wir unterscheiden zwei Funktionen:

1. Belege dienen der Illustration einer Bedeutung.
2. Belege dienen dem Nachweis einer an anderer Stelle getroffenen Aussage über das zu beschreibende Wort.

Belegbeispiele

Die Belege, die eine Suchmaschine in einem Korpus als „Treffer" identifiziert und in einem mehr oder weniger großen Kontext anzeigt (KWIC-Zeile, Satz, mehrere Sätze, ganzer Text) sind nach dem heutigen Stand der Technik nicht nach den *unterschiedlichen Be-*

Zuordnung von Belegen zu Bedeutungen

deutungen des Stichworts getrennt. Zumeist ist die Unterscheidung mehrerer Bedeutungen eines Stichwortes eine genuine Leistung des beschreibenden Lexikografen und kann daher erst nachträglich an das Korpus bzw. die extrahierten Belege gestellt werden. Dennoch könnten Verfahren der automatischen Erkennung verschiedener Bedeutungen eines Lexems (vgl. dazu Henrich/Hinrichs 2012) dem Lexikografen wertvolle Hinweise für die Unterscheidung von Bedeutungen geben, indem diese Verfahren Belege und Korpora in „ähnliche" Verwendungskontexte gruppieren (*clustern*). Allerdings sind beim momentanen Stand der Technik die Ergebnisse solcher Gruppierungsverfahren noch nicht hinreichend deckungsgleich mit der Intuition von Lexikografinnen. Es bleibt also die manuelle Suche nach Belegen für eine bestimmte Bedeutung in der oftmals großen Menge von Belegen. Dies kann sich als schwierig und zeitaufwendig erweisen, wenn eine Bedeutung deutlich häufiger belegt ist als alle anderen. Man kann sich aber möglichweise durch eine Präzisierung der Suchanfrage behelfen. Hierfür ein Beispiel: Sucht man nach *Avatar* in den DWDS-Korpora, dann findet man überwiegend Belege, in denen dieses Wort einen ‚Stellvertreter einer realen Person in der virtuellen Welt' bezeichnet:

> Als **Avatare** bezeichnen Internet-Surfer bestimmte Figuren, beispielsweise Comicgestalten, von denen sie sich in den virtuellen Welten des Netzes vertreten lassen können. (Berliner Zeitung, 25.04.2001, Hervorhebung der Autoren, DWDS-Anfrage: „Avatar").

Wenn man allerdings weiß, dass *Avatar* ursprünglich so etwas wie einen Gott bezeichnete, dann kann man nach dem gemeinsamen Vorkommen von *Avatar* und *Gott* in einem Satz suchen, erhält (wenige) Belege wie den Folgenden und kann eine entsprechende zweite Bedeutung formulieren:

> In Indien war vor allem der Krischnakult der Boden, auf welchem diese Entwicklung sich vollzog. Der Vischnuismus wurde die Religion der »**Avatars**«, der zur Erde niedersteigenden Inkarnationen des höchsten **Gottes**. (Weber, Max, Die Wirtschaftsethik der Weltreligionen, in: Marianne Weber (Hg.), Gesammelte Aufsätze zur Religionssoziologie, Band II, Tübingen: Mohr 1921 [1920–1921], S. 336, Hervorhebung der Autoren, DWDS-Anfrage: „Avatar && Gott").

Die Kehrseite der Seltenheit von Belegen für ein bestimmtes Stichwort oder eine Bedeutung ist deren Häufigkeit. Viele Stichwörter kommen so häufig in großen Korpora vor, dass deren lexikografische Durchsicht außerhalb der zeitlichen Grenzen liegt, die in einem Projekt üblicherweise für die Bearbeitung eines Stichwortes zur Verfügung stehen. Eine informierte *Vorauswahl* von Belegen ist in diesen Fällen eine große Arbeitserleichterung. Kilgarriff et al. (2008) und Didakowski et al. (2012) stellen solche Verfahren vor. Die Ergebnisse des „Gute-Beispiele-Extraktors" von Didakowski, Lemnitzer und Geyken, also Auswahlmengen von Belegen für viele Stichwörter, können auf der Webseite des Projekts DWDS in einem Abschnitt „Gute Beispiele" begutachtet werden.

Automatische Auswahl guter Belege

Wenn man eine bestimmte Aussage belegen möchte, dann kann sich die Suche recht schnell kompliziert gestalten und ähnelt der Suche nach einer Stecknadel im Heuhaufen, wenn sich die Aussage auf eine *seltene*, aber dennoch oder gerade deswegen erwähnenswerte Eigenschaft des zu beschreibenden Wortes bezieht. Als Beispiele seien die bereits in → Abschnitt 5.4 erwähnten seltenen Singularformen (*die Süßware*), seltenen Pluralformen (*die Wässer*) oder seltene Varianten (Genitiv des Wortes *Outing* im Deutschen) genannt. Hinsichtlich der Identifizierung von selten(er) in einem Korpus vorkommenden Bedeutungen scheint der Ansatz von Cook et al. (2013) recht vielversprechend zu sein.

Belegung seltener Phänomene

Bei Wörterbüchern, die für die Publikation im Internet erstellt werden, entfallen die Beschränkungen des Druckraums. Dies macht sich nicht nur, aber auch bei der Menge der Belege und beim Umfang des einzelnen Belegs bemerkbar. Im Printwörterbuch müssen die Belege vor dem Hintergrund des knappen Druckraums restriktiv ausgewählt und geschnitten werden. Letzteres kann auf Kosten der Verständlichkeit gehen, wenn das zu beschreibende Wort nicht in ausreichendem Kontext präsentiert werden kann. Dass diese Beschränkungen im Medium Internet fortfallen, hat also Auswirkungen auf den lexikografischen Prozess (→ Kapitel 3), in diesem Fall auf die Auswahl und die *Bearbeitung der Belege*. Bei der Bearbeitung der Belege ist aber auch auf Aspekte der Benutzerfreundlichkeit zu achten. Zu viele und zu lange Belege können möglicherweise von der Lektüre abhalten oder von der eigentlich zu dokumentierenden Facette des Sprachgebrauchs ablenken. Dies ist ein Bereich, der von der Wörterbuchbenutzungsforschung näher untersucht werden sollte. Klosa et al. (2014) konnten aber in ihren Benutzerstudien zumindest in dieser Hinsicht Entwarnung geben.

Bearbeitung von Belegen

Lexikalisch-semantische Relationen

In vielen allgemeinsprachlichen Wörterbüchern finden sich Angaben zu Wörtern, die mit dem beschriebenen Stichwort in einer *lexikalisch-semantischen Beziehung* stehen. Wir beschränken uns im Folgenden auf die paradigmatischen Beziehungen und hier insbesondere auf die Antonymenangabe und die Synonymenangabe. Lexikalisch-semantische Beziehungen zwischen lexikalischen Zeichen sind ein strukturelles Merkmal des Sprachsystems, genauer des Lexikons. Diese Beziehungen strukturieren vermutlich auch das (jeweilige) mentale Lexikon der Sprecher einer Sprache. Es gibt für viele Sprachen inklusive des Deutschen spezielle lexikalische Ressourcen, *Wortnetze* genannt, die diese lexikalisch-semantischen Beziehungen als primäres Strukturierungsmerkmal haben. Weitere Details hierzu werden in Lemnitzer/Kunze (2007, Kapitel 6) beschrieben.

Auch in diesem Fall ist nicht offensichtlich, dass man Beziehungen zwischen lexikalischen Einheiten, die sprachsystematischen Charakter haben, in Texten „finden" und extrahieren kann. Es gibt aber in der Computerlinguistik in den letzten zehn Jahren eine erfreulich hohe Anzahl von Versuchen, den Begriff der *semantischen Relation* soweit zu operationalisieren, dass man Beispiele für Paare semantisch verbundener lexikalischer Einheiten aus Textkorpora extrahieren kann. Das Mittel der Wahl ist die Definition struktureller Muster, innerhalb derer typischerweise Paare von lexikalischen Einheiten auftreten, die in einer lexikalisch-semantischen Beziehung zueinander stehen. Diesen Ansatz wählt Jones (2010) für das Auffinden von *Antonymenpaaren*. Der Autor arbeitet mit englischen Daten und also auch mit englischen Extraktionsmustern (er nennt diese *frames*). Einiges lässt sich auch auf das Deutsche übertragen. Wir wollen dies an einem einfachen Beispiel zeigen. Antonyme Adjektivpaare treten u. a. häufig in dem einen Kontrast signalisierenden Muster „*weder* ADJ *noch* ADJ" auf. Im Folgenden ein Beispiel aus dem DWDS-Korpus.

> In Wirklichkeit haben sich die italienischen Fabrikarbeiter weder als Individuen noch als Gewerkschaften, **weder aktiv noch passiv** den Erneuerungen in den Weg gestellt, die Kostensenkung, Rationalisierung der Arbeit, Einführung perfekterer technischer Organisationsformen im gesamten Betrieb anstrebten (Kurz, Robert, Schwarzbuch Kapitalismus, Frankfurt a. M.: Eichborn 1999, S. 411, Hervorhebung der Autoren, DWDS-Abfrage: „weder $p=ADJD noch $p=ADJD").

Natürlich erhält man neben echten Antonymenpaaren auch eine Vielzahl von okkasionellen Kontrastbildungen, es ist also eine sorgfältige Auswahl und Prüfung der Daten notwendig.

Man kann die Suche natürlich auch gezielt auf ein bestimmtes lexikalisches Zeichen ausrichten. Die Suche zum Adjektiv *groß* (DWDS-Suche: „weder groß noch $p=ADJD") ergibt viele Treffer mit *weder groß noch klein* und *weder größer noch kleiner* neben einigen okkasionellen Bildungen.

Textuelle Muster für *Synonyme* lexikalischer Zeichen sind deutlich schwerer zu finden. Storjohann (2010) bringt einige Beispiele und belegt diese mit Daten aus dem von ihr verwendeten Korpus, die „Muster" sind aber entweder nicht als Korpusabfragen zu operationalisieren oder sie sind zu ungenau, um Synonyme im engeren Sinn zu identifizieren. Einen generelleren Ansatz zur Ermittlung paradigmatischer Relationen verfolgen die Mitarbeiter im WORTSCHATZ-LEIPZIG-Projekt (vgl. Biemann et al. 2004). Auch sie beziehen sich auf die Kontexte der Vorkommen eines zu untersuchenden Stichworts, betrachten allerdings die überzufällig häufig mit dem Stichwort vorkommenden Wörter („Kookkurrenzen") und in einem weiteren Schritt die Kookkurrenzen dieser kovorkommenden Wörter. Die Erwartung ist, dass diese Wörter mit dem ursprünglichen Stichwort in einer semantischen Beziehung stehen. Die Ergebnisse der automatischen Synonymenextraktion kann man auf der Webseite des Projekts begutachten (http://wortschatz.uni-leipzig.de/abfrage/). So werden zum Beispiel für das Stichwort *fleißig* 25 Synonyme angegeben. Synonymdaten dieser Qualität sind sicher als Ausgangsmaterial für die Erstellung einer entsprechenden Angabe im Wörterbuch hilfreich, bedürfen aber unbedingt einer Auswahl und Beurteilung durch die Lexikografinnen.

Synonymie

Einen anderen vielversprechenden Ansatz verfolgen Sierra et al. (2008), die lexikalisch-semantische Relationen aus *definitorischen Kontexten* extrahieren. Ihre Untersuchungen basieren auf dem Spanischen, und es ist deshalb nicht klar, ob der Ansatz auf das Deutsche übertragen werden kann. Zumindest könnte man versuchen, die in → Abschnitt 6.4.2 beschriebene sprachtechnologische Aufgabe und die Aufgabe der Extraktion von lexikalisch-semantisch verbundenen lexikalischen Einheiten zu kombinieren.

Definitorische Kontexte

Insgesamt lohnt es sich, die Forschung und Entwicklung auf dem Gebiet der Extraktion lexikalisch-semantischer Relationen aus großen Textkorpora weiter zu verfolgen. Es handelt sich um ein momentan sehr aktives Forschungsfeld. Auch wenn nicht alle Ansätze und Methoden für lexikografische Zwecke geeignet sind, kann man vermutlich die eine oder andere Anregung für die Gestaltung der eigenen Korpussuche von dort mitnehmen.

6.4.3 Gebrauchsbasierte (pragmatische) Angabeklassen

Pragmatische Angaben

Diasystematische Angaben

Bei der Klasse der *pragmatischen Angaben* handelt es sich um Angaben, durch die Besonderheiten bzw. Beschränkungen im Gebrauch eines Wortes in einer bestimmten Bedeutung angegeben werden. In der Gesamtheit werden diese Angaben *diasystematische Angaben* genannt. In vielen Wörterbüchern werden folgende Typen von Angaben gemacht: a) Angaben zur räumlichen Beschränkung der Verwendung (= diatopisch), b) Angaben zur zeitlichen Beschränkung der Verwendung (= diachronisch), c) Angaben zur Beschränkung der Verwendung auf einen bestimmten (fachlichen) Diskurs (= diatechnisch), d) Angaben zur Verwendung des Wortes auf einer bestimmten Stilebene (= diastratisch) und e) Angaben zur Verwendung des Wortes in einer bestimmten Gruppe. Daneben stehen die Angaben zur Häufigkeit (= diafrequente Angaben).

Funktionen diasystematischer Angaben

Diasystematische Angaben können drei Funktionen im Prozess der Wörterbucherstellung erfüllen: a) diasystematisch markierte Wörter spielen bei der Entscheidung über die Lemmaselektion eine Rolle. In ein Lernerwörterbuch wird man bei der Aufnahme diasystematisch markierter Wörter eher zurückhaltend sein. Entscheidet man sich für die Aufnahme z. B. fachsprachlich markierter Wörter, dann sollte man für eine gewisse Ausgewogenheit bei der Aufnahme sorgen; b) diasystematische Angaben können bei der Artikelerstellung dazu verwendet werden, um eine in spezielleren Kontexten verwendete Bedeutung oder Schreibvariante gegen eine allgemeiner verwendete Bedeutung oder Schreibvariante abzugrenzen; c) diasystematische Angaben, vor allem diatechnische Angaben, können dafür verwendet werden, um über diese Markierung Teilwortschätze zu definieren, z. B. bei der Arbeitsteilung im lexikografischen Prozess (→ Kapitel 3) oder als Abfrageoption für den Benutzer des Wörterbuches, wenn es digitalisiert vorliegt (vgl. hierzu Atkins/Rundell 2008, S. 182f. und 227).

Wir hatten bereits oben bei der Gruppe der grammatischen und der bedeutungsbeschreibenden Angaben festgestellt, dass das Korpus, genauer: die Primärdaten des Korpus, nicht direkt Auskunft zu diesen Fragen geben. Dies gilt noch mehr für Angaben, die sich auf den *Kontext der Äußerungen* beziehen, in denen ein bestimmtes Wort verwendet wird.

Äußerungskontext

Wir haben in → Abschnitt 6.3 auch gezeigt, dass ein linguistisches Korpus ein Gebilde mit mehreren Ebenen ist, zu dem neben den Primärdaten auch die Ebene der Metadaten gehört. Metadaten beschreiben, bei entsprechender Güte und Detailliertheit, u. a. die Situiertheit eines Textes in der Zeit und im Raum, sie können ebenso Auskunft geben über die Art des Diskurses und die Stilebene der Texte, in denen ein Wort belegt ist. Wir wollen die Möglichkeiten, die *Metadaten* für diasystematische Angaben eröffnen, an einigen Beispielen zeigen:

Rolle der Metadaten

1. *Diachrone Angaben.* Im DWDS gibt es eine „Wortverlaufskurve", für die der zeitbezogene Teil der Metadaten (= Erscheinungsdatum eines Textes) ausgewertet wird. Man kann daraus lernen, dass das Wort *Droschke* in der zweiten Hälfte des 20. Jahrhunderts nur noch selten vorkommt, das Wort *Streß* bzw. *Stress* hingegen erst ab den sechziger Jahren des letzten Jahrhunderts weitere Verbreitung findet. Auch an anderen Stellen, vor allem im Zusammenhang mit Neologismen, werden solche Angaben gemacht, vgl. Steffens/al-Wadi (2013) sowie im NEOLOGISMENWÖRTERBUCH am Institut für Deutsche Sprache im Online-Wortschatz-Informationssystem Deutsch (NEO-OWID) und im Neologismenwörterbuch von Uwe Quasthoff (2007, NEO-WB).

Diachrone Angabe

2. *Diatopische Angaben.* Auskünfte über regionale Beschränkungen oder Präferenzen im Gebrauch eines Wortes, einer Variante etc. kann man nur indirekt aus den Metadaten eines Korpus ermitteln. Hinweise auf solche Tendenzen können die Provenienz einer Zeitung sein, in der ein Wort überwiegend verwendet wird („Süddeutsche Zeitung", „Berliner Zeitung") oder die Herkunft von Autoren, die ein Wort bevorzugt verwenden. All diese Hinweise sind aber mit Vorsicht zu nehmen und sind am besten durch Auskunft von Sprechern des entsprechenden Regiolekts abzusichern.

Diatopische Angabe

3. *Diatechnische Angaben.* Die Verwendung eines Wortes in bestimmten fachlichen Diskursen lässt sich unter Umständen aus den Autor- und Titelangaben der Texte erschließen, in denen dieses Werk vorkommt. Lexikalische Prägungen wie *Diskursethik* oder

Diatechnische Angabe

Entbergung lassen sich nicht nur einem bestimmten Diskurs, sondern sogar einem von einem bestimmten Autor induzierten Diskurs zuordnen (Habermas bzw. Heidegger). Die Ableitung eines Fachgebiets aus solchen Befunden steht allerdings immer unter dem Vorbehalt, dass jedes noch so große Korpus im Verhältnis zu der Sprache, die es dokumentiert, unvollständig, ja noch nicht einmal repräsentativ ist. Ähnliche Überlegungen, wie wir sie für die diatechnische Angabe gemacht haben, gelten für Angaben zur überwiegenden Verwendung eines Wortes innerhalb einer gesellschaftlichen oder beruflichen Gruppe (Jugendsprache, Soldatensprache etc.).

Weitere diastratische Angaben lassen sich nicht aus den Metadaten direkt erschließen, sondern erfordern die sorgfältige Analyse vieler Belege oder den Rekurs auf die Sprachkompetenz muttersprachlicher Sprecher. Dies gilt für die Stilebene und die Stilfärbung.

Diafrequente Angabe

4. *Diafrequente Angaben* scheinen diejenigen Gebrauchsangaben zu sein, die sich am leichtesten aus einem Korpus extrahieren lassen sollten. Wörter zählen ist eine der leichteren Übungen, wenn das Korpus digitalisiert ist. Die Abbildung von Häufigkeitswerten in Korpora auf Häufigkeitsangaben ist aber in zweierlei Hinsicht problematisch: 1) Die Häufigkeitsangaben in vielen Wörterbüchern sind nicht skalar, sondern komparativ („häufiger im Plural") oder nominal („häufig/selten im Plural"); 2) müssten viele Vorkommenszahlen relativ zu anderen Zahlenwerten betrachtet werden: Kommt ein Wort im Korpus nur zweimal im Plural vor, dann kann man von „selten(er)" sprechen, wenn die Vorkommenszahl im Singular im drei- oder vierstelligen Bereich liegt. Die Angabe ist aber irreführend, wenn auch die Singular-Vorkommen im ein- oder niedrigen zweistelligen Bereich liegen. Im Projekt ELEXIKO werden die Häufigkeitsangaben deshalb, wie in → Abschnitt 6.4.1 zu den grammatischen Angaben beschrieben, auf eine Basis quantifizierbarer relativer Vorkommenshäufigkeiten im zugrunde liegenden Korpus gestellt.

Auch in der englischen Lexikografie, vor allem der Lernerlexikografie, ist man dazu übergegangen, mit skalaren Werten oder Häufigkeitsklassen zu arbeiten und diese in verständlicher Weise zu visualisieren (z. B. um die Häufigkeiten quasisynonymer Wörter gegenüberzustellen). Diese Vorgehensweise hat sich mittlerweile auch in der deutschsprachigen Lexikografie etabliert, als Beispiel seien hier ELEXIKO und DUDEN ONLINE genannt. In letzterer Ressource wird der Wortschatz in fünf Häufigkeitsklassen eingeteilt und die Zugehörigkeit eines Stichwortes zu einer dieser Klassen grafisch dargestellt.

Schaeder (1983) geht ausführlich und kritisch auf diafrequente Angaben in deutschsprachigen Wörterbüchern ein.

6.5 Grenzen automatischer Verfahren und wünschbare zukünftige Entwicklungen

In den letzten Abschnitten haben wir gezeigt, dass die Möglichkeiten, die Korpora bei der Erstellung der verschiedenen Angaben eines Wörterbuchartikels bieten können, von den folgenden Aspekten abhängen: der Güte und Detailliertheit der Metadaten und der linguistischen Annotation der Primärdaten in den Korpora einerseits und den Möglichkeiten (linguistischer) Suchmaschinen andererseits.

1. Nicht nur die Größe eines Korpus, gemessen als die Zahl der laufenden Wörter (Tokens), spielt als Kriterium für dessen Eignung für lexikografische Zwecke eine Rolle, sondern auch die *Diversität* der Texte, also zum Beispiel deren Verteilung über unterschiedliche (Fach-)Domänen, verschiedene Zeiträume, die Abdeckung verschiedener Genres und Stilebenen. Um hier nur ein Beispiel zu nennen: Es gibt immer noch kein Referenzkorpus der internetbasierten Kommunikation, womit hier das „Gespräch" vor allem in den sozialen Medien gemeint ist, obwohl diese Art der Kommunikation einen zunehmend großen und wichtigen Teil unserer Alltagskommunikation bildet. Immerhin gibt es Bemühungen, ein solches Korpus aufzubauen (Beißwenger/Lemnitzer 2013). Lexikografisch können auf der Basis eines solchen Korpus Nischen des Sprachausbaus erfasst und registriert werden, die in traditionellen Korpora nicht sichtbar werden. Dies betrifft nicht nur einen genrespezifischen Wortschatz (z. B. *funzen* als Slangwort für *funktionieren*), sondern noch vielmehr genrespezifische Eigenheiten des Gebrauchs existierender Wörter, von Eigenheiten auf orthografischer Ebene bis hin zu neuen Bedeutungen (vgl. z. B. die genrespezifische Verwendung des Wortes *Troll* als Bezeichnung für eine Person, die das Gespräch in Foren systematisch zu stören versucht).

Korpusgröße und Diversität

Zukünftige Entwicklungen bei der Erweiterung der Korpusbasis weisen darauf hin, dass der Aufbau von Korpora nicht mehr als Einzelprojekt, sondern koordiniert und damit auch institutionsübergreifend erfolgen wird. Damit diese auch übergreifend nutzbar sind, müssen die Korpora standardkonform erfasst und für die Nutzung interoperabel sein. Die Texte müssen so vorgehalten werden, dass sie laufend korrigiert und annotiert werden können; Aussagen über die *Qualität* müssen in den Metadaten enthalten sein. Vorschläge, wie eine derartige verteilte Infrastruktur erstellt werden kann, finden sich in Geyken et al. (2012).

Korpusgröße und Qualität

2. Auch die *sprachtechnologischen Werkzeuge* für die linguistische Annotation von Korpusdaten werden sich weiterentwickeln. Dies betrifft eine bessere Qualität, also Akkuratheit der linguistischen Annotation, die Verbesserung der Qualität der Analysen für nicht-standardsprachliche Texte wie z. B. der internetbasierten Kommunikation bis hin zur Erfassung weiterer linguistischer Analyseebenen. Ein qualitativer Sprung für die lexikografische Nutzung ist von Korpora zu erwarten, in denen auch über verschiedene Verwendungskontexte unterscheidbare (Klassen von) Verwendungsweisen von Wörtern unterschieden und annotiert wurden. Es lohnt sich, die Entwicklungen und vor allem die im Zusammenhang dieser Bemühungen entstehenden Ressourcen zu beobachten. Von der Qualität der Annotation hängt es auch ab, ob und mit welchem Aufwand Belege für seltene oder komplexe grammatische Eigenschaften extrahiert werden können. Wir haben Beispiele hierfür in → Abschnitt 5.4.1 beschrieben.

Verbesserung sprachtechnologischer Werkzeuge

3. Im Wechselspiel mit den verschiedenen Ebenen der linguistischen Annotation stehen die *Suchmaschinen*, die im Konzert mit Verbesserungen und Erweiterungen dieser Annotationen die Umsetzung von linguistisch und lexikografisch relevanten Abfragen an die Primärdaten und Annotation leisten müssen. Das Ziel ist die Extraktion von Treffern, also Belegen, die exakt die gesuchten Verwendungsweisen und Kontexte für eine spezifische Eigenschaft des zu beschreibende Wortes repräsentieren. Die Handlichkeit der Suche in Korpora wird heute aus zwei Gründen erschwert: a) die Umsetzung einer linguistisch oder lexikografisch formulierten Frage in eine Korpusabfrage ist in vielen Fällen kompliziert; die Umsetzung in Korpusabfragen obliegt zudem nach wie vor den Nutzern und erfordert detaillierte Kenntnisse der Annotation und der Abfragesprache; b) viele Fragen können nicht fokussiert genug gestellt werden,

Verbesserung der Suchmaschinen

so dass man als Nutzer, in unserem speziellen Fall also als Lexikografin, mit vielen nicht relevanten Belegen konfrontiert ist. Einen interessanten Ansatz zur Lösung zumindest des zweiten Problems verfolgt das Projekt KobRA, in dem Linguisten und Informatiker an der TU Dortmund mit den großen deutschen Korpusanbietern (Berlin-Brandenburgische Akademie der Wissenschaften und Institut für Deutsche Sprache) zusammenarbeiten (vgl. www.kobra.tu-dortmund.de/ und Bartz et al. 2014). Verfahren des maschinellen Lernens sollen in ausgewählten Bereichen die Menge von Belegen, die eine bestimmte, zu unspezifische Korpusabfrage liefert, auf die Belege reduzieren, die für die entsprechende Forschungsfrage tatsächlich relevant sind. Es lohnt sich, Entwicklungen in diese Richtung weiter zu verfolgen und es steht zu hoffen, dass solche „Filter" die bestehenden Suchmaschinen smarter machen.

6.6 Integration von Primärquellen in lexikografische Angebote

Bisher haben wir die Extraktion von lexikografischen Angaben aus Korpora aus der Perspektive eines traditionellen lexikografischen Prozesses beschrieben. Die Lexikografen sind Mittler zwischen den Primärdaten, die den Sprachgebrauch repräsentieren, und den Nutzern, die sich auf die Auswahl und das Urteil der Lexikografinnen verlassen können – und müssen.

In internetbasierten *lexikalischen Systemen* ist man dazu übergegangen, Primärdaten entweder neben den eigentlichen lexikografischen Daten, also den redaktionell bearbeiteten Einträgen im Wörterbuch, zu veröffentlichen (vgl. Asmussen 2013) oder Primärquellen direkt in das lexikografische Angebot zu integrieren. Man spricht dann von (heterogenen) Wortauskunftssystemen oder von *digitalen lexikalischen Systemen* (Klein/Geyken 2010).

Digitale lexikalische Systeme

Die integrierte Veröffentlichung von Wörterbuch und Primärquellen hat den Vorteil, dass der Nutzer des Wörterbuches a) die Entscheidungen der Lexikografen an den Primärdaten nachvollziehen kann und b) in dem Falle, wo das Wörterbuch Lücken aufweist, selber in den Primärdaten recherchieren und sich ein Bild machen kann. Die Integration kann verschieden weit gehen. So werden z. B. im DWDS lexikografisch geprüfte und automatisch generierte Daten

Wörterbuch und Primärquellen

getrennt und in verschiedenen Fenstern („Panels") angezeigt. In ELEXIKO findet man auch automatisch generierte Angaben wie die zur Trennung eines Wortes in Schreibsilben in das lexikografische Angebot integriert. Die im folgenden geäußerten Kritikpunkte an dieser Form der hybriden Präsentation treffen auf alle Vorgehensweisen zu.

Den Vorteilen einer Integration der Primärquellen stehen einige Nachteile gegenüber (ausführlich hierzu Asmussen 2013, S. 1082f.). Korpora als Dokumente des Sprachgebrauchs sind voller Idiosynkrasien und Fehler, von denen die Lexikografinnen bei ihrer Begutachtung dieser Daten abstrahieren. Im Zuge der automatischen linguistischen Annotation und Auswertung der Daten entstehen weitere *Fehler*, denn kein sprachtechnologisches Werkzeug arbeitet fehlerfrei. Statistische Werkzeuge wie das DWDS-WORTPROFIL produzieren zwar, aus Sicht der Statistik, korrekte, d. h. statistisch signifikante Daten. Diese können aber für die Beschreibung des Stichwortes irrelevant sein.

Fehlerhafte Analysen

Der Benutzer sieht sich also mit einer Mischung von verlässlichen Auskünften (im Wörterbuch) und weniger verlässlichen Daten (in den Primärquellen und Auswertungswerkzeugen) konfrontiert. Es ist keine geringe Leistung, die Grenzlinie zwischen verlässlichen und unzuverlässigen bzw. zwischen bearbeiteten Daten und Rohdaten zu ziehen.

Behandlung von Diskrepanzen

Insbesondere können sich folgende *Diskrepanzen* zwischen Wörterbuchdaten und den Daten der Wörterbuchbasis ergeben:

1. In den Daten der Wörterbuchbasis finden sich Verwendungsweisen eines Wortes, die die Lexikografinnen, aus welchen Gründen auch immer, nicht berücksichtigt haben;

2. In den Daten finden sich Wörter, die im Wörterbuch selber nicht beschrieben werden. Dies ist die Folge der Wortauswahl bzw. Lemmaselektion im Zuge der lexikografischen Bearbeitung. Kein allgemeinsprachliches Wörterbuchprojekt kann alle Wörter bearbeiten, die in einem Korpus vorkommen, zumal der durch ein Korpus abgedeckte Wortschatz mit jedem Text wächst, der dem Korpus hinzugefügt wird (zum Verhältnis von Korpusgröße und Wortschatzgröße vgl. Lemnitzer/Kunze 2007, Abschnitt 8; Geyken 2008);

3. In den Daten der Wörterbuchbasis finden sich nicht-normgerechte Verwendungen, z. B. Schreibungen, die nicht der im Wörterbuch beschriebenen Norm entsprechen;

4. Durch die sprachtechnologische Bearbeitung der Wörterbuchbasis entstehen weitere Fehler, die dem Benutzer der Daten nicht immer transparent sind. So können im Zuge der Lemmatisierung Vollformen auf eine falsche Grundform abgebildet werden. Als Folge erhält der Benutzer bei der Abfrage von Belegen zu einer Grundform („lemmatisierte Suche") auch der Grundform nicht zugehörige Formen. Es entstehen auch systematisch richtige, aber bizarre Zuordnungen aufgrund der Mehrdeutigkeit von Wortformen. So werden unter Umständen alle Vorkommen von *heute* der verbalen Grundform *heuen* zugeordnet und nicht dem Adverb *heute*. Dies macht die Suche nach Belegen für das Stichwort *heuen* schwierig bis unmöglich.

Während kundige Benutzer von Sprachkorpora, die ein integriertes lexikalisches System für ihre Recherchen verwenden, mit diesen Diskrepanzen umzugehen wissen, können ebendiese Diskrepanzen bei solchen Nutzern zu Verwirrungen führen, die beim „Nachschlagen" die Präsentation von ausschließlich verlässlichen Informationen zur Sprachnorm und zum „richtigen" Sprachgebrauch erwarten. Eine extreme, aber vermutlich nicht seltene Reaktion auf diese Verwirrung ist es, das Angebot als Ganzes abzulehnen, da es (angeblich) „falsche Informationen liefert" (mehr zur Benutzerperspektive auch angesichts solcher hybriden Informationsangebote findet sich in → Kapitel 8).

Dies stellt eine besondere Herausforderung für das Design eines digitalen lexikalischen Systems dar. Es gibt mehrere Möglichkeiten, dem Nutzer die unterschiedliche Qualität und Verlässlichkeit verschiedener Teilangebote zu verdeutlichen:

1. Beim Einstieg in das digitale lexikalische System wird zunächst nur die geprüfte lexikalische Information, also das Wörterbuch präsentiert, zugleich aber der Zugang zu den weiteren Quellen ermöglicht;

2. In den redaktionellen Texten wird auf die unterschiedliche Provenienz und damit Qualität der Daten hingewiesen; es ist allerdings bekannt, dass redaktionelle Texte fast nie wahrgenommen werden;

3. Automatisch generierte, ungeprüfte Informationen bzw. deren Quellen werden grafisch anders präsentiert als geprüfte Informationen. Die Webseite LINGUEE, auf der zu einem deutschen oder englischen Stichwort Paare von (Übersetzungs-)äquivalenten Sätzen angezeigt werden, sind die Satzpaare, die nicht geprüft sind,

mit einem kleinen Warndreieck markiert. Eine Alternative ist es, Anzeigefenster, in denen nicht-geprüfte Daten angezeigt werden, durch die Wahl einer anderen Farbe von den Fenstern mit geprüften Informationen abzusetzen, oder, wie in ELEXIKO praktiziert, die Angaben mit einem expliziten Hinweis auf ihren Status zu versehen. Eine ähnliche Strategie kann man bei der Unterscheidung zwischen *geprüften* und *ungeprüften „Informationszonen"* wählen.

Geprüfte vs. ungeprüfte Informationen

Insgesamt ist der Umgang von Wörterbuchbenutzern mit einer Mischung von verlässlichen und weniger verlässlichen Angaben noch unzureichend untersucht. Ein Versuch hierzu wird in Klosa et al. (2014) präsentiert. Dort wird auch ausführlicher über die Schwierigkeiten solcher Untersuchungen berichtet. Dennoch wollen wir am Schluss den Appell an Wörterbuchbenutzungsforschung und Wörterbuchdidaktik richten, ihre Bemühungen in dieser Richtung nicht aufzugeben.

6.7 Literatur

6.7.1 Weiterführende Literatur

Engelberg, Stefan/Lemnitzer, Lothar: Lexikografie und Wörterbuchbenutzung. 4. Auflage, Tübingen 2009: Stauffenburg. *Dieses Einführungsbuch berührt viele der hier angeschnittenen lexikografischen Themen. Für Einsteiger geeignet.*

Lemnitzer, Lothar/Zinsmeister, Heike: Korpuslinguistik. Eine Einführung. 2. Auflage, Tübingen 2010: GNV. *Dieses Einführungsbuch berührt viele der hier angeschnittenen korpuslinguistischen Themen. Für Einsteiger geeignet.*

Wiegand, Herbert Ernst: Formen von Mikrostrukturen im allgemeinen einsprachigen Wörterbuch. In: Hausmann, Franz Josef/Reichmann, Oskar/Wiegand, Herbert Ernst/Zgusta, Ladislav (Hgg.), Wörterbücher. Dictionaries. Dictionnaires. Ein internationales Handbuch zur Lexikographie. An International Encyclopedia of Lexicography. Encyclopédie internationale de lexicographie. 1. Teilband, Berlin/New York 1989: De Gruyter, S. 462–501. *Dieser Handbuchartikel stellt ein Modell abstrakter Mikrostrukturen und ihrer Realisierung in Form konkreter Mikrostrukturen als Folgen von Angaben dar. Wir orientieren uns bei der Darstellung der Angabeklassen, für die Informationen aus Korpora hilfreich sein können, an diesem Modell. Die Lektüre dieses Textes erfordert Vorkenntnisse im Bereich der Strukturierung von Wörterbuchartikeln.*

Kilgarriff, Adam/Kosem, Iztok: Corpus Tools for lexicographers. In: Granger, Sylviane/Paquot, Magali (Hgg.), Electronic Lexicography. Oxford 2012:

Oxford University Press, S. 31–55. *Überblick über Korpustools für Lexikografen.*

6.7.2 Literaturverzeichnis

Sachliteratur

Asmussen (2013) = Asmussen, Jörg: Combined products: dictionary and corpus. In: Gouws, Rufus H./Heid, Ulrich/Schweickard, Wolfgang/Wiegand, Herbert Ernst (Hgg.), Dictionaries. An International Encyclopedia of Lexicography. Supplementary Volume: Recent Developments with Focus on Electronic and Computational Lexicography. Berlin: Mouton de Gruyter, S. 1081–1090.

Atkins/Rundell (2008) = Atkins, B. T. Sue/Rundell, Michael: The Oxford Guide to Practical Lexicography. Oxford: Oxford University Press.

Bartz et al. (2014) = Bartz, Thomas/Geyken, Alexander/Pölitz, Christian/Saupe, Achim/Storrer, Angelika: Disambiguierung in Suchtrefferlisten aus großen Textkorpora: Anwendungsfelder und Perspektiven. Kurzvortrag und Posterpräsentation im Rahmen der ersten Jahrestagung des Verbandes „Digital Humanities im deutschsprachigen Raum", Passau, 25–28. März 2014.

Beißwenger/Lemnitzer (2013) = Beißwenger, Michael/Lemnitzer, Lothar: Aufbau eines Referenzkorpus zur deutschsprachigen internetbasierten Kommunikation als Zusatzkomponente für die Korpora im Projekt „Digitales Wörterbuch der deutschen Sprache" (DWDS). In: Journal for Language Technology and Computational Linguistics, 28/2, S. 1–22.

Biemann et al. (2004) = Biemann, Chris/Bordag, Stefan/Quasthoff, Uwe: Automatic Acquisition of Paradigmatic Relations using Iterated Co-occurrences. In: Proceedings of LREC2004, Lisboa, Portugal.

Cook et al. (2013) = Cook, Paul/Lau, Jey Han/Rundell, Michael/McCarthy, Diana/Baldwin, Timothy: A lexicographic appraisal of an automatic approach for detecting new word senses. In: Proceedings of elex 2013, 17–19 October 2013, Tallinn, Estonia, S. 48–65.

Cramer (2011) = Cramer, Irene: Definitionen in Wörterbuch und Text. Diss. TU Dortmund, 2011. Online: http://hdl.handle.net/2003/27628.

Didakowski (2007) = Didakowski, Jörg: SynCoP – Combining syntactic tagging with chunking using WFSTs. In: Proceedings of FSMNLP 2007. Potsdam: Universitätsverlag.

Didakowski/Geyken (2014) = Didakowski, Jörg/Geyken, Alexander: From DWDS corpora to a German Word Profile – methodological problems and solutions. In: Abel, Andrea/Lemnitzer, Lothar (Hgg.), Vernetzungsstrategien, Zugriffsstrukturen und automatisch ermittelte Angaben in Internetwörterbüchern. Mannheim: Institut für Deutsche Sprache, S. 43–52.

Didakowski et al. (2012) = Didakowski, Jörg/Geyken, Alexander/Lemnitzer, Lothar: Automatic example sentence extraction for a contemporary German dictionary. In: Proceedings EURALEX 2012, Oslo, S. 343–349.

Dunning (1993) = Dunning, Ted: Accurate methods for the statistics of surprise and coincidence. In: Journal of Computational Linguistics, 19/1, S. 61–74.

Engelberg/Lemnitzer (2009) = Engelberg, Stefan/Lemnitzer, Lothar: Lexikografie und Wörterbuchbenutzung. 4. Auflage, Tübingen: Stauffenburg.

Evert (2005) = Evert, Stefan: The Statistics of Word Cooccurrences: Word Pairs and Collocations. Dissertation, Institut für maschinelle Sprachverarbeitung, Universität Stuttgart 2005, URN urn:nbn:de:bsz:93-opus-23714.

Firth (1957) = Firth, John Rupert: Modes of Meaning. In: Papers in Linguistics 1934–1952. London: Longmans, S. 190–215.

Fritzinger et al. (2009) = Fritzinger, Fabienne/Kisselew, Max/Heid, Ulrich/Madsack, Andreas/Schmid, Helmut: Werkzeuge zur Extraktion von signifikanten Wortpaaren als Web Service. Vortrag: GSCL Symposium Sprachtechnologie und eHumanities, Duisburg, 26.–27. Februar 2009.

Geyken (2007) = Geyken, Alexander: The DWDS corpus: A reference corpus for the German language of the 20th century. In: Fellbaum, Christiane (Hg.), Collocations and Idioms: Linguistic, lexicographic, and computational aspects. London: Continuum, S. 23–41.

Geyken (2008) = Geyken, Alexander: Quelques problèmes observés dans l'élaboration de dictionnaires à partir de corpus. In: Langages, Construction des faits en linguistique: la place des corpus, numéro dirigé par Marcel Cori, Sophie David & Jacqueline Léon, 171, S. 77–94.

Geyken (2011) = Geyken, Alexander: Statistische Wortprofile zur schnellen Analyse der Syntagmatik in Textkorpora. In: Abel, Andrea/Zanin, Renata (Hgg.), Korpora in Lehre und Forschung. Bozen-Bolzano: University Press, S. 115–137.

Geyken et al. (2009) = Geyken Alexander/Didakowski, Jörg/Siebert, Alexander: Generation of word profiles for large German corpora. In: Kawaguchi, Yuji/Minegishi, Makoto/Durand, Jacques (Hgg.), Corpus Analysis and Variation in Linguistics. Tokio: Benjamins, S. 141–157.

Geyken et al. (2012) = Geyken, Alexander/Gloning, Thomas/Stäcker, Thomas: Panel: Compiling large historical reference corpora of German: Quality Assurance, Interoperability and Collaboration in the Process of Publication of Digitized Historical Prints, Digital Humanities Conference, Hamburg 2012. Video Lecture.

Greenbaum (1970) = Greenbaum, Sidney: Verb-Intensifier Collocations in English. An experimental approach. Den Haag/Paris: Mouton.

Hanks (2012) = Hanks, Patrick: The Corpus Revolution in Lexicography. In: International Journal of Lexicography, 25/4, S. 398–436.

Hausmann (1984) = Hausmann, Franz Josef: Wortschatzlernen ist Kollokationslernen. In: Praxis des neusprachlichen Unterrichts, 31, S. 395–406.

Hausmann (2007) = Hausmann, Franz Josef: Die Kollokationen im Rahmen der Phraseologie – Systematische und historische Darstellung. In: Zeitschrift für Anglistik und Amerikanistik, 55/3, S. 217–234.

Hausmann/Wiegand (1989) = Hausmann, Franz Josef/Wiegand, Herbert Ernst: Component Parts and Structures of General Monolingual Dictionaries. In: Hausmann, Franz Josef/Reichmann, Oskar/Wiegand, Herbert Ernst/ Zgusta, Ladislav (Hgg.), Wörterbücher. Dictionaries. Dictionnaires. Ein internationales Handbuch zur Lexikographie. An International Encyclopedia of Lexicography. Encyclopédie internationale de lexicographie. 1. Teilband. Berlin/New York: De Gruyter, S. 328–360.

Henrich/Hinrichs (2012) = Henrich, Verena/Hinrichs, Erhard: Word Sense Disambiguation Algorithms for German. In: Proceedings of the 8th conference on International Language Resources and Evaluation LREC 2012, paper 164.

Ivanova et al. (2008) = Ivanova, Kremena/Heid, Ulrich/Schulte im Walde, Sabine/Kilgarriff, Adam/Pomikálek, Jan: Evaluating a German Sketch Grammar: A Case Study on Noun Phrase Case. Proceedings of the 6th Conference on Language Resources and Evaluation. Marrakech, Morocco 2008.

Jones (2010) = Jones, Steven: Using web data to explore lexico-semantic relations. In: Storjohann, Petra (Hg.), Lexical-Semantic Relations. Theoretical and practical perspectives. Amsterdam: Benjamins, S. 49–67.

Kilgarriff et al. (2004) = Kilgarriff, Adam/Rychlý, Pavel/Smrz, Pavel/Tugwell, David: The Sketch Engine. In Proceedings Euralex 2004. Lorient, France, S. 105–116.

Kilgarriff et al. (2008) = Kilgarriff, Adam/Husák, Miloš/McAdam, Katy/Rundell, Michael/Rychlý, Pavel: GDEX: Automatically Finding Good Dictionary Examples in a Corpus. In: Proceedings of the XIII EURALEX International Congress. Barcelona: Universitat Pompeu Fabra 2008, S. 425–433.

Kilgarriff/Kosem (2012) = Kilgarriff, Adam/Kosem, Iztok: Corpus Tools for Lexicographers. In: Granger, Sylviane/Paquot, Magali (Hgg.), Electronic Lexicography. Oxford: Oxford University Press, S. 31–55.

Kilgarriff/Rundell (2002) = Kilgarriff, Adam/Rundell, Michael: Lexical Profiling Software and its Lexicographic Applications – a Case Study. In: EURALEX 2002 Proceedings, S. 807–818.

Klein/Geyken (2010) = Klein, Wolfgang/Geyken, Alexander: Das Digitale Wörterbuch der Deutschen Sprache (DWDS). In: Lexicographica, 26, S. 79–93.

Klosa et al. (2014) = Klosa, Annette/Koplenig, Alexander/Töpel, Antje: Benutzerwünsche und -meinungen zu dem monolingualen deutschen Onlinewörterbuch *ELEXIKO*. In: Müller-Spitzer, Carolin (Hg.), Using Online Dictionaries. Berlin/New York: De Gruyter, S. 281–384.

Klosa/Storjohann (2011) = Klosa, Annette/Storjohann, Petra: Neue Überlegungen und Erfahrungen zu den lexikalischen Mitspielern. In: Klosa, Annette (Hg.), *ELEXIKO*. Erfahrungsberichte aus der lexikographischen Praxis eines Internetwörterbuchs. Tübingen: Narr, S. 49–80.

Kramer (2011) = Kramer, Undine: Klappenbach/Steinitz: Wörterbuch der deutschen Gegenwartssprache. In: Haß, Ulrike (Hg.), Große Lexika und Wörterbücher Europas. Berlin: De Gruyter Lexikon 2011, S. 449–476.

Lemnitzer/Kunze (2007) = Lemnitzer, Lothar/Kunze, Claudia: Computerlexikographie. Tübingen: Narr.

Lemnitzer/Zinsmeister (2010) = Lemnitzer, Lothar/Zinsmeister, Heike: Korpuslinguistik. Eine Einführung. 2. Auflage, Tübingen: GNV.

Mugdan (1989) = Mugdan, Joachim: Grundzüge der Konzeption einer Wörterbuchgrammatik. In: Hausmann, Franz Josef/Reichmann, Oskar/Wiegand, Herbert Ernst/Zgusta, Ladislav (Hgg.), Wörterbücher. Dictionaries. Dictionnaires. Ein internationales Handbuch zur Lexikographie. An International Encyclopedia of Lexicography. Encyclopédie internationale de lexicographie. 1. Teilband. Berlin/New York: De Gruyter, S. 462–501.

Perkuhn et al. (2012) = Perkuhn, Rainer/Keibel, Holger/Kupietz, Marc: Korpuslinguistik. Paderborn: Fink.

Quasthoff (2007) = Quasthoff, Uwe: Neologismenwörterbuch. Berlin: De Gruyter.

Rapp (2003) = Rapp, Reinhard: Computersimulation sprachlicher Intuition. In: Cyrus, Lea/Feddes, Hendrik/Schumacher, Frank/Steiner, Petra (Hgg.), Sprache zwischen Theorie und Technologie/Language between Theory and Technology. Wiesbaden: Deutscher Universitätsverlag, S. 237–255.

Rechtschreibrat (2006–2010) = Rechtschreibrat: Deutsche Rechtschreibung. Regeln und Wörterverzeichnis. Teil 1. Regeln. München und Mannheim 2006–2010. Online: http://rechtschreibrat.ids-mannheim.de/download/regeln2006.pdf.

Rundell/Atkins (2013) = Rundell, Michael/Atkins, B. T. Sue: Criteria for the design of corpora for monolingual lexicography. In: Gouws, Rufus H./Heid, Ulrich/Schweickard, Wolfgang/Wiegand, Herbert Ernst (Hgg.), Dictionaries. An International Encyclopedia of Lexicography. Supplementary Volume: Recent Developments With Focus on Electronic and Computational Lexicography. Berlin: Mouton De Gruyter, S. 1336–1343.

Rychlý (2008) = Rychlý, Pavel: A lexicographer-friendly association score. In: Proceedings of Recent Advances in Slavonic Natural Language Processing, RASLAN, S. 6–9.

Schaeder (1983) = Schaeder, Burkhard: Häufigkeiten und Häufigkeitsangaben in neuhochdeutschen Wörterbüchern. Zur Rolle von Frequenzuntersuchungen in der Lexikographie. In: Wiegand, Herbert Ernst (Hg.), Studien zur neuhochdeutschen Lexikographie III. Hildesheim/New York: Olms, S. 239–274.

Schäfer/Bildhauer (2012) = Schäfer, Roland/Bildhauer, Felix: Building large corpora from the web using a new effcient tool chain. In: Proceedings of the Eight International Conference on Language Resources and Evaluation (LREC 2012), Istanbul, S. 486–493.

Schiehlen (2003) = Schiehlen, Michael: A cascaded finite-state parser for German. In: Proceedings of the 10th EACL, Budapest 2003.

Schmidt (2004) = Schmidt, Ingrid: Modellierung von Metadaten. In: Lobin, Henning/Lemnitzer, Lothar (Hgg.), Texttechnologie. Anwendungen und Perspektiven. Tübingen: Stauffenburg, S. 143–164.

Sierra et al. (2008) = Sierra, Gerardo/Alarcón, Rodrigo/Aguilar, César/Bach, Carme: Definitional verbal patterns for semantic relation extraction; In: Terminology 14/1, S. 74–98.

Sinclair (1991) = Sinclair, John: Corpus, Concordance, Collocation. Oxford: Oxford University Press.
Steffens/al-Wadi (2013) = Steffens, Doris/al-Wadi, Doris: Neuer Wortschatz. Neologismen im Deutschen 2001–2010. Mannheim: Institut für Deutsche Sprache.
Storjohann (2010) = Storjohann, Petra: Synonyms in corpus texts. Conceptualisation and construction. In: Storjohann, Petra (Hg.), Lexical-Semantic Relations. Theoretical and practical perspectives. Amsterdam: Benjamins, S. 69–94.
Tognini-Bonelli (2001) = Tognini-Bonelli, Elena: Corpus Linguistics at Work. Amsterdam: Benjamins.
Walter (2011) = Walter, Stephan: Definitionsextraktion aus Urteilstexten, PhD Thesis, Universität des Saarlandes 2011. Online: http://www.coli.uni-saarland.de/~stwa/publications/DissertationStephanWalter.pdf.
Wiegand (1989) = Wiegand, Herbert Ernst: Formen von Mikrostrukturen im allgemeinen einsprachigen Wörterbuch. In: Hausmann, Franz Josef/Reichmann, Oskar/Wiegand, Herbert Ernst/Zgusta, Ladislav (Hgg.), Wörterbücher. Dictionaries. Dictionnaires. Ein internationales Handbuch zur Lexikographie. An International Encyclopedia of Lexicography. Encyclopédie internationale de lexicographie. 1. Teilband, Berlin/New York: De Gruyter, S. 462–501.
Wiegand (1998) = Wiegand, Herbert Ernst: Wörterbuchforschung. Untersuchungen zur Wörterbuchbenutzung, zur Theorie, Geschichte, Kritik und Automatisierung der Lexikographie. 1. Teilband. Berlin/New York: De Gruyter.

Wörterbücher

CanooNet = Deutsche Wörterbücher und Grammatik. Basel: Canoo Engineering AG. Online: http://www.canoo.net/.
CCELD = John Sinclair et. al. (Hgg.): Collins Cobuild English Language Dictionary. London/Glasgow: Collins, 1987.
Duden online = Duden, Berlin: Bibliographisches Institut/Dudenverlag. Online: www.duden.de.
DDUW = Duden – Deutsches Universalwörterbuch. 8. Auflage. Berlin 2015: Dudenverlag.
DWB = Deutsches Wörterbuch von Jacob und Wilhelm Grimm, Leipzig: Hirzel.
DWB-Online = Das Deutsche Wörterbuch von Jacob und Wilhelm Grimm. Online abrufbar im Trierer Wörterbuchnetz: http://woerterbuchnetz.de/DWB/.
DWDS = Das Digitale Wörterbuch der deutschen Sprache. Berlin-Brandenburgische Akademie der Wissenschaften. Online: http://www.dwds.de.

ELEXIKO = Online-Wörterbuch zur deutschen Gegenwartssprache. In: OWID – Online Wortschatz-Informationssystem Deutsch. Mannheim: Institut für Deutsche Sprache. Online: http://www.elexiko.de.
LINGUEE = Wörterbuch Englisch–Deutsch. Online: www.linguee.de.
NEO-OWID = Neologismenwörterbuch. In: OWID-Online-Wortschatz-Informationssystem Deutsch. Mannheim: Institut für Deutsche Sprache. Online: http://www.owid.de/wb/neo/start.html.
NEO-WB = Quasthoff, Uwe (Hg.): Deutsches Neologismenwörterbuch. Berlin: De Gruyter, 2007.
OALD = Oxford Advanced Learner's Dictionary. Oxford: Oxford University Press. Online: http://www.oxfordlearnersdictionaries.com.
OED = Oxford English Dictionary online. Oxford: Oxford University Press. Online: http://dictionary.oed.com.
WDG = Klappenbach, Ruth (Hg.): Wörterbuch der deutschen Gegenwartssprache, Berlin: Akademie-Verlag.
WDG-ONLINE = Das Wörterbuch der deutschen Gegenwartssprache. Online abrufbar im DWDS-Portal: http://dwds.de.
WIKTIONARY = Das deutsche Wiktionary. Online: de.wiktionary.org.
WORTSCHATZ LEIPZIG = Wortschatz. Universität Leipzig. Online: http://wortschatz.uni-leipzig.de/.

Internetquellen

AGD = Archiv für Gesprochenes Deutsch. Mannheim: Institut für Deutsche Sprache. Online: www.agd.ids-mannheim.de.
BNC = British National Corpus Online: www.natcorp.ox.ac.uk.
CCDB = Kookkurrenzdatenbank. Mannheim: Institut für Deutsche Sprache. Online: http://corpora.ids-mannheim.de/ccdb/.
COW = Corpora from the Web. Freie Universität Berlin. Online: http://corporafromtheweb.org/.
DACT = Dact Werkzeug für die Analyse von Alpino Korpora. Daniël de Koh. Online: www.rug-compling.github.io/dact/.
DEREKO = Deutsches Referenzkorpus. Mannheim: Institut für Deutsche Sprache. Online: www1.ids-mannheim.de/kl/projekte/korpora/.
DEUTSCHES TEXTARCHIV = Deutsches Textarchiv. Berlin-Brandenburgische Akademie der Wissenschaften. Online: www.deutsches-textarchiv.de.
DWDS-KERNKORPUS = Kernkorpus des Digitalen Wörterbuchs der deutschen Sprache. Berlin-Brandenburgische Akademie der Wissenschaften. Online: http://www.dwds.de/ressourcen/kernkorpus/.
DWDS-WORTPROFIL = Berlin-Brandenburgische Akademie der Wissenschaften. Online: http://www.dwds.de/ressourcen/wortprofil/.
FSPAR = FSPar – a cascaded finite-state parser for German. Universität Stuttgart: Institut für Maschinelle Sprachverarbeitung. Online: http://www.ims.uni-stuttgart.de/forschung/ressourcen/werkzeuge/fspar.html.

KANT-KORPUS = Bonner Kant-Korpus. Universität Duisburg-Essen. Online: https://korpora.zim.uni-duisburg-essen.de/kant/.
KOBRA = Online: http://www.kobra.tu-dortmund.de/mediawiki/index.php?title=Hauptseite.
Korpus der Zeitschrift „Die Fackel" = Online: http://corpus1.aac.ac.at/fackel/.
SKETCH ENGINE = Sketch Engine. Lexical Computing. Online: https://www.sketchengine.co.uk/.
TIGERSEARCH = TIGERSearch. Universität Stuttgart: Institut für Maschinelle Sprachverarbeitung. Online: http://www.ims.uni-stuttgart.de/forschung/ressourcen/werkzeuge/tigersearch.html.
TWITTER.COM = Twitter. Online: www.twitter.com.
VLO = Virtual Language Observatory. Online: www.clarin.eu/vlo.

Bildnachweise

Abbildung 6.1: „Die verschiedenen Arten der Fahrung", von Georg Agricola, 1556 (Bildquelle: https://commons.wikimedia.org/wiki/File:Die_verschiedenen_Arten_der_Fahrung.png).

Abbildung 6.2: Vermessung im Bergbau durch einen Markscheider (Bildquelle: Deutsche Fotothek über Wikipedia: https://commons.wikimedia.org/wiki/File:Fotothek_df_tg_0000341_Bergwerk_%5E_Bergbau_%5E_Markscheider_%5E_Vermessung.jpg).

Andrea Abel und Christian M. Meyer
7 Nutzerbeteiligung

Abb. 7.1: Direkte, indirekte und begleitende Beteiligungsformen in der Politik.

Demokratie lebt von der Beteiligung der Bürgerinnen und Bürger, die an der Politik eines Staates sowohl direkt durch die Wahl von Abgeordneten als auch indirekt durch das Äußern von Ideen, Vorschlägen oder Wünschen mitwirken. Neben diesen direkten und indirekten Gestaltungsmöglichkeiten informieren sich die Menschen über das politische Geschehen und tauschen sich dazu untereinander aus. Für Wörterbücher bietet sich eine ähnliche Bandbreite von Beteiligungsmöglichkeiten. Die Nutzer tauschen sich mit den Wörterbuchanbietern und untereinander aus, formulieren Wünsche, geben Rückmeldungen oder wirken selbst aktiv am Entstehen von Wörterbuchartikeln mit.

Das Internet prägt zunehmend unsere Gesellschaft und vernetzt uns immer stärker miteinander. In den vergangenen zehn Jahren hat sich das Internet durch den Einsatz sogenannter „Social Media"-Technologien wie Weblogs, Wikis oder sozialer Netzwerke von einer Sammlung redaktionell gepflegter Experteninformationen zu einer interaktiven Austauschplattform von nutzergenerierten Inhalten gewandelt. Internetwörterbücher in dieser veränderten, als „Web 2.0" bezeichneten Umgebung binden zunehmend die Wörterbuchbenutzer in die lexikografische Tätigkeit mit ein. Der Grad der Nutzerbeteiligung reicht von der nutzergetriebenen Erstellung eines gesamten Wörterbuchs über Qualitätsrückmeldungen zu einzelnen Artikeln bis hin zum Dialog zwischen Lexikografen und Benutzerinnen oder zwischen den Benutzern selbst.

Die neuen Formen der Nutzerbeteiligung im Netz sind in der Lexikografie bisher kaum erforscht. Im vorliegenden Kapitel geben wir einen Überblick zu den verschiedenen Möglichkeiten, Wörterbuchbenutzer direkt, indirekt oder begleitend an der Erarbeitung eines Wörterbuchs zu beteiligen. Vor allem sind die Einschätzung der Qualität und die Klärung von Rechtefragen von zentralem Interesse, um das Potenzial nutzergenerierter Inhalte einschätzen zu können. Neben einer systematischen Einteilung von Nutzerbeiträgen diskutieren wir mehrere praktische Beispiele der einzelnen Ausgestaltungsformen und gehen auch auf mögliche Beweggründe für ein aktives Mitwirken ein. Außerdem möchten wir insbesondere eine kritische Auseinandersetzung mit Stärken und Schwächen unterschiedlicher Formen von Nutzerbeteiligung anregen.

7.1	Einführung —— 251	
7.2	Direkte Nutzerbeteiligung —— 253	
7.3	Indirekte Nutzerbeteiligung —— 263	
7.4	Begleitende Nutzerbeteiligung —— 272	
7.5	Diskussion —— 277	
7.6	Zusammenfassung und Ausblick —— 282	
7.7	Literatur —— 283	
7.7.1	Weiterführende Literatur —— 283	
7.7.2	Literaturverzeichnis —— 284	

7.1 Einführung

Die Beteiligung der Benutzerinnen und Benutzer an der Wörterbucherstellung ist kein unbekanntes Thema in der Lexikografie und reicht weit in die vorelektronische Zeit zurück. Bereits im 19. Jahrhundert etablierte das OXFORD ENGLISH DICTIONARY (OED) Leseprogramme, bei denen die Öffentlichkeit gebeten wurde, Bücher zu lesen und darin Belege für übliche Verwendungsweisen eines Wortes zu sammeln und anschließend einzureichen. Diese Belege wurden zunächst unsystematisch, später immer spezifischer erhoben, indem den freiwilligen Helfenden Wort- und Literaturlisten sowie bestimmte Themenfelder vorgegeben wurden (vgl. Thier 2014).

Nutzerbeteiligung im 19. Jahrhundert

Mit der Entwicklung des Internets haben sich völlig neue Möglichkeiten zur Beteiligung der Wörterbuchbenutzer ergeben, wodurch das Thema Nutzerbeteiligung zu einem immer wichtigeren Faktor für die Planung, Ausarbeitung und Verwendung eines Wörterbuchs geworden ist.

Nutzerbeteiligung im Internet

Einerseits erlaubt das Netz die Kommunikation der Wörterbuchbenutzerinnen untereinander, was in früheren Zeiten nur mühsam möglich war. Andererseits bietet es neue Möglichkeiten der Interaktion und versetzt die Benutzer in die Lage, selbständig Wörterbuchartikel zu verfassen und diese gemeinschaftlich zu verbessern. Gerade diese nutzergetriebene Erarbeitung von Wörterbuchinhalten stellt eine grundlegende Veränderung des lexikografischen Prozesses dar (→ Kapitel 3.4.2). Carr (1997, S. 214) bezeichnet dieses Vorgehen als „bottom-up lexicography", da die Wörterbücher von unten („bottom-up"), also von den Nutzerinnen, aus einzelnen Artikeln und Beiträgen zu einem Ganzen zusammengestellt werden, während Wörterbücher im traditionellen Modell der Verlags- oder akademischen Lexikografie von Redaktionen sys-

„bottom-up lexicography"

tematisch geplant, bearbeitet und somit von oben („top-down") den Nutzern zur Verfügung gestellt werden.

Durch die neuen Formen der Nutzerbeteiligung verschwimmt die Grenze zwischen Wörterbuchbenutzer und Wörterbuchbearbeiter zunehmend. Lew (2014, S. 9) schlägt in diesem Zusammenhang das Kofferwort *„prosumer"* vor, da eine Benutzerin sowohl als *„pro*ducer" aktiv an der Wörterbucherstellung mitwirkt als auch als *„con*sumer" an den erarbeiteten Inhalten interessiert ist.

> „prosumer"

Die Erforschung der Nutzerbeteiligung in Internetwörterbüchern ist noch ein sehr junges Themenfeld. So bemerken etwa Wiegand et al. (2010, S. 17):

> Stand der Forschung

> Allerdings sind die lexikographischen Prozesse, wie man sie bei der Entstehung von gemeinschaftlich erstellten Online-Wörterbüchern, wie dem Wiktionary, beobachten kann, mit der traditionellen Phaseneinteilung nicht mehr adäquat beschreibbar; ihre Abläufe sind bislang auch erst ansatzweise erforscht.

Gleichzeitig ist unser Wissen zu den vielfältigen Formen der Nutzerbeteiligung von hoher Relevanz. Freiwillig beigetragene Wörterbuchartikel oder Hintergrundmaterialien sowie Rückmeldungen zu bestehenden und neuen Inhalten haben das Potenzial, die Herstellung eines Wörterbuchs zu beschleunigen, qualitativ aufzuwerten und inhaltlich zu bereichern. Verlage können dadurch Kosten sparen und Nutzer erlangen Kenntnisse über die Struktur eines Wörterbuches sowie dessen Benutzung und identifizieren sich stärker mit dem Produkt. Umgekehrt bedeutet die Auswertung von Nutzerbeiträgen häufig zunächst eine Mehrarbeit bei der Wörterbucherstellung. Gerade bei einer großen Zahl an qualitativ minderwertigen oder unangemessenen Beiträgen kann dies ebenso zu einer Behinderung der lexikografischen Tätigkeit oder zu insgesamt schlechteren Nachschlagewerken führen.

> Relevanz des Themas

Das Ziel dieses Kapitels ist es, die verschiedenen Arten der Nutzerbeteiligung zu beschreiben und in eine systematische Ordnung zu bringen. Für jede Beteiligungsform diskutieren wir mehrere praktische Beispiele. Wir gehen insbesondere auf die Motivation der Nutzerinnen und Nutzer und auf rechtliche Fragen sowie auf die Qualität und die Verfahren zur Einreichung der Nutzerbeiträge ein.

> Arten der Nutzerbeteiligung

Auf der obersten Ebene unterscheiden wir drei grundlegende Arten der Nutzerbeteiligung, auf die wir im Folgenden detailliert eingehen:

1. Direkte Nutzerbeteiligung (→ Abschnitt 7.2)
2. Indirekte Nutzerbeteiligung (→ Abschnitt 7.3)
3. Begleitende Nutzerbeteiligung (→ Abschnitt 7.4)

Diese Einteilung sowie die entsprechenden Beschreibungen basieren, ausgehend von den Überlegungen bei Mann (2010), auf Abel/ Meyer (2013). → Tabelle 7.1 zeigt die drei Arten der Nutzerbeteiligung mit ihren verschiedenen Ausprägungen in einer Übersicht. Dabei ist nicht ausgeschlossen, dass in einzelnen Wörterbuchinitiativen mehrere Arten der Nutzerbeteiligung parallel zur Anwendung kommen, wie noch zu sehen sein wird. Zudem eignet sich die Einteilung sowohl für die Beschreibung von Nutzerbeteiligung in Einzelwörterbüchern im Internet (z. B. OED ONLINE, DUDEN ONLINE, WIKTIONARY) als auch in Wörterbuchportalen (vgl. Storrer 2010; Engelberg/Müller-Spitzer 2013; → Kapitel 2), d. h. solchen Schnittstellen, die den Zugang zu einer ganzen Reihe von Wörterbüchern erlauben (z. B. LEO, DICT.CC, CANOONET).

Tab. 7.1: Übersicht verschiedener Arten der Nutzerbeteiligung

Direkte Nutzerbeteiligung:	– Beiträge zu offen-kollaborativen Wörterbüchern – Beiträge zu kollaborativ-institutionellen Wörterbüchern – Beiträge zu semi-kollaborativen Wörterbüchern
Indirekte Nutzerbeteiligung:	– Explizites Feedback – Implizites Feedback

Begleitende Nutzerbeteiligung:	– Austausch zwischen Wörterbucherstellern und Wörterbuchbenutzern
	   – unidirektionale Kommunikation
	   – bidirektionale Kommunikation
	– Austausch zwischen Wörterbuchbenutzern

7.2 Direkte Nutzerbeteiligung

Direkte Nutzerbeteiligung bezeichnet das Anlegen, Verändern oder Löschen von Wörterbuchartikeln durch Wörterbuchbenutzer. Wir unterscheiden zwischen Beiträgen zu offen-kollaborativen, zu kollaborativ-institutionellen und zu semi-kollaborativen Wörterbüchern, die wir im Folgenden näher beschreiben.

Beiträge zu offen-kollaborativen Wörterbüchern

Nutzerbeiträge zu offen-kollaborativen Wörterbüchern unterliegen keiner redaktionellen Kontrolle durch eine festgelegte Gruppe von Expertinnen und Experten. Die entsprechenden Wörterbücher basieren vielmehr auf Artikeln, die von einer potenziell unbegrenzt großen Zahl freiwilliger Nutzer verfasst und überarbeitet werden. Jede Änderung wird direkt im Wörterbuch sichtbar und kann damit unmittelbar von anderen Nutzerinnen eingesehen und ggf. erneut revidiert werden. An die Stelle des Expertenwissens tritt das kollektive Wissen der Beteiligten, was häufig als *„Schwarmintelligenz"* (vgl. Krause/Krause 2011), als „kollektive Intelligenz" (vgl. Malone et al. 2010) oder auch als die „Weisheit der Vielen" („wisdom of crowds", vgl. Surowiecki 2005) bezeichnet wird. Die Grundannahme dieses Vorgehens ist, dass die verschiedenen subjektiven Sichtweisen und Kenntnisse der beteiligten Individuen in einem gemeinschaftlichen, gruppendynamischen Prozess konsolidiert werden und sich so zu einem größeren Ganzen verbinden.

Schwarmintelligenz

Der offen-kollaborative Erstellungsprozess hat insbesondere durch die freie Online-Enzyklopädie WIKIPEDIA Popularität erlangt. Nicht selten erfreuen sich auch offen-kollaborativ entstehende Wörterbücher einer großen Beliebtheit. WIKTIONARY ist mit über 170 Sprachversionen und insgesamt 25 Millionen Wörterbuchartikeln das derzeit größte Angebot dieser Art.[1] Malone et al. (2010) unterscheiden ökonomische Faktoren (unmittelbare monetäre Vorteile, künftige Verdienstmöglichkeiten, das Trainieren persönlicher Kompetenzen), Freude (Vergnügen, Altruismus, Sozialisierung) und Ruhm (Anerkennung durch Gleichgesinnte) als fundamentale Motivationsgründe zur Mitwirkung bei offen-kollaborativen Angeboten. Auf ähnliche, teilweise auch darüber hinausgehende Faktoren, wie etwa das Erhalten und Austauschen von Informationen oder die Identifizierung mit bestimmten Gruppen bzw. das Zugehörigkeitsgefühl, weisen auch andere Studien hin, die sich mit der Frage auseinandersetzen, was Triebfedern zum Beitragen in Online-Gemeinschaften sein können (vgl. z. B. Lampe et al. 2010, Rafaeli/Ariel 2008).

Motivation der Nutzer

Die Wörterbuchinhalte sind an keinen bestimmten Anbieter oder Herausgeber gebunden und viele Angebote wenden freie Li-

---

[1] https://meta.wikimedia.org/wiki/Wiktionary#List_of_Wiktionaries (letzter Zugriff 24.6.2016).

zenzen, auch Open-Content-Lizenzen genannt, an, beispielsweise aus der CREATIVE COMMONS-Serie, bei denen – anders als im klassischen Urheberrechtsmodell – die Verbreitung von Inhalten in unveränderter Form generell durch jeden möglich ist, teilweise – je nach gewählter Lizenzversion – auch deren kommerzielle Nutzung und Modifikation (vgl. Kreutzer 2011).

Urheber- und Nutzungsrecht

Neben der Lizenz, unter der die Inhalte veröffentlicht werden, ist auch die Frage nach der Quelle bzw. der Herkunft der Nutzerbeiträge relevant. Gerade das Aufdecken und Verhindern der Übernahme von urheberrechtlich geschützten Wörterbuchangaben aus anderen Werken stellt die Anbieter kollaborativer Wörterbücher vor große Herausforderungen. Plagiate sind in der Lexikografie kein neues Phänomen (vgl. Hausmann 1989), das Abschreiben und Kopieren aus bestehenden Wörterbüchern scheint insgesamt eine gängige und seit langem bekannte, wenngleich unterschiedlich bewertete Praxis zu sein (vgl. Landau 2001). Jedoch muss dieser Aspekt durch die große Zahl der Beteiligten in kollaborativen Angeboten neu betrachtet werden. Die Nutzergemeinden um WIKIPEDIA und WIKTIONARY haben mittlerweile umfangreiche Richtlinien und Arbeitsabläufe im Umgang mit urheberrechtlichen Fragen definiert.[2] Dort wird insbesondere versucht, möglichst alle Angaben mit Quellenhinweisen zu versehen. Daten mit zweifelhafter Herkunft werden zunächst zur Diskussion gestellt und ggf. aus dem Wörterbuch gelöscht.

Plagiarismus

Andererseits wurden und werden in WIKTIONARY zum Teil große Datenmengen oder ganze Wörterbücher aus lizenzfreien oder älteren und daher urheberrechtsfreien Quellen in das Wörterbuch eingearbeitet. Hanks (2012) merkt an, dass sich im englischen WIKTIONARY zahlreiche veraltete Bedeutungsparaphrasen finden, was insbesondere auf die Übernahme aus mittlerweile rechtefreien Quellen zurückzuführen ist. Im englischen WIKTIONARY wurden bspw. einige Teile der digitalisierten Fassung des WEBSTER'S REVISED UNABRIDGED DICTIONARY (WEBSTER) von 1913 verwendet, was sich mitunter negativ auf die Qualität der Artikel auswirkt. Lew (2014) zeigt diesbezüglich anhand des englischen Verbs *handle* in WIKTIONARY u. a. auf, dass durch die Übernahmen aus der alten

Rechtefreie Quellen

---

2 Siehe etwa http://de.wiktionary.org/wiki/Wiktionary:Urheberrechte_beachten (letzter Zugriff 24.6.2016).

Auflage des WEBSTER als erste Lesart eine für das zeitgenössische Englisch unübliche angeführt ist und als lexikografische Beispiele vielfach unkommentiert archaische Zitate aus der Bibel oder Klassikern der Literatur aufgenommen wurden.

Lexikografische Instruktionen

Ein Großteil der offen-kollaborativen Wörterbücher basiert auf klar vorgegebenen lexikografischen Instruktionen, die auf der Ebene der Makrostruktur die Auswahl der aufzunehmenden Stichwörter und auf der Ebene der Mikrostruktur den Aufbau der Wörterbuchartikel und deren Angabeklassen wie Aussprache, Bedeutungsangaben oder Beispielsätze darlegen. Das URBAN DICTIONARY etwa fokussiert englische Umgangssprache und Gelegenheitsbildungen und erhebt die zugehörigen Angaben über ein Online-Formular, das die Eingabe des Stichworts, einer Bedeutungserklärung, eines Verwendungsbeispiels sowie zusätzlichen, frei wählbaren Tags (etwa Synonyme, Fehlschreibungen etc.) erlaubt. Als deutsches Pendant dazu kann SPRACHNUDEL genannt werden, das ebenfalls Szenesprache und Neologismen erfasst.

Formularbasierte Eingabe

Viele der kollaborativen Wörterbücher mit festgelegten lexikografischen Instruktionen sind Übersetzungswörterbücher wie beispielswese BAB.LA oder GLOSBE, deren Artikel oftmals sehr einfach strukturiert sind. Als Eingabeformular genügt bei diesen Wörterbüchern die Angabe eines Stichworts in der Quell- und in der Zielsprache, wodurch eine Beteiligung ohne großen Aufwand möglich ist. Aufgrund der großen Vielfalt an Sprachpaaren der breiten, potenziellen Nutzergemeinschaft profitieren solche zwei- bzw. mehrsprachigen Wörterbücher in besonderem Maße von direkten Nutzerbeiträgen (vgl. Meyer/Gurevych 2012).

Für komplexere Artikelstrukturen werden umfangreichere Eingabeformulare benötigt, um alle Angabeklassen erfassen zu können, z. B. separate Felder für Verwendungsbeispiele und Quellen, ein tabellarisches Eingabefeld für Synonyme oder ein Auswahlfeld für die Wortart. Das multilinguale Wörterbuchprojekt KAMUSI erlaubt etwa die Angabe von Bedeutungserklärungen in mehreren Sprachen. Zu diesem Zweck wurden die Eingabeformulare genau für diesen Fall angepasst und das Anlegen oder Bearbeiten eines Artikels ist als mehrstufiger, interaktiver Prozess modelliert. → Abbildung 7.2 zeigt einen Ausschnitt dieser Eingabemöglichkeiten.

Auszeichnungssprache

Neben solchen formularbasierten Angeboten finden sich Wörterbücher, deren Artikel in einer Auszeichnungssprache verfasst werden. Die Eingabe von Wörterbuchinhalten ist dabei nicht fix

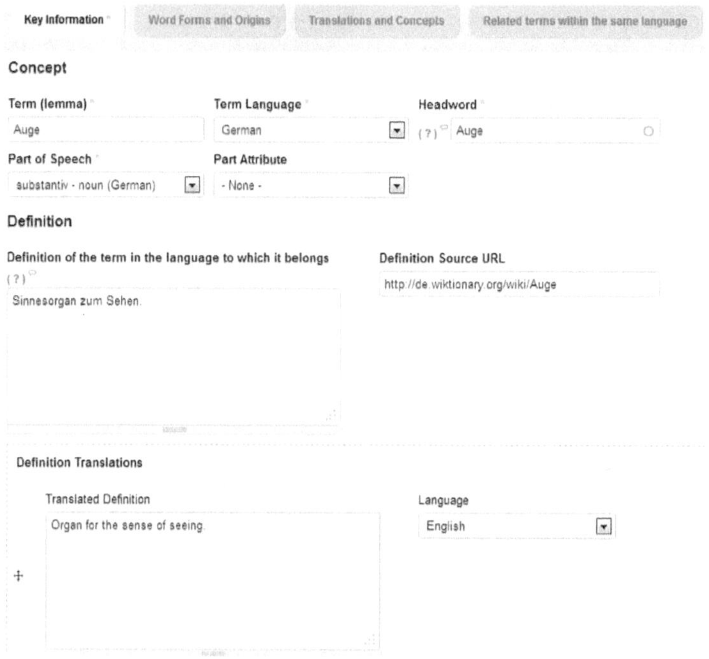

Abb. 7.2: Ausschnitt der Eingabeformulare in KAMUSI.

auf mehrere, einer bestimmten Angabeklasse zugehörige Felder verteilt, sondern erfolgt in einer vordefinierten Syntax, die neben den inhaltlichen Beschreibungen zu einzelnen Angabeklassen auch Formatmarkierungen (etwa für Fett- oder Kursivschreibung) oder logische Kennzeichnungen enthält (z. B. um Beginn und Ende einer Bedeutungserklärung anzuzeigen).

Die für lexikografische Produkte häufig eingesetzte Auszeichnungssprache XML haben wir bereits in → Kapitel 1 kennengelernt. Mittels XML und darauf basierenden Wörterbuchstandards wie TEI und LMF lassen sich auch sehr komplexe Strukturen repräsentieren. Jedoch erfordert die fachkundige Auszeichnung ein hohes Maß an Kenntnissen, die es zu beherrschen gilt. Derartige Wörterbuchstandards wenden sich daher vorwiegend an ein professionelles Zielpublikum und werden für kollaborativ erstellte Wörterbücher kaum eingesetzt.

XML

Stattdessen basieren diese Wörterbücher häufig auf der Wiki-Technologie, die Nutzerinnen einen relativ einfachen Zugang zu den Eingabe- und Überarbeitungsmöglichkeiten erlaubt. Ein Wiki

Wiki-Technologie

ist eine Online-Plattform, mit der gemeinschaftlich Texte verfasst und überarbeitet werden können. Die Texte werden mithilfe einer speziellen Auszeichnungssprache, des sogenannten „wiki markup", verfasst, die sowohl die gängigen Formatierungsmöglichkeiten als auch die Definition von wiederverwendbaren Textbausteinen erlaubt, gleichzeitig aber leicht zu erlernen ist. Insbesondere soll diese Auszeichnungssprache die Hemmschwelle für weniger technikaffine Nutzer senken. Das englischsprachige RAP DICTIONARY ist ein Beispiel für ein solches wikibasiertes Wörterbuch. Der Artikel *Cheeser* etwa ist wie folgt in der Wiki-Auszeichnungssprache strukturiert:[3]

```
===noun===
"Cheeser"

A person that trys to become closer to you using all
ways for the purpose of having your money.

"Becareful of the cheesers, the teasers" -- [[Grand Pupa]]
(Song:I like It, Album: 2000 - 1995)

[[Category:Terms]]
[[Category:Nouns]]
```

Der in drei Gleichheitszeichen eingefasste Text erzeugt eine Überschrift. Kursivschreibung wird durch zwei Hochkommas, Fettschreibung mittels drei Hochkommas aktiviert. Verweise zu anderen Stichworten können durch eckige Klammern markiert werden, ebenso wie die Einordnung des Artikels in die Kategorien „Terms" und „Nouns".

Im Gegensatz zu formularbasierten Angeboten erlauben Auszeichnungssprachen die freie Festlegung, Ausgestaltung und Positionierung der lexikografischen Angaben. Wikibasierte Wörterbücher sind daher nicht auf bestimmte, zu Beginn spezifizierte lexikografische Instruktionen beschränkt, sondern ermöglichen es den Beteiligten, diese selbst zu bestimmen und zu verändern und somit auch in die Planung und konzeptionelle Weiterentwicklung des Wörterbuchs einzugreifen. Matuschek et al. (2013) vergleichen OMEGAWIKI und WIKTIONARY, zwei kollaborative Wörterbücher mit

Nutzergetriebene Wörterbuchplanung

---

[3] http://rapdict.org/Cheeser (letzter Zugriff 24.6.2016).

starrer vs. flexibler Mikrostruktur bzw. mit vorgegebenen vs. veränderlichen lexikografischen Instruktionen. Dabei zeigt sich, dass ein flexibler Ansatz wie in WIKTIONARY deutlich mehr Ausgestaltungsmöglichkeiten eines Artikels bietet, beispielsweise durch hierarchische Gliederung der Bedeutungserklärungen für Einträge mit sehr vielen Lesarten. Gleichzeitig kommt es in derartigen Wörterbüchern leicht zu Inkonsistenzen zwischen verschiedenen Wörterbuchartikeln, die wiederum eine effiziente Nutzung des Wörterbuchs behindern können.

Da Beiträge zu offen-kollaborativen Wörterbüchern nicht von Experten geprüft werden, finden sich vor allem zwei Klassen von Qualitätsproblemen: (i) Spam und Vandalismus, sowie (ii) unspezifische, falsche, veraltete, pauschalisierende oder zu komplizierte Beschreibungen. Als Spam und Vandalismus werden grober Unsinn verstanden, wie das Einfügen von Schimpfwörtern, offensichtlich falscher Informationen oder abfälliger Kommentare in bestehende Beschreibungstexte sowie das Löschen sinnvoller Wörterbuchinhalte, ohne dass eine Begründung oder Verbesserung angegeben wird. Insbesondere in größeren Wörterbuchprojekten besteht daher die Notwendigkeit für Qualitätssicherungsmaßnahmen. In WIKTIONARY können etwa einzelne Stadien eines Wörterbuchartikels als sogenannte Stabilversionen gekennzeichnet werden, sofern ein bestimmter Qualitätsstandard erreicht wurde. Während die Kennzeichnung aktuell lediglich auf das Nichtvorhandensein von Spam und Vandalismus (Problemklasse i) abzielt, wird derzeit diskutiert, eine zweite Kennzeichnung für die Erreichung von Mindestqualitätsanforderungen (Problemklasse ii) zu vergeben. Die Definition solcher Anforderungen ist allerdings deutlich schwieriger als für Problemklasse i und selbst für redaktionelle Nachschlagewerke werden Fragen der Qualität und der Definition von Qualitätskriterien immer wieder diskutiert (vgl. z. B. Kemmer 2010).[4]

Qualität der Beiträge

Stabilversion

Das Recht, Stabilversionen zu kennzeichnen, wird in WIKTIONARY nur an aktive Benutzerinnen vergeben, die an mindes-

---

[4] Wie viel Forschungsbedarf insbesondere im Hinblick auf Internetwörterbücher noch besteht, zeigte der Workshop „Was ist ein gutes (Internet-)Wörterbuch? – Alte und neue Fragen zur Qualität lexikographischer Produkte im ‚digitalen Zeitalter'" im Rahmen des XVI. Internationalen EURALEX-Kongresses (siehe: http://internetlexikografie.de).

tens 200 Artikeln gearbeitet haben. Dadurch soll der Missbrauch dieser Kennzeichnungsmöglichkeit vermieden werden. Eine weitere Qualitätssicherungsmaßnahme bilden sogenannte Baustellenkennzeichnungen. Wer ein Qualitätsproblem in einem Artikel beobachtet, den Missstand aber nicht selbst beheben kann oder möchte, kann den Artikel mit einem vordefinierten Textbaustein versehen, um auf fehlende Quellen, nötige oder sinnvolle Erweiterungen, inkonsistente Struktur u. Ä. aufmerksam zu machen. Andere Beitragende können dann die Änderungen durchführen, diese kommentieren und diskutieren. Wird ein Artikel als unpassend oder irrelevant für die geplanten Wörterbuchinhalte empfunden, kann dieser mit einer separaten Kennzeichnung auch komplett zur Löschung vorschlagen werden (z. B. der Artikel zur Pluralform *Erdoberflächen*, mit der Begründung, dass es für das Lemma keinen Plural gebe). Meyer/Gurevych (2014) gehen näher auf Qualitätssicherungsmaßnahmen in kollaborativen Wörterbüchern ein.

<small>Baustellenkennzeichnung</small>

Eine zweite Art der direkten Nutzerbeteiligung bilden *Beiträge zu kollaborativ-institutionellen Wörterbüchern* (vgl. Lew 2011). Kollaborativ-institutionelle Wörterbücher werden von etablierten Verlagen angeboten; Beispiele sind das MERRIAM-WEBSTER OPEN DICTIONARY oder das MACMILLAN OPEN DICTIONARY. Die Nutzerbeiträge zu solchen Wörterbüchern liegen meist in Form von vollständig eingegebenen Wörterbuchartikeln vor, die von den Herausgebern des Wörterbuchs auf Vandalismus, Beleidigung oder Diffamierung hin geprüft werden. Im Gegensatz zu Beiträgen zu semi-kollaborativen Wörterbüchern und explizitem Feedback (→ Abschnitt 7.3), bleiben die Beiträge zu kollaborativ-institutionellen Wörterbüchern in der Regel weitgehend unbearbeitet. Gleichzeitig besteht aber eine enge Verbindung zu diesen beiden Arten von Nutzerbeiträgen, auf die wir im Folgenden noch näher eingehen. Ein Unterschied zu offen-kollaborativen Angeboten besteht darin, dass die Benutzerinnen keine Möglichkeit zur Änderung oder Löschung fremder Beiträge haben.

<small>Beiträge zu kollaborativ-institutionellen Wörterbüchern</small>

Während die Beitragenden zu diesen Wörterbüchern ähnlichen Beweggründen folgen wie bei offen-kollaborativen Wörterbüchern, besteht die Motivation der Anbieter von kollaborativ-institutionellen Wörterbüchern zum einen in der Sammlung von Anregungen für die Bearbeitung professionell und redaktionell erstellter Wörterbücher und zum anderen in der Bewerbung von ver-

<small>Motivation der Anbieter</small>

lagseigenen Aktivitäten und Produkten. Die Beiträge können entweder ohne genaue Vorgaben zum Wörterbuchgegenstand gesammelt werden, wie beispielsweise im MACMILLAN OPEN DICTIONARY, oder eine bestimmte Teilsprache in den Blick nehmen, wie es z. B. für den Bereich Jugendsprache im ehemaligen Duden SZENESPRACHENWIKI vorgesehen war. Da kollaborativ-institutionelle Wörterbücher meist von anderen redaktionellen Angeboten flankiert werden, enthalten sie tendenziell eher Einträge, die in diesen nicht enthalten sind. Die resultierenden Wörterbücher sind damit üblicherweise kleiner als offen-kollaborative Wörterbücher. Das MACMILLAN OPEN DICTIONARY enthält derzeit beispielsweise 4.357 Einträge.[5]

Anders als offen-kollaborative Angebote nutzen kollaborativ-institutionelle Wörterbücher meist keine freien Lizenzen zur Veröffentlichung der Beiträge. Die Nutzungsrechte verbleiben entweder vollständig bei den beitragenden Nutzern oder gehen ganz oder teilweise auf den Wörterbuchanbieter über.

<small>Nutzungsrechte</small>

Beiträge zu semi-kollaborativen Wörterbüchern bilden die dritte Art direkter Nutzerbeteiligung. Sie werden sorgfältig von professionellen Lexikografinnen bzw. anderen Sprachexperten geprüft, bevor sie in das Wörterbuch integriert werden. Das TECHDICTIONARY basiert beispielsweise auf Beiträgen zu computer- und technologiebezogenen Themen, die von Benutzern verfasst und erst nach Prüfung in das Wörterbuch aufgenommen werden. Ein prominenter Vertreter semi-kollaborativer Wörterbücher ist LEO, ein Portal mit einer Sammlung von acht zweisprachigen Wörterbüchern. Deren Rückgrat bilden von Nutzerinnen beigetragene Übersetzungsartikel und Schenkungen von Terminologien, Wortlisten und Glossaren. Die Beiträge werden nach sorgfältiger Überprüfung in der Regel direkt in das Wörterbuch eingefügt, jedoch nicht umfangreich überarbeitet, wie dies bei explizitem Feedback (→ Abschnitt 7.3) der Fall ist. Die Entscheidung, ob und wie ein Beitrag in das Wörterbuch aufgenommen wird, obliegt dabei allerdings stets den Wörterbuchherausgebern, wodurch eine qualitative Kontrolle und eine konsistente Wörterbuchstruktur ermöglicht werden soll.

<small>Beiträge zu semi-kollaborativen Wörterbüchern</small>

---

5 Anzahl der online gelisteten Einträge zum 27.7.2016, siehe: http://www.macmillandictionary.com/open-dictionary/index-alphabetical-order_page-1.htm.

Nutzungsrechte Die Nutzungsrechte der Beiträge gehen bei semi-kollaborativen Wörterbüchern entweder auf den Anbieter über, was insbesondere bei kommerziellen Anbietern der Fall ist (etwa bei LEO), oder sie fließen in ein frei lizenziertes Wörterbuch ein, wie beispielsweise im semi-kollaborativen Synonymwörterbuch OPENTHESAURUS.

Zahl der Beteiligten Während sich solche Angebote häufig großer Besucherzahlen erfreuen, findet Naber (2005), dass im Falle von OPENTHESAURUS nur ein kleiner Teil der registrierten Benutzer tatsächlich aktiv an der Wörterbucherstellung mitwirkt und dass die meisten Beiträge neu vorgeschlagene Synonyme ausmachen, obgleich auch Änderungen und Löschungen möglich wären. Eine derartige Verteilung mit äußerst wenigen sehr aktiven Nutzerinnen einerseits und einer großen Zahl von Nutzern, die nur einen kleinen Beitrag leisten, andererseits findet sich für nahezu alle Arten der Nutzerbeteiligung. Die Verteilung wird als Potenzgesetz bezeichnet, das beispielsweise auch für die Verteilung von Worthäufigkeiten in Korpora als sogenanntes Zipf'sches Gesetz breite Bekanntheit in der Sprachwissenschaft erlangt hat. Darüber hinaus gibt es in Online-Communities bekanntermaßen eine Vielzahl an Lurkern, also solchen Mitgliedern, die sich ausschließlich beobachtend, jedoch nicht aktiv etwa mit neuen Beiträgen oder Änderungen einbringen (vgl. für einen Überblick Rafaeli/Ariel 2008).

Kollaborative Lexikografie Allen drei Arten der direkten Nutzerbeteiligung ist gemein, dass Nutzerbeiträge unmittelbar in das Wörterbuch integriert werden. Diese Form der Wörterbucherstellung wird als *kollaborative Lexikografie* bezeichnet. Die diskutierten Wörterbücher profitieren insbesondere durch die prinzipiell große Diversität der Beteiligten. Dies trifft sowohl auf die abgedeckten Wissensbereiche als auch auf die Verwendungsweisen sprachlicher Einheiten zu, deren Vertreter die Beteiligten darstellen. Gerade für die Erarbeitung von Sprachvarietäten (z.B. Jugendsprache, Fachsprachen, Dialekte) und von Übersetzungswörterbüchern kann dies einen deutlichen Mehrwert liefern (vgl. Meyer/Gurevych 2012).

Direkte Nutzerbeteiligung, wie sie in diesem Abschnitt beschrieben wurde, ist erst seit dem Aufkommen von Internetwörterbüchern und den entsprechenden Technologien möglich geworden, da die Nutzerbeiträge auf den neuen Interaktionsmöglichkeiten im Internet basieren (zu Interaktionsmöglichkeiten der Nutzer und Gestaltungsoptionen der Benutzeroberfläche → Kapitel 8). Frühere Möglichkeiten der Nutzerbeteiligung adressierten dagegen nahezu ausschließlich Formen der indirekten Beteiligung, was wir im nächsten Kapitel näher betrachten.

7.3 Indirekte Nutzerbeteiligung

Indirekte Nutzerbeteiligung bezeichnet Feedback der Wörterbuchbenutzer zu existierenden oder fehlenden Wörterbuchinhalten, zur Wörterbuchverwendung und zum Wörterbuch als Ganzem. Zu den Ausprägungsformen zählen Vorschläge, Ergänzungen, Korrekturen, Wünsche und Meinungen, externe nutzergenerierte Inhalte sowie Daten zur Wörterbuchverwendung. Die Wörterbuchbenutzerinnen haben dabei keine Möglichkeit, das Wörterbuch direkt zu verändern, sondern lediglich die Möglichkeit, eine mittelbare Änderung durch ihr Feedback an die Wörterbuchanbieter zu erwirken. Wir unterscheiden im Folgenden zwischen explizitem und implizitem Feedback als zwei grundlegenden Arten der indirekten Nutzerbeteiligung.

Unter *explizites Feedback* fallen Beiträge, die Nutzerinnen ausdrücklich äußern und den Wörterbuchanbietern wissentlich zur Verfügung stellen, z. B. eingesandte Wortvorschläge, Fehlerkorrekturen oder Wünsche zur Artikelgestaltung. Die Beiträge können sowohl neue als auch existierende Wörterbuchinhalte adressieren.

Explizites Feedback

Das Einsenden solcher expliziter Rückmeldungen ist populär, und die Beweggründe, um aktiv zu werden, sind ähnlich gelagert wie bei den direkten Nutzerbeiträgen. Insbesondere spielen die von Malone et al. (2010) als Freude und Ruhm bezeichneten Faktoren eine große Rolle. In einer Online-Umfrage zu DUDEN ONLINE bemerkt Rautmann (2014), dass knapp die Hälfte der Befragten an einer Feedbackmöglichkeit zu den Wörterbuchartikeln interessiert ist. Zum OED ONLINE findet Thier (2014, S. 68), dass die Beiträge „bei weitem nicht nur von Akademikern [stammen], sondern von Menschen aus allen Teilen der Bevölkerung, die sich für ihre Sprache interessieren."

Motivation für Nutzerrückmeldungen

DUDEN ONLINE bot bei seiner Lancierung beispielsweise eine Schaltfläche „Wortvorschlag", mit der Benutzer die Aufnahme neuer Stichwörter anregen können.[6] Zusätzlich können Ergänzun-

---

6 Die genannte Funktion ist derzeit nicht verfügbar (Stand: 24.6.2016).

gen und Korrekturen per E-Mail eingesandt werden. In der Auswertung von Rautmann (2014) zeigt sich, dass mehr als die Hälfte der eingesandten Wortvorschläge die Aufnahmerichtlinien des Wörterbuchs erfüllen und somit für eine Neuanlage vorgesehen wurden. Insgesamt werden Qualität und Nützlichkeit von explizitem Feedback zu DUDEN ONLINE von der Dudenredaktion überwiegend positiv wahrgenommen (vgl. Rautmann 2014).

Qualität der Beiträge

Bereits eingangs haben wir erwähnt, dass die Einsendung von ergänzendem Material, insbesondere von Belegbeispielen, eine lange Tradition im OED hat. In Leseprogrammen werden Freiwillige seit Mitte des 19. Jahrhunderts zur Einsendung von Zitaten aufgerufen. Neuere Beispiele bilden die Aktion „Wordhunt" zwischen 2006 und 2007 sowie die „Science Fiction Citations"-Initiative (vgl. Thier 2014). Im Rahmen der „Jagd auf Wörter" wurde in einer BBC-Fernsehsendung zur Einsendung von Belegen zu einer vorgegebenen Wortliste angeregt, die auf einen früheren Zeitpunkt datiert werden können, als im Wörterbuch angegeben. Der „Science Fiction Citations"-Aufruf ist dagegen offener angelegt und zielt auf die Einsendung von Belegen zu beliebigen Begriffen aus der Science-Fiction-Literatur ab.

Leseprogramm

Neben neuen und ergänzenden Informationen zählt auch die nutzergetriebene Qualitätsbewertung zu den Formen des expliziten Feedbacks. Das Internetwörterbuch DICT.CC bittet die Nutzer z. B. um eine Bewertung zur Richtigkeit von Übersetzungsäquivalenten. Dabei werden die beiden fraglichen Äquivalente sowie deren Wortart am Bildschirm angezeigt und eine Benutzerin kann zwischen „YES (100 % correct)" und „NO / MAYBE" wählen oder zur nächsten Übersetzung springen, ohne eine Entscheidung zu treffen. → Abbildung 7.3 zeigt beispielhaft die Übersetzung *loodering – heftige Prügelei*. Um möglichst nur hochqualitative Übersetzungen ins Wörterbuch zu integrieren, wurden die Bezeichnungen der Schaltflächen so gewählt, dass Übersetzungen nur dann als korrekt markiert werden, wenn sich die Nutzerin in ihrer Entscheidung sicher ist („YES (100 % correct)").

Qualitätsbewertung durch Benutzer

Nicht selten findet man derartige Bewertungsaufgaben im Bereich des (bezahlten) Crowdsourcing, einer gängigen Strategie von Unternehmen, bestimmte Leistungen an freiwillig Partizipierende im Internet auszulagern und so von der „Weisheit der Vielen" oder „Schwarmintelligenz" (→ Abschnitt 7.2) zu profitieren. Die Begutachtung eines neu entwickelten Produkts oder Online-Angebots ist

Crowdsourcing

	Is this translation correct and useful?
English	loodering [Scot.] [Irish]
German	heftige Prügelei (f)
Class	noun
Comment	• http://www.oed.com/view/Entry/... " 'loodering n. a severe beating; a hiding. 1866 W. Gregor Dial. Banffshire (Philol. Soc.) 227 Lloutheran, the act of beating with severity; a severe beating. 1912 J. Campbell Judgment i. 9 She'll get over it. It's not the first time she's got a loodering. 1985 L. Shannon in Stories (Boston) No. 12 14 Whenever she walks through that door she'll get the biggest loodering she's ever had in her whole life.

[YES (100% correct)] [NO / MAYBE] [Skip »] » Guidelines

Abb. 7.3: Qualitätsbewertung in DICT.CC.

ein Beispiel für eine solche Bewertungsaufgabe, die oftmals als Human Intelligence Task (HIT) bezeichnet wird, da die Befragten ihre Intuitionen und ihre Intelligenz einbringen, um Aufgaben zu lösen, die sich nicht oder nur schwierig maschinell durchführen lassen. Handelsunternehmen schreiben beispielsweise HITs aus, in denen die Teilnehmer die beste Warengruppe für ein bestimmtes, möglicherweise schwierig einzuordnendes Produkt angeben sollen. Die Gestalter von Nutzeroberflächen können durch HITs testen, ob z. B. die Farbgebung als angenehm empfunden wird und ob sich Nutzerinnen schnell zurechtfinden. Produktentwickler können dagegen eine breite Nutzergruppe nach einer Einschätzung der Wichtigkeit bestimmter Produktmerkmale befragen. Auch im Bereich der computerlinguistischen Forschung wird Crowdsourcing eingesetzt, um Trainings- und Evaluationsdaten zu erheben, beispielsweise ob eine automatisch erzeugte Zusammenfassung gelungen ist. Um Teilnehmer für derartige Aufgaben zu finden, werden die HITs auf Crowdsourcing-Plattformen wie CROWDFLOWER oder AMAZON MECHANICAL TURK eingestellt und mit Kleinbeträgen dotiert (z. B. 0,05 US Dollar, vgl. Fort et al. 2011). Aus Sicht der Wörterbuchforschung lassen sich neben Qualitätsbewertungen auch Fragestellungen der Benutzungsforschung (→ Kapitel 8) in Crowdsourcing-Aufgaben betrachten. Nach unserem Kenntnisstand wurden Crowdsourcing-Plattformen bisher jedoch nicht für diese Art der Fragestellung eingesetzt.

Der Grundgedanke des Crowdsourcing ist jedoch nicht auf bezahlte Bewertungsaufgaben beschränkt. Im weitesten Sinne lassen sich alle Formen der „Schwarmintelligenz" unter Crowdsourcing fassen, insbesondere auch die freiwilligen Beiträge zu kollaborativen Wörterbüchern (→ Abschnitt 7.2). Auch über inhaltsbezogene Beiträge hinaus wird von Crowdsourcing gesprochen: Crowdfunding ist eine Fundraising-Möglichkeit im Internet, bei der ein Projekt durch Kleinbetragszahlungen möglichst vieler Nutzer finanziert werden soll (vgl. z. B. Howe 2008). Für Wörterbücher kann Crowdfunding zur Finanzierung von neuen oder zum Betrieb und Ausbau vorhandener Wörterbücher genutzt werden. Meyer/Gurevych (2014) diskutieren diese Form der Nutzerbeteiligung am Beispiel des NITTY GRITS. Im Rahmen einer Crowdfunding-Kampagne sollten Mittel für die Überarbeitung dieses Wörterbuchs eingeworben werden, was jedoch nicht erreicht wurde.[7]

Wir sprechen von formularbasiertem Feedback, wenn die Benutzereinsendungen per Online-Formular mit fest vorgegebenen Feldern erfolgen, und von Freitextfeedback, wenn keine näheren Angaben zur Form des Feedbacks erwartet werden, z. B. bei Einsendungen per E-Mail. Durch formularbasiertes Feedback lässt sich die Art und Menge der Einsendungen zu einem gewissen Grad steuern. Die LEO-Wörterbücher bieten beispielsweise unterschiedliche Formulare für Korrekturen und für neu vorgeschlagene Stichwörter, wodurch die Einsendungen schon von den Nutzern vorsortiert und relevante Angaben gezielt abgefragt werden. Die von LEO verwendeten Formulare enthalten nur wenige, leicht verständliche Felder und können daher mit geringem Aufwand von den Beitragenden ausgefüllt werden.

Das OED ONLINE nutzt im Gegensatz dazu ein umfangreiches Formular, das auszugsweise in → Abbildung 7.4 dargestellt ist. In einem derartigen Formular können detaillierte Informationen abgefragt werden (vgl. Thier 2014), z. B. zu den bibliografischen Daten der angegebenen Quellen. Komplex ausgestaltete Formulare können zu einer Hemmschwelle für die Benutzer führen. Es sind daher eher weniger, dafür aber akkuratere Nutzerbeiträge zu erwarten als bei einfacheren Formularen. Wörterbuchanbieter können auf diese Weise bis zu einem gewissen Grad die Qualität und Anzahl der Nutzerrückmeldungen steuern.

Zusätzlich bietet das OED ONLINE aber auch die Möglichkeit, Freitextfeedback per Post oder E-Mail einzusenden. Diese Beiträge

---

[7] https://www.indiegogo.com/projects/nitty-grits-the-international-culinary-dictionary (letzter Zugriff 24.6.2016).

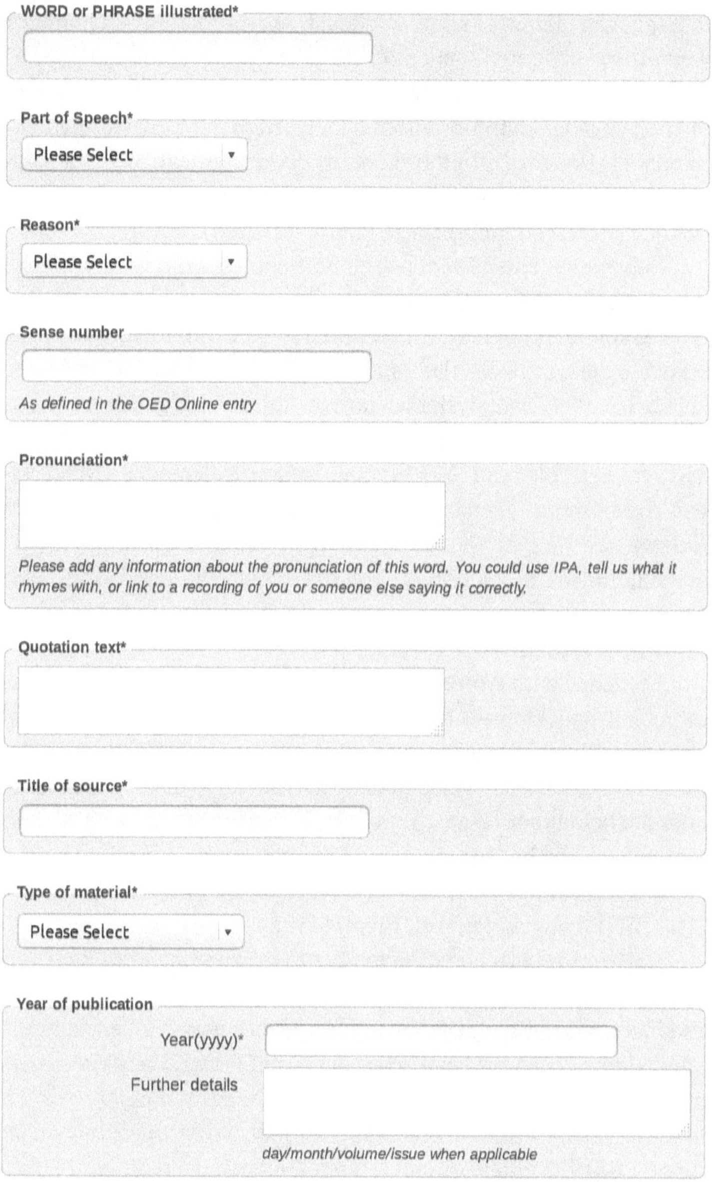

WORD or PHRASE illustrated*

Part of Speech*
Please Select

Reason*
Please Select

Sense number
As defined in the OED Online entry

Pronunciation*
Please add any information about the pronunciation of this word. You could use IPA, tell us what it rhymes with, or link to a recording of you or someone else saying it correctly.

Quotation text*

Title of source*

Type of material*
Please Select

Year of publication
Year(yyyy)*
Further details
day/month/volume/issue when applicable

Abb. 7.4: Eingabeformular zur Einsendung von Belegen für das OED ONLINE.

müssen von der Redaktion zunächst überprüft und eingeordnet werden und bedeuten somit mitunter beträchtlichen Mehraufwand. Bei Fehlerkorrekturen ist etwa zu prüfen, ob das benannte Problem mit den gegebenen Informationen im Wörterbuch überhaupt aufzufinden ist. Das für DUDEN ONLINE erhobene Freitextfeedback zeigt jedoch, dass die Mehrheit der eingesandten Beiträge für die redaktionelle Arbeit nützlich ist (vgl. Rautmann 2014).

Neben explizitem Feedback zu bestimmten Wörterbuchartikeln oder -angaben können Benutzerinnen auch das Wörterbuch als Ganzes kommentieren. Darunter fallen sowohl inhaltliche (etwa zur Auswahl der Stichwörter) als auch gestalterische Aspekte. Melchior (2012, S. 359–367) analysiert derartige Nutzerbeiträge für das LEO-Wörterbuch Deutsch–Italienisch und charakterisiert darauf aufbauend acht verschiedene Nutzertypen. Treffen verschiedene Nutzertypen aufeinander, ergeben sich Konflikte, beispielsweise zwischen Nutzern, die die zeitnahe Aufnahme von Neologismen und Gelegenheitsbildungen wünschen, und Nutzerinnen, die das Wörterbuch als „moralischen Kompass" sehen und z. B. die Streichung vulgärer Ausdrücke fordern.

Vorabversionen

Feedback zum Wörterbuchaufbau und zur Gestaltung der Wörterbuchartikel können die Lexikografen auch durch Veröffentlichung von Beta- oder Vorabversionen einholen (vgl. Melchior 2014). Dadurch lassen sich verschiedene Layoutvorschläge gleichzeitig oder nacheinander testen, ohne das Nachschlagen im eigentlichen Wörterbuch zu beeinträchtigen. Eine solche Beta-Version wurde bspw. auch für das DIGITALE WÖRTERBUCH DER DEUTSCHEN SPRACHE (DWDS) angeboten (vgl. Klein/Geyken 2010).

Abgrenzung von direkten Beiträgen

Die Grenze zwischen direkten Beiträgen zu semi-kollaborativen Wörterbüchern und indirekten Beiträgen in Form von explizitem Feedback ist fließend. Die Einsendung eines neuen Übersetzungsäquivalents für eines der Wörterbücher in LEO wird beispielsweise ohne umfangreiche redaktionelle Bearbeitung in das Wörterbuch integriert (sofern die Übersetzung korrekt ist) – wir sprechen in diesem Fall von einem direkten Nutzerbeitrag zu einem semi-kollaborativen Wörterbuch. Ein Zitat, das zur Ergänzung eines Wörterbuchartikels an das OED ONLINE gesandt wird, zählen wir dagegen zum expliziten Feedback, da weder ein vollständiger Wörterbuchartikel vorliegt, noch eine unmittelbare Integration angestrebt wird. Die Redaktion muss vielmehr entscheiden, ob das Zitat für den bestehenden Artikel relevant und informativ ist, ob es verifiziert werden kann und in welcher Form es in den Artikel integriert werden kann (insbesondere wie umfangreich der Kontext angesetzt werden muss).

Implizites Feedback entsteht im Gegensatz zu explizitem Feedback ohne ausdrückliches, eigenes Zutun, häufig sogar unbewusst und unwissentlich. Zu dieser Art der Nutzerbeiträge zählen Aufzeichnungen über die Wörterbuchverwendung sowie externe Beiträge, die in ein Wörterbuch integriert werden, aber nicht speziell zu diesem Zweck erstellt wurden.

Aufzeichnungen zur Wörterbuchverwendung werden in der Benutzungsforschung als Instrument eingesetzt, um das Verhalten der Wörterbuchbenutzer nachvollziehen und dadurch das Wörterbuch besser an die Informationsbedürfnisse der Nutzerinnen und Nutzer anpassen zu können (→ Kapitel 8.3.4). Die Basis für eine solche Analyse bilden häufig Logdateien, die automatisiert sämtliche Zugriffe auf ein Internetwörterbuch erfassen und sowohl die aufgerufenen Wörterbuchartikel als auch den Zeitpunkt des Zugriffs speichern. Zur Analyse von Logdateien werden fertige Softwarelösungen angeboten, die häufig besuchte Seiten, durchschnittliche Verweildauer oder Navigationsverhalten der Benutzer sichtbar machen, z. B. GOOGLE ANALYTICS oder PIWIK. Bei der Anwendung von Logdateianalysen sind in jedem Fall auch die Datenschutzbestimmungen in den jeweiligen Ländern zu berücksichtigen.

Eine solche Auswertung wird beispielsweise regelmäßig für DUDEN ONLINE vorgenommen (vgl. Rautmann 2014). Die Dudenredaktion erhält dadurch Zugriff auf die Liste der meistgelesenen Artikel, die auch auf der Webseite veröffentlicht wird. Neben Optimierungen an den häufig nachgeschlagenen Artikeln können Logdateien zur Verbesserung des Zugriffs auf die Wörterbuchinhalte genutzt werden. Dazu wird gezielt nach erfolglosen Suchanfragen gefiltert, um die Suchstrategien der Benutzerinnen näher analysieren oder potenzielle Lemmalücken aufdecken zu können. Es zeigte sich z. B., dass in das Suchfeld von DUDEN ONLINE häufig Mehrwortausdrücke wie *im Folgenden* oder *des Weiteren* eingegeben werden. Im Printwörterbuch finden sich Informationen zu diesen Konstruktionen aus Platzgründen vorwiegend in den Beispielangaben der beteiligten Lemmata. Die hohe Nachfrage, die sich nun aber in der Logdateianalyse zeigte, hat die Redaktion zu einem weiter gefassten Stichwortansatz bewogen, wodurch diese häufig nachgeschlagenen Mehrwortausdrücke als separate Wörterbuchartikel angelegt wurden.

Benutzeranmeldung Einige Wörterbücher bieten für wiederkehrende Nutzer einen Anmeldebildschirm, um die Wörterbuchbenutzung zu personalisieren und beispielsweise ein Protokoll der eigenen Suchanfragen einsehen zu können. In diesen Wörterbüchern können umfangreichere Logdateien erfasst und das Nutzerverhalten über einen längeren Zeitraum hinweg ausgewertet werden. Für das ELEKTRONISCHE LERNERWÖRTERBUCH DEUTSCH–ITALIENISCH (ELDIT) wurden basierend auf den Benutzeranmeldungen Profile erhoben, welche die nachgeschlagenen Stichwörter und Angabeklassen charakterisieren (vgl. Abel et al. 2003). Eine ähnliche Analyse wurde für die BASE LEXICALE DU FRANÇAIS (BLF) durchgeführt, wo neben den Stichwörtern und Mehrwortausdrücken in den Suchbegriffen auch das Nachschlage- und Suchverhalten der beteiligten Nutzer ausgewertet wurden. Dabei zeigte sich u. a., dass die Nachschlagenden vor allem Bedeutungsangaben und Informationen zum grammatischen Geschlecht suchten, was als typische Probleme von Französischlernenden angesehen wird (Verlinde/Binon 2010).

Nutzerprofil

Grenzen der Aussagekraft Die Auswertung von Logdateien liefert jedoch keine exakten Ergebnisse, da sich einerseits Zugriffe von automatisierten Computerprogrammen und von Suchmaschinen nur unzureichend filtern lassen und andererseits keine genaue Rückmeldung zur Verweildauer oder zum Erfolg einer Nachschlagehandlung vorliegt. Verlinde/Binon (2010) bemerken etwa, dass über 90 % aller Zugriffe automatisierte Seitenbesuche von Suchmaschinen sind, die die Webseite in unregelmäßigen Abständen auf neue oder veränderte Inhalte prüfen. Diese automatisierten Zugriffe können jedoch nicht in jedem Fall eindeutig von menschlichen Zugriffen unterschieden

Rauschen werden, was zu sogenanntem Rauschen, also zu Messungenauigkeiten, in den erhobenen Daten führt. Zwar lässt sich das Rauschen bis zu einem gewissen Grad durch automatische Bereinigungsroutinen mindern, jedoch wird die Logdateianalyse nicht selten als oberflächlich und beschränkt aussagekräftig kritisiert (vgl. Müller-Spitzer/Möhrs 2008; Verlinde/Binon 2010). In → Kapitel 8.3.4 wird die Auswertung von Logdateien ausführlicher diskutiert.

Die Anmeldekonten der Benutzer bieten jedoch auch über die Verwendung des Wörterbuchs hinausgehendes implizites Feedback für die Wörterbuchanbieter. Auf MERRIAM-WEBSTER ONLINE können Nutzerinnen beispielsweise einzelne Wörterbuchartikel als

Favoriten kennzeichnen, wodurch die Redaktion zusätzliche Hinweise auf besonders beliebte Artikel erhält, um diese z. B. besonders auszubauen und zu pflegen. Eine ähnliche Möglichkeit bieten auch DICTIONARY.COM und WORDNIK, wo Favoriten zudem in benutzerdefinierten Wortlisten organisiert werden können. Der Titel und die Zusammenstellung einer solchen Wortliste liefern weiterführende Hinweise zu Nutzerbedürfnissen und deren Nachschlageverhalten. In WORDNIK finden sich etwa eine benutzerdefinierte Wortliste mit rund 3.000 akademischen Begriffen, eine Liste von 163 Wörtern, die sich ein Benutzer gezielt merken möchte, sowie eine Liste von ca. 1.000 Wörtern, die eine andere Benutzerin als „bereits gelernt" markiert hat.

<small>Favoriten</small>

<small>Benutzerdefinierte Wortlisten</small>

Indirekte Nutzerbeiträge sind nicht ausschließlich auf das Wörterbuch an sich beschränkt, sondern können auch von externen Quellen abgerufen und als Teil der Wörterbuchartikel angezeigt werden. Wir sprechen bei dieser Form des impliziten Feedbacks von externen nutzergenerierten Inhalten. Diese externen Inhalte umfassen unter anderem Kurznachrichten oder Blogeinträge zu einem bestimmten Stichwort sowie Abbildungen, Videos oder Audiodateien, die von Benutzern zu anderen Online-Angeboten beigetragen wurden. WORDNIK integriert beispielsweise Fotografien von Flickr und kurze Textbeiträge von Twitter in die Wörterbuchartikel (vgl. McKean 2011). Wie schon für direkte Nutzerbeiträge ist die Wahrung des Urheberrechts auch für die externen nutzergenerierten Inhalte ein wichtiger Aspekt für die Wörterbuchplanung. Zur Einbindung von Flickr-Abbildungen gibt WORDNIK etwa an, dass die abgerufenen Fotografien unter einer CREATIVE COMMONS-Lizenz stehen. Eine weitere wichtige Frage betrifft die Vermeidung von unangebrachten Inhalten. Lew (2014) diskutiert z. B. die Anzeige von unangebrachten Abbildungen im ehemaligen GOOGLE DICTIONARY, das bis 2011 automatisiert Abbildungen aus der Google-Bildersuche in den Wörterbuchartikeln darstellte. Da sich die externen Inhalte permanent ändern (z. B. neue Kurznachrichten auf Twitter) und diese vollautomatisch in die Anzeige der Wörterbuchartikel integriert werden, ist eine manuelle Prüfung kaum möglich. Neben Erklärungen zur Haftungsbeschränkung können sprachtechnologische Anwendungen zur Filterung unpassender Beiträge eingesetzt werden. Wang/McKeown (2010) betrachten dies etwa für vandalisierende Änderungen in WIKIPEDIA. Dazu modellieren und analysieren sie automatisch verschiedene Formen von Vandalismus

<small>Externe nutzergenerierte Inhalte</small>

unter besonderer Berücksichtigung von syntaktischen (z. B. syntaktisch fehlerhafte Sätze), lexikalischen (z. B. bestimmte Wortschatzelemente, u. a. Web-Slang wie „LOL", „haha" etc., oft gepaart mit auffallender Iteration von Satzzeichen wie „!!!!!!", sowie Kommentare zu Überarbeitungen) und, was als besonders herausfordernde Aufgabe gilt, semantischen (z. B. im Kontext inhaltlich bzw. thematisch unpassende Wörter oder Wortbedeutungen) Merkmalen sowie der Überarbeitungsgeschichte einzelner Autoren.

7.4 Begleitende Nutzerbeteiligung

Begleitende Nutzerbeteiligung bezeichnet den Austausch zwischen Wörterbucherstellern und -benutzern oder zwischen den Wörterbuchbenutzern selbst. Somit beschreibt sie eine Art der Einbindung, die jenseits der Wörterbuchinhalte auf den Ebenen der Makro- und Mikrostruktur (d. h. auf den Ebenen, die Auswahl und Anordnung der Lemmata einerseits und Aufbau und Inhalt der einzelnen Wörterbuchartikel andererseits betreffen) angesiedelt ist.

Handelt es sich um einen Austausch, bei dem sich Wörterbucherstellerinnen an die Nutzerinnen wenden und diese mit Informationen versorgen, ohne dass eine direkte Reaktion gefordert oder möglich ist, sprechen wir von *unidirektionaler Kommunikation*. Ein typisches Beispiel für diese Art der Kommunikation stellen Blogs dar. So veröffentlichen viele Wörterbuchverlage Blogs, in denen sie über interessante, erstaunliche oder lustige Themen zu Sprachgebrauch oder Sprachgeschichte berichten. Der MACMILLAN DICTIONARY Blog etwa enthält eine wöchentlich erscheinende, redaktionell erarbeitete Rubrik „Language tip of the week",[8] die sich mit nützlichen Tipps zu grammatischen Phänomenen, zur Verwendung von Kollokationen, zur Abgrenzung von Synonymen u. Ä. aus dem MACMILLAN DICTIONARY ONLINE an Englischlernende wendet. Im Jahr 2013 lancierte der Verlag die Rubrik „Stories behind Words",[9] in der Lehrer, Autorinnen, Sprachwissenschaftler und allgemein Sprachbegeisterte gebeten wurden, über Anekdoten oder

---

[8] http://www.macmillandictionaryblog.com/language-tip-of-the-week-information (letzter Zugriff 24.6.2016).
[9] http://www.macmillandictionary.com/external/pdf/stories-behind-words-2013.pdf?version=2014-03-18-1059 (letzter Zugriff 24.6.2016).

Erlebnisse im Zusammenhang mit Wörtern zu berichten. In diesem Fall haben die Verleger Nutzerbeiträge dazu verwendet, sich unidirektional an ihr Publikum zu wenden.

Blogbeiträge enthalten häufig Hyperlinks zu Wörterbucheinträgen und sollen u. a. dazu beitragen, verlagseigene Produkte zu bewerben und Nutzerinnen bzw. Kundinnen zu binden. Eine ähnliche Maßnahme stellt die Verwendung von Newslettern, sozialen Netzwerken wie Facebook oder Mikroblogging-Diensten wie Twitter zur Verbreitung von Produktinformationen dar. Das OED ONLINE z. B. setzt – wie andere Verlage auch – eine ganze Palette unidirektionaler Kommunikationsmöglichkeiten ein, um seine Nutzer zu erreichen. Die Dienste, die von Blogs über Twitter und Facebook bis hin zu YouTube-Videos reichen, werden von der Marketingabteilung betrieben, viele der Inhalte aber von Wörterbuchmitarbeitern zur Verfügung gestellt (Thier 2014).

Blogs, Newsletter, soziale Netzwerke, Mikroblogs

Ein weiterer Typ beliebter Services, die von verschiedenen Verlagen oder Institutionen angeboten werden, sind Sprachspiele. Das niederländische ALGEMEEN NEDERLANDS WOORDENBOEK (ANW) etwa lud im Jahr 2010 die Nutzer dazu ein, sich im Rahmen des Spiels „Het Verloren Woord" auf die Suche nach „dem verlorenen Wort" zu machen. Interessierte bekamen in festgelegten zeitlichen Abständen eine Reihe kryptischer Beschreibungen: Aus der Phrase *niet vroeg* (dt. „nicht früh") musste beispielsweise *laat* (dt. „spät") und aus diesem Palindrom schließlich rückwärts gelesen *taal* (dt. „Sprache") erschlossen werden (Schoonheim et al. 2012, S. 975). Dabei konnten sich die Teilnehmenden mit anderen Nutzerinnen austauschen und von den Organisatoren Feedback erhalten. Vor allem aber war es zur Lösung der Aufgabe nötig, die Wörterbücher des Instituut voor Nederlandse Lexicologie zu benutzen, womit nicht nur der Bekanntheitsgrad der Wörterbücher erhöht, sondern auf spielerische Art und Weise auch der Umgang mit Wörterbüchern gefördert und somit ein didaktisches Ziel verfolgt wurde (Schoonheim et al. 2012).

Sprachspiele

In vielen Fällen haben die Nutzerinnen die Möglichkeit, sich an den eben beschriebenen Formen der Kommunikation stärker zu beteiligen, indem sie z. B. Beiträge kommentieren oder bewerten oder auch neue Themen für Beiträge vorschlagen und so den Verlegern helfen, ihr Angebot stärker an der Nachfrage auszurichten. Wenn ein solcher wechselseitiger Austausch zwischen Wörterbuchentwicklern und -nutzern stattfindet, sprechen wir von *bidirektionaler*

Bidirektionale Kommunikation *Kommunikation.* Die Übergänge zwischen uni- und bidirektionaler Kommunikation sind vielfach fließend, da Nutzerinnen auch auf Formen der unidirektionalen Kommunikation antworten können und auf der anderen Seite Rückmeldungen oder Beiträge für Angebote zur bidirektionalen Kommunikation ausbleiben können.

Sprachberatungsdienste Eine besondere Art bidirektionaler Kommunikation stellen Sprachberatungsdienste dar. Die Dudenredaktion bietet seit den 1960er Jahren eine telefonische Sprachberatung an, die Nutzern, die beispielsweise in einem der Wörterbücher des Verlags nicht fündig geworden sind, bei sprachbezogenen Fragestellungen weiterhilft. Im CANOONET-Sprachblog „Fragen Sie Dr. Bopp" können Nutzerinnen getreu dem Motto „Dumme Fragen gibt es nicht! – Jede Frage wird beantwortet" sprachbezogene Fragen per E-Mail an einen Experten richten. Neben einer personalisierten Antwort auf die sprachliche Frage werden häufig wiederkehrende oder interessante Beispiele im Blog für eine größere Nutzerzahl zugänglich gemacht. Solche Angebote liefern nützliche Einblicke in Informationsbedürfnisse von Nutzerinnen und können somit zur Anpassung und Verbesserung von Wörterbuchinhalten beitragen. Außerdem verweisen die Expertenantworten im konkreten Beispiel von CANOONET gewöhnlich auf Wörterbuch- oder andere Inhalte des Webauftritts, wodurch diese indirekt promotet werden.

Foren Begleitende Nutzerbeiträge sind nicht auf die Kommunikation zwischen Anbietern und Nutzern beschränkt. Dank der Web-2.0-Technologien nehmen die Möglichkeiten für einen Austausch auch unter Nutzerinnen selbst zu. Bekannt ist in diesem Zusammenhang etwa das Forum des LEO-Portals. Nehmen wir das deutsche Kompositum *Nutzerbindung* als Beispiel, für das zum Zeitpunkt der Erarbeitung dieses Kapitels noch keine englische Übersetzung im deutsch-englischen LEO-Wörterbuch verzeichnet war.[10] Im Forum sucht ein Nutzer nach einem passenden Äquivalent und beschreibt dazu kurz die Bedeutung des Begriffs im Deutschen mit „Gemeint ist, Nutzer an eine Website (z. B. mit einem interessanten Angebot) zu binden bzw. zum Wiederkehren zur Website zu bewegen." und möchte wissen, ob dafür die wörtliche Übersetzung „user binding" im Englischen verwendbar sei. Daraufhin schlägt eine andere Nut-

---

[10] http://dict.leo.org/forum/viewUnsolvedquery.php?idThread=88976 (letzter Zugriff 24.6.2016).

zerin „… to build a loyal customer base … to get repeat business (or customers)" vor. Dieses Beispiel führt anschaulich vor Augen, dass begleitende Nutzerbeteiligung mitunter einen wichtigen Zusatz zu Wörterbuchinhalten selbst darstellt, vor allem dadurch, dass Nutzerinnen ganz konkret auf spezifische Sprachfragen eingehen können.

Eine weitere Form des wechselseitigen Austauschs unter Nutzern bilden Diskussionsseiten und Kommentare. Auf WORDNIK können Nutzerinnen Wörterbuchartikel kommentieren und so miteinander in Kontakt treten. Die Funktion wird genutzt, um auf Artikel zu reagieren, um Fragen zu stellen oder einfach die eigene Meinung zu Wörtern, aber auch zu Inhalten zu äußern, die kaum noch etwas mit den Artikelinhalten zu tun haben. So finden wir z. B. zum Stichwort *dictionary* Kommentare, die von Vorlieben für bestimmte Internetwörterbücher bis hin zur Beschreibung von Begriffen wie *lexicography* reichen.[11]

Kommentare

Diskussionsseiten in WIKTIONARY ermöglichen es, jeden einzelnen Wörterbuchartikel auf einer eigenen Seite zu diskutieren. Anders als bei Kommentaren oder in Foren sind Nutzerbeiträge hier nicht an eine lineare Struktur gebunden, sondern können beliebig platziert werden. Dadurch lassen sich verschiedene Aspekte parallel diskutieren (vgl. Ferschke et al. 2013). → Abbildung 7.5 zeigt einen Ausschnitt aus einer Diskussion zur Bedeutungsbeschreibung des Stichworts *Kreuzung* in WIKTIONARY. Der Ausschnitt verdeutlich u. a., welche wichtige Rolle als Autoritäten wahrgenommene Quellen wie etwa DUDEN ONLINE oder das DWDS in der Argumentation spielen, aber auch, wie heftig Diskussionen teilweise ausgetragen werden können, besonders, wenn wie im konkreten Beispiel ein „Edit War", also ein Bearbeitungskrieg, zwischen Nutzern vermieden werden soll.

Diskussionsseiten

Begleitende Nutzerbeiträge sind im Wesentlichen von denselben Qualitätsfragen betroffen, die bereits weiter oben thematisiert wurden. So ist die Beseitigung unangemessener Inhalte vor allem in kleineren Projekten manuell möglich, während sich insbesondere größere Initiativen kollaboratives Engagement zunutze machen oder sich automatischer Systeme wie Spamfilter bedienen. In WORDNIK besteht beispielsweise die Möglichkeit, zu jedem Kom-

Qualität

---

11 https://www.wordnik.com/words/dictionary (letzter Zugriff 24.06.2016).

Diskussion:Kreuzung

Treffpunkt [Bearbeiten]

Entschuldigt meine heftige Wortwahl, aber ich weiß nicht, was hier für "Fachleute" revertieren und sichten!!

- ein Ort, wo sich 2 Straßen treffen, nennt man "Straßenknick" oder "Straßenecke", im einfachsten Fall einfach nur Straße, wenn eine gerade verlaufende Straße von der a-Straße zur b-Straße wird.
- ein Ort, wo sich 3 Straßen treffen, wird Straßengabel oder auch Abzweigung genannt
- ein Ort, wo sich 4 oder mehr Straßen treffen, wird Kreuzung genannt. Das ist sinngleich mit der Aussage: ein Ort, wo sich 2 (oder mehr) Straßen kreuzen *oder* ein Ort, wo eine Straße eine zweite Straße quert.

Ich weiß wirklich nicht, was ihr hier den Lesern für Bedeutungen "unterjubeln" wollt, aber das ist schon grenzwertiges Verhalten. Da ich bei einer massiven Revertierung ohne jede Rückfrage erheblichen Sachverstand erwarte bzw. unterstelle, kann ich hier nur VM annehmen.

Ich möchte jetzt hier keinen Editwar anzetteln, weshalb ich die stattgefundene Revertierung meiner Änderungen nicht erneut ändere und bitte, jemand mit Sachkunde und Verständnis möge sich der Angelegenheit annehmen. ——JÄhh (Diskussion) 12:03, 7. Mär. 2011 (MEZ)

> Gerne. Eine Straße, die in eine Kreuzung führt, endet nicht dort, sondern läuft, salopp gesagt, einfach durch. So kommt man auf zwei oder mehr sich treffende Straßen. Definitorisch ebenso erfasst im DWDS, in *Duden Das große Wörterbuch der deutschen Sprache in 10 Bänden*. 3., völlig neu bearbeitete und erweiterte Auflage. Mannheim, Leipzig, Wien, Zürich: Dudenverlag 1999, unter englisch "crossroads" im *Oxford Dictionary of English* und bei Merriam-Webster. Wo steht es anders? Davon abgesehen ist dein Ton wieder einmal völlig unangemessen. —Pill (Kontakt) 12:50, 7. Mär. 2011 (MEZ)
> Oder sehe ich jetzt das Problem nicht? Du siehst einen Unterschied zwischen "treffen" und "kreuzen"? —Pill (Kontakt) 14:44, 7. Mär. 2011 (MEZ)
>
> > Pill, ich kann es nicht fassen: Du definiert in Deinem Einleitungssatz eine Kreuzung damit, das Straßen, die in eine Kreuzung führen, dort nicht enden? Ist das jetzt hier pillepalle?
> > Wenn sich also 2 Straßen in einem Winkel von 45Grad treffen, dann ist das für die ganze Welt eine Spitzkehre oder auch eine sehr scharfe Kurve, aber für Euch oder Dich ist das eine Kreuzung - ja?
> > Wenn sich 3 Straßen jeweils im Winkel von 45 Grad treffen, dann ist das für Euch hier eine Kreuzung?
> > Wenn auf eine Straße (eine durchgehende Hauptstraße, zur besseren Beurteilung) eine (zur Verdeutlichung: kleine) Seitenstraße im Winkel von 90 Grad trifft, dann ist das bei Euch eine Kreuzung?
> >
> > Weiter führst Du als Beleg an (Definitorisch ebenso erfasst im [http://www.dwds.de/?qu=Kreuzung&view=1 DWDS), wenn sich dort 2 Straßen treffen, übesiehst oder ignorierst aber, das unter der Quelle zu finden ist: "sich zwei Straßen kreuzen". Jetzt wirst Du mir sicherlich belegen, daß zwischen "sich treffen" und "sich kreuzen" überhaupt kein Unterschied besteht - dann bin ich zufrieden und gebe Ruhe - würde aber kollidieren mit dem Eintrag kreuzen.
> >
> > Du argumentierst: "Eine Straße, die in eine Kreuzung führt, endet nicht dort, sondern läuft, salopp gesagt, einfach durch." Beleg - natürlich Fehlanzeige! Aber ich bin gerne bereit, das mal durchzukauen: Wenn nach Deiner Lesart eine Straße an einer Kreuzung nicht aufhört, sondern durchläuft, wie nennst Du denn dann bitte einen Verkehrs(koten)punkt, von dem aus sich jeweils vom Mittelpunkt entfernen 5 Straßen wegführen? Zur Besseren Kenntlichmachung nennen wir die Straßen mal A, B, C, D und E, und zwischen ihnen jeweils ein Winkel von 72 Grad.
> >
> > Und zum Abschluss noch eine Bemerkung: Nur weil etwas in einer sogenannten Quelle belegt ist, ist es noch lange nicht wahr --> Stichwort Doktorarbeit von G., sondern bestenfalls ein Anhalt.

Abb. 7.5: Ausschnitt aus dem Diskussionsbeitrag zum Stichwort *Kreuzung* in WIKTIONARY.

mentar eine Feedbackmail, die durch das Anklicken des Symbols eines nach unten zeigenden Daumens am Ende jedes Kommentareintrags aktivert werden kann, an die Redaktion zu schicken, die ggf. Unpassendes entfernen kann. In offen-kollaborativen Angeboten wie WIKTIONARY hingegen liegt die Entfernung bzw. Berichtigung deplatzierter oder falscher Inhalte allein in den Händen der Beitragenden.

Kommentare und Diskussionsseiten wie etwa in WIKTIONARY können, sofern tatsächlich eine Auseinandersetzung mit lexikografisch relevanten Aspekten stattfindet (im Gegensatz zu z. B. teilweise themenfernen oder unspezifischen Kommentaren in Umgebungen wie WORDNIK), eine Qualitätsmaßnahme für den Ausbau der betroffenen Wörterbücher bilden (siehe zu WIKTIONARY weiter oben). Dies gilt aber nicht nur für rein kollaborativ erarbeitete Wörterbücher wie WIKTIONARY, sondern auch für den Bereich der professionell, teilweise kommerziell, arbeitenden Lexikografie, die auf diese Weise Feedback und Hinweise für den qualitativen, aber auch quantitativen Ausbau der eigenen Wörterbuchinstanzen sammeln kann.

Die Qualitätssicherung ist für Verlage somit neben der Produktbewerbung und Nutzerbindung, für die die unterschiedlichsten Online-Kanäle verwandt werden, ein wesentlicher Anreiz zur Bereitstellung von wörterbuchbegleitenden Kommunikations- bzw. Austauschangeboten. Auch wörterbuchdidaktische Anliegen können in diesem Zusammenhang eine Rolle spielen, wie am Beispiel des ANW zu sehen war. *Motivation der Anbieter*

Motivationsgründe für eine Beteiligung vonseiten der Nutzer können so unterschiedlich sein wie die Beitragsmöglichkeiten selbst. Ein Grund liegt zweifellos in dem Wunsch, Informationslücken schnell zu füllen, wozu sich insbesondere Formen bidirektionaler Kommunikation anbieten (mehr zu möglichen Motivationsgründen in → Abschnitt 7.2). *Motivation der Nutzer*

7.5 Diskussion

Eine Klassifikation verschiedener Formen von Nutzerbeteiligung wie der eben vorgestellten dient zum einen als Instrumentarium zur Beschreibung bestehender Wörterbuchangebote und als Grundlage für die weitere Erforschung der Nutzerbeteiligung im lexikografischen Kontext. Zum anderen ist sie hilfreich bei der Planung neuer bzw. der Überarbeitung bestehender Ressourcen und Plattformen. *Relevanz einer Klassifizierung von Nutzerbeteiligung*

Die eingehende Auseinandersetzung mit Nutzerbeteiligung hat auch gezeigt, dass es sich beim Rückgriff auf das Potenzial kollektiver Intelligenz im Bereich der Lexikografie keineswegs um ein besonders neues oder bislang kaum genutztes Phänomen handelt. Vor allem explizites Feedback wurde schon früh in Form von postalischen Einsendungen, beispielsweise von der Dudenredaktion oder von Oxford University Press erhoben. Neu ist hingegen die soziale Interaktion mittels „Social Media"-Technologien, die den Weg dazu geebnet haben, Nutzerbeteiligung zu einem Massenphänomen in dem derzeit beobachtbaren Ausmaß und Format zu machen. Insbesondere die Formen der direkten Nutzerbeteiligung waren vor Etablierung des Internets kaum oder gar nicht möglich.

Stärken von Nutzerbeteiligung

Jede Form der Nutzerbeteiligung weist spezifische Stärken und Schwächen auf, die es für die effektive Planung eines Wörterbuchs zu kennen und abzuwägen gilt. Das Potenzial kollaborativ erstellter Wörterbücher liegt u. a. darin, dass sich ihnen prinzipiell eine unbegrenzt große Anzahl von Beteiligten – und nicht nur einzelne Individuen oder Teams eines klar definierten Umfangs – mit unterschiedlicher Expertise für unbegrenzte Zeit auf eine ganz bestimmte Art und Weise widmen kann und nicht nur die Erstellung, sondern auch der Zugriff im Wesentlichen jedem unbeschränkt und kostenlos möglich sind.

In erster Linie entsteht durch die direkte Nutzerbeteiligung und durch die Beiträge des expliziten Feedbacks ein Mehrwert hinsichtlich der Wörterbuchinhalte. In offen-kollaborativen Wörterbuchumgebungen fallen Anbieter und Nutzer teilweise zusammen und alle Inhalte werden partizipativ er- und überarbeitet. Insbesondere im Zusammenhang mit Beiträgen zu kollaborativ-institutionellen und semi-kollaborativen Wörterbüchern oder mit explizitem Feedback kann der Mehrwert von der Schließung einzelner Lemmalücken über die Ergänzung eines wichtigen Verwendungsbeispiels bis hin zu ganzen Wörterbuchartikeln und zur Schenkung größerer Bestände reichen. Dadurch lassen sich nicht nur die Abdeckung eines Wörterbuchs erweitern und inhaltliche Lücken schließen, sondern auch eine Beschleunigung und Kostensenkung der lexikografischen Tätigkeit erreichen. Lexikografinnen und Sprachexperten können Zeit und Geld sparen, wenn Rechercheaufgaben oder die Vorformulierung von ganzen Artikeln an Nutzer ausgelagert werden. Anbieterinnen und Nutzerinnen profitieren davon gleichermaßen, wenn Inhalte schneller und aktueller im Wörterbuch abrufbar sind.

Stärken der kollaborativen Lexikografie liegen darüber hinaus in der großen Diversität der Benutzergruppe, wodurch eine weitgefächerte Beschreibung verschiedenster Sprachvarietäten und Sprachenpaare begünstigt wird. Dazu zählen zahlreiche dialektale bzw. regionale Ausdrücke und Wendungen (z. B. *Dilltapp*: südhess. *Tollpatsch*; *bostitchen*: schweiz. *tackern*), Jugendsprache und Netzjargon (z. B. *ROFL*: rolling on floor laughing) sowie Fachsprache (z. B. *chambrieren*: [Weinbau] allmähliches Erwärmen von Rotwein von Keller- auf Zimmertemperatur). Unter den beschriebenen Sprachen und Übersetzungen finden sich Sprachen mit nur wenigen Sprecherinnen und bedrohte Sprachen (*siissisoq*: Nashorn auf Grönländisch) sowie Sprachenpaare, die kaum von kommerziellem Interesse sind (z. B. Grönländisch–Italienisch; vgl. Meyer 2013, Matuschek et al. 2013, Meyer/Gurevych 2012, Rundell 2012).

Einen Mehrwert liefern jedoch nicht nur neu beigetragene Beschreibungen, sondern in hohem Maße auch die Meldung oder die Korrektur von Fehlern, die ein Wörterbuch qualitativ aufwerten können. Eine solche kollaborative Qualitätssicherung kann einerseits zur Perfektionierung professionell erstellter Angaben genutzt werden und andererseits auch einen Selbstzweck zur Selektion der besten Nutzerbeiträge erfüllen. Dabei ist in erster Linie die große Zahl der Nutzer von Vorteil, da sich unangemessene Nutzerbeiträge (z. B. unangemessene Kommentare und Diskussionsbeiträge, aber auch externe nutzergenerierte Inhalte) kaum von Einzelpersonen oder wenigen Moderatoren prüfen lassen. Das Beispiel WORDNIK zeigt einige der Möglichkeiten zur nutzerunterstützten Sichtung von Kommentaren. Neben der Meinung Einzelner können kollaborative Qualitätssicherungsmethoden auch die verschiedenen Sichtweisen einer größeren Sprechergruppe konsolidieren, etwa in DICT.CC, wo eine Mehrheitsmeinung zur Nützlichkeit von Übersetzungsäquivalenten erhoben werden soll (→ Abbildung 7.3).

Aber auch die Wörterbuchbenutzerinnen profitieren unmittelbar von verschiedenen Formen der Nutzerbeteiligung. Der Einsatz offener Lizenzen in kollaborativen Wörterbüchern macht lexikografische Inhalte einem großen Nutzerkreis zugänglich. Begleitende Arten der Nutzerbeteiligung steigern zudem die Bekanntheit von Wörterbüchern, während direkte und indirekte Beteiligungsformen die Möglichkeit bieten, das Wörterbuchangebot aktiv mitzugestalten und einen Anteil am finalen Produkt zu haben. Die enge Einbindung von Nutzern in lexikografische Prozesse können überdies auch einem didaktischen Zweck dienen und wichtige Kompetenzen zur Wörterbuchverwendung aufbauen helfen. Gerade begleitende

Angebote erreichen dies etwa auf spielerische Art und Weise oder durch spannende Blogbeiträge, die zum Nachschlagen anregen. Direkte Nutzerbeiträge leisten in dieser Hinsicht ebenfalls einen Beitrag, da geprüft werden muss, ob Informationen bereits im Wörterbuch enthalten sind und wie sprachliche Beschreibungen gelungen formuliert werden können. Der Austausch von Wörterbuchbenutzern untereinander und Sprachberatungsdienste wiederum stellen einen Mehrwert für Nutzerinnen und Nutzer dar, wenn sprachliche Fragestellungen besprochen werden, die im Wörterbuch nicht oder nicht für einen gegebenen Kontext beantwortet werden.

Insgesamt führen Nutzerbeiträge zu einer Aushandlung der Inhalte nach den Prinzipien von Angebot und Nachfrage, wovon prinzipiell sowohl Nutzer als auch Anbieter profitieren können. Implizites Feedback offenbart, was tatsächlich nachgeschlagen wird. Explizites Feedback und Nutzerkommentare geben Aufschluss über die Wünsche und Erwartungen der Nutzerinnen zum Wörterbuch und zu darüber hinausgehenden Angeboten. Direkte Nutzerbeiträge spiegeln zunächst das Angebot an sprachlichem Wissen vonseiten der Nutzer wider, während neue Beiträge auch nachfrageorientiert entstehen können, indem Nutzerinnen beim Nachschlagen auf eine Lücke stoßen und die zugehörigen Informationen recherchieren und ergänzen.

Schwächen von Nutzerbeteiligung

Im Gegensatz dazu weisen die Beteiligungsformen allerdings auch zahlreiche Herausforderungen und Schwächen auf, die gegen die Planung eines bestimmten Beteiligungsangebots sprechen oder nach weiterführenden lexikografischen, technologischen oder didaktischen Lösungen verlangen. So ist das oben beschriebene Potenzial zur Einsparung von Zeit und Kosten keineswegs eindeutig. Gerade bei kollaborativ-institutionellen und semi-kollaborativen Beteiligungsformen sowie bei explizitem Feedback entsteht durch die redaktionelle Prüfung von Nutzerbeiträgen in erster Linie eine Mehrarbeit für die Wörterbuchanbieter. Inwieweit der Nutzen und die Qualität der Beiträge die investierte Zeit zur Prüfung der Beiträge übersteigt, variiert sicherlich zwischen einzelnen Wörterbuchprojekten und Ausgestaltungen der jeweiligen Beteiligungsformen. Während explizites Feedback von Anbietern überwiegend positiv beurteilt wird (vgl. Rautmann 2014, Thier 2014), zeigt sich beispielsweise für implizites Feedback, dass Logdateien bisher nur eine begrenzte Aussagekraft haben, obgleich die Analyse der Ergebnisse beliebig aufwendig gestaltet werden kann. Eine besondere

Problematik entsteht beim Umgang mit Plagiaten. Augenscheinlich hochqualitative Nutzerbeiträge als direkte, nicht gekennzeichnete Übernahmen aus anderen Sekundärquellen zu identifizieren, ist eine herausfordernde Aufgabe, die durchaus größeren Aufwand nach sich ziehen kann, als eine lexikografische Beschreibung auf der Basis von Primärquellen neu zu erarbeiten.

Kritischer Reflexion bedürfen insbesondere Fragen der Qualität von Nutzerbeiträgen im Gegensatz zu rein redaktionell gepflegten Angeboten. Nutzergenerierte Wörterbücher enthalten Informationen zu unterschiedlichsten Sprachvarietäten und Sonderwortschätzen bzw. selten vorkommenden Lemmata, während, um Beispiele aus WIKTIONARY heranzuziehen, gängige Wörter wie *Ehrfurcht* oder *Podest* bislang nicht angelegt wurden (vgl. Meyer/Gurevych 2014). Auch frequente Lesarten zu Lemmata sind mitunter nicht erfasst, etwa die Lesart ‚bevorzugte Objekte' zum Lemma *Favorit*.

Werden zudem minderwertige, unangemessene oder falsche Beschreibungen in einem Wörterbuch hinterlegt, so birgt dies die Gefahr, dass sprachliche Fragestellungen von Nutzern nicht mehr zuverlässig beantwortet werden können und das Nachschlagewerk dadurch unbrauchbar wird. Die in → Kapitel 8.3.1 beschriebene Erhebung zur Wichtigkeit von Kriterien für Internetwörterbücher zeigt, dass Nutzerinnen der Verlässlichkeit der in Wörterbüchern vorhandenen Angaben die oberste Priorität einräumen. Ob und inwiefern durch Nutzerbeiträge also tatsächlich ein Mehrwert entsteht, ist jeweils zu überprüfen und bisher nur ansatzweise erforscht. Die Studien von Fuertes-Olivera (2009), Meyer/Gurevych (2012), Hanks (2012), Rundell (2012) und Lew (2014) zeigen qualitative Mängel in kollaborativ erstellten Quellen auf, die auf fehlerhafte, unspezifische, altertümliche und teilweise überholte Beschreibungen zurückzuführen sind. Auch die Frage, ob durch Nutzerbeiträge überhaupt quantitativ und qualitativ Neues entsteht, ist für die Bewertung ihres Potenzials von zentraler Bedeutung. Meyer/Gurevych (2014) zeigen, dass für kollaborativ beigetragene Beschreibungen im deutschen WIKTIONARY sehr häufig redaktionelle Quellen (z. B. DWDS, CANOONET oder DUDEN ONLINE) benannt werden. Dies und auch der Blick etwa auf die traditionelle Mikrostruktur der Wörterbuchartikel deuten auf einen vergleichsweise konservativen lexikografischen Ansatz im kollaborativen Raum hin, während die kollaborative Innovation eher im umfassenden Sammeln und neuen Zusammenfügen von Vorhandenem zu finden ist. Insgesamt scheinen nutzergenerierte Wörterbücher somit beachtliche Lücken und Qualitätsdefizite aufzuweisen, was deren Nützlichkeit einschränkt. Auf die Expertise von professionellen Lexikografinnen und Lexikografen kann daher nicht verzichtet werden, sollen qualitätsvolle Internetwörterbücher entstehen.

7.6 Zusammenfassung und Ausblick

In diesem Kapitel haben wir in ein junges und bislang wenig beforschtes Themenfeld im Bereich der Internetlexikografie, nämlich die Nutzerbeteiligung, eingeführt, das in seiner Relevanz nicht unterschätzt werden darf, bildet es doch eine wichtige Grundlage für die qualitative und quantitative Bereicherung von Wörterbuchangeboten, in einigen Fällen sogar die ausschließliche Quelle für deren gesamten Aufbau. Wir haben drei grundlegende Arten der Nutzerbeteiligung in einer systematischen Übersicht anhand konkreter Beispiele kennengelernt:

Arten der Nutzerbeteiligung in Internetwörterbüchern

Formen direkter Nutzerbeteiligung umfassen das gemeinschaftliche Bemühen beim Auf- und Ausbau offen-kollaborativer, kollaborativ-institutioneller und semi-kollaborativer Wörterbücher mit zwar unterschiedlichen Graden redaktioneller Kontrolle und Dateneingabeoptionen, aber mit dem gemeinsamen Merkmal der direkten Integration der Nutzerbeiträge in das jeweilige Wörterbuch. Diese Art der Nutzerbeteiligung ist erst mit dem Aufkommen der „Social Media"-Technologien in größerem Ausmaß möglich geworden.

Davon abzugrenzen sind Formen der indirekten Nutzerbeteiligung, die auf dem Prinzip des Feedbacks bzw. der mittelbaren Einflussnahme auf Inhalt und Gestalt von Wörterbüchern beruhen. Zu ihnen zählen einerseits explizites, formular- oder freitextbasiertes Feedback, das Wörterbuchbenutzerinnen wissentlich und mit eigenem Zutun zur Verfügung stellen, und andererseits implizites, durch lexikografisch motivierte Logdateianalysen oder durch die Integration externer, nicht für lexikografische Zwecke nutzergenerierter Online-Inhalte gewonnenes Feedback.

Schließlich werden mit dem Begriff der begleitenden Nutzerbeteiligung unterschiedliche Formen des Austauschs zwischen Wörterbucherstellern und -benutzern jenseits der eigentlichen Wörterbuchinhalte auf der Makro- und Mikrostrukturebene gefasst, die uni- oder bidirektional vonstattengehen können.

Deutlich geworden ist unter anderem auch, dass verschiedene Formen der Nutzerbeteiligung einander nicht ausschließen, sondern parallel bzw. kombiniert in einem Wörterbuch oder einem Wörterbuchportal zur Anwendung kommen können. Dies konnte anhand des LEO-Portals vor Augen geführt werden, das alle drei der in diesem Kapitel vorgestellten Arten der Nutzerbeteiligung ermöglicht. So lebt es stark von Übersetzungsbeiträgen oder Schenkungen von Wortlisten u. Ä., die nach redaktioneller Prüfung, wie im semi-kollaborativen Kontext üblich, in der Regel direkt Aufnahme in die entsprechenden Wörterbücher finden. Daneben gibt es die Möglichkeit für Nutzerinnen, indirekt über Online-Formulare etwa Korrektur- oder Stichwortvorschläge zur Wörterbuchgestaltung beizutragen. Auch Feedback zu Vorabversionen beispielsweise mit verschiedenen Layouts wird eingeholt. Schließlich stellt LEO Foren zur Verfügung, über die sich Nutzer untereinander austauschen können, was eine Form der begleitenden Nutzerbeteiligung darstellt.

<small>Kombinierte Formen der Nutzerbeteiligung</small>

In einer abschließenden Diskussion haben wir die Relevanz der vorliegenden Klassifikation der Arten von Nutzerbeteiligung dargestellt und sind auf deren Stärken und Schwächen eingegangen. Mit der zunehmenden Online-Publikation von Wörterbuchinhalten gewinnt vor allem für Wörterbuchanbieter die Frage nach der Gestaltung der Angebote zur Nutzerbeteiligung einen immer größeren Stellenwert. Der vorliegende Beitrag soll als Orientierung für diese Fragestellung und gleichzeitig als Grundlage für weiterführende Diskussion zu Nutzerbeiträgen dienen. Insbesondere die Qualität der Beiträge aus den einzelnen Ausprägungsformen ist ein bisher noch wenig erforschtes Thema.

<small>Auswahl und Qualität von Beteiligungsformen</small>

7.7 Literatur

7.7.1 Weiterführende Literatur

Abel, Andrea/Klosa, Annette (Hg.): Der Nutzerbeitrag im Wörterbuchprozess. 3. Arbeitsbericht des wissenschaftlichen Netzwerks „Internetlexikografie". Mannheim 2014: Institut für Deutsche Sprache. (= OPAL – Online publizierte Arbeiten zur Linguistik 2/2014). *Der Band adressiert gezielt* die Nutzerbeteiligung in Internetwörterbüchern und diskutiert verschiedene Formen der Beteiligung für einzelne Wörterbuchangebote.

Storrer, Angelika: Hypermedia-Wörterbücher: Perspektiven für eine neue Generation elektronischer Wörterbücher. In: Herbert Ernst Wiegand (Hg.), Wörterbücher in der Diskussion III, Tübingen 1998, S. 107–135. (= Lexicographica Series Maior 84). *Die Arbeit zählt zu den ersten Beschreibungen kollaborativer Wörterbucherstellung.*

Mann, Michael: Internet-Wörterbücher am Ende der „Nullerjahre": Der Stand der Dinge. Eine vergleichende Untersuchung beliebter Angebote hinsichtlich formaler Kriterien. In: Lexicographica 26, 2010, S. 19–46. *Der Beitrag untersucht eine Reihe beliebter Internetwörterbücher hinsichtlich formaler Kriterien und geht in einem Abschnitt auf den Einbezug der Benutzer ein.*

Melchior, Luca: Halbkollaborativität und Online-Lexikographie. Ansätze und Überlegungen zu Wörterbuchredaktion und Wörterbuchforschung am Beispiel LEO Deutsch–Italienisch. In: Lexicographica 28, 2012, S. 337–372. *Der Artikel beschreibt verschiedene Nutzertypen und deren Beteiligungsmöglichkeiten im LEO-Wörterbuchportal.*

Meyer, Christian M.: Wiktionary: The Metalexicographic and Natural Language Processing Perspective. Dissertation, Darmstadt 2013. (= tuprints 3654). *Die Kapitel 2–4 gehen ausführlich auf die Nutzerbeiträge, Organisation und Inhalte im kollaborativ erstellten WIKTIONARY ein.*

7.7.2 Literaturverzeichnis

Sachliteratur

Abel et al. (2003) = Abel, Andrea/Gamper, Johann/Knapp, Judith/Weber, Vanessa: Evaluation of the Web-based Learners Dictionary ELDIT. In: Lassner, David/McNaught, Carmel (Hgg.), Proceedings of World Conference on Educational Multimedia, Hypermedia and Telecommunications, Chesapeake, VA, USA, S. 1210–1217.

Abel/Meyer (2013) = Abel, Andrea/Meyer, Christian M.: The dynamics outside the paper: user contributions to online dictionaries. In: Kosem, Iztok/Kallas, Jelena/Gantar, Polona/Krek, Simon/Langemets, Margit/Tuulik, Maria, Proceedings of the 3rd eLex conference 'Electronic lexicography in the 21st century: thinking outside the paper', Ljubljana/Tallinn 2013, S. 179–194.

Carr (1997) = Carr, Michael: Internet Dictionaries and Lexicography. In: International Journal of Lexicography 10/3, S. 209–230.

Engelberg/Müller-Spitzer (2013) = Engelberg, Stefan/Müller-Spitzer, Carolin: Dictionary Portals. In: Gouws, Rufus H./Heid, Ulrich/Schweickard, Wolfgang/Wiegand, Herbert Ernst (Hgg.), Dictionaries. An International Encyclopedia of Lexicography. Supplementary Volume: Recent Developments with Focus on Electronic and Computational Lexicography, Berlin/New York: De Gruyter, S. 1023–1035. (= HSK 5.4).

Ferschke et al. (2013) = Ferschke, Oliver/Daxenberger, Johannes/Gurevych, Iryna: A Survey of NLP Methods and Resources for Analyzing the Collaborative Writing Process in Wikipedia. In: Gurevych, Iryna/Kim, Jungi (Hgg.), The People's Web Meets NLP: Collaboratively Constructed Language Resources. Berlin/Heidelberg: Springer, S. 121–160.

Fort et al. (2011) = Fort, Karën/Adda, Gilles/Cohen, K. Bretonnel: Amazon Mechanical Turk: Gold Mine or Coal Mine? In: Journal of Computational Linguistics 37/2, S. 413–420.

Fuertes-Olivera (2009) = Fuertes-Olivera, Pedro A.: The Function Theory of Lexicography and Electronic Dictionaries: Wiktionary as a Prototype of Collective Free Multiple-Language Internet Dictionary. In: Bergenholtz, Henning/Nielsen, Sandro/Tarp, Sven (Hgg.), Lexicography at a Crossroads: Dictionaries and Encyclopedias Today, Lexicographical Tools Tomorrow, Bern: Peter Lang, S. 99–134. (= Linguistic Insights: Studies in Language and Communication 90).

Hanks (2012) = Hanks, Patrick: Word Meaning and Word Use: Corpus evidence and electronic lexicography. In: Granger, Sylviane/Paquot, Magali (Hgg.), Electronic Lexicography. Oxford: Oxford University Press, S. 57–82.

Hausmann (1989) = Hausmann, Franz Josef: Dictionary Criminality. In: Hausmann, Franz J./Reichmann, Oskar/Wiegand, Herbert E./Zgusta, Ladislav/Gouws, Rufus (Hgg.), Wörterbücher: Ein internationales Handbuch zur Lexikographie, Berlin/New York: De Gruyter, S. 97–101. (= HSK 5.1).

Howe (2008) = Howe, Jeff: Crowdsourcing: Why the Power of the Crowd Is Driving the Future of Business. New York: Three Rivers Press.

Kemmer (2010) = Kemmer, Katharina: Onlinewörterbücher in der Wörterbuchkritik. Ein Evaluationsraster mit 39 Beurteilungskriterien, Mannheim 2010. (= OPAL – Online publizierte Arbeiten zur Linguistik 2/2010).

Klein/Geyken (2010) = Klein, Wolfgang/Geyken, Alexander: Das Digitale Wörterbuch der Deutschen Sprache (DWDS). In: Lexicographica 26, S. 79–96.

Krause/Krause (2011) = Krause, Jens/Krause, Stefan: Kollektives Verhalten und Schwarmintelligenz. In: Otto, Klaus-Stephan/Speck, Thomas (Hgg.), Darwin meets Business: Evolutionäre und bionische Lösungen für die Wirtschaft. Wiesbaden: Springer, S. 127–134.

Kreutzer (2011) = Kreutzer, Till: Open Content Lizenzen. Ein Leitfaden für die Praxis, Bonn: UNESCO.

Lampe et al. (2010) = Lampe, Cliff/Wash, Rick/Velasques, Alcides/Ozkaya, Elif: Motivations to Participate in Online Communities. In: Proceedings of the SIGCHI Conference on Human Factors in Computing Systems, New York 2010, S. 1927–1936.

Landau (2001) = Landau, Sidney I.: Dictionaries: The art and craft of lexicography. 2nd edition. Cambridge: Cambridge University Press.

Lew (2011) = Lew, Robert: Online dictionaries of English. In: Fuertes-Olivera, Pedro Antonio/Bergenholtz, Henning (Hgg.), E-Lexicography: The Internet, Digital Initiatives and Lexicography. London/New York: Continuum, S. 230–250.

Lew (2014) = Lew, Robert: User-generated content (UGC) in English online dictionaries. In: Abel, Andrea/Klosa, Annette (Hgg.), Der Nutzerbeitrag im

Wörterbuchprozess. 3. Arbeitsbericht des wissenschaftlichen Netzwerks „Internetlexikografie", Mannheim 2014, S. 7–25. (= OPAL – Online publizierte Arbeiten zur Linguistik 2/2014).

Malone et al. (2010) = Malone, Thomas W./Laubacher, Robert/Dellarocas, Chrysanthos: Harnessing Crowds: Mapping the Genome of Collective Intelligence. In: Social Science Research Network Electronic Paper Collection, Rochester, NY 2010. (= MIT Sloan Research Paper 4732-09). http://ssrn.com/abstract=1381502. Stand: 26.03.2014.

Mann (2010) = Mann, Michael: Internet-Wörterbücher am Ende der „Nullerjahre": Der Stand der Dinge. Eine vergleichende Untersuchung beliebter Angebote hinsichtlich formaler Kriterien. In: Lexicographica 26, S. 19–46.

Matuschek et al. (2013) = Matuschek, Michael/Meyer, Christian M./Gurevych, Iryna: Multilingual Knowledge in Aligned Wiktionary and OmegaWiki for Translation Applications. In: Translation: Computation, Corpora, Cognition – Special Issue „Language Technology for a Multilingual Europe" 3/1, S. 87–118.

McKean (2011) = McKean, Erin: Wordnik: Notes from an online dictionary project. Vortrag bei eLEX 2011: Electronic lexicography in the 21st century: New applications for new users. Online: videolectures.net/elex2011_mckean_notes/ (letzter Zugriff: 30.6.2016).

Melchior (2012) = Melchior, Luca: Halbkollaborativität und Online-Lexikographie. Ansätze und Überlegungen zu Wörterbuchredaktion und Wörterbuchforschung am Beispiel LEO Deutsch–Italienisch. In: Lexicographica 28, S. 337–372.

Melchior (2014) = Melchior, Luca: Ansätze einer halbkollaborativen Lexikographie. In: Abel, Andrea/Klosa, Annette (Hgg.), Ihr Beitrag bitte! – Der Nutzerbeitrag im Wörterbuchprozess. 3. Arbeitsbericht des wissenschaftlichen Netzwerks „Internetlexikografie", Mannheim 2014, S. 26–47. (= OPAL – Online publizierte Arbeiten zur Linguistik 2/2014).

Meyer (2013) = Meyer, Christian M.: Wiktionary: The Metalexicographic and the Natural Language Processing Perspective. Dissertation, Darmstadt: Technische Universität Darmstadt 2013 (= tuprints 3654). Online: http://tuprints.ulb.tu-darmstadt.de/3654/.

Meyer/Gurevych (2012) = Meyer, Christian M./Gurevych, Iryna: Wiktionary: A new rival for expert-built lexicons? Exploring the possibilities of collaborative lexicography. In: Granger, Sylviane/Paquot, Magali (Hgg.), Electronic Lexicography. Oxford: Oxford University Press, S. 259–291.

Meyer/Gurevych (2014) = Meyer, Christian M./Gurevych, Iryna: Methoden bei kollaborativen Wörterbüchern. In: Lexicographica 30, S. 187–212.

Müller-Spitzer/Möhrs (2008) = Müller-Spitzer, Carolin/Möhrs, Christine: First ideas of user-adapted views of lexicographic data exemplified on OWID and ELEXIKO. In: Zock, Michael/Huang, Chu-Ren (Hgg.), Proceedings of the COLING Workshop on 'Cognitive Aspects on the Lexicon', Manchester, S. 39–46.

Naber (2005) = Naber, Daniel: OpenThesaurus: ein offenes deutsches Wortnetz. In: Fisseni, Bernhard/Schmitz, Hans-Christian/Schröder, Bernhard/Wagner, Petra (Hgg.), Sprachtechnologie, mobile

Kommunikation und linguistische Ressourcen: Beiträge zur GLDV-Tagung, Frankfurt 2005, S. 422–433. (= Sprache, Sprechen, Computer 8).

Rafaeli/Ariel (2008) = Rafaeli, Sheizaf/Ariel, Yaron: Online Motivational Factors: Incentives for Participation and Contribution in Wikipedia. In: Barak, Azy (Hg.), Psychological Aspects of Cyberspace: Theory, Research, Applications. Cambridge: Cambridge University Press, S. 234–267.

Rautmann (2014) = Rautmann, Karin: Duden online und seine Nutzer. In: Abel, Andrea/Klosa, Annette (Hgg.), Ihr Beitrag bitte! – Der Nutzerbeitrag im Wörterbuchprozess. 3. Arbeitsbericht des wissenschaftlichen Netzwerks „Internetlexikografie", Mannheim 2014, S. 48–61. (= OPAL – Online publizierte Arbeiten zur Linguistik 2/2014).

Rundell (2012) = Rundell, Michael: 'It works in practice but will it work in theory?' The uneasy relationship between lexicography and matters theoretical. In: Vatdedt Fjeld, Ruth/Torjusen, Julie Matilde (Hgg.), Proceedings of the 15th EURALEX International Congress, Oslo 2012, S. 47–92.

Schoonheim et al. (2012) = Schoonheim, Tanneke/Tiberius, Carole/Niestadt, Jan/Tempelaars, Rob: Dictionary Use and Language Games: Getting to Know the Dictionary as Part of the Game. In: Vatdedt Fjeld, Ruth/Torjusen, Julie Matilde (Hgg.), Proceedings of the 15th EURALEX International Congress, Oslo 2012, S. 974–979.

Storrer (2010) = Storrer, Angelika: Deutsche Internet-Wörterbücher: Ein Überblick. In: Lexicographica 26, S. 155–164.

Surowiecki (2005) = Surowiecki, James: The Wisdom of Crowds. New York: Anchor Books.

Thier (2014) = Thier, Katrin: Das Oxford English Dictionary und seine Nutzer. In: Abel, Andrea/Klosa, Annette (Hgg.), Ihr Beitrag bitte! – Der Nutzerbeitrag im Wörterbuchprozess. 3. Arbeitsbericht des wissenschaftlichen Netzwerks „Internetlexikografie", Mannheim 2014, S. 62–69. (= OPAL – Online publizierte Arbeiten zur Linguistik 2/2014).

Verlinde/Binon (2010) = Verlinde, Serge/Binon, Jean: Monitoring Dictionary Use in the Electronic Age. In: Dykstra, Anne/Schoonheim, Tanneke (Hgg.), Proceedings of the 14th EURALEX International Congress, Ljouwert 2010, S. 1144–1151.

Wang/McKeown (2010) = Wang, William Yang/McKeown, Kathleen: „Got You!": Automatic Vandalism Detection in Wikipedia with Web-based Shallow Syntactic-Semantic Modeling. In: Huang, Chu-Ren/Jurafsky, Dan (Hgg.), Proceedings of the 23rd International Conference on Computational Linguistics, Beijing 2010, S. 1146–1154.

Wiegand et al. (2010) = Wiegand, Herbert Ernst/Beißwenger, Michael/Gouws, Rufus H./Kammerer, Matthias/Storrer, Angelika/Wolski, Werner (Hgg.): Wörterbuch zur Lexikographie und Wörterbuchforschung / Dictionary of Lexicography and Dictionary Research, Band 1 A–C. Berlin/New York: DeGruyter.

Wörterbücher

ANW = Algemeen Nederlands Woordenboek. Leiden: Instituut voor Nederlandse Lexicologie. Online: http://anw.inl.nl.
BAB.LA = Online Wörterbuch für 24 Sprachen. Hamburg: bab.la GmbH. Online: http://bab.la.
BLF = Base lexicale du français. Leuven: Katholieke Universiteit. Online: http://ilt.kuleuven.be/blf.
CANOONET = Deutsche Wörterbücher und Grammatik. Basel: Canoo Engineering. Online: http://www.canoo.net.
DICT.CC = dict.cc. Deutsch-Englisch Wörterbuch. Wien: dict.cc GmbH. Online: http://www.dict.cc.
DICTIONARY.COM = Dictionary.com. Oakland, CA: Dictionary.com. Online: http://www.dictionary.com.
DUDEN ONLINE = Duden. Berlin: Bibliographisches Institut/Dudenverlag. Online: http://www.duden.de.
DWDS = Digitales Wörterbuch der deutschen Sprache. Berlin: Berlin-Brandenburgischen Akademie der Wissenschaften. Online: http://dwds.de.
ELDIT = Elektronisches Lernerwörterbuch Deutsch–Italienisch. Bozen: Europäische Akademie. Online: http://www.eurac.edu/eldit.
GLOSBE = Glosbe – das mehrsprachige Online-Wörterbuch. Warschau: Cloud Inside. Online: http://glosbe.com.
GOOGLE DICTIONARY = Google Dictionary. Mountain View: Google. Online: http://www.google.com/dictionary [offline].
KAMUSI = The Kamusi Project, Global Online Living Dictionary. Genf: Kamusi Project International/Delaware: Kamusi Project USA. Online: http://kamusi.org.
LEO = LEO. München: LEO GmbH. Online: http://dict.leo.org.
MACMILLAN DICTIONARY ONLINE = Macmillan Dictionary Online. London: Macmillan Publishes Ltd. Online: http://www.macmillandictionary.com.
MACMILLAN OPEN DICTIONARY = Macmillan Open Dictionary. London: Macmillan Publishers Ltd. Online: http://www.macmillandictionary.com/open-dictionary.
MERRIAM-WEBSTER ONLINE = Merriam-Webster Online. Springfield, MA: Merriam-Webster. Online: http://www.merriam-webster.com.
MERRIAM-WEBSTER OPEN DICTIONARY = The Open Dictionary. Springfield, MA: Merriam-Webster. Online: http://nws.merriam-webster.com/opendictionary.
NITTY GRITS = Nitty Grits: International Culinary Dictionary (Suzy Oakes, Hg.). New Orleans: Southern Food and Beverage Museum, 2011. Online: http://www.nittygrits.org.
OED = Oxford English Dictionary (John A.Simpson/Edmund S.C. Weiner, Hg.). 2nd edition. Oxford: Oxford University Press 1989.
OED ONLINE = Oxford English Dictionary Online. Oxford: Oxford University Press. Online: http://www.oed.com.

OmegaWiki = OmegaWiki, a dictionary in all languages. San Francisco: Wikimedia Foundation. Online: http://www.omegawiki.org.
OpenThesaurus = OpenThesaurus, Synonyme und Assoziationen. Potsdam: Daniel Naber. Online: http://www.openthesaurus.de.
Rap Dictionary = The Rap Dictionary. Nijmegen: Patrick Atoon. Online: http://www.rapdict.org.
Sprachnudel = Sprachnudel.de, Wörterbuch der Jetztsprache. Berlin: WEB'arbyte. Online: http://www.sprachnudel.de.
Szenesprachenwiki = Duden Szenesprachenwiki. Mannheim: Bibliographisches Institut/Dudenverlag. Online: http://szenesprachenwiki.de [offline].
TechDictionary = TechDictionary, the Online Computer Dictionary. Chesterbrook: techdictionary.com. Online: http://www.techdictionary.com.
Urban Dictionary = Urban Dictionary. San Francisco: Urban Dictionary. Online: http://www.urbandictionary.com.
Webster = Webster's Revised Unabridged Dictionary (Noah Porter, Hg.). Springfield: G & C. Merriam Co., 1913.
Wiktionary = Wiktionary, das freie Wörterbuch. San Francisco, CA: Wikimedia Foundation. Online: http://www.wiktionary.org.
Wordnik = Wordnik. All the words. San Mateo, CA: Wordnik. Online: http://www.wordnik.com.

Internetquellen

Amazon Mechanical Turk = Online: https://www.mturk.com/mturk/welcome.
Canoonet-Sprachblog = Online: http://canoo.net/blog/.
Creative Commons = Online: http://de.creativecommons.org/.
Crowdflower = Online: http://www.crowdflower.com/.
Google Analytics = Online: https://www.google.com/intl/de_de/analytics/.
LMF = Lexical Markup Framework. Online: http://www.lexicalmarkupframework.org/.
Macmillan-Dictionary-Blog = Online: http://www.macmillandictionaryblog.com/.
Piwik = Online: http://piwik.org/.
TEI = Text Encoding Initiative. Online: www.tei-c.org.
Wikipedia = Wikipedia, die freie Enzyklopädie. San Francisco, CA: Wikimedia Foundation. Online: www.wikipedia.org.

Bildnachweise

Abbildung 7.1 (links oben): „Stimmzettel zur NRW-Landtagswahl am 09.Mai 2010 im Wahlkreis 116 Unna II" Lizenziert unter der „Creative Commons Attribution 2.0 Generic"-Lizenz (CC BY 2.0) durch Flickr-Benutzer André

Walter. http://commons.wikimedia.org/w/index.php?oldid=38943386 (Stand: 08.05.2010).

Abbildung 7.1 (rechts oben): „Eine Debatte im Plenarsaal des Bayerischen Landtages. Fotografiert im Rahmen des Landtagsprojektes Bayern 2012." Lizenziert unter der „Creative Commons Attribution-Share Alike 3.0 Unported"-Lizenz (CC BY-SA 3.0) durch Wikipedia-Benutzer Tobias Klenze. http://commons.wikimedia.org/w/index.php?oldid=74775027 (Stand: 18.07.2012).

Abbildung 7.1 (links unten): „A demonstration in Erlangen, Germany, against tuition fees" Lizenziert unter der „Creative Commons Attribution-Share Alike 2.0 Germany"-Lizenz (CC BY-SA 2.0) durch Stefan Wagner (http://trumpkin.de). http://commons.wikimedia.org/w/index.php?oldid=112937438 (Stand: 31.12.2013).

Abbildung 7.1 (rechts unten): „LA Times" Lizenziert unter der „Creative Commons Attribution-Share Alike 2.0 Generic"-Lizenz (CC BY-SA 2.0) durch Flickr-Benutzer Daniel R. Blume. http://commons.wikimedia.org/w/index.php?oldid=117616015 (Stand: 28.02.2014).

Carolin Müller-Spitzer
8 Wörterbuchbenutzungsforschung

Abb. 8.1: Szenen sprachlichen Produzierens und Rezipierens.

Menschen produzieren und rezipieren Sprache auf vielfältige Weise, ob durch Gestik, durch mündliche Äußerungen im direkten Gespräch oder per Telefon und in geschriebener Sprache. Sowohl beim Verfassen sprachlicher Äußerungen als auch beim Versuch, diese zu verstehen, sowie auch einfach beim Nachdenken über Sprache können Fragen auftauchen, z. B. wenn die Bedeutung eines Wortes nicht bekannt ist, man nicht weiß, wie man ein Wort schreiben soll, wenn man sprachliche Variation erreichen möchte oder wenn Sprache unterrichtet wird. Gerade auch bei der Verständigung in unterschiedlichen Sprachen, auch in unterschiedlichen Fachsprachen, sind diese Fragen besonders relevant.

Sprachwörterbücher werden in der Regel erarbeitet, um die Verständigung zwischen unterschiedlichen Sprachen oder Sprachvarietäten zu erleichtern oder zu einzelnen sprachlichen Phänomenen Informationen zu bieten, zu denen ein Nachschlagebedürfnis entstehen könnte. Wörterbücher gelten deshalb als Gebrauchsgegenstände, d. h. ihr eigentlicher Zweck ist es, bei der Bewältigung sprachlicher Aufgaben benutzt zu werden. Mit dieser Praxis der Benutzung von lexikografischen Nachschlagewerken bzw. auch allgemeiner mit der Lösung sprachlicher Probleme mit Hilfe von Referenzwerken beschäftigt sich die *Wörterbuchbenutzungsforschung*, die das Thema dieses Kapitels ist. Der Sinn und Zweck der Wörterbuchbenutzungsforschung ist es, genauer zu erfahren, in welchen Situationen, auf welche Weise, mit welchem Erfolg etc. lexikografische Hilfsmittel benutzt werden. Diese Erkenntnisse können dann dazu dienen, zukünftige Wörterbücher besser den Bedürfnissen der Nutzerinnen und Nutzer anzupassen.

Dieses Kapitel ist folgendermaßen gegliedert: Im ersten Teil wird eine Einführung in das Thema gegeben. Die Benutzungsforschung beschäftigt sich mit tatsächlichen Benutzungshandlungen bzw. allgemeiner gesagt mit Erfahrungen und Beobachtungen bei der Wörterbuchbenutzung und ist demnach empirisch ausgerichtet. Daher muss die Benutzungsforschung auf Methoden aus der empirischen Sozialforschung zurückgreifen. Die Grundlagen dazu sind Gegenstand des zweiten Abschnitts. Der dritte Teil ist der Benutzungsforschung zu Internetwörterbüchern gewidmet, die im Zentrum des gesamten Kompendiums stehen.

8.1	Einführung —— 293
8.2	Methodische Grundlagen —— 295
8.2.1	Formulierung und Präzisierung des Forschungsproblems —— 296
8.2.2	Operationalisierung —— 297
8.2.3	Erhebungsdesign —— 298
8.2.4	Arten von Forschungsdesigns hinsichtlich der Varianzkontrolle —— 303
8.2.5	Erhebungsmethode —— 305
8.2.6	Datenanalyse —— 309
8.2.7	Berichterstattung —— 309
8.3	Benutzungsforschung bei Internetwörterbüchern —— 310
8.3.1	Was macht ein gutes Internetwörterbuch aus? —— 311
8.3.2	Unterscheidet sich die Bewertung innovativer Features von Internetwörterbüchern abhängig vom Vorwissen? —— 321
8.3.3	Wie kommen potenzielle Nutzer mit einzelnen Aspekten des Neuauftritts des Wörterbuchportals OWID zurecht? —— 324
8.3.4	Werden häufige Wörter im Korpus auch häufig in Internetwörterbüchern nachgeschlagen? —— 330
8.4	Ausblick —— 335
8.5	Literatur —— 337
8.5.1	Weiterführende Literatur —— 337
8.5.2	Literaturverzeichnis —— 337

8.1 Einführung

Die Wörterbuchbenutzungsforschung gilt als jüngster Forschungszweig innerhalb des Gesamtgebiets der Wörterbuchforschung. Dass die Bedeutung dieses Forschungszweiges in den letzten Jahren zugenommen hat, ist das Verdienst vieler Lexikografen und Wörterbuchforscher. Zwar wurde in einzelnen Veröffentlichungen schon lange betont, dass die Benutzer eine zentrale Größe bei der Planung lexikografischer Prozesse (→ Kapitel 3) sein sollen; mittlerweile kann es aber – anders als noch vor 30 Jahren – als unbestritten in der Lexikografie und Wörterbuchforschung angesehen werden, dass Wörterbücher Gebrauchsgegenstände sind. Deshalb sollten bei der Herstellung von Wörterbüchern die Benutzer die zentrale Größe sein, um die es bei der Planung geht (Bogaards 2003, S. 26–33; Sharifi 2012, S. 626; Tarp 2008, S. 33–43; Wiegand 1998, S. 259–260; Wiegand et al. 2010, S. 680).

Benutzungsforschung

Benutzer: zentrale Größe

> Most experts now agree that dictionaries should be compiled with the users' needs foremost in mind. (Lew 2011, S. 1)

Trotzdem kann man sich fragen, warum dieser Benutzerbezug für die Lexikografie in dieser besonderen Weise betont wird, wenn doch eigentlich jeder Text an einen Adressaten gerichtet ist. Das Besondere an lexikografischen Texten gegenüber anderen Texten ist allerdings, dass der *genuine Zweck* von Wörterbüchern meistens der ist, als Hilfsmittel eingesetzt zu werden. Insofern ist die Ausrichtung auf den praktischen Nutzen stärker als bei anderen Textsorten. Die Benutzungsforschung dient dabei, wie schon herausgestellt, nicht nur dazu, mehr über die Praxis der Wörterbuchbenutzung zu erfahren, sondern perspektivisch Wörterbücher auf Basis des daraus gewonnenen Wissens zu verbessern und benutzerfreundlicher zu gestalten.

<small>Genuiner Zweck von Wörterbüchern</small>

Neben diesen Wörterbüchern, die vorrangig als Hilfsmittel gedacht sind, gab es aber auch schon immer die dokumentarisch ausgerichtete Lexikografie. Für diesen Zweig der Lexikografie haben die Benutzer nicht die gleiche Bedeutung, denn bei solchen Wörterbüchern geht es vor allem darum, den Stand einer Sprache, ihren Wortschatz etc. für die Nachwelt zu dokumentieren oder auch „sprachreinigend" oder „spracherbauend" zu wirken. So war beispielsweise die Gründung des GOETHE-WÖRTERBUCHS in der Zeit nach dem Zweiten Weltkrieg auch dem Bestreben geschuldet, auf diese Weise zur „Rehumanisierung" der Gesellschaft beizutragen. Dies klingt in der Denkschrift zum GOETHE-WÖRTERBUCH an, in der es unter anderem heißt:

<small>Dokumentarisch ausgerichtete Lexikografie</small>

> Der individuelle Sprachschatz eines Menschen ist stets zugleich Abbild und Ausdruck der Welt, wie diese sich gerade in diesem Kopf und Herzen spiegelt. Bei der besonderen Weltgemäßheit von Goethes Sehen, Denken, Sprechen muß dies Verhältnis jedoch eine ganz besondere Bedeutung gewinnen. Die Aufbereitung der Sprache Goethes in einem Wörterbuch wird nicht nur Goethes Sprache, sondern damit zugleich auch Goethes Welt erschließen. (Schadewaldt 1949, S. 297)

Für die überwiegende Zahl von Wörterbüchern gilt allerdings, dass sie dann als gut angesehen werden, wenn sie als adäquates Hilfsmittel für bestimmte Nutzer in bestimmten Nutzungssituationen dienen. Die Orientierung auf bestimmte Gruppen oder Situationen ist teilweise auch an den Titeln der Wörterbücher abzulesen: Es gibt „Lernerwörterbücher", „Grundschulwörterbücher", „Abitur Wörterbuch Englisch", oder auch ungewöhnlichere Titel wie „Döskopp, Saudepp, Zickzackpisser: Die besten Schimpfwörter aus deut-

<small>Wörterbücher als adäquates Hilfsmittel</small>

schen Regionen", „Ohne-Wörter-Buch: 550 Zeigebilder für Weltenbummler" und vieles mehr. Um nun herauszufinden, ob diese Wörterbücher tatsächlich den Bedürfnissen der anvisierten Benutzern entsprechen, muss empirisch untersucht werden, ob eine sprachliche Fragestellung überhaupt durch das Wörterbuch gelöst werden kann, wenn ja, wie diese Wörterbücher benutzt werden, was Nutzer an ihnen schätzen bzw. kritisieren und welcher Verbesserungsbedarf gesehen wird. Empirische Untersuchungen innerhalb der Wörterbuchforschung kann es allerdings auch losgelöst von einzelnen Wörterbüchern geben, beispielsweise zu einzelnen Wörterbuchtypen wie Internet- vs. Printwörterbüchern oder Rechtschreib- vs. Synonymwörterbüchern. Ergebnisse zu solchen allgemeinen Fragen dienen dann meist nicht der Verbesserung eines einzelnen Wörterbuchs, sondern geben verschiedenen Wörterbuchprojekten Hinweise darauf, in welche Richtung ihre Arbeit weitergehen könnte.

Benutzungsforschung kann prinzipiell an ganz unterschiedlichen Stellen im lexikografischen Prozess (→ Kapitel 3) stattfinden: In der Vorbereitungsphase, um z. B. unterschiedliche Entwürfe für ein Wörterbuch in einer Pilotstudie auf ihre Nutzeradäquatheit hin zu testen, nach Fertigstellung eines Onlinereleases, um zu überprüfen, wie das Wörterbuch benutzt wird oder auch zur Vorbereitung einer neuen Funktionalität, um beispielsweise verschiedenartige Suchfunktionen auf ihre Usability zu testen. Wörterbuchbenutzungsforschung kann allerdings auch, wie eben schon betont, ohne die Anbindung an ein einzelnes lexikografisches Produkt durchgeführt werden.

Benutzungsforschung im lexikografischen Prozess

Zunächst einmal aber ein wenig „Handwerkszeug", das man benötigt, wenn man sich mit empirischen Studien beschäftigt.

8.2 Methodische Grundlagen

Der folgende Leitfaden (basierend auf Koplenig 2014 und Diekmann 2011) zu methodischen Grundlagen bietet eine erste Übersicht, welche Schritte bei der Durchführung einer empirischen Untersuchung zu beachten sind. Der folgende Abschnitt gibt Einblicke zu folgenden Fragen:
- Wie kann ein Forschungsproblem formuliert und präzisiert werden? (→ Abschnitt 8.2.1)

Schritte bei der Durchführung einer empirischen Untersuchung

- Wie werden die entsprechenden Variablen gemessen? (→ Abschnitt 8.2.2)
- Welches Erhebungsdesign ist angemessen für die Erhebung der Daten? (→ Abschnitt 8.2.3)
- Welches Forschungsdesign ist hinsichtlich der Varianzkontrolle zur Beantwortung der Forschungsfrage am besten geeignet? (→ Abschnitt 8.2.4)
- Auf welche Weise sollen die Daten erhoben werden? (→ Abschnitt 8.2.5)
- Was ist für die Datenanalyse zu bedenken? (→ Abschnitt 8.2.6)
- Was muss für die Berichterstattung beachtet werden? (→ Abschnitt 8.2.7)

Zur Illustrierung der Fragen werden im Folgenden nicht nur Beispiele aus der Wörterbuchbenutzungsforschung genannt, sondern vor allem Beispiele empirischer Sozialforschung aus ganz anderen Lebensbereichen vorgestellt, um die Bandbreite dieser Forschungen zu illustrieren.[1]

8.2.1 Formulierung und Präzisierung des Forschungsproblems

Jedes empirische Projekt beginnt mit einer Frage. Je genauer diese Frage formuliert wird, desto einfacher werden die Schritte, die sich bei der Ausarbeitung einer empirischen Studie anschließen. Karl Popper illustrierte das folgendermaßen: Der Aufforderung „Beobachten Sie!" kann man nur sinnvoll nachkommen, wenn man weiß, *was* man beobachten soll. Setzt man sich beispielsweise in ein Klassenzimmer und beobachtet eine vierte Klasse beim Deutschunterricht, wird man allein durch diese Beobachtung keine Regularitäten erkennen, wenn man nicht vorher ein Problem formuliert hat, d. h. solche Beobachtungen werden keine belastbare Grundlage für einen Erkenntnisgewinn sein. Popper vertritt daher die These: „ohne Problem keine Beobachtung". Stellt man sich dagegen vorher eine genaue Frage wie: „Melden sich Mädchen häufiger als Jungen?" oder: „Hängt die Menge der Wortmeldungen damit zu-

„Beobachten Sie!"

---

[1] Zu vielen der hier im Folgenden aufgeführten Begriffe (wie *Boxplot*, *Usability-Test*, *Logfiles* etc.) gibt es mittlerweile gute WIKIPEDIA-Artikel.

sammen, wie weit vorne die Kinder sitzen?", dann kann man zu diesen Fragen Daten sammeln und in der Konsequenz auch neue Erkenntnisse zu diesem Problem gewinnen (Popper, 1994, S. 19f.). Alle weiteren Schritte einer empirischen Erhebung hängen von der Art der Forschungsfrage, dem damit verbundenen Forschungsziel und den entsprechenden Hypothesen ab. Deshalb ist es besonders wichtig, diese Forschungsfrage klar zu formulieren: Forschungsfrage

> Manche Studie krankt daran, daß *irgendetwas* in einem sozialen Bereich untersucht werden soll, ohne daß das Forschungsziel auch nur annähernd klar umrissen wird. Auch mangelt es häufig an der sorgfältigen, auf das Forschungsziel hin abgestimmten Planung und Auswahl des Forschungsdesign, der Variablenmessung, der Stichprobe und des Erhebungsverfahrens. Das Resultat unüberlegter und mangelhaft geplanter empirischer ‚Forschung' sind nicht selten ein kaum noch genießbarer Datensalat und aufs äußerste frustrierte Forscher oder Forscherinnen. (Diekmann 2011, S. 187, vgl. für die Lexikografie auch Lew 2011, S. 8)

Zur Formulierung der Forschungsfrage gehört auch, sich klar darüber zu werden, welche Daten zur Beantwortung dieser Frage erhoben werden müssen, damit sie entsprechend gemessen, d. h. *operationalisiert* werden können.

8.2.2 Operationalisierung

Wenn die Forschungsfrage präzisiert und damit die theoretische Konzeption der Untersuchung geklärt ist, muss entschieden werden, wie man die einzubeziehenden Variablen messen will. Illustriert an einem Beispiel: Ein Projektteam, welches ein neues Internetwörterbuch entwickelt hat, möchte untersuchen, wie dieses Wörterbuch für Nutzer zu benutzen ist. Zu diesem Zweck soll in einem Labor ein sogenannter Usability-Test gemacht werden. Ein Usability-Test dient allgemein dazu, die Gebrauchstauglichkeit einer Soft- oder Hardware mit potenziellen Benutzern zu überprüfen; dabei werden die Versuchspersonen veranlasst, typische Aufgaben mit dem Testobjekt, d. h. in diesem Beispiel mit dem neuen Internetwörterbuch, zu lösen. Dabei wird geprüft, an welchen Stellen Probleme bei der Benutzung auftreten, z. B. dass ein Benutzer die passende Suchoption nicht findet, sich im Wörterbuch nicht hinreichend gut und schnell orientieren kann oder nicht auf einen früher angeschauten Artikel zurückfindet. Für das neue Internet-   Messen – operationalisieren wörterbuch sollen in der späteren Datenanalyse die Probanden, die schon viele Typen von Sprachwörterbüchern (→ Kapitel 2) benutzt haben, von denen unterschieden werden, die eher als unerfahrene Nutzer eingeordnet werden können. Bei der Planung der Studie muss deshalb überlegt werden, wie diese Erfahrenheit bzw. Unerfahrenheit gemessen werden kann. Würden die Forscherinnen und Forscher beispielsweise vor dem Usability-Test eine Frage stellen wie: „Haben Sie schon einmal ein Sprachwörterbuch benutzt?" und davon ausgehen, dass die Probanden dann in ein freies Textfeld die Typen eintragen, könnten sie eine unangenehme Überraschung erleben. Wenn die Probanden in das Textfeld nämlich einfach nur „Langenscheidt" oder „Duden" eintragen, d. h. nur den Namen des Verlags und nicht des Wörterbuchtyps (wie wir es einmal in einer Pilotstudie erlebt haben), dann kann man die Erfahrenheit hinsichtlich verschiedener Typen von Sprachwörterbüchern nicht angemessen operationalisieren. Hier wäre es also besser, wenn eine feste Liste mit Typen vorgegeben wird, und zusätzlich vielleicht ein Freitextfeld eingebaut wird für die Probanden, die noch mehr Informationen angeben wollen.

8.2.3 Erhebungsdesign

Zeitlicher Modus der Datenerhebung

Mit dem Erhebungsdesign wird der zeitliche Modus der Datenerhebung spezifiziert. Dabei werden drei Arten von Erhebungsdesigns unterschieden:
- Querschnittsdesign,
- Trenddesign,
- Paneldesign.

Querschnittsdesign

Ein *Querschnittsdesign* bezeichnet eine Datenerhebung, bei der zu einem bestimmten Zeitpunkt oder in einer kurzen Zeitspanne eine einmalige Erhebung mit beliebig vielen Probanden vorgenommen wird. Eine Querschnittserhebung erlaubt damit den Vergleich verschiedener Entitäten zu einem bestimmten Zeitpunkt. Individuelle Veränderungen über die Zeit können auf diese Weise nicht gemessen werden.

Ein typisches Beispiel für eine Querschnittserhebung ist die sogenannte Sonntagsfrage, d. h. die Frage danach, welche Partei die Befragten wählen würden, wenn an dem darauf folgenden Sonntag Bundestagswahl wäre (→ Abbildung 8.2). Eine einzelne dieser Sonntagsfragen erlaubt es, die Wahlabsichten der einzelnen Probanden in dieser Kalenderwoche miteinander zu vergleichen.

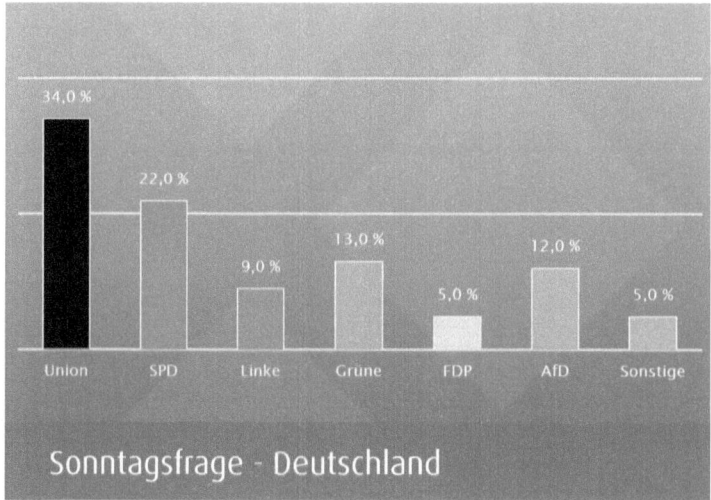

Abb. 8.2: Beispiel Querschnittserhebung; Sonntagsfrage – Deutschland 04.08.2016: infratest dimap für ARD-DeutschlandTREND[2].

Trend- bzw. Paneldesigns sind dagegen *Längsschnittdesigns*. Von einem *Trenddesign* spricht man, wenn mehrere Querschnittserhebungen zum gleichen Thema zu mehreren Zeitpunkten durchgeführt wurden und diese zu einem Trend zusammengefasst werden. Genauer: Bei einem Trenddesign werden (a) die Werte der gleichen Variablen zu (b) mehreren Zeitpunkten mit (c) unterschiedlichen Stichproben, d. h. unterschiedlichen Probanden, erhoben. Ein Beispiel für eine Trenderhebung ist in → Abbildung 8.3 zu sehen: Hier sind Ergebnisse der Querschnittserhebungen zur Wahlabsicht, die in der sogenannten Sonntagsfrage abgefragt werden, von Januar 1991 bis Januar 2013 zu einem Trend zusammengefasst.

Trenddesign

Im Unterschied zum Trenddesign werden im *Paneldesign* die (a) Werte der gleichen Variablen zu (b) unterschiedlichen Zeitpunkten, aber mit (c) der gleichen Stichprobe, d. h. den gleichen

Paneldesign

---

[2] http://www.infratest-dimap.de/, zuletzt eingesehen am 09.08.2016.

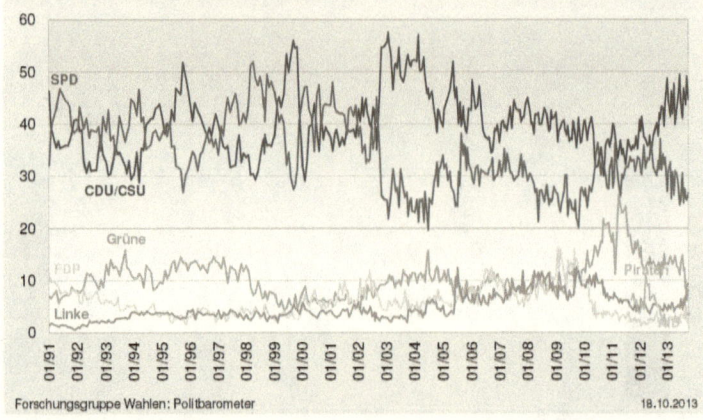

Abb. 8.3: Beispiel Trenddesign; Forschungsgruppe Wahlen Politbarometer (18.10.13)³.

Personen, erhoben. Dieser formal kleine Unterschied ist in der Praxis sehr bedeutsam. Denn anders als beim Trenddesign können bei Panelerhebungen Entwicklungen auf individueller Ebene nachvollzogen werden. Allerdings ist eine Panelerhebung auch ungleich aufwendiger. Es muss viel Zeit darin investiert werden, Kontakt zu den Probanden zu halten und dafür zu sorgen, dass sie für viele *Panelwellen*, wie die einzelnen Erhebungen im Paneldesign genannt werden, zur Verfügung stehen.

Marshmallow-Studie

Ein Beispiel für eine große Panelerhebung in Deutschland ist die des Nationalen Bildungspanels (National Educational Panel Study, NEPS⁴) zu Bildungsverläufen in Deutschland. Ein weiteres bekanntes Beispiel für eine Panelstudie ist die sogenannte „Marshmallow-Studie", initiiert von Walter Mischel in den 1960er Jahren in Stanford.⁵ Diese soll hier etwas ausführlicher dargestellt werden: Den ersten Teil der Studie führte Mischel in den Jahren

---

3 http://www.forschungsgruppe.de/Umfragen/Politbarometer/Langzeitentwicklung_-_Themen_im_Ueberblick/Politik_I/2_Stimmung_1.pdf, zuletzt eingesehen am 10.06.16.
4 https://www.neps-data.de/ (zuletzt eingesehen am 10.06.16).
5 Mehr Informationen zur Marshmallow-Studie findet man auf Walter Mischels Homepage (http://www.columbia.edu/cu/psychology/indiv_pages/mischel/

1968 bis 1974 mit etwa vier Jahre alten Kindern aus der Vorschule des Stanford Campus durch. Forschungsfrage war, ob die Fähigkeit, eine Belohnung aufschieben zu können, eine Vielzahl von Folgeentwicklungen bzw. Konsequenzen im individuellen Lebensverlauf vorhersagen könnte, insbesondere in Hinsicht auf soziale Kompetenz, Lernvermögen oder chronische Schwächen wie besondere Empfindlichkeit gegenüber Ablehnung.

Die Fähigkeit des Belohnungsaufschubs sollte in früher Kindheit in einer Laborsituation gemessen werden, die folgendermaßen aufgebaut war: In Einzelsitzungen im Labor wurde den Kindern ein begehrtes Objekt gezeigt, beispielsweise ein Marshmallow (in weiteren Varianten des Experiments wurden unter anderem Kekse, Salzgebäck oder Pokerchips aus Plastik eingesetzt). Der Versuchsleiter sagte dem jeweiligen Kind, dass er für einige Zeit den Raum verlassen würde, und verdeutlichte ihm, dass es ihn durch Betätigen einer Glocke zurückrufen konnte und dann einen Marshmallow bzw. das jeweils angebotene andere Objekt erhalten würde. Würde es aber warten, bis der Versuchsleiter von selbst zurückkehrte, würde es gleich zwei Objekte erhalten, d. h. für sein Warten belohnt werden. Hatte das Kind die Glocke nicht betätigt, kehrte der Versuchsleiter in der Regel nach 15 Minuten zurück.

Fähigkeit des Belohnungsaufschubs

In weiteren Panelwellen 1980 bis 1981 fanden Mischel und sein Team heraus, dass, je länger die Kinder im ursprünglichen Experiment gewartet hatten, sie als Heranwachsende als desto kompetenter in schulischen und sozialen Bereichen (laut Aussage der eigenen Eltern) beschrieben wurden, besser mit Frustration und Stress umgehen konnten, und auch eine tendenziell höhere schulische Leistungsfähigkeit zeigten. Ausgehend von diesen Forschungsergebnissen wurde die Marshmallow-Aufgabe als ein aussagekräftiges Werkzeug dazu angesehen, eine wichtige persönliche Fähigkeit oder Eigenschaft messen zu können, die langfristigen Erfolg in vielen Lebensbereichen prognostizieren kann. Eine solche

Ergebnisse weiterer Panelwellen

Walter_Mischel.html) sowie in den dazugehörigen Publikationen (Mischel et al. 1972, Shoda et al. 1990); die Nachfolgestudie von Kidd ist dokumentiert in Kidd et al. (2013). In zwei Zeitungsartikeln sind diese Studien gut nachvollziehbar erklärt: http://www.welt.de/wissenschaft/article113058231/Wer-sich-kontrollieren-kann-ist-erfolgreicher.html; http://www.alltagsforschung.de/anlage-und-umwelt-marshmallow-test-in-der-kritik/ (zuletzt eingesehen am 10.06.16).

Untersuchung auf individueller Ebene kann nur in einem Paneldesign geleistet werden. Laut Informationen von Walter Mischels Homepage wird nach wie vor Kontakt zu dieser Kohorte (d. h. zu den Probanden, die an der Panelerhebung teilnehmen) gehalten, sogar die Kinder dieser Probanden werden mittlerweile in weitere Studien einbezogen.

Folgestudie zur Marshmallow-Untersuchung

Am Rande: Eine interessante Folgestudie zu dieser mittlerweile als legendär geltenden Marshmallow-Studie ist erst kürzlich durchgeführt worden. Die Psychologin Celeste Kidd, die einige Zeit in einem Heim für obdachlose Familien gearbeitet hatte, hatte die Hypothese, dass es für Kinder, die aus einem wenig verlässlichen Umfeld kommen, keine rationale Entscheidung sei, bei der Marshmallow-Aufgabe auf einen zweiten Marshmallow zu warten, sondern dass es plausibler sei, wenn sie den einen, direkt verfügbaren, sofort aufessen. In ihrem Experiment konnte sie zeigen, dass die Verlässlichkeit des Umfeldes die durchschnittliche Wartezeit aus Mischels Studie halbieren oder verdoppeln kann (Kidd et al. 2013). Die Studie legt den Schluss nahe, dass die Fähigkeit des Belohnungsaufschubs stärker vom sozialen Umfeld beeinflusst ist, als dies bis dahin angenommen wurde. Die eben skizzierte Nachfolgestudie von Kidd wurde in Form eines Experiments durchgeführt; einer von drei verschiedenen Arten von Forschungsdesigns, die im folgenden Abschnitt vorgestellt werden.

Einfluss des sozialen Umfelds

Noch eine kurze Schlussbemerkung zu Panelstudien in der Benutzungsforschung: Das Beispiel der Marshmallow-Studie dürfte deutlich gemacht haben, weshalb es für die Lexikografie bisher noch keine Panelerhebung gibt. Eine solche Studie ist sehr aufwendig und damit teuer. Im Verhältnis dazu ist die Benutzung von Wörterbüchern ein Forschungsbereich, der nicht annähernd so elementar für das menschliche Leben ist wie beispielsweise der Verlauf von Bildungsbiografien. Prinzipiell könnte man mit einer Panelstudie im Bereich der Benutzungsforschung aber zum Beispiel untersuchen, wie sich wörterbuchdidaktische Schulungen z. B. im universitären Raum langfristig auf die Wörterbuchbenutzung auswirken.

Panelstudien in der Benutzungsforschung

8.2.4 Arten von Forschungsdesigns hinsichtlich der Varianzkontrolle

Mit der Entscheidung für ein Quer- oder Längsschnittsdesign wird die zeitliche Dimension einer Datenerhebung spezifiziert. Bei der Planung einer empirischen Untersuchung ist noch ein weiterer Aspekt zu berücksichtigen, der sich auf die Bildung von Vergleichsgruppen bezieht und die Art der Aufteilung von Probanden auf diese Vergleichsgruppen. Dieser Aspekt wird auch als Varianzkontrolle (Diekmann 2011, S. 329) bezeichnet. Dabei werden drei Arten von Designs unterschieden:

- Experimentelle Designs,
- Quasiexperimentelle Designs,
- Ex-post-facto-Designs.

Bildung von Vergleichsgruppen

In einem *experimentellen Versuchsdesign* werden mindestens zwei Gruppen gebildet, wobei diese Gruppen nach einem Zufallsverfahren gebildet werden (Stichwort „Randomisierung") und die unabhängige Variable vom Forscher manipuliert wird. Ein typisches Beispiel sind Medikamententests, in dem die unabhängige Variable (Medikament oder Placebo) von der Forscherin festgelegt wird und die Probanden per Zufall einer Gruppe (der Versuchs- oder Stimulusgruppe bzw. der Kontrollgruppe) zugeordnet werden. Die Stimulusgruppe ist in dem Fall die mit dem Medikament, die Kontrollgruppe sind die Teilnehmer, die ein Placebo bekommen. Ein weiteres Beispiel ist die oben beschriebene Studie von Kidd, in der die Kinder per Zufall in eine Verlässlichkeits- bzw. Nicht-Verlässlichkeitsbedingung eingeteilt wurden. Der Begriff der *unabhängigen* bzw. *abhängigen Variable* bezieht sich auf die Position in der Hypothese. Allgemein gesagt ist die unabhängige Variable die generierte (Experiment) oder vorgegebene (Ex-post-facto-Design) Variable, die abhängige Variable ist die Variable, die abhängig davon berechnet wird, d. h. der Messwert, der für die Studie interessant ist. Veranschaulicht an der Kidd-Studie: Die Variable der Verlässlichkeit- bzw. Nichtverlässlichkeitsbedingung wurde von der Forscherin generiert und war damit die unabhängige Variable. Abhängig davon wurde dann untersucht, wie lange die Kinder im Marshmallow-Task gewartet haben, die Wartezeit war damit die abhängige Variable.

Experimentelles Versuchsdesign

Unabhängige vs. abhängige Variable

Quasi-experimentelles Design

Für ein *quasiexperimentelles Design* gelten die gleichen Voraussetzungen wie für ein Experiment, nur mit dem Unterschied, dass die Bedingungen nicht zufällig verteilt werden. D. h. die Vergleichsgruppen werden zwar explizit und meist im Vorhinein im Rahmen der Untersuchungsplanung festgelegt, jedoch werden die Teilnehmerinnen den Vergleichsgruppen nicht zufällig zugewiesen. Ein Beispiel für ein solches Design können beispielsweise Mitarbeiterbefragungen sein, die vor und nach einer Umstrukturierung eines Unternehmens durchgeführt werden. Die vorgegebene unabhängige Variable wäre dann der Zeitpunkt vor vs. nach der Umstrukturierung, die abhängige Variable der Grad der Zufriedenheit. Im Bereich der Wörterbuchbenutzungsforschung könnte auch die Nützlichkeit neuer Features auf diese Weise evaluiert werden: Beispielsweise könnte man in einem Internetwörterbuch protokollieren, wie viele Suchen erfolglos waren vor gegenüber nach der Implementierung einer fehlertoleranten Suche. Der Unterschied in den Werten kann dann als Nützlichkeit des Features gedeutet werden.

Ex-post-facto-Design

Ein *Ex-post-facto-Design* ist ein Forschungsdesign ohne zufällige Zuordnung zu experimentellen Bedingungen und ohne Manipulation der unabhängigen Variablen, d. h. Gruppen von Probanden werden unterschieden auf Grund von Merkmalen, die auch schon vor der Untersuchung existierten und unabhängig von der Untersuchung weiterbestehen. Dieses Design ist sehr üblich in Bezug auf Untersuchungen, die den Einfluss sozio-ökonomischer oder sozio-demografischer Faktoren auf Erziehung, Schulbildung oder beruflichen Erfolg untersuchen wollen. Auch die in → Abschnitt 8.3.1 dargestellten Untersuchungen in der Wörterbuchbenutzungsforschung hinsichtlich potenzieller Unterschiede von Benutzergruppen (Übersetzerinnen/Sprachwissenschaftler) sind dem Ex-post-facto-Design zuzuordnen, denn die Probanden waren schon vor unserer Erhebung Übersetzer oder Sprachwissenschaftlerinnen und werden es auch danach sein. Anders bei Medikamententests: Die Zugehörigkeit zu einer Versuchs- bzw. Kontrollgruppe sind Variablen, die nur im Kontext einer Studie bestehen, weder davor noch danach.

8.2.5 Erhebungsmethode

In der empirischen Sozialforschung werden vier Erhebungsmethoden unterschieden:
- Befragung (persönlich, telefonisch, schriftlich),
- Beobachtung,
- Inhaltsanalyse,
- Verhaltensspuren oder nichtreaktive Verfahren.

Neben diesen Einzelunterscheidungen in verschiedene Erhebungsmethoden werden als Gruppen meist die reaktiven Verfahren von den nichtreaktiven unterschieden. Nichtreaktive Verfahren sind dabei solche, bei denen eine empirische Untersuchung ohne Wissen des Untersuchungsobjektes durchgeführt wird. Eine Befragung ist somit ein Beispiel für eine reaktive Methode, da die Interviewsituation die Antwortreaktionen beeinflussen kann, weil der oder die Befragte natürlich weiß, dass er/sie befragt wird. Diekmann gibt zur allgemeinen Unterscheidung reaktiver und nichtreaktiver Verfahren ein anschauliches Beispiel: Wenn man die Ernährungsgewohnheiten von Haushalten per Umfrage ermittelt, handelt es sich um eine reaktive Methode. Untersucht man dagegen mit der gleichen Zielsetzung die Haushaltsabfälle, so ist die Erhebungsmethode nichtreaktiv (Diekmann 2011, S. 195–196). Die Stärke von nichtreaktiven Verfahren liegt darin, unverfälschte Ergebnisse und Daten über echtes Verhalten zu liefern. Gleichzeitig sind die Möglichkeiten zum Einsatz solcher Verfahren stark eingegrenzt, da die Forscher nur an wenigen Stellen Kontrolle über den Prozess haben. Ein Beispiel für ein nichtreaktives Verfahren aus dem Bereich der Wörterbuchbenutzungsforschung ist die Analyse von Logfiles. Logfiles sind Protokolldateien, die Informationen aller oder bestimmter Aktionen von Prozessen auf einem Computersystem enthalten. Bei Internetwörterbüchern kann in solchen Logfiles beispielsweise gespeichert werden, welche Stichwörter in einem Wörterbuch von Nutzern aufgerufen werden. Dies ermöglicht interessante Untersuchungen (→ Abschnitt 8.3.4), aber erlaubt es zum Beispiel nicht, das Verhalten verschiedener Benutzergruppen miteinander zu vergleichen, da man eben keine Zusatzinformationen zu den Logfiles hat. Aus solchen Daten kann man beispielsweise nicht ersehen, aus welchem Grund Nutzerinnen eine Suche abbrechen, ob sie insgesamt ihre Suchanfrage erfolgreich beantworten konnten etc.

Reaktive vs. nichtreaktive Verfahren

Analyse von Logfiles als nichtreaktives Verfahren

Dies bedeutet, dass es für viele Forschungsfragen, bei denen zur Beantwortung zum Beispiel Hintergrundinformationen zu den Probanden erhoben werden müssen, keine nichtreaktiven Verfahren zur Datenerhebung zur Verfügung stehen (vgl. Trochim 2006 und in Bezug auf die Wörterbuchbenutzungsforschung Wiegand 1998, S. 574).

Befragung

Die *Befragung* ist die am häufigsten eingesetzte Erhebungsmethode in der Sozialforschung. Kenntnisse der Sozialstruktur, der sozialen Schichtung oder auch von Bildungschancen sind hauptsächlich das Ergebnis quantitativer Bevölkerungsumfragen. Kritiker monieren v. a. die Reaktivität der Methode, z. B. das Problem der sozialen Erwünschtheit. Damit ist gemeint, dass Probanden dazu neigen (können), Fragen so zu beantworten, wie es gesellschaftlich erwünscht ist. Man wird beispielsweise wenige Menschen finden, die auf die Frage: „Diskriminieren Sie im Alltag Randgruppen?" mit „Ja" antworten würden. Ein Beispiel für dieses Phänomen zeigte auch Diekmann mit seinem Kollegen Preisendörfer in der „Drogerie-Sansal-Studie" (Diekmann 1994). Der erste Teil der Studie bestand aus telefonischen Befragungen von über 1000 Teilnehmern zu verschiedenen Aspekten des Umwelthandelns. Die Ergebnisse ließen eine sehr hohe Sensibilität gegenüber kommenden Umweltproblemen erkennen. Einem Teil dieser Teilnehmer wurde in einem zweiten Studienteil drei Monate später ein professionell aufgemachtes Prospekt der fiktiven Drogerie „Sansal" zugeschickt, in dem stark verbilligte Markenartikel mit folgender Begründung angeboten wurden: „Wegen der zu erwartenden strengeren Umweltschutzgesetzgebung müssen die Lager mit FCKW-haltigen Artikeln geräumt werden." (Diekmann 1994, S. 20) Eine darauf erfolgende Katalogbestellung wurde in der Studie als Kaufabsicht interpretiert. Interessant war der Vergleich der faktischen Reaktionen mit den Antworten der Telefoninterviews zuvor, denn bei den Katalogbestellern handelte es sich nicht vorwiegend um die Personen, die Umweltproblemen gleichgültig gegenüberstehen. Die große Mehrheit der Kaufinteressierten (75 %) wusste beispielsweise laut Befragung um die schädlichen Folgen des Einsatzes von FCKW. Diese Studie ist daher ein Beispiel dafür, dass sich bestimmte gesellschaftliche Fragen schwer durch die Methode der Befragung untersuchen lassen.

Soziale Erwünschtheit

Das Problem der sozialen Erwünschtheit ist allerdings nicht für alle Lebensbereiche gleichermaßen relevant. Bei einer Frage nach dem Nutzen von Wörterbüchern in Situationen, in denen man Texte produziert vs. rezipiert, lässt es sich beispielsweise kaum vorstellen, dass bei der Beantwortung irgendeine Art von sozialer Erwünschtheit eine Rolle spielt. Insofern liefert manche Kritik am Einsatz von Fragebögen im Bereich der Wörterbuchbenutzungsforschung (z. B. von Tarp 2008) eher Hinweise darauf, welche Defizite Fragebögen haben können, und zielt nicht auf Schwächen dieser Form der Datenerhebung generell. Zur Ausarbeitung eines guten Fragebogens gehört allerdings sehr viel Hintergrundwissen, oder es ist – wie Trochim es ausdrückt – „an art in itself" (Trochim 2006[6]).

Soziale Erwünschtheit in der Benutzungsforschung

In einem allgemeinen Sinne sind sämtliche empirischen Methoden Beobachtungsverfahren, z. B. wird ja durch Beobachtung ermittelt, welche Stelle in einer Ratingskala angekreuzt wurde. Als Erhebungsmethode in der Sozialforschung ist mit *Beobachtung* jedoch spezifischer die direkte Beobachtung menschlicher Handlungen, sprachlicher Äußerungen, nonverbaler Reaktionen (z. B. Körpersprache) oder auch die Beobachtung sozialer Merkmale (Kleidung, Wohnungseinrichtung, Statussymbole) gemeint. Ein Beispiel für ein Forschungsgebiet, in dem die Methode der Beobachtung verbreitet ist, ist z. B. die ethnologische Feldforschung. Die Grenze zwischen Sozialreportagen und wissenschaftlichen Beobachtungsstudien ist dabei fließend. Voraussetzung für letztere ist ein deutlicher Bezug auf Forschungshypothesen und eine starke Kontrolle und Systematik der Beobachtung. Zur Erhebung aktuellen Verhaltens ist die Methode der Beobachtung der Befragungstechnik überlegen, da Informationen aus Befragungen in der Hinsicht von begrenzter Validität sind. Diekmann gibt dazu das Beispiel einer Befragung und anschließenden Beobachtungsstudie zum Verkehrsverhalten (Diekmann 2011, S. 572): Während bei der Befragung 72 % der Befragten angaben, vor dem Überqueren einer Straße den Autofahrern immer ein Handzeichen zu geben, taten dies in der Beobachtungsstudie tatsächlich nur 10 %.

Beobachtung

Die *Inhaltsanalyse* befasst sich mit der systematischen Erhebung und Auswertung von Texten, Bildern und Filmen (Mayring 2011). Die Bezeichnung Inhaltsanalyse ist in einem gewissen Sinn zu eng, da auch formale Gesichtspunkte von Texten, z. B. die Länge

Inhaltsanalyse

---

6 http://www.socialresearchmethods.net/kb/survwrit.php. (zuletzt eingesehen am 10.06.16)

von Sätzen, bei der Methode der Inhaltsanalyse eine Rolle spielen können. Datenmaterial ist für diese Methode reichlich vorhanden, beispielsweise Leserbriefe, Heiratsannoncen, Schulbücher aus unterschiedlichen Zeitepochen, Parteiprogramme und vieles mehr. Da die potenzielle Materialfülle so hoch ist, ist – wie Diekmann es formuliert – „wie generell in der empirischen Sozialforschung die disziplinierende Wirkung expliziter Fragestellungen und Hypothesen zu betonen" (Diekmann 2011, S. 580).

Vorhersage bewaffneter Konflikte

Die Methode der Inhaltsanalyse wurde beispielsweise schon früh zur Analyse von Kriegspropaganda eingesetzt. Ein neueres Beispiel für ein empirisches Projekt, welches unter anderem die Methode der Inhaltsanalyse einsetzt, ist eines zur Vorhersage von bewaffneten Konflikten, welches aktuell an der ETH Zürich unter Leitung von Thomas Chadefaux durchgeführt wird. In diesem Projekt soll eine Art Risikobarometer entwickelt werden, das Diplomaten frühzeitig vorwarnen kann, in welcher Region der Erde ein Waffengang besonders wahrscheinlich ist. Zu diesem Zweck werden Massen von Nachrichtenartikeln (basierend auf dem „Google News Archive") nach Schlüsselwörtern (wie *Spannung*, *Krise*, *Konflikt* und *Militärausgaben*) durchsucht, die auf Konflikte hindeuten. Tauchen sie in Berichten über ein bestimmtes Land auffällig oft auf, wird dies als ein Zeichen dafür gedeutet, dass die Kriegsgefahr für dieses Land wächst. Evaluiert wurde die Methode an der Vergangenheit, d. h. ob bzw. mit welcher Wahrscheinlichkeit bereits vergangene Kriege über diese Form der Inhaltsanalyse hätten vorhergesagt werden können. An diesem Beispiel sieht man, dass gerade durch die Massendaten, die mittlerweile frei verfügbar sind, ganz neue Studien denkbar sind, die sich der Erhebungsmethode der Inhaltsanalyse bedienen.[7]

Pretest

Bei (fast) jeder Art der Datenerhebung ist es wichtig, vor dem Beginn der eigentlichen Erhebung einen Probedurchlauf, auch *Pretest* genannt, durchzuführen, um eventuell missverständliche Formulierungen, unklare Versuchsanleitungen etc. aufzudecken und vor Beginn der Untersuchung noch korrigieren zu können.

---

[7] Das Risikobarometer zur Vorhersage von bewaffneten Konflikten ist dokumentiert in Chadefaux (2014); auch wurde im Deutschlandradio darüber berichtet (http://www.dradio.de/dlf/sendungen/forschak/2148128/) (zuletzt eingesehen am 10.06.16).

8.2.6 Datenanalyse

Sind Daten für eine empirische Forschung erhoben, müssen sie analysiert werden. Je sorgfältiger die vorangegangenen Schritte einer empirischen Erhebung durchgeführt wurden, desto besser wird die Datenanalyse funktionieren. Im besten Fall ist eine grobe Idee, wie die Datenanalyse durchgeführt werden soll, schon bei der ersten Planung der Erhebung skizziert worden. Im schlechtesten Fall stellt man erst bei der Datenanalyse fest, dass Variablen, die zur Beantwortung der Forschungsfrage benötigt werden, nicht erhoben wurden. Kenntnisse der Datenanalyse sind daher unabdingbar bei der Durchführung einer empirischen Studie. Auch zum Verständnis anderer Studien sind diese Kenntnisse wichtig, um fragwürdige Schlussfolgerungen oder eventuelle Fehlerquellen identifizieren zu können. Eine Einführung in die statistische Datenanalyse ist aber nicht auf wenigen Seiten unterzubringen. Eine Einführung in die statistische Datenanalyse im linguistischen Kontext bieten Baayen (2008) und Gries (2009); bei Diekmann (2011, S. 659), finden sich Hinweise auf allgemeine Einführungen in die statistische Datenanalyse.

Kenntnisse der Datenanalyse

8.2.7 Berichterstattung

Der letzte Teil einer empirischen Studie ist in der Regel die Berichterstattung. Grundsätzlich unterscheidet sich die Art der Berichterstattung empirischer Studien nicht von denen anderer Forschungsergebnisse. Allerdings hat sich ein bestimmtes Muster für die Darstellung empirischer Studien etabliert, welches in den meisten Veröffentlichungen angewandt wird: die sogenannte IMRAD-Struktur (als Abkürzung für „introduction, method, results, and discussion"; Sollaci/Pereira 2004). Im Einleitungsteil wird nach dieser Struktur in der Regel die Forschungsfrage mit relevanter Literatur eingeführt, im Methodenteil werden Versuchsaufbau, die Probanden bzw. die untersuchten Daten, die Durchführung etc. erläutert und im Ergebnisteil werden die deskriptiven Resultate dargestellt, die dann im Diskussionsteil diskutiert und in den Forschungszusammenhang eingeordnet werden. Nach dieser relativ festen Struktur sind geübte Leserinnen und Leser am besten in der Lage, die Forschungen reproduzieren und kritisieren zu können, da

IMRAD-Struktur

sie wissen, an welcher Stelle des Berichts welche Art von Informationen zu finden sind.

8.3 Benutzungsforschung bei Internetwörterbüchern

Wie am Anfang dieses Kapitels erwähnt, ist die Wörterbuchbenutzungsforschung ein relativ junges Forschungsgebiet. Dementsprechend stellt Bogaards noch 2003 fest, dass „nevertheless, uses and users of dictionaries remain for the moment relatively unknown" (Bogaards 2003, S. 33). Dabei ist die Gruppe der nichtmuttersprachlichen Nutzer, der sogenannten L2-Benutzer, noch der Bereich, der am besten erforscht ist. Wenig weiß man dagegen über die Nutzung monolingualer Wörterbücher, gerade durch muttersprachliche Nutzer, und auch weitere mehr oder weniger unspezifizierte Benutzergruppen wie „interessierte Laien". Mehr Studien gibt es zum Vergleich von gedruckten vs. elektronischen Wörterbüchern (vgl. Dziemanko 2012). Doch auch wenn in den letzten zehn Jahren einige Studien im Bereich der Nutzung von Wörterbüchern publiziert worden sind – der Forschungsbedarf ist nach wie vor hoch (vgl. u. a. Bowker 2012; Welker 2010; Welker 2013, Lew 2015). Insbesondere gab es bis zu den Studien in Müller-Spitzer (2014) wenige umfangreiche Studien, die sich mit der Nutzung von Internetwörterbüchern befassen (s. Töpel 2014 zu einer Übersicht über Studien zu Internetwörterbüchern).

Stand der Benutzungsforschung

Internetwörterbücher sind nach der Meinung vieler Experten die Wörterbücher der Zukunft. Schon aktuell ist das Internet für viele Verlage und wissenschaftliche Wörterbuchprojekte die zentrale Plattform. Aufgrund dieser Situation liegt es nahe, Benutzungsforschung auf Internetwörterbücher zu konzentrieren. Auf der anderen Seite ist dies riskant, weil sich die Wörterbuchlandschaft in diesem Bereich sehr schnell ändert und empirische Studien viel Zeit zur Analyse benötigen. So kann es passieren, dass Studien schon bei ihrer Publikation von ihrem Gegenstandsbereich überholt sein könnten (vgl. Lew 2012, S. 343). Wenn man beispielsweise 2011 untersucht hat, auf welchen Geräten Internetwörterbücher genutzt werden, kann sich bei Publikation der Studie eineinhalb Jahre später der Markt hinsichtlich der Verbreitung von

Benutzungsforschung zu Internetwörterbüchern

Smartphones oder Tablets schon deutlich verändert haben. Trotzdem können solche Ergebnisse als eine Art historischer Schnappschuss auch auf längere Sicht interessant und relevant sein.

Im Folgenden sollen vier Beispiele für Forschungsfragen und darauf aufbauenden Studien dargestellt werden. Die Beispiele sind so ausgewählt, dass sie sowohl inhaltlich, vor allem aber auch methodisch eine große Bandbreite illustrieren und so auch Rückbezüge zu dem methodischen Teil ermöglichen. Alle Beispiele stammen aus Studien, die in einem Forschungsprojekt zur Wörterbuchbenutzungsforschung am IDS Mannheim durchgeführt wurden (www.benutzungsforschung.de) und die im Sammelband „Using Online Dictionaries" (Müller-Spitzer 2014) detailliert beschrieben sind. Zu Gunsten einer knapperen Darstellung wird hier im Folgenden nicht die IMRAD-Struktur angewandt.[8]

Methodische Bandbreite an Studien

8.3.1 Was macht ein gutes Internetwörterbuch aus?[9]

Digitale Wörterbücher können sich sehr deutlich von gedruckten unterscheiden und tun dies mittlerweile auch. Nicht nur, dass kollaborativ lexikografische Ressourcen erstellt werden (→ Kapitel 7), auch die Verbindung von lexikografischen Daten und zugrunde liegenden Korpora (→ Kapitel 6) sowie auch neue Arten des Designs sind bereits in die Tat umgesetzt. Das Onlinemedium bietet darüber hinaus die Möglichkeit, lexikografische Daten flexibler präsentieren zu können als dies im gedruckten Buch möglich war (Atkins 1992; De Schryver 2003; Rundell 2012, S. 29). Gedruckte Wörterbücher haben immer, wie es das Medium bedingt, eine feste Form, d. h. die lexikografischen Daten und ihre typografische Erscheinung sind untrennbar miteinander verbunden. Im elektronischen Medium kann dagegen die Ebene der lexikografischen Daten von der der Präsentation getrennt werden. Die gleichen lexikografischen Daten können – entsprechende Datenmodellierung und

Neue Möglichkeiten durch neue Medien

---

8 Nicht alle im Folgenden genannten, vielleicht unbekannten Begriffe wie *Boxplot* oder *Median* können hier ausführlich erklärt werden. Für ein Grundverständnis reicht auch hier meist ein Blick in die WIKIPEDIA.
9 Für eine ausführliche Darstellung dieser Studie s. Müller-Spitzer/Koplenig (2014).

Datenstrukturierung vorausgesetzt (→ Kapitel 4) – in unterschiedlicher Weise präsentiert werden, sodass einem Benutzer nur die für ihn in der Benutzungssituation relevanten Daten angezeigt werden. Dies sind nur einige Beispiele von vielen potentiellen Veränderungen (weiterführend u. a. Engelberg 2014; Granger 2012; Rundell 2012).

Krise der Lexikografie

Gleichzeitig wird von einer existentiellen Krise der Lexikografie gesprochen. Man kann zwar vermuten, dass heute mehr sprachbezogene Nachschlagehandlungen stattfinden, da die Menschen wesentlich mehr frei zugängliche Sprachressourcen zur Verfügung haben als beispielsweise vor 20 Jahren und daher auch Leute sprachliche Fragen „googeln", die kaum Wörterbücher benutzt hätten. Gleichzeitig führen diese Nachschlagehandlungen nicht primär zu einer Konsultation lexikografischer Ressourcen, zumindest nicht im Sinne einer bezahlten Nutzung. Über zu geringe Zugriffszahlen können sich viele Internetwörterbücher nicht beschweren, aber wirtschaftlich lohnend ist dieses Vertriebsmodell eben nicht.

Dabei ist fraglich, ob heute tatsächlich weniger Wörterbücher genutzt werden, nur weil es weniger Käufer gibt. Früher waren gerade Schüler, Studierende und Sprachlernende oft verpflichtet, sich Wörterbücher als Lernmaterial zu kaufen, weil es keine Alternative dazu gab. Wie oft und intensiv sie tatsächlich genutzt wurden, ist aber offen. Existentiell ist die Krise aber, weil es immer schwieriger ist, Geld mit den lexikografischen Inhalten zu verdienen. Es stellt sich dabei die Frage, ob die Lexikografie eine wichtige Stellung für die Zukunft eher bewahren kann, wenn sie sich um „light-years" weiterentwickelt (Atkins 1992, S. 521), d. h. sich die Internetwörterbücher der Zukunft noch viel deutlicher von den gedruckten unterscheiden, wie es auch andere Forscherinnen und Forscher fordern.

Stellung für die Zukunft

Wenn sich aber die digitalen Wörterbücher in eine Richtung entwickeln, die sich deutlich von gedruckten unterscheidet, werden damit auch etablierte Muster infrage gestellt und Prioritäten müssen neu festgelegt werden. Allgemeiner gesagt: Für die Entwicklung eines guten Service muss zunächst herausgefunden werden, welche Eigenschaften eines Produkts oder einer Dienstleistung für die Kundenzufriedenheit besonders wichtig und welche eher nachrangig sind. Diese Eigenschaften können zunächst abstrakt formuliert sein, z. B. könnte es eine Produktgruppe geben, bei der die Verpackung wichtiger ist als der Inhalt. Dies sagt dem einzel-

Etablierte Muster infrage stellen

nen Hersteller noch nicht, wie konkret seine Verpackung aussehen soll, es kann ihm aber einen Hinweis darauf geben, dass genau auf die Gestaltung der Verpackung besonderer Wert gelegt werden sollte.

Auf dieser Ebene sind auch die Kriterien von guten Internetwörterbüchern zu betrachten, die wir in einer Onlinestudie im Jahr 2010 haben einschätzen und bewerten lassen und in einer zweiten Onlinestudie noch detaillierter untersucht haben. Eine Abschätzung, welche Kriterien als besonders wichtig erachtet werden, ist für Internetwörterbuch-Projekte auch deshalb relevant, weil meist nicht alle Wünsche, die man als Lexikografin für die mögliche Ausgestaltung seines Internetwörterbuchs hat, auch praktisch zu realisieren sind.

> [...] the greatest obstacle to the production of the ideal bilingual dictionary is undoubtedly cost. While we are now, I believe, in a position to produce a truly multidimensional, multilingual dictionary, the problem of financing such an enterprise is as yet unsolved. (Atkins 1996, S. 9, vgl. auch De Schryver 2003, S. 188)

Die Bewertung der grundlegenden Eigenschaften von Wörterbüchern, wie wir sie in unserer Studie abgefragt haben, gibt für Lexikografen noch keine konkreten Anhaltspunkte, wie genau ihr Wörterbuch zu gestalten ist. Die Ergebnisse können aber Hinweise darauf geben, auf welchen Bereich sie sich besonders konzentrieren sollten, da sie von Nutzern als wichtig eingeschätzt wurden.

Bewertung der grundlegenden Eigenschaften von Wörterbüchern

Methodisch war unsere Studie eine Querschnittserhebung im Ex-post-facto-Design, die Erhebungsmethode war eine Befragung in Form eines Onlinefragebogens. Die erste dieser Studien lief von Februar bis März 2010; die zweite von August bis September 2010. An der ersten Studie nahmen 684 Personen teil, an der zweiten 390. Unsere Forschungsfrage war: „Was macht ein gutes Onlinewörterbuch aus?". Diese Frage wollten wir von unseren Teilnehmern anhand von zehn grundlegenden Kriterien, die wir zur Auswahl stellten, beantworten lassen. Zehn mögliche Kriterien waren dabei die Obergrenze, da die Dauer der Studie nicht länger als 25 Minuten sein sollte und jedes Kriterium einzeln zu bewerten war. Außerdem war der Fragekomplex zu den Merkmalen guter Internetwörterbücher nur einer von mehreren aus dieser Studie. Die ausgewählten Kriterien reichen von „traditionellen" Eigenschaften von Wörterbüchern wie inhaltliche Verlässlichkeit oder Übersichtlichkeit zu

„Was macht ein gutes Onlinewörterbuch aus?"

spezifischen Merkmalen von Internetwörterbüchern wie Animation zum Stöbern oder Vernetztheit mit dem Korpus.

Es sollte in der Studie zunächst geprüft werden, wie die Teilnehmerinnen jedes einzelne Kriterium für sich bewerten. Die Hypothese war dabei, dass jedes Kriterium für sich als wichtig eingestuft wird, da alle zusammen vielleicht das ideale Internetwörterbuch abbilden. Um aber trotzdem herauszufinden, wie die Teilnehmer die Merkmale gegeneinander abstufen, wurde zusätzlich ein Ranking durchgeführt, in dem die einzelnen Kriterien auf die Positionen 1–10 verteilt werden mussten.

Eine wichtige Frage bei der Bewertung der Merkmale war es auch, ob sich dabei gruppenbezogene Unterschiede zeigen würden. Das heißt wir waren interessiert an dem Einfluss des persönlichen (beruflichen/fachlichen) Hintergrunds auf die individuelle Bewertung. Dies bedeutet in der Konsequenz, dass wir auch Informationen über diesen persönlichen Hintergrund abfragen mussten, damit diese als unabhängige Variable zur Verfügung stand. Die abhängige Variable war dann die Präferenz für verschiedene Eigenschaften eines Internetwörterbuchs, wie die Teilnehmerinnen sie vornehmen. D. h. ausgehend von den Informationen zum persönlichen Hintergrund konnten wir analysieren, ob sich davon abhängig die Präferenz der Kriterien ändert. Diese unabhängigen Variablen (wie beruflicher Hintergrund, Muttersprache etc.) wurden in einem Teil zu demografischen Daten im Fragebogen erhoben.

Der erste Schritt war also eine Bewertung jedes einzelnen Kriteriums in einer fünfstufigen Likert-Skala. Eine *Likert-Skala* (benannt nach Rensis Likert) ist ein Verfahren zur Messung persönlicher Einstellungen, die mittels so genannter Items abgefragt werden. Eine dreistufige Likert-Skala hat dementsprechend drei Items, die beispielsweise die Möglichkeit bieten, zu einer darüber stehenden Aussage folgenden Standpunkt zu wählen: „ich stimme zu", „weiß nicht" und „lehne ich ab". Entsprechend konnten unsere Probanden zu den Kriterien sagen, für wie wichtig sie diese erachten auf einer fünfstufigen Skala, die von sehr wichtig bis überhaupt nicht wichtig reichte. Danach folgte ein Ranking der zehn Kriterien (→ Abbildung 8.4). Das Ergebnis sieht wie in → Abbildung 8.5 gezeigt aus. Auf der y-Achse sind die Bewertungen in der Likert-Skala abgetragen, auf der x-Achse die Position im Ranking. Wie man an der gestrichelten Linie sehen kann, korrelieren diese beiden Bewertungen sehr deutlich miteinander, d. h. dass beispielsweise das

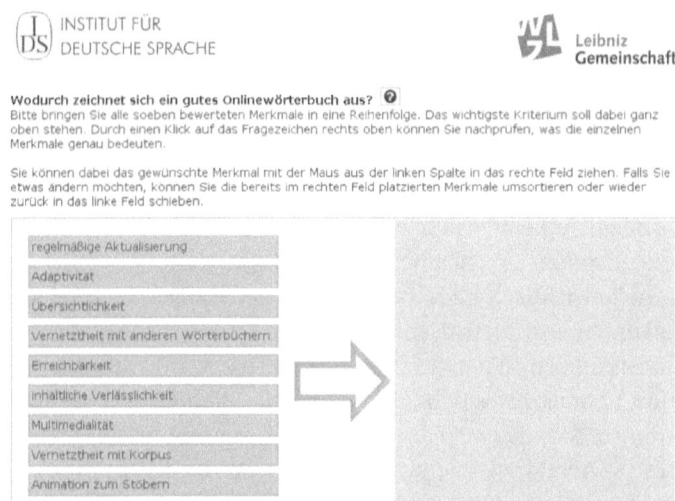

Abb. 8.4: Ranking der Kriterien im Onlinefragebogen.

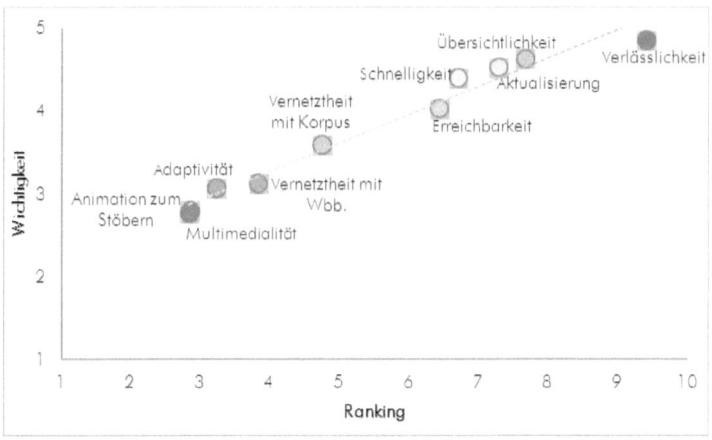

Abb. 8.5: Ergebnisse der Einstufung des Wichtigkeit und des Rankings der Kriterien guter Internetwörterbücher.

Kriterium der inhaltlichen Verlässlichkeit sowohl die durchschnittlich höchste Einstufung in der Likert-Skala bekam, als auch am häufigsten die erste Position im Ranking.

Anders als erwartet bewerteten die Teilnehmerinnen also schon in der separaten Bewertung in der Likert-Skala die einzel-

Gruppenbezogene Unterschiede

nen Kriterien sehr unterschiedlich. Schon diese Einzelbewertungen spiegelt die Rangordnung, die die Teilnehmer dann auch im Ranking zeigten. Das Kriterium, welches mit deutlichem Abstand als am wichtigsten bewertet wurde, ist die inhaltliche Verlässlichkeit eines Internetwörterbuchs. Dagegen wurden medienspezifische Kriterien wie die Einbindung multimedialer Elemente oder eine mögliche benutzeradaptive Anpassung als weniger wichtig bewertet (der Wert „3" entspricht einer Bewertung als „teils-teils", „2" als „nicht wichtig"). Anders als erwartet gab es dabei auch keine signifikanten, d. h. statistisch belastbaren, Unterschiede in den Teilnehmergruppen. Wir hatten beispielsweise erwartet, dass Übersetzer und Sprachwissenschaftlerinnen eine Anbindung an Korpora besonders wichtig finden. Dies zeigte sich in unseren Daten jedoch nicht (→ Abbildung 8.6, ausführlicher s. Müller-Spitzer/Koplenig 2014).

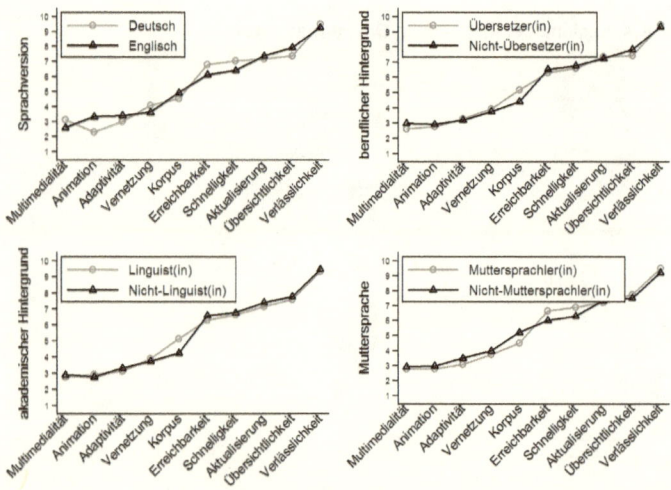

Abb. 8.6: Gruppenspezifische Analysen des Ratings.

Genauere Untersuchung der Einzelkriterien

Da die Bewertung der Kriterien in der ersten Studie wesentlich gleichförmiger ausfiel als erwartet, haben wir in einer zweiten Online-Fragebogenstudie versucht, sowohl die vier wichtigsten Eigenschaften (inhaltliche Verlässlichkeit, regelmäßige Aktualisierung, Übersichtlichkeit, längerfristige Erreichbarkeit) genauer zu untersuchen als auch bei den zwei als weniger wichtig eingestuften

Merkmalen – Multimedia und Benutzeradaptivität – genauer nachzufassen.

Ergebnisse zu zwei der vier als am wichtigsten eingestuften Kriterien sollen hier erläutert werden. Uns interessierte vor allem näher zu erfahren, was Teilnehmer genau unter den sehr allgemein gehaltenen Schlagwörtern wie „inhaltliche Verlässlichkeit" oder „Aktualisierung" verstehen. Denn zwar hatte sich in der ersten Studie beispielsweise gezeigt, dass die inhaltliche Verlässlichkeit lexikografischer Daten als mit Abstand das wichtigste Merkmal eines guten Internetwörterbuchs gewertet wurde, andererseits weiß man, dass auch kollaborative Wörterbücher wie das WIKTIONARY, oder halbkollaborativ erstellte wie LEO hohe Benutzerzahlen haben (→ Kapitel 7). Und genau diese Wörterbücher werden von Fachleuten als nicht besonders inhaltlich verlässlich eingeschätzt (vgl. z. B. Hanks 2012, S. 77–82). Wir haben dabei jeweils versucht, vier Ausprägungen eines Kriteriums zu benennen, z. B. bei inhaltlicher Verlässlichkeit:

Inhaltliche Verlässlichkeit

- Ein bekannter Verlag bzw. eine bekannte Institution steht hinter dem Wörterbuchprojekt.
- Alle Angaben spiegeln verschiedene Textsorten und den überregionalen Gebrauch wider.
- Alle Angaben spiegeln den tatsächlichen Sprachgebrauch wider, d. h. die Angaben wurden an einem Korpus überprüft.
- Alle Angaben wurden von (lexikografischen) Experten geprüft.

Gerade in Bezug auf die kollaborativen oder automatisch erstellten Wörterbücher(teile) war hier z. B. interessant, wie hoch die Teilnehmer die Kriterien des renommierten Urhebers und der Expertenüberprüfung werten würden (vgl. Sharifi 2012, S. 637, der für den Bereich persischer Wörterbücher zeigt, dass die von ihm befragten Benutzer „the author's reputation as the most important factor when buying a dictionary" ansehen).

Zum Teil haben wir dabei auch versucht, Einzelkriterien zu benennen, von denen wir dachten, dass sich dort vielleicht Gruppenunterschiede zwischen Sprachwissenschaftlerinnen und Übersetzern einerseits und nicht linguistischen Fachleuten andererseits zeigen würde, so z. B. bei den Kriterien zu „Aktualisierung":

Aktualisierung

- Aktuelle sprachliche Entwicklungen (wie z. B. die neue Rechtschreibung im Deutschen oder neue typische Kontexte) fließen schnell in das Internetwörterbuch ein.

- Redaktionell bearbeitete Wörter werden direkt online gezeigt.
- Die aktuelle Forschung fließt in die lexikografische Arbeit ein.
- Neue Wörter werden zeitnah im Internetwörterbuch beschrieben.

Die Hypothese war hier, dass das Kriterium, aktuelle Forschungen in ein Wörterbuch zu integrieren, nur von Fachleuten ausgewählt werden würde. Die Ergebnisse sehen wie in den → Abbildungen 8.7 und 8.8 gezeigt aus.

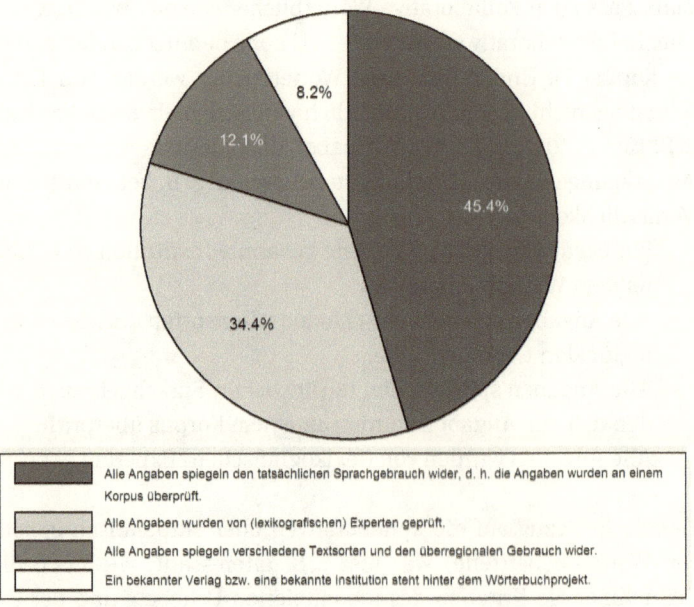

Abb. 8.7: Tortendiagramm: Aspekte inhaltlicher Verlässlichkeit.

Offene Antwortfelder

Zusätzlich haben wir die Teilnehmer bei jedem Aspekt gebeten, in einer offenen Frage noch weitere Aspekte zu nennen, die ihnen vielleicht auch noch wichtig sind. Diese sollen hier nicht im Detail gezeigt werden (vgl. Müller-Spitzer/Koplenig 2014, S. 156ff). Allerdings können solche offenen Antwortfelder auch manchmal Hinweise darauf geben, dass etwas nicht verstanden wurde. Z. B. haben uns über dieses Feld einige Probandinnen darauf hingewiesen, dass sie die Formulierung „redaktionell bearbeitete Wörter werden sofort angezeigt" nicht verstanden haben:

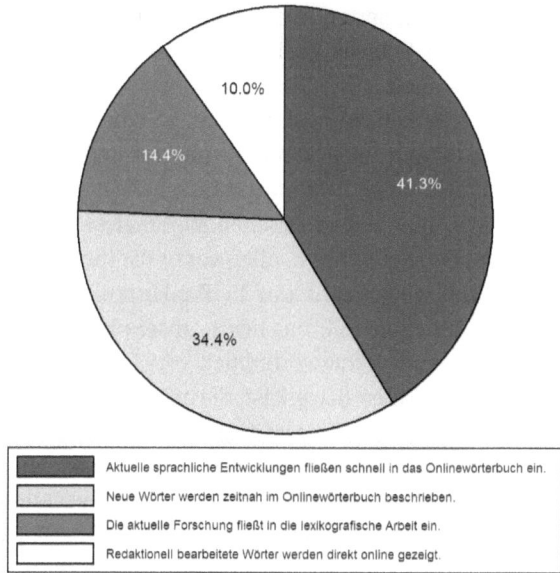

Abb. 8.8: Tortendiagramm: Aspekte von Aktualisierung.

– Was sind „redaktionell bearbeitete Wörter"? Warum sollten sie nicht online angezeigt werden? Frage nicht verstanden.
– Der Nutzer kann selbst neue Wörter beitragen und ggf. zur Diskussion stellen. Übrigens: Die Option „Redaktionell bearbeitete Wörter werden direkt online gezeigt." verstehe ich nicht. Deshalb habe ich sie als weniger wichtig eingestuft.
– Anmerkung zu oben „Redaktionell bearbeitete Wörter werden direkt online gezeigt" – was soll das heißen? „Direkt online" ist doch alles? Und redaktionell bearbeitet hoffentlich auch ...

Der Aspekt „redaktionell bearbeitete Wörter..." bezieht sich vor allem auf Ausbauwörterbücher, die ihre Daten sukzessive online publizieren, wie z. B. ELEXIKO oder das ALGEMEEN NEDERLANDS WOORDENBOEK (ANW, → Kapitel 3). Bei diesen Projekten stellt sich die Frage, ob das Internetwörterbuch eher von Tag zu Tag aktualisiert werden soll, d. h. bearbeitete Wörter direkt online gezeigt werden, oder ob man eher vierteljährlich eine ganze Gruppe neuer Stichwörter online freischaltet. Anscheinend war dieses Problem allerdings vielen Teilnehmerinnen unbekannt, sodass sie auch diese Antwortoption nicht verstehen konnten. Solche offenen Antwortfelder zusätzlich zu standardisierten Auswahlmöglichkeiten bieten daher auch die Möglichkeit, Schwierigkeiten in der Verständlichkeit des Fragebogens festzustellen.

> Feedback von Probanden

Die eingangs gestellte Forschungsfrage war, welche Kriterien ein gutes Internetwörterbuch nach Meinung unserer Teilnehmer auszeichnet. Was können unsere Daten dazu sagen? In unseren Studien hat sich gezeigt, dass die klassischen Merkmale von Wörterbüchern sehr hoch bewertet wurden, allen voran die inhaltliche Verlässlichkeit. Und das eben nicht nur in Konkurrenz zu den anderen Kriterien, sondern generell. Das heißt, unsere Teilnehmerinnen erwarten von einem Internetwörterbuch vor allem, dass es ein inhaltlich verlässliches Referenzwerk ist, die medienspezifische Anreicherung mit innovativen Features ist dem deutlich nachgeordnet. Dabei zeigen sich keine signifikanten Gruppenunterschiede: weder Alter, beruflicher Hintergrund noch Sprachversion. Auch hat sich nicht die These bewahrheitet, dass Sprachwissenschaftler oder Übersetzerinnen zu anderen Bewertungen tendieren. Wie kann man das deuten? Eine Deutungsmöglichkeit ist, dass unsere Probandengruppe zu homogen war. Dies kann man allerdings widerlegen: Die Anzahl der Teilnehmer ist bei beiden Studien hoch genug, dass sich – wenn es Unterschiede z. B. zwischen Teilnehmern mit sprachwissenschaftlichem Hintergrund und denen ohne gegeben hätte – dies auch gezeigt hätte, gerade weil wir fachfremde Studierende als Teilnehmer gewonnen haben. Genauso auch in den Fragen des Alters: Hier reichen die Gruppen aus, um Unterschiede zu erkennen. Also ist die Deutung sehr viel plausibler, dass sich die befragten Probanden – egal, welchen beruflichen Hintergrund sie haben, ob sie im deutsch- oder englischsprachigen Raum beheimatet sind, ob sie jung oder alt sind – erstaunlich einig sind, welche Merkmale ein gutes Internetwörterbuch ausmachen. Und das sind die Merkmale, die schon über Jahrhunderte hinweg gute Referenzwerke kennzeichnen: ein inhaltlich verlässliches, klar verständliches und möglichst auf dem aktuellen Stand gehaltenes Hilfsmittel zu sein. Es ist also nicht so, dass ein benutzerfreundliches Wörterbuch vor allem ein flexibles (De Schryver 2003, S. 182) oder ein schnelles (Almind 2005, S. 39; Bergenholtz 2011) sein muss, wie es in diesen eben genannten Publikationen heißt. Unsere empirischen Daten zeigen einen anderen Schwerpunkt.

> Diskussion der Ergebnisse

> Internetwörterbuch: inhaltlich verlässliches Referenzwerk

Heißt das nun, dass allein diese klassischen Merkmale für digitale Wörterbücher zählen und dass innovative Features, obwohl doch gerade sie die Möglichkeiten des neuen Mediums nutzen und einen hohen Appeal haben, unwichtig sind? Diesen Schluss würden wir nur bedingt ziehen: In unseren Studien wurden innovative Merkmale zwar als unwichtig bewertet, aber wir konnten in einem Experiment zeigen, dass dies auch daran liegen könnte, dass die Teilnehmer noch nicht genügend Beispiele kennen, um solche Features wertzuschätzen. Dieses Experiment ist Gegenstand des nächsten Abschnitts.

<aside>Gründe für die schlechte Bewertung innovativer Merkmale</aside>

8.3.2 Unterscheidet sich die Bewertung innovativer Features von Internetwörterbüchern abhängig vom Vorwissen?[10]

Im letzten Abschnitt wurde gezeigt, dass im Gegensatz zu klassischen Eigenschaften guter Referenzwerke (inhaltliche Verlässlichkeit, Übersichtlichkeit) die medienspezifischen Möglichkeiten für digitale Wörterbücher (Multimedia, benutzeradaptive Anpassung), als unwichtig eingestuft wurden. Dies ist auf der einen Seite nicht überraschend, da z. B. ein multimedial sehr gut aufbereitetes, aber inhaltlich nicht verlässliches Referenzwerk keinen Sinn macht. Es wurde darüber hinaus aber auch gezeigt, dass diese Einstufungen nicht nur in Konkurrenz, sondern auch unabhängig voneinander vorgenommen wurden, d. h. dieser Erklärungsansatz reicht nicht aus. Ein anderer Interpretationsansatz ist, dass unsere Teilnehmerinnen vielleicht noch nicht genug sinnvolle Beispiele solcher innovativer Features kennen.

<aside>Schlechte Bewertung innovativer Features</aside>

Die Forschungsfrage war somit, ob Probanden die Nützlichkeit von multimedialen Features oder Möglichkeiten benutzeradaptiver Anpassung in Internetwörterbüchern besser bewerten, wenn sie vorher über Möglichkeiten dieser Features informiert wurden. Unsere Hypothese war, dass Probanden, wenn sie über solche Features vorher informiert werden, deren Nützlichkeit als höher bewerten, weil sie aus ihrer alltäglichen Wörterbuchpraxis wahrscheinlich zu wenige Beispiele kennen, um ohne diese Demonstration wirklich abschätzen zu können, wie hilfreich sie sein können. Um diese

<aside>Hypothese: Lerneffekt</aside>

---

10 Für eine ausführliche Darstellung dieser Studie s. Müller-Spitzer/Koplenig (2014).

Hypothese zu prüfen, haben wir ein Experiment in die zweite Onlinestudie (N=390) integriert. Den Teilnehmerinnen der Versuchsgruppe zeigten wir zunächst Möglichkeiten von multimedialen und benutzeradaptiven Features und fragten sie dann, für wie nützlich sie diese Features halten. Die Teilnehmer der Kontrollgruppe bekamen keine Beispiele für Möglichkeiten multimedialer Elemente und benutzeradaptiven Anpassungsmöglichkeiten gezeigt (→ Abbildung 8.9) und wurden direkt gefragt, für wie nützlich sie solche Features halten. Die Probanden wurden dabei per Randomisierung der einen oder anderen Gruppe zugewiesen.

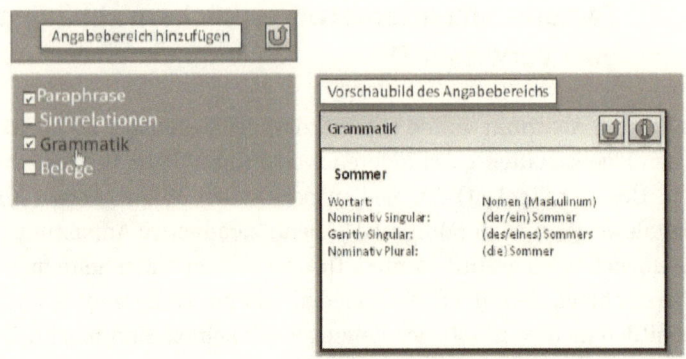

Abb. 8.9: Beispiel eines adaptiven Features im Fragebogen.

Ergebnis des Experiments

Das Ergebnis war, dass die Teilnehmer der Versuchsgruppe die Nützlichkeit dieser Features als signifikant höher bewerteten als die der Kontrollgruppe (→ Abbildung 8.10). Die Grafik ist dabei folgendermaßen zu lesen: Die Probandinnen wurden gebeten, die Nützlichkeit der Features in einer siebenstufigen Likert-Skala zu bewerten. Diese Zahlen finden sich auf der y-Achse. In den Boxplots sieht man die Streuung der Daten. Die ausgefüllten Kästen entsprechen dem Bereich, in dem die mittleren 50 % der Daten liegen. Die durchgezogene Linie in der Mitte zeigt den Median, der auch in der Beschriftung angezeigt ist (M = 5.02 in der Lerneffektbedingung bzw. 4.50 in der Nicht-Lerneffektbedingung). Durch die Antennen oder Whisker (d. h. durch die aus den Kästen herausgehenden Striche) werden die außerhalb der Box liegenden Werte dargestellt, die maximal im Abstand +/- des eineinhalbfachen der Größe der Box liegen. Ausreißer würden in einem solchen Boxplot als Kreise au-

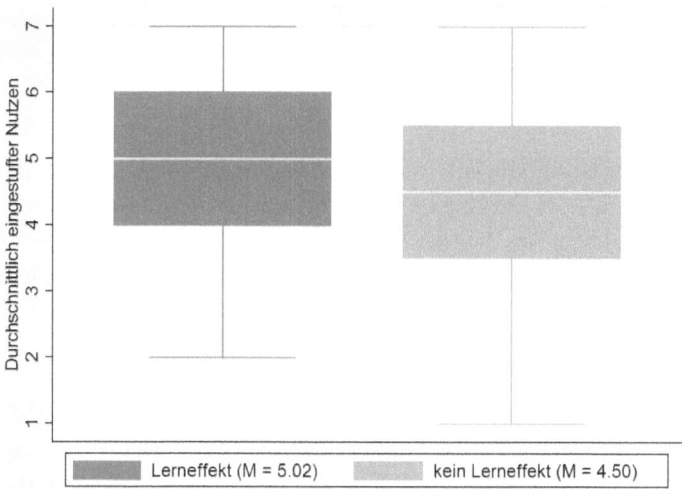

Abb. 8.10: Boxplots: Bewertung von multimedialen und adaptiven Features abhängig von der Lerneffekt- vs. Nicht-Lerneffektbedingung.

ßerhalb der Whisker dargestellt; allerdings gibt es in diesem Fall, wie man an der Grafik sehen kann, keine. Der Lerneffekt, der sich hier zeigt, ist zwar moderat, aber hochsignifikant, was das wichtigste Kennzeichen zur Belastbarkeit einer statistischen Aussage ist. In Zahlen ausgedrückt: Der p-Wert liegt bei weniger als $p < .005$, d. h. die Wahrscheinlichkeit, dass es sich bei dieser unterschiedlichen Bewertung um einen Zufall handelt, liegt bei weniger als 1:1000.

Signifikanter Lerneffekt

Unsere Hypothese konnte in diesem Experiment also bestätigt werden: Probandinnen, die zunächst Beispiele innovativer Features gezeigt bekamen, stuften diese als nützlicher ein als die Probanden, die diese Beispiele nicht gezeigt bekamen. Unsere Daten zeigen damit, dass es lohnend ist, innovative Features in Internetwörterbücher zu integrieren, dass sich die Anbieter solcher Wörterbücher aber auch gleichzeitig klar darüber sein müssen, dass die Nutzerinnen nur nach und nach von dem Nutzen dieser neuen Features überzeugt werden können. Oder – wie Trap-Jensen es ausdrückt – „we have to make an effort" um den Nutzern innovative Features näher zu bringen:

Bewertung innovativer Features abhängig vom Vorwissen

> The lesson to learn is probably that both lexicographers and dictionary users must make an effort. Dictionary-makers cannot use the introduction

of user profiles as a pretext for leaning back and do nothing but should be concerned with finding ways to improve presentation. (Trap-Jensen 2010, S. 1142; vgl. auch Heid/Zimmermann 2012, S. 669; Tarp 2011, S. 59; Verlinde/Peeters 2012, S. 151)

Die Frage ist allerdings, wie dies in der Praxis aussehen kann, da die Lexikografen in der Regel keinen direkten Kontakt zu ihren Nutzerinnen haben. Eine Möglichkeit könnte sein, geschlossene Kontexte in Bildungseinrichtungen wie den schulischen und universitären Unterricht stärker zu nutzen, in dem man Kontakt zu Nutzern aufbauen kann mit der Chance, diese Nutzerinnen zu schulen. Damit wird man sicher nicht solche Benutzer erreichen, die schnell die Rechtschreibung eines Stichworts prüfen wollen, aber vielleicht solche, die an weitergehenden Formen von Wörterbuchbenutzung, z. B. vertieften Informationen zum Bedeutungsspektrum von Stichwörtern, interessiert sind.

8.3.3 Wie kommen potenzielle Nutzer mit einzelnen Aspekten des Neuauftritts des Wörterbuchportals OWID zurecht?[11]

In diesem Abschnitt wird anhand eines Studienausschnitts eine weitere, relativ neue Form der Beobachtung vorgestellt, und zwar die Datenerhebung in Form von Eyetracking. Mit Eyetracking bezeichnet man das Aufzeichnen der hauptsächlich aus Fixationen (Punkte, die man genau betrachtet), Sakkaden (schnellen Augenbewegungen) und Regressionen (Rückwärtssprünge der Augen z. B. zu einem vorhergehenden Fixationspunkt) bestehenden Blickbewegungen einer Person; die entsprechenden Geräte, die diese Aufzeichnungen vornehmen, nennt man Eyetracker. → Abbildung 8.11 zeigt ein Werbefoto eines Eyetrackers, wie wir ihn in unserer Studie eingesetzt haben.

Eyetrackingstudien, vor allem zum Auffinden von Einzelbedeutungen in Printwörterbüchern, zeigen insbesondere Lew et al. (2013, für eine Zusammenfassung der Resultate anderer Studien s. besonders S. 4–6; Lew/Tokarek 2010; Lew 2010; Nesi/Tan 2011; Tono 2001, 2011). Das Ziel unserer Eyetrackingstudie war zum einen, im

---
11 Für eine ausführliche Darstellung dieser Studie s. Müller-Spitzer et al. (2014).

Rahmen unseres Forschungsprojekts zur Wörterbuchbenutzungsforschung diese Methode der Datenerhebung auszuprobieren und Erfahrungen in diesem Bereich zu sammeln, zum anderen den Neuauftritt des Wörterbuchportals OWID, den wir intern fertiggestellt, aber zu der Zeit noch nicht online freigeschaltet hatten, zu evaluieren.

Neuauftritt des Wörterbuchportals OWID

Um eine Eyetrackingstudie durchführen zu können, braucht man zunächst ein entsprechend ausgestattetes Labor, deshalb führten wir die Studie in Kooperation mit der Universität Mannheim (Lehrstuhl Rosemarie Tracy) durch. Das Labor dort verfügt über verschiedene Computerstationen mit einem Eyetracker, der für Lesezeitexperimente geeignet ist (für diese braucht man eine sehr genaue Auflösung, da man z. B. zeilen- und wortgenau sehen muss, welche Teile eines Textes genau gelesen werden), und einem sogenannten Remote Eye Tracker der Marke SMI RED, der für allgemeine Blickbeobachtungsstudien geeignet ist und den wir auch für unsere Studie benutzten. Ein kleiner Kasten unter einem Bildschirm dient dabei dem Aufzeichnen der Blickbewegungen (→ Abbildung 8.11). Der jeweilige Proband saß dabei vor dem Eyetracker; die Versuchsleiterin saß durch eine Trennwand abgetrennt im gleichen Raum daneben. Sie musste während des Versuchs kontrollieren, dass die Teilnehmer sich nicht aus dem „Sichtfeld" des Eyetrackers hinausbewegten. Das Setting, d. h. der Versuchsaufbau, war für die Probanden daher verhältnismäßig natürlich, da keine auffälligen Gerätschaften eingesetzt werden mussten, anders als bei den ersten Eyetrackingstudien (vgl. beispielsweise die Abbildungen im WIKIPEDIA-Artikel zu *Eye-Tracking*[12]).

Versuchsaufbau

An unserer Studie nahmen 38 Personen im Alter von 20–30 Jahren teil. Alle Teilnehmerinnen erhielten 10 Euro für ihre Teilnahme. Durchgeführt wurde die Studie im August/September 2011. Fast 40 Teilnehmer sind sehr viele für eine Eyetrackingstudie; andere Eyetrackingstudien aus dem Bereich der Wörterbuchbenutzungsforschung hatten 6–8 Probanden.

Versuchsteilnehmerinnen

Ein Bereich, den wir in unserer Eyetrackingstudie untersuchen wollten, waren bestimmte Elemente der inneren Zugriffsstruktur, die wir im neuen Webdesign verändert hatten. Eines davon bezog

Innere Zugriffsstruktur

---

[12] http://commons.wikimedia.org/wiki/File:Eye_Tracking_Device_003.jpg (zuletzt eingesehen am 10.06.2016).

Abb. 8.11: Werbefoto des SMI Eyetrackers (http://www.gizmag.com/smi-red500-500hz-remote-eye-tracker/16957/picture/124519/; zuletzt eingesehen am 10.06.16).

sich auf die Navigation zu den Einzelbedeutungen in ELEXIKO, einem der Wörterbücher in OWID. Diese Forschungsfrage und die zugehörigen Ergebnisse sollen hier dargestellt werden.

In ELEXIKO sind die Angaben zu einem Stichwort in zwei Bereiche aufgeteilt: Auf der ersten Seite finden sich einzelbedeutungsübergreifende Informationen wie die Schreibung eines Wortes, Angaben zur Worttrennung, zur Wortbildung etc., und die Informationen zu den einzelnen Bedeutungen (in ELEXIKO als Lesarten bezeichnet) wie typische Verwendungen, sinnverwandte Wörter etc. folgen auf einem zweiten Bildschirm, wenn man durch das entsprechende Etikett eine Einzelbedeutung auswählt. Die Informationen zu einer Einzelbedeutung sind wiederum in einzelne Tabs oder Reiter aufgeteilt (→ Abbildung 8.12, rechte Seite).

<aside>Einzelbedeutung nur mit Etikett vs. mit Etikett und Paraphrase</aside>

Im alten OWID-Layout waren dabei auf dem Einstiegsbildschirm eines Wortartikels die Einzelbedeutungen jeweils nur mithilfe eines Wortes oder einer kurzen Phrase, der sogenannten Etikettierung, genannt. Im neuen Layout wurde dies dahingehend geändert, dass wir zusätzlich zu den Etiketten schon auf dem ersten Bildschirm die Paraphrasen, d. h. die Umschreibungen zu den Einzelbedeutungen platzierten. Dies sollte den Benutzern helfen, einen schnelleren Eindruck über das Bedeutungsspektrum und die

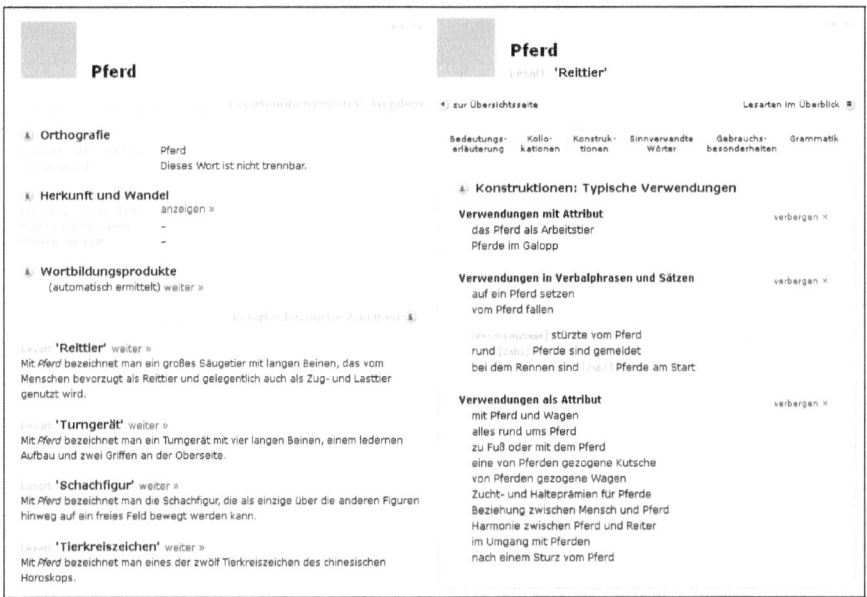

Abb. 8.12: Lesartenübergreifende (links) und lesartenbezogene Angaben (rechts) in ELEXIKO.

für sie in der jeweiligen Benutzungssituation relevante Einzelbedeutung zu bekommen (→ Abbildung 8.12).

In der Eyetrackingstudie wollten wir untersuchen, wie die Teilnehmer diese Informationen wahrnehmen, genauer formuliert: Wie sehen die Blickbewegungsmuster aus, wenn wir den Probandinnen Fragen zu Einzelbedeutungen stellen? Finden sie die relevanten Einzelbedeutungen? Lesen bzw. scannen sie alle Etikettierungen zuerst und lesen dann erst die Paraphrasen? Oder ist es (obwohl das sehr unwahrscheinlich ist) ein linearer Leseprozess? Unser Wunsch bei der Entwicklung des neuen Designs dieser Angaben war es, dass die Etikettierungen zuerst „ins Auge springen", und erst bei Bedarf die gesamte Paraphrase gelesen wird. Wenn sich dies in den Blickverläufen der Teilnehmer bestätigen würde, könnten wir dies demnach als Bestätigung unseres Designs auffassen.

Auffinden relevanter Einzelbedeutungen

Die Vorgehensweise für die Untersuchung war folgendermaßen: In einer ersten Aufgabe baten wir die Teilnehmerinnen zu überprüfen, ob das Stichwort *Pferd* eine Einzelbedeutung *Turngerät* hat: „Sie sehen auf der nächsten Seite einen Wortartikel aus ELEXIKO. Bitte versuchen Sie herauszufinden, ob das Stichwort eine Bedeutung/Lesart im Sinne von ‚Turngerät' hat." Damit wollten

Ablauf der Untersuchung

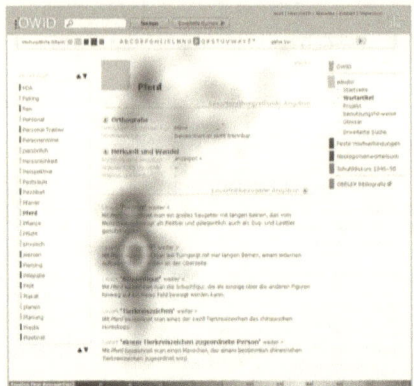 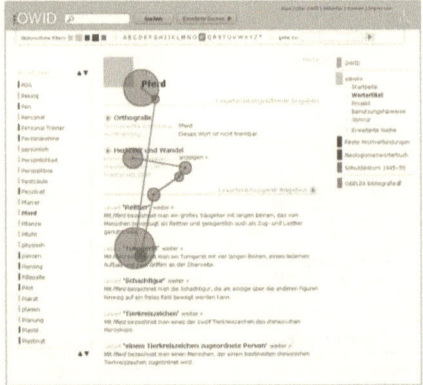

Abb. 8.13: Heat map aller Probanden; Scan path einer Teilnehmerin (Auffinden der Einzelbedeutung ‚Turngerät').

wir überprüfen, ob die Probanden die relevante Einzelbedeutung schnell auffinden. Das Ergebnis ist in → Abbildung 8.13 zu sehen.

Heat map — Man sieht auf der linken Seite eine sogenannte *Heatmap*, die die totale Dauer der Betrachtung eines Bereiches, kumuliert von allen Teilnehmern, anzeigt; die *Fixationsdauer* wird dabei durch eine entsprechende Einfärbung verdeutlicht. Man sieht hier deutlich, dass die Aufmerksamkeit auf die relevante Einzelbedeutung konzentriert war. Auf der rechten Seite der → Abbildung 8.13 ist ein

Scan path — *Scan path* eines Probanden zu sehen. Hier kann man erkennen, in welchen Fixationsschritten dieser Proband gesucht hat. Insgesamt kann man aus den Eyetracking-Daten ablesen, dass die relevante Einzelbedeutung schnell gefunden wurde. Allerdings war dies auch eine einfache Aufgabe.

In einem zweiten Schritt baten wir die Teilnehmerinnen, eine bestimmte Einzelbedeutung des Stichworts *Mannschaft* zu finden: „Bitte versuchen Sie herauszufinden, ob es im folgenden Wortartikel eine Bedeutung gibt, die erläutert ist mit ‚Mitglieder einer für eine Organisation tätigen Gruppe von Menschen'. Wenn ja, welche?" Das Ergebnis ist in → Abbildung 8.14 gezeigt.

Scannen der Etiketten — Das Interessante ist hier, dass die Teilnehmer offensichtlich zuerst die Etiketten sehr schnell scannen (beide hier gezeigten Teilnehmer hatten bereits nach einer Sekunde alle Etiketten gescannt), und dann erst die Aufmerksamkeit auf die Paraphrase lenken. Dies entspricht der Vorgehensweise, wie wir sie uns für das neue Design gewünscht haben. Insgesamt kann man als Ergebnis zu diesem klei-

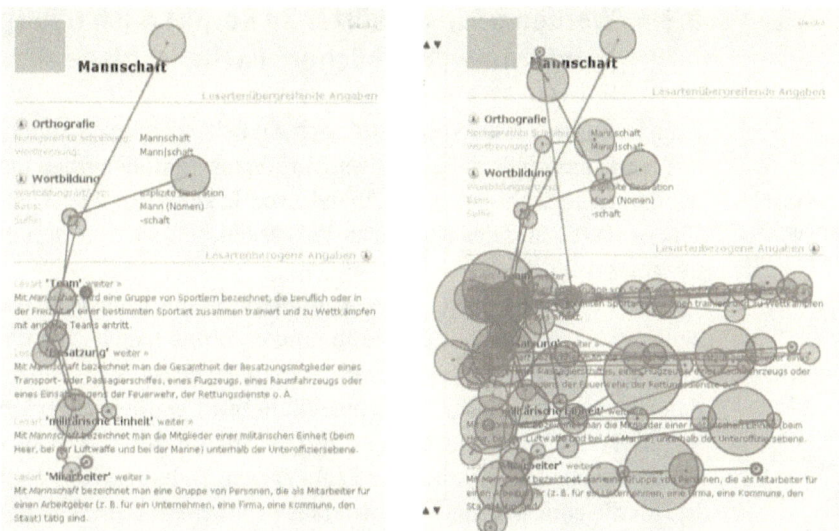

Abb. 8.14: Scan paths von zwei Teilnehmern (gespeichert als Film); ein Schnappschuss bei 00:01 Sekunden (links) und der zweite bei 00:14 Sekunden (rechts).

nen Ausschnitt der Eyetrackingstudie also festhalten, dass die Probandinnen die relevanten Einzelbedeutungen gefunden haben und die unterschiedlichen Funktionen von Etiketten und Paraphrasen, wie sie im neuen Design angedacht waren, in der Praxis deutlich wurden.

Eine Anmerkung noch am Rande: In unserem Team hatte keiner Erfahrung mit dieser Form der Datenerhebung; diese mussten wir erst sammeln. Wir haben zum Beispiel erst bei der Analyse gemerkt, dass wir besser mehr vergleichende Ansichten von dem alten gegenüber dem neuen Layout eingesetzt hätten, um wirklich schließen zu können, dass das neue Layout besser funktioniert als das alte. So wie wir es gemacht haben, konnten wir oftmals nur schlussfolgern, dass das neue Layout – wie im eben gezeigten Fall – gut funktioniert, aber vielleicht hätte das alte Layout dies genauso getan? Aber auch solche Lernprozesse gehören zur Forschungsarbeit.

Methodische Schwächen der Studie

8.3.4 Werden häufige Wörter im Korpus auch häufig in Internetwörterbüchern nachgeschlagen?[13]

Analyse von Logfiles des deutschen WIKTIONARYS

Zum Abschluss dieses Abschnitts noch ein Beispiel für eine Studie, in der wir uns eines nichtreaktiven Verfahrens der Datenerhebung bedient haben, und zwar der Analyse von Logfiles des deutschen WIKTIONARYS und des DIGITALEN WÖRTERBUCHS DER DEUTSCHEN SPRACHE (DWDS).

„Werden Wörter, die in einem Korpus häufig vorkommen, auch häufig nachgeschlagen?"

Die Forschungsfrage, der wir in dieser Studie nachgegangen sind, war: „Werden Wörter, die in einem Korpus häufig vorkommen, auch häufig nachgeschlagen?" . Diese Frage ist insbesondere dann interessant, wenn ein neues Wörterbuch erarbeitet werden soll und dabei die Frage ansteht, welche Stichwörter zuerst bearbeitet werden sollen, und noch keine genaue Zielgruppe anvisiert ist, für die eine geeignete Stichwortauswahl bereits klar ist. In der Regel möchte man allgemein möglichst zunächst die Stichwörter bearbeiten, die auch häufig nachgeschlagen werden, um so den Benutzern erfolglose Suchen zu ersparen. Vorhergehende Untersuchungen (De Schryver et al. 2006 und Verlinde/Binon 2010) haben allerdings gezeigt, dass die Häufigkeit eines Wortes im Korpus wenig darüber aussagt, ob es auch häufig nachgeschlagen wird. Dies

Vorhergehende Studien

führte für De Schryver und Kollegen zu der Schlussfolgerung, dass die Korpusbasiertheit bezogen auf die Stichwortauswahl in der Lexikografie überbewertet wird („On the Overestimation of the Value of Corpus-based Lexicography" ist der Titel ihres Aufsatzes). Den statistisch versierten Mitgliedern unseres Teams war aber aufgefallen, dass diese Forschungsarbeiten von der Datenanalyse her einen Ansatz verfolgten, der sich für den Gegenstandsbereich eventuell als problematisch erweisen könnte. Dies ist daher auch ein Beispiel dafür, wie wichtig es in diesem Zusammenhang ist, über die entsprechenden Kenntnisse der Datenanalyse zu verfügen, um solche Schwächen in vorhergehenden Forschungen überhaupt identifizieren und bessere Ansatzpunkte finden zu können.

Aus folgenden Gründen erschien der Ansatz der Datenanalyse in vorhergehenden Studien als problematisch: Sprachliche Daten sind meist nach dem *Zipf'schen Muster* verteilt, d. h. man hat eine sehr kleine Menge sehr häufiger Wörter und eine sehr große Menge

---

13 Für eine ausführliche Darstellung dieser Studie s. Koplenig et al. (2014).

sehr seltener Wörter. Ein Beispiel für eine solche Zipf'sche Verteilung findet sich in → Abbildung 8.15. Nach diesem Muster sind auch Daten in Textkorpora verteilt: Es finden sich eine kleine Menge sehr häufiger Wörter wie *der*, *die* oder *in*, und eine sehr große Menge von Wörtern, die nur sehr selten vorkommen wie *Amaryllis* oder *Studienbuch*. Um nun zu untersuchen, ob die Korpushäufigkeit eines Stichworts etwas über die Nachschlagehäufigkeit des zugehörigen Artikels aussagt, haben De Schryver et al. allgemein gesagt untersucht, ob die Frequenzränge mit den Nachschlagerängen im Wörterbuch in Beziehung stehen. Problematisch daran ist, dass bei der Art von Analyse, wie sie in ihrer Studie angestellt wurde, die Unterschiede in den einzelnen Rängen als gleich angesehen werden, d. h. der Unterschied zwischen Rang eins und zwei wird als ebenso groß angesehen wie der zwischen Rang 100.001 und 100.002. Die Zipf'sche Verteilung der Daten erklärt aber, dass die Ränge eben nicht äquidistant sind. Beispielsweise ist in den Frequenzrängen des DEUTSCHEN REFERENZKORPUS (DeReKo), wie wir es in der Studie verwendet haben, der Frequenzunterschied zwischen dem ersten und zweiten Rang 251.480 (d. h. das Wort auf Rang 1 kommt mehr als 250.000 mal häufiger vor), während der Un-

Zipf'sche Verteilung der Daten

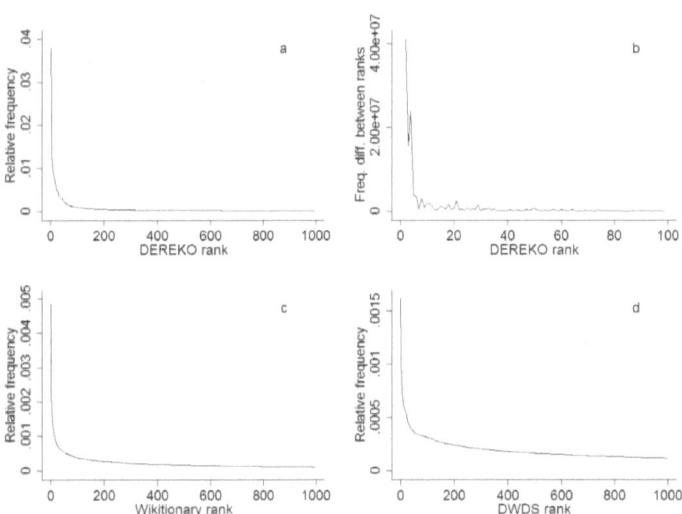

Abb. 8.15: Verteilungen von Korpus- und Logfiledaten (aus DEREKO und WIKTIONARY) als Beispiele für Zipf-nahe Verteilungen (Koplenig et al. 2014, S. 238).

terschied in der Frequenz schon zwischen Rang 3000 und 3001 nur fünf beträgt. In der Korrelationsanalyse von De Schryver et al. wird dieser Unterschied allerdings nicht beachtet. Es kann also sein, dass auch dieser Analyseansatz dazu geführt hat, dass kein starker Zusammenhang zwischen Korpus- und Nachschlagehäufigkeit festgestellt werden konnte.

In unserer Studie haben wir daher einen anderen Ansatz verfolgt. Als Datenmaterial standen uns dabei die absoluten und relativen Frequenzen der 100.000 häufigsten Wörter in DeReKo sowie die Logfiles des DWDS und des deutschen WIKTIONARY aus dem gesamten Jahr 2012 zur Verfügung. Wir wählten folgenden Ansatz zur Analyse: Zunächst einmal mussten wir die Logfiles der beiden Wörterbücher vergleichbar machen. Dies realisierten wir, in dem wir den Wert *poms* eingeführt haben. Dabei meint beispielsweise der Wert von 8 poms, dass der entsprechende Term achtmal „*per one million*" gesucht wurde, d. h. 8 mal innerhalb von einer Million Suchanfragen. Danach haben wir folgende Kategorien gebildet: Wenn ein Wort den Wert 1 poms hat, d. h. mindestens einmal innerhalb von 1.000.000 Suchanfragen vorkommt, sagen wir, das Wort wird *regelmäßig* gesucht. Wenn poms mindestens 2 ist, wird das Wort *häufig* gesucht. Wenn poms größer als 10 ist, sprechen wir von *sehr häufig*. So ist das Problem umgangen, dass einzelne Ränge untereinander verglichen werden, die eigentlich von ihrem Abstand her nicht vergleichbar sind. → Tabelle 8.1 fasst die Ergebnisse der dazugehörigen Analyse unserer Logfilestudie zusammen.

Tab. 8.1: Beziehung zwischen Korpusrang und Logfile-Daten

DeReKo Ränge	DWDS (%)			WIKTIONARY (%)		
	regelmäßig	häufig	sehr häufig	regelmäßig	häufig	sehr häufig
10	100,0	100,0	100,0	100,0	100,0	100,0
200	100,0	99,0	7,5	99,5	99,5	86,5
2.000	96,9	91,0	67,6	98,4	96,0	64,9
10.000	85,5	72,9	47,5	86,3	75,3	40,2
15.000	80,3	66,5	41,8	77,4	66,1	33,7
30.000	69,4	54,6	31,3	62,7	50,9	23,4

In dieser Tabelle wird die Beziehung zwischen Korpusrang und Nachschlagehäufigkeit offensichtlich: Je mehr DEREKO-Ränge in die Analyse integriert werden, umso geringer wird der Prozentsatz der Wörter, die normal/häufig/sehr häufig nachgeschlagen werden, sowohl im DWDS wie auch im WIKTIONARY. Wenn man sich beispielsweise vorstellt, man würde ein Wörterbuch mit den 2.000 im Korpus häufigsten Wörtern erarbeiten, dann sagt diese Tabelle folgendes aus: 96,9 % dieser Wörter werden im DWDS regelmäßig gesucht, 91 % werden häufig gesucht, und fast 67 % sehr häufig. Es scheint also doch einen Zusammenhang zwischen Korpushäufigkeit und Nachschlagehäufigkeit zu bestehen. Dies wird auch an einer weiteren Analyse deutlich. De Schryver et al. geben an, dass es abgesehen von den häufigsten paar tausend Wörtern („beyond the top few thousand words", De Schryver et al. 2006, S. 79) keinen Unterschied machen würde, welche Wörter man anschließend nehme (ob es die nächsten zehntausend Wörter sind oder ganz seltene). Um dies zu überprüfen, entfernten wir in der Analyse die 10.000 häufigsten Wörter aus DEREKO und aus den Logfiles und bildeten dann eine Zufallsstichprobe von 10.000 weiteren Wörtern. Die Analyse ergab, dass 34 % von diesen im WIKTIONARY nachgeschlagen wurden und 45 % im DWDS. Zum Vergleich nahmen wir die Wörter, die auf den Rängen 10.000–20.000 in DEREKO verzeichnet waren. Wenn die Aussage von De Schryver et al. sich auch in unserer Analyse bewahrheiten sollte, müssten sich für diese 10.000 Wörter ähnliche Prozentwerte ergeben. Dies war allerdings nicht der Fall: In diesem Fall wurden 56 % (anstelle von 34 %) im WIKTIONARY bzw. 67 % (anstelle von 45 %) im DWDS nachgeschlagen. D. h., unsere Ergebnisse legen den Schluss nahe, dass Nutzerinnen sehr wohl häufige Wörter nachschlagen, auch abseits der ersten 10.000. Diese Studie ist damit auch ein Beispiel dafür, dass die Replikation von Studien, gegebenenfalls mit anderen statistischen Mitteln, zu ganz neuen Ergebnissen führen kann.

In einer Nachfolgestudie (Wolfer et al. 2014) haben wir weiterhin untersucht, ob weitere Auffälligkeiten im Nachschlageverhalten abseits des Frequenzeffektes zu beobachten sind. Dafür haben wir wiederum die Logfiles des deutschsprachigen WIKTIONARY analysiert (dieses Mal von Januar bis August 2013). Dabei fiel auf, dass zum einen Wörter, die das Thema einer allgemeinen lexikalisch-semantischen Diskussion sind, auffällig oft nachgeschlagen werden. Ein Stichwort, welches auf diese Weise auffiel, war z. B. das

Beziehung zwischen Korpusrang und Nachschlagehäufigkeit

Häufige Wörter im Korpus werden auch häufig nachgeschlagen

Nachfolgestudie

Stichwort *Furor*. Joachim Gauck hatte in einer Rede Anfang März von einem „Tugendfuror" in Hinsicht auf die Debatte um Alltagssexismus gesprochen und damit eine Diskussion ausgelöst, ob dies eine angemessene Bezeichnung sei. Dass so ein Wort daraufhin häufig nachgeschlagen wird, hat uns nicht besonders verwundert – ist es doch ein zumindest temporär gesellschaftlich sehr relevantes Wort.

Erstaunlicher fanden wir, dass in dieser statistischen Analyse auch ein Stichwort wie *larmoyant* an einem Tag besonders häufig nachgeschlagen wurde. Die Spurensuche ergab, dass der Kommentator eines Spiels der deutschen Fußball-Nationalmannschaft (am 6.2.2013) bemerkte: „Der [Joachim Löw] ist jetzt aber richtig sauer. Das ist ihm ein bisschen zu larmoyant...". Dies wiederum führt noch innerhalb derselben Stunde zu einem statistisch auffälligen Anstieg in der Abfrage dieses Stichworts. Dies erschien uns deshalb bemerkenswert, weil eine solche unmittelbare Verbindung zwischen dem Schauen eines Fußballspiels und Recherchieren im WIKTIONARY besteht – ein Zusammenhang, den es für gedruckte

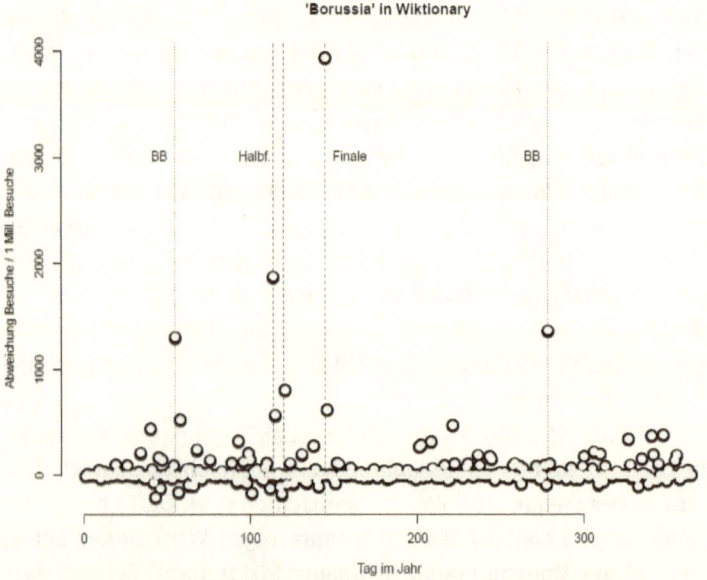

Abb. 8.16: Trendbereinigte Zugriffe für *Borussia* (1-12/2013). Vertikale Linien kennzeichnen Fußballspiele (BB: Borussia Mönchengladbach vs. Borussia Dortmund, die anderen die Spiele der Champions League).

Wörterbücher so wahrscheinlich nicht gegeben hat. Genauso wurde das Wort *Borussia* immer häufiger nachgeschlagen, je höher Borussia Dortmund in der Champions League kam (→ Abbildung 8.16). Auch dies ist nicht unbedingt zu erwarten, weil das Wort *Borussia* kein Gegenstand von Bedeutungsdiskussion im engeren Sinne ist und auch vielleicht nicht zu erwarten ist, dass zur Zeit eines Fußballspiels oder direkt danach so häufig die Rechtschreibung von *Borussia* geprüft wird. Weitere Forschungsfragen, die mit solchen Analysen untersucht werden können, sind beispielsweise, ob die Mehrdeutigkeit eines Wortes auch mit der Nachschlagehäufigkeit korreliert (d. h. ob polyseme Wörter häufiger im Wörterbuch nachgeschlagen werden, vgl. Müller-Spitzer et al. 2015) oder ob es bestimmte Arten von Wortgruppen gibt, die oft gemeinsam nachgeschlagen werden. Solche Beobachtungen und Analysen weiterzuführen, ist sicher eine spannende Forschungsaufgabe für die Zukunft.

Einfluss sozialer Relevanz

8.4 Ausblick

Dagegen, dass aktuelle Wörterbücher zum Gegenstand der Benutzungsforschung gemacht werden, wird manches Mal eingewendet, dass die Benutzungsforschung mit diesem Vorgehen Innovation behindern könne, da sie von bereits vorhandenen Wörterbüchern ausgehe und sich so keine Vorstellungen von möglichen Innovationen herausbilden können. Denn Innovationen sind – egal wie sinnvoll und hilfreich sie auf lange Sicht sind – am Anfang vor allem ungewohnt und daher auch eine Hürde. Der Einwand trifft allerdings nur begrenzt zu, denn mit Benutzungsforschung ist nicht immer nur gemeint, dass man aktuell bereits vorhandene Wörterbücher als Ausgangspunkt wählt. Man kann z. B. gerade eine Einschätzung zu innovativen Features zum Gegenstand einer Untersuchung machen, die so noch gar nicht in der Praxis vorkommen, wie es in → Abschnitt 8.3.2 gezeigt wurde.

Benutzungsforschung behindert Innovation?

Daneben darf man allerdings in der Benutzungsforschung nicht den Ausgangspunkt der Wörterbuchbenutzung aus dem Auge verlieren, d. h. die Situationen, in denen sprachliche Schwierigkeiten aufkommen und aus denen heraus ein Nachschlagebedürfnis entsteht. Im Grunde muss man sich, wenn man mit der Benutzungsforschung dafür sorgen möchte, dass Wörterbücher besser

Ausgangspunkt der Wörterbuchbenutzung

den tatsächlichen Nutzungsbedürfnissen entsprechen, genau bei diesen Nutzungsbedürfnissen anfangen. Theodore Levitt, ein US-amerikanischer Ökonom, schrieb in den 1960er-Jahren einen einflussreichen Artikel mit dem Titel „Marketing Myopia", in dem er genau auf diesen Aspekt hinweist: nämlich, dass es auch in der Industrie darum geht, sich nicht auf ein Produkt bzw. eine Produktart einzugrenzen, sondern sich auf den Zweck zu konzentrieren, für den dieses Produkt entwickelt wurde:

> The railroads did not stop growing because the need for passenger and freight transportation declined. That grew. The railroads are in trouble today not because the need was filled by others (cars, trucks, airplanes, even telephones), but because it was not filled by the railroads themselves. They let others take customers away from them because they assumed themselves to be in the railroad business rather than in the transportation business. The reason they defined their industry wrong was because they were railroad-oriented instead of transportation-oriented; they were product-oriented instead of customer-oriented (Levitt 1960, S. 24)

Nachschlagebedürfnisse – lexikografische Ressourcen

Bezogen auf die Wörterbuchbenutzungsforschung heißt das, dass sie ihren Blick erweitern sollte: über die Untersuchung der Benutzung heute vorliegender Wörterbücher hinaus hin zu den sprachlichen Schwierigkeiten, in denen die Nachschlagebedürfnisse entstehen. Die Lexikografie befindet sich heute in einer schwierigen Situation: In Zeiten kostenloser Internetwörterbücher werden immer weniger Wörterbücher gekauft, sodass die Verlage große Schwierigkeiten haben, ihr Personal und ihre Ressourcen weiter zu halten. Auch die öffentliche Hand finanziert kaum noch über Jahrzehnte andauernde lexikografische Projekte. Gleichzeitig werden sehr viele sprachliche Fragen im Internet recherchiert – vielleicht oder sehr wahrscheinlich mehr – als es Nachschlagehandlungen in gedruckten Wörterbüchern gab. Die Frage ist also, wie man diese Nutzungshandlungen besser mit den vorhandenen lexikografischen Ressourcen zusammenbringen kann. Eine Frage, zu der die Benutzungsforschung viel beitragen kann, wenn sie sich auf dieses breitere Feld begibt.

8.5 Literatur

8.5.1 Weiterführende Literatur

Dziemanko, Anna: On the use(fulness) of paper and electronic dictionaries. In: Granger, Sylviane/Paquot, Magali (Hgg.), Electronic lexicography. Oxford: Oxford University Press, S. 320–341. *Bietet eine gute Zusammenstellung relevanter Studien zum Vergleich von gedruckten und digitalen Wörterbüchern – ein Thema, welches in diesem Kapitel kaum behandelt wird.*

Töpel, Antje: Review of research into the use of electronic dictionaries. In: Müller-Spitzer, Carolin (Hg.), Using Online Dictionaries. Berlin/Boston: De Gruyter, S. 13–54. (= Lexicographica Series Major, Vol. 145). *Enthält eine umfassende Übersicht über bereits durchgeführter Benutzungsstudien zu digitalen Wörterbüchern.*

Lew, Robert: Dictionaries and Their Users. In: Hanks, Patrick/de Schryver, Gilles-Maurice (Hgg.), International Handbook of Modern Lexis and Lexicography. Berlin/Heidelberg: Springer, S. 1–9 (Manuskriptfassung). *Bietet eine weitere gute allgemeine Einführung in das Thema „Wörterbuchbenutzungsforschung".*

8.5.2 Literaturverzeichnis

Almind (2005) = Almind, Richard: Designing Internet Dictionaries. In: Hermes, 34, S. 37–54.

Atkins (1992) = Atkins, B. T. Sue: Putting lexicography on the professional map. Training needs and qualifications of lexicographers. In: Alvar Ezquerra, Manuel (Hg.), Proceedings of the Euralex '90, Barcelona, S. 519–526.

Atkins (1996) = Atkins, B. T. Sue: Bilingual dictionaries: Past, present and future. In: Corréard, Marie-Hélène (Hg.), Lexicography and natural language processing (Vol. 96). Huddersfield: Euralex, S. 1–29.

Baayen (2008) = Baayen, R. Harald: Analyzing Linguistic Data. A Practical Introduction to Statistics Using R. Cambridge: Cambridge University Press.

Bergenholtz (2011) = Bergenholtz, Henning: Access to and Presentation of Needs-Adapted Data in Monofunctional Internet Dictionaries. In: Bergenholtz, Henning/Fuertes-Olivera, Pedro Antonio (Hgg.), e-Lexicography. The Internet, Digital Initiatives and Lexicography. London/New York: Continuum, S. 30–53.

Bogaards (2003) = Bogaards, Paul: Uses and users of dictionaries. In: van Sterkenburg, Piet (Hg.), A Practical Guide to Lexikography. Amsterdam/Philadelphia: Benjamins, S. 26–33.

Bowker (2012) = Bowker, Lynne, Meeting the needs of translators in the age of e-lexicography: Exploring the possibilities. In: Granger, Sylviane/Paquot,

Magali (Hgg.), Electronic lexicography. Oxford: Oxford University Press, S. 379–397.
Chadefaux (2014) = Chadefaux, Thomas: Early warning signals for war in the news. In: Journal of Peace Research, 51/1, S. 5–18.
De Schryver (2003) = De Schryver, Gilles-Maurice: Lexicographers' Dreams in the Electronic-Dictionary Age. In: International Journal of Lexicography, 16/2, S. 143–199.
De Schryver et al. (2006) = De Schryver, Gilles-Maurice/Joffe, David/Joffe, Pitta/Hillewaert, Sarah: Do dictionary users really look up frequent words?—on the overestimation of the value of corpus-based lexicography. In: Lexikos, 16, S. 67–83.
Diekmann (1994) = Diekmann, Andreas: Umweltverhalten zwischen Egoismus und Kooperation. In: Spektrum der Wissenschaft, 6, S. 20–24.
Diekmann (2011) = Diekmann, Andreas: Empirische Sozialforschung. Grundlagen, Methoden, Anwendungen (4. Auflage). Hamburg: Rowohlt.
Dziemanko (2012) = Dziemanko, Anna: On the use(fulness) of paper and electronic dictionaries. In: Granger, Sylviane/Paquot, Magali (Hgg.), Electronic lexicography. Oxford: Oxford University Press, S. 320–341.
Engelberg (2014) = Engelberg, Stefan: Gegenwart und Zukunft der Abteilung Lexik am IDS: Plädoyer für eine Lexikographie der Sprachdynamik. In: 50 Jahre IDS. Mannheim: Institut für Deutsche Sprache, S. 243–253.
Granger (2012) = Granger, Sylviane: Introduction: Electronic lexicography – from challenge to opportunity. In: Granger, Sylviane/Paquot, Magali (Hgg.), Electronic lexicography. Oxford: Oxford University Press, S. 1–11.
Gries (2009) = Gries, Stefan T.: Statistics for Linguistics with R: A Practical Introduction (1. Auflage). Berlin/New York: De Gruyter Mouton.
Hanks (2012) = Hanks, Patrick: Corpus evidence and electronic lexicography. In: Granger, Sylviane/Paquot, Magali (Hgg.), Electronic lexicography. Oxford: Oxford University Press, S. 57–82.
Heid/Zimmermann (2012) = Heid, Ulrich/Zimmermann, Jan Timo: Usability testing as a tool for e-dictionary design: collocations as a case in point. In: Torjusen, Julie Matilde/Fjeld, Ruth V. (Hgg.), Proceedings of the 15th EURALEX International Congress 2012, Oslo, Norway, 7–11 August 2012. Oslo: Universitetet; Oslo, S. 661–671.
Kidd et al. (2013) = Kidd, Celeste/Palmeri, Holly/Aslin, Richard N.: Rational snacking: young children's decision-making on the marshmallow task is moderated by beliefs about environmental reliability. In: Cognition, 126/1, S. 109–114.
Koplenig (2014) = Koplenig, Alexander: Empirical research into dictionary use. In: Müller-Spitzer, Carolin (Hg.), Using Online Dictionaries. Berlin/New York: De Gruyter, S. 55–76. (= Lexicographica Series Major, Vol. 145).
Koplenig et al. (2014) = Koplenig, Alexander/Meyer, Peter/Müller-Spitzer, Carolin: Dictionary users do look up frequent words. A log file analysis. In: Müller-Spitzer, Carolin (Hg.), Using Online Dictionaries. Berlin/New York: De Gruyter, S. 229–250. (=Lexicographica Series Major, Vol. 145).
Levitt (1960) = Levitt, Theodore: Marketing Myopia. In: Harvard Business Review, 38, S. 24–47.

Lew (2010) = Lew, Robert: Users Take Shortcuts: Navigating Dictionary Entries. In: Dykstra, Anna/Schoonheim, Tanneke (Hgg.), Proceedings of the XIV Euralex International Congress. Ljouwert: Afûk, S. 1121–1132.

Lew (2011) = Lew, Robert: Studies in Dictionary Use: Recent Developments. In: International Journal of Lexicography, 24/1, S. 1–4.

Lew (2012) = Lew, Robert: How can we make electronic dictionaries more effective? In: Granger, Sylviane/Paquot, Magali (Hgg.), Electronic lexicography. Oxford: Oxford University Press, S. 343–361.

Lew (2015) = Lew, Robert: Dictionaries and Their Users. In: Hanks, Patrick/de Schryver, Gilles-Maurice (Hgg.), International Handbook of Modern Lexis and Lexicography. Berlin/Heidelberg: Springer, S. 1–9 (Manuskriptfassung).

Lew et al. (2013) = Lew, Robert/Grzelak, Marcin/Leszkowicz, Mateusz: How Dictionary Users Choose Senses in Bilingual Dictionary Entries: An Eye-Tracking Study. In: Lexikos, 23, S. 228–254.

Lew/Tokarek (2010) = Lew, Robert/Tokarek, Patryk: Entry menus in bilingual electronic dictionaries. In: eLexicography in the 21st Century: New Challenges, New Applications. Louvain-La-Neuve: Cahiers Du Cental, S. 193–202.

Mayring (2011) = Mayring, Philipp: Qualitative Inhaltsanalyse. Grundlagen und Techniken (8. Aufl.). Weinheim: Beltz.

Mischel et al. (1972) = Mischel, Walter/Ebbesen, Ebbe B./Raskoff Zeiss, Antonette: Cognitive and attentional mechanisms in delay of gratification. In: Journal of Personality and Social Psychology, 21/2, S. 204–218.

Müller-Spitzer (2014) = Müller-Spitzer, Carolin (Hg.): Using Online Dictionaries. Berlin/Boston: De Gruyter. (= Lexicographica Series Major, Vol. 145).

Müller-Spitzer/Koplenig (2014) = Müller-Spitzer, Carolin/Koplenig, Alexander: Online dictionaries: expectations and demands. In: Müller-Spitzer, Carolin (Hg.), Using Online Dictionaries. Berlin/Boston: De Gruyter, S. 143–188. (= Lexicographica Series Major, Vol. 145)

Müller-Spitzer et al. (2014) = Müller-Spitzer, Carolin/Michaelis, Frank/Koplenig, Alexander: Evaluation of a New Web Design for the Dictionary Portal OWID. An Attempt at Using Eye-Tracking Technology. In: Müller-Spitzer, Carolin (Hg.), Using Online Dictionaries. Berlin/Boston: De Gruyter, S. 207–228. (= Lexicographica Series Major, Vol. 145).

Müller-Spitzer et al. (2015) = Müller-Spitzer, Carolin/Wolfer, Sascha/Koplenig, Alexander: Observing Online Dictionary Users. Studies Using Wiktionary Logfiles. In: International Journal of Lexicography, 28/1, 1–26.

Nesi/Tan (2011) = Nesi, Hilary/Tan, Kim Hua: The Effect Of Menus And Signposting On The Speed And Accuracy Of Sense Selection. In: International Journal of Lexicography, 24/1, S. 79–96.

Popper (1994) = Popper, Karl: Alles Leben ist Problemlösen. München: Piper.

Rundell (2012) = Rundell, Michael: The road to automated lexicography: An editor's viewpoint. In: Granger, Sylviane/Paquot, Magali (Hgg.), Electronic lexicography. Oxford: Oxford University Press, S. 15–30.

Schadewaldt (1949) = Schadewaldt, Wolfgang: Schadewaldt-Denkschrift zum Goethe-Wörterbuch. Online: http://www.uni-tuebingen.de/gwb/denkschr.html.

Sharifi (2012) = Sharifi, Saghar: General Monolingual Persian Dictionaries and Their Users: A Case Study. In: Torjusen, Julie Marie/Fjeld, Ruth V. (Hgg.), Proceedings of the 15th EURALEX International Congress 2012, Oslo, Norway, 7–11 August 2012. Oslo: Universitetet i Oslo, S. 626–639.

Shoda et al (1990) = Shoda, Yuichi/Mischel, Walter/Peake, Philip K.: Predicting adolescent cognitive and self-regulatory competencies from preschool delay of gratification: identifying diagnostic conditions. In: Developmental Psychology, 26/6, S. 978–986.

Sollaci/Pereira (2004) = Sollaci, Luciana B./Pereira, Mauricio G.: The introduction, methods, results, and discussion (IMRAD) structure: a fifty-year survey. In: Journal of the Medical Library Association, 92/3, S. 364–371.

Tarp (2008) = Tarp, Sven: Lexicography in the borderland between knowledge and non-knowledge: general lexicographical theory with particular focus on learner's lexicography. Tübingen: Niemeyer.

Tarp (2011) = Tarp, Sven: Lexicographical and Other e-Tools for Consultation Purposes: Towards the Individualization of Needs Satisfaction. In: Bergenholtz, Henning/Fuertes-Olivera, Pedro Antonio (Hg.), e-Lexicography. The Internet, Digital Initiatives and Lexicography. London/New York: Continuum, S. 54–70.

Tono (2001) = Tono, Yukio: Research on dictionary use in the context of foreign language learning: Focus on reading comprehension. Tübingen: Niemeyer.

Tono (2011) = Tono, Yukio: Application of Eye-Tracking in EFL Learners'. Dictionary Look-up Process Research. In: International Journal of Lexicography S. 124–153.

Töpel (2014) = Töpel, Antje: Review of research into the use of electronic dictionaries. In: Müller-Spitzer, Carolin (Hg.), Using Online Dictionaries. Berlin/Boston: De Gruyter, S. 13–54. (= Lexicographica Series Major, Vol. 145).

Trap-Jensen (2010) = Trap-Jensen, Lars: One, Two, Many: Customization and User Profiles in Internet Dictionaries. In: Dykstra, Anna/Schoonheim, Tanneke (Hgg.), Proceedings of the XIV EURALEX International Congress. Ljouwert: Afûk, S. 1133–1143.

Trochim (2006) = Trochim, William: „Design." Research Methods Knowledge Base. Online: http://www.socialresearchmethods.net/kb/design.php.

Verlinde/Binon (2010) = Verlinde, Serge/Binon, Jean: Monitoring Dictionary Use in the Electronic Age. In: Dykstra, Anna/Schoonheim, Tanneke (Hgg.), Proceedings of the XIV EURALEX International Congress. Ljouwert: Afûk, S. 1144–1151.

Verlinde/Peeters (2012) = Verlinde, Serge/Peeters, Geert: Data access revisited: The Interactive Language Toolbox. In: Granger, Sylviane/Paquot, Magali (Hgg.), Electronic lexicography. Oxford: Oxford University Press, S. 147–162.

Welker (2010) = Welker, Herbert Andreas: Dictionary use: a general survey of empirical studies. Brasília: Eigenverlag.

Welker (2013) = Welker, Herbert Andreas: Empirical research into dictionary use since 1990. In: Gouws, Rufus H./Heid, Ulrich/Schweickard, Wolfgang/Wiegand, Herbert Ernst: Dictionaries. An International Encyclopedia of Lexicography. Supplementary Volume: Recent Developments with Focus on Electronic and Computational Lexicography. Berlin/Boston: De Gruyter, S. 531–540.

Wiegand (1998) = Wiegand, Herbert Ernst: Wörterbuchforschung. Untersuchungen zur Wörterbuchbenutzung, zur Theorie, Geschichte, Kritik und Automatisierung der Lexikographie. Berlin/New York: De Gruyter.

Wiegand et al. (2010) = Wiegand, Herbert Ernst/Beißwenger, Michael/Gouws, Rufus H./Kammerer, Matthias/Storrer, Angelika/Wolski, Werner: Wörterbuch zur Lexikographie und Wörterbuchforschung: mit englischen Übersetzungen der Umtexte und Definitionen sowie Äquivalenten in neuen Sprachen. Berlin: De Gruyter.

Wolfer et al. (2014) = Wolfer, Sascha/Koplenig, Alexander/Meyer, Peter/Müller-Spitzer, Carolin: Dictionary users do look up frequent and socially relevant words. Two log file analyses. In: Abel, Andrea/Vettori, Chiara/Ralli, Natascia (Hgg.), Proceedings of the XVI EURALEX International Congress: The User in Focus. Bolzano/Bozen, S. 281–290.

Wörterbücher

ANW = Algemeen Nederlands Woordenboek. Leiden: Instituut voor Nederlandse Lexicologie. Online: www.anw.inl.nl.

DWDS = Das Digitale Wörterbuch der deutschen Sprache. Berlin: Berlin-Brandenburgische Akademie der Wissenschaften. Online: www.dwds.de/.

ELEXIKO = Online-Wörterbuch zur deutschen Gegenwartssprache. In: OWID-Online Wortschatz-Informationssystem Deutsch. Mannheim: Institut für Deutsche Sprache. Online: www.owid.de/elexiko_/index.html.

GOETHE-WÖRTERBUCH = Goethe-Wörterbuch. Online abrufbar im Trierer Wörterbuchnetz: www.woerterbuchnetz.de/GWB/.

LEO = LEO. Sauerlach: LEO GmbH. Online: www.leo.org/.

OWID = Online-Wortschatz-Informationssystem Deutsch. Mannheim: Institut für Deutsche Sprache. Online: www.owid.de.

WIKTIONARY = Das deutsche Wiktionary. Online: de.wiktionary.org.

Internetquellen

DEREKO = Deutsches Referenzkorpus. Mannheim: Institut für Deutsche Sprache. Online: www1.ids-mannheim.de/kl/projekte/korpora/.

FORSCHUNGSGRUPPE WAHLEN = Politbarometer Online: http://www.forschungsgruppe.de/Umfragen/Politbarometer/.

Wikipedia = Wikipedia, die freie Enzyklopädie. San Francisco, CA: Wikimedia Foundation. Online: http://www.wikipedia.org.

Bildnachweis

Abbildung 8.1: Privat.

Schlagwortverzeichnis

Abschlusswörterbücher 36
Allgemeinwörterbücher 41
Angabeklassen
- Bedeutungsparaphrase 218
- Diachrone Angaben 233
- Diafrequente Angaben 234
- Diasystematische Angaben 232
- Diatechnische Angaben 233
- Diatopische Angaben 233
- Flexionsangabe 215
- Frequenzangaben 217
- Gebrauchspräferenz 212
- Numerusangabe 215
- Orthografische Norm vs. Sprachgebrauch 211
- Pluralvarianten 216
- Pragmatische Angaben 232
- Schreibvarianten 211
Angabetyp 210
Ausbauwörterbücher 36, 40, 73, 74, 76, 77, 82
- Gemeinschaftlich erstelltes Ausbauwörterbuch 93
- Redaktionell erstelltes Ausbauwörterbuch 84
- Vollständig neu erarbeitete Ausbauwörterbücher 78
Äußerungskontext 233
Automatisch extrahierte Daten 89
Autorenwörterbücher 42

Baumgraphen 119, 125
Bedeutungsparaphrase 218
Belege 42, 71, 86, 89, 94, 95, 100, 201–203, 205, 206, 208, 212, 215–218, 227–229, 234, 236, 237, 239, 251, 264, 267
- Automatische Auswahl guter Belege 229
- Bearbeitung von Belegen 229
- Belegbeispiele 227, 264
- Belege aus Tonaufnahmen (Hörbelege) 86, 159
- Belegextraktion 76, 85
- Belegliste 208

- Belegquelle, Belegquellenangabe 202, 205
- Belegsammlungen 46, 202
- Belegung seltener Phänomene 229
- Belegzettel 202
- Korpusbelege 55, 56, 184, 224
- Zuordnung von Belegen zu Bedeutungen 228
Belegsammlungen 203
Belegstellenwörterbücher 42
Benutzer/Benutzerin 4, 5, 7, 19–21, 23, 28, 48, 49, 68, 69, 71, 73, 74, 79, 80, 82, 97, 113, 114, 116, 128, 135, 154, 172, 175, 186, 200, 203, 209, 212, 232, 238, 239, 250–253, 259–263, 266, 268–271, 284, 289, 290, 293–295, 297, 310, 312, 317, 324, 326, 330
Benutzeradaptivität 316, 317, 321
Benutzeranmeldung 270
Benutzerbezug 294
Benutzerdefinierte Wortlisten 271
Benutzerfreundlichkeit 294, 320
Benutzergruppen 304, 305, 310
Benutzeroberfläche 154, 155, 157, 158
Benutzerzahlen 317
Benutzungsforschung 82, 86
- Benutzungsforschung im lexikografischen Prozess 295
- Benutzungsforschung und Innovation 335
- Benutzungsforschung zu Internetwörterbüchern 310
- Feedback von Probanden 320
- Lerneffekt 321, 323
- Panelstudien in der Benutzungsforschung 302
- Soziale Erwünschtheit in der Benutzungsforschung 307
- Stand der Benutzungsforschung 310
Bidirektionale Kommunikation 274
Blogs 273
bottom-up lexicography 251

Crowdfunding 266
Crowdsourcing 264

Datenauswertung 74
Datenbank 13, 42, 43, 62, 86, 89, 96, 117, 122, 126, 131–133, 140, 224
Datenextraktion 208
Datenformate 131
– Standardisierung 135, 147
Datenhaltung in Webanwendungen 116
Datenkodierung 95
Datenmanagement 20
Datenmodellierung 3, 75, 76, 111, 113–115, 118, 125, 126, 128, 129, 131, 132, 147, 148, 150, 157, 158, 190, 191, 311
– lexikalische Perspektive 143
– Aufgabe der Datenmodellierung 113
– Datenmodellierung als Ordnungsprinzip 114
– Konzeptuelle Datenmodellierung 126
– Logische Datenmodellierung 129
– Modellierung bei Printwörterbüchern 128
Datensicherung 89
Definitorische Kontexte 219, 231
Diachrone Angaben 233
Diafrequente Angaben 234
Diasystematische Angaben 232
Diatechnische Angaben 233
Diatopische Angaben 233
Digitale lexikalische Systeme 237
Digitalisierte Wörterbücher 34, 35
Diskussionsseiten 275
Dokumentarisch ausgerichtete Lexikografie 294
Dynamisches Publizieren 36

Einsprachige Wörterbücher 39
Einsprachiges vs. mehrsprachiges Korpus 207
Elektronische Wörterbücher 71
Entwicklerwerkzeuge 12
Ex-post-facto-Design 304
Experimentelles Versuchsdesign 303
Explizites Feedback 263
Externe nutzergenerierte Inhalte 271
Eyetracking 324, 328

Flexionsangabe 215
Foren 274

Formularbasierte Eingabe 256
Frequenz 79, 332
Frequenzangaben 217
Frequenzränge 331

Gebrauchspräferenz 212
Grammatik 39, 60
Grammatiken von Programmiersprachen 120, 136
graphenbasierte Formate 125

Hörbelege 86
Heat map 328
Hierarchische Strukturierung von Angabetypen 118
Hostname 5
HTML 8–12, 115–117, 120, 121, 125, 131, 134
HTTP-Header 14, 16
HTTP-Protokoll 6
Hyperlink 4
Hypertext 6, 8

Illustrationen 67, 73, 75, 86, 87, 91, 169, 182
IMRAD-Struktur 309, 311
Inhaltsanalyse 307
Internetadresse 4
IP-Adresse 5, 6, 12, 14, 16

Kollaborativ-institutionelle Wörterbücher 260
Kollaborative Lexikografie 262
Kollaborative Wörterbücher 254
Kolligation 222
Kollokationen 43, 61, 159, 220, 272
– Kollokationen und Korpora 221
– Semantische Gruppierung von Kollokatoren 226
– Statistische Ermittlung von Kollokationen 221
Kommentare 275
Konkordanzen 42, 46, 208
Kookkurrenzen 43, 55, 220, 222, 224, 226, 231
– Kookkurrenzanalyse 184
– Kookkurrenzbeziehungen 183
– Kookkurrenzpartner 184

Korpora
- Anforderungen an ein Korpus 204, 205
- Aufbereitung der Korpustexte 88
- Automatisch extrahierte Daten 89
- Beschränkungen von Korpora 203
- Beziehung zwischen Korpusrang und Nachschlagehäufigkeit 333
- Datenextraktion 208
- Definition von Korpora 204
- Ebenen des Korpus 205
- Einsprachiges vs. mehrsprachiges Korpus 207
- Korpusabfragesysteme 98
- Korpusaufbau 86
- Korpusbelege 55
- Korpusfrequenzen 56
- Korpusgröße und Diversität 235
- Korpussoftware 100
- Korpustools 88
- Primärdaten 205
- Referenzkorpus vs. Spezialkorpus 206
- Statisches Korpus vs. dynamisches Korpus 207
- Statistiken 208
- Synchrones vs. diachrones Korpus 207
- Teilautomatische Datenextraktion 208
- Typen von Korpora 206
- Visualisierung von Korpusdaten 101
Krise der Lexikografie 312

Layout 47, 51, 52, 54
Lemmakandidaten 89
Lemmaliste 73, 75, 81, 103, 104
Lesart 164, 326
Lexikalisch-semantische Beziehungen 230
Lexikalisch-semantische Wortnetze 143
- Anwendung von Wortnetzen 144
- Beziehungen zwischen Synsets 143
- Standards für Wortnetze 144
Lexikalisches Profil 99
Lexikografie und maschinelle Sprachverarbeitung 148
Lexikografische Instruktionen 256
Lexikografischer Prozess
- Arbeitsschritte 74
- Definition 70

- Ebenen des lexikografischen Prozesses 113, 117
- Einbeziehung der Benutzer 71, 74, 80
- Lexikografischer Prozess mit/ohne Computereinsatz 70
- Neudefinition des lexikografischen Prozesses 104
- Printwörterbücher 69
Linguistische Annotation 99, 206, 213
Links 4, 9, 155, 158, 159, 162
LMF 146
Logdateien 14, 16, 269
Logfiles 305, 330, 332
Logging 14, 15

Markup 95
MDF 145, 146
Mediostruktur 157
Mehrsprachige Wörterbücher 40
Metadaten 99, 206, 233
Mikroblogs 273

Nameserver 5
Neologismen 42
Neukonzipierte Wörterbücher 34
Newsletter 273
Numerusangabe 215
Nutzerbeteiligung 262
- Abgrenzung von direkten Beiträgen 268
- Arten der Nutzerbeteiligung 252, 282
- Auswahl und Qualität von Beteiligungsformen 283
- Formularbasiertes Feedback 266
- Freitextfeedback 266
- Implizites Feedback 269
- Klassifizierung von Nutzerbeteiligung 277
- Kombinierte Formen der Nutzerbeteiligung 283
- Motivation der Nutzer 254
- Nutzerbeteiligung im 19. Jahrhundert 251
- Nutzerbeteiligung im Internet 251
- Qualitätsbewertung durch Benutzer 264
- Schwächen von Nutzerbeteiligung 280
- Stärken von Nutzerbeteiligung 278
Nutzergetriebene Wörterbuchplanung 258
Nutzerprofil 270

Nutzerrückmeldungen 263
Nutzungsrechte 261

Offen-kollaborative Wörterbücher 254
Onomasiologischer Zugriff 168
Orthografie 39

Paneldesign 299
Persistenz 24–26
Plagiarismus 255
Pluralvarianten 216
Präsentationskonventionen 134
Prüf- und Korrekturgänge 91
Pragmatische Angaben 232
Pretest 308
Primärdaten 205
Projektspezifische Datenmodelle 138
prosumer 252

Quasiexperimentelles Design 304
Quellen von Wörterbüchern 199–203, 239
Querschnittsdesign 298

Rechtefreie Quellen 255
Redaktionssysteme 21, 23, 86, 88, 96, 97, 100–102, 105
Referenzkorpus vs. Spezialkorpus 206
Relationale Datenbanken 122, 132
– Relationale Datenbankschemata 131
Retrodigitalisierte Wörterbücher 76, 94

Schemasprachen 129
Schreibvarianten 211
Schwarmintelligenz 254
Semantik 39
Semantische Relationen 230
– Antonymie 230
– Synonymie 231
Semi-kollaborative Wörterbücher 261
Sketch-Engine 222
Soziale Netzwerke 273
Speicherung lexikalischer Information 115
Spezialwörterbücher 38, 41, 42, 44
– Belegstellenwörterbücher 42, 46
– Dialekte und Regionalsprachen 44
– Fachwörterbücher 44

– Gebärdensprachwörterbücher 44
– Inhaltsparadigmatische Spezialwörterbücher 44
– Lernerwörterbücher 42, 44
– Orts- und Flurnamenwörterbücher 42
– Syntagmatische Spezialwörterbücher 42
– Textbezogene Wörterbücher 42, 46
Sprachberatungsdienste 274
Sprachlexikografie vs. Sachlexikografie 37
Sprachspiele 273
Sprachtechnologische Werkzeuge 213, 236
SQL-Anfragen 124
Stabilversion 259
Statistiken 208
Stylesheet 122
Suche
– Eingabebasierte Suche 163
– Filterbasierte Suche 164, 165
– Graphenbasierte Suche 182
– Illustrationsbasierte Suche 182
– Indexbasierte Suche 164
– Komplexe strukturelle Suche 217
– Lautformbasierte Suche 161
– Onomasiologische Suche 181
– Schriftformbasierte Suche 161
– Suche nach lexikalischer Form 214
– Suche nach Oberflächenform 214
– Suche nach syntaktischer Struktur 214
– Textbasierte Suche 164
Suchhandlung
– Art der Suchhandlung 162
– Ausgangspunkt der Suche 161
– Komplexität der Suchhandlung 165
– Ziel der Suche 166
Suchmaschine 214, 236
Synchrones vs. diachrones Korpus 207

Technische Standards 138, 139
Teilautomatische Datenextraktion 208
Text Encoding Initiative (TEI) 140
Tonmaterial 86
Toolbox 145
Trenddesign 299

Übersetzbarkeit von Datenformaten 133
Unidirektionale Kommunikation 272

Urheber- und Nutzungsrecht 255
URL 4-7, 10-12, 14-16, 25-27

Vernetzungsstrukturen 153
Versionierung 17-21, 25, 27, 75, 82, 89
Versionsmanagement 19, 20, 24
Verwaltungstools 96
Verweisvoraussetzungen 156
Visualisierung von Korpusdaten 101
Vorabversion 268

Wörterbücher
– Abschlusswörterbücher 36
– Allgemeinwörterbücher 41, 209
– Einsprachige Wörterbücher 39
– Elektronische Wörterbücher 71
– Kollaborativ-institutionelle Wörterbücher 260
– Mehrsprachige Wörterbücher 40
– Neukonzipierte Wörterbücher 34
– Offen-kollaborative Wörterbücher 254
– Retrodigitalisierte Wörterbücher 94
– Semi-kollaborative Wörterbücher 261
– Zweisprachige Wörterbücher 39, 53
Wörterbücher mit Nutzerbeteiligung 37
Wörterbücher ohne Nutzerbeteiligung 36
Wörterbuchbasis 200
Wörterbuchbenutzungsforschung 108, 229, 291
Wörterbuchdidaktik 324
Wörterbuchgrammatik 213

Wörterbuchintegrität 47
Wörterbuchnetze 52-54, 56, 103
Wörterbuchportale 35, 46, 47, 53, 102, 103
– Enzyklopädisches Portal 54
– Lexikologisches Portal 54
– Typologie von Wörterbuchportalen 51
– Virtuelles Wörterbuchportal 53
Wörterbuchsammlungen 52, 102
Wörterbuchsuchmaschinen 52, 54, 102
Wörterbuchtypen 72
Wörterbuchumtexte 91
Wörterbuchvernetzung 47, 50, 52
Wiki-Markup 134
Wiki-Technologie 257
Workflow 90
Wortnetze 230
Wortprofil 56, 223, 225
Wortschatz
– Vernetzter Wortschatz 156
Wortschatzportale 56
Worttrennung 76, 80
Wortwolken 184

XML 88, 92, 96, 97, 119-122, 124-126, 129-134, 136, 138, 144, 147, 150, 257
XPath 133
XQuery 133

Zipf'sche Verteilung von Daten 331
Zugriffsstrukturen 49, 153, 325
Zweisprachige Wörterbücher 39

www.ingramcontent.com/pod-product-compliance
Lightning Source LLC
Chambersburg PA
CBHW021339300426
44114CB00012B/1012